HEIDELBERGER STUDIENHEFTE
ZUR ALTERTUMSWISSENSCHAFT

Herausgegeben von

G. Alföldy
E. Christmann
A. Dihle
R. Kettemann

MICHAEL VON ALBRECHT

# VERGIL
– *Bucolica*
– *Georgica*
– *Aeneis*

Eine Einführung

3. Auflage

Universitätsverlag
WINTER
Heidelberg

Bibliografische Information der Deutschen Nationalbibliothek
Die Deutsche Nationalbibliothek verzeichnet diese Publikation
in der Deutschen Nationalbibliografie;
detaillierte bibliografische Daten sind im Internet
über *http://dnb.d-nb.de* abrufbar.

UMSCHLAGBILD
Vergil: Beginn der *Bucolica* (Ausschnitt). Heidelberg, 1473/1474.
Cod. Pal. Lat. 1632, Fol. 3 r

ISBN 978-3-8253-5338-4
3. Auflage 2019

Dieses Werk einschließlich aller seiner Teile ist urheberrechtlich geschützt.
Jede Verwertung außerhalb der engen Grenzen des Urheberrechtsgesetzes
ist ohne Zustimmung des Verlages unzulässig und strafbar. Das gilt insbesondere
für Vervielfältigungen, Übersetzungen, Mikroverfilmungen und die Einspeicherung
und Verarbeitung in elektronischen Systemen.

© 2006, 2007, 2019 Universitätsverlag Winter GmbH Heidelberg
Imprimé en Allemagne · Printed in Germany
Druck: Memminger MedienCentrum, 87700 Memmingen

Gedruckt auf umweltfreundlichem, chlorfrei gebleichtem
und alterungsbeständigem Papier.

Den Verlag erreichen Sie im Internet unter:
www.winter-verlag.de

*Extremum hunc, Arethusa, mihi concede laborem.*

# Inhaltsverzeichnis

|  | VORWORT: VERGIL LESEN – HEUTE? | 3 |
|---|---|---|
| 1 | DER AUTOR IN SEINER ZEIT | 7 |
| 2 | *BUCOLICA* | 14 |
| 2.1 | WERKÜBERSICHT | 14 |
| 2.1.1 | Erste Ekloge | 14 |
| 2.1.2 | Zweite Ekloge | 18 |
| 2.1.3 | Dritte Ekloge | 21 |
| 2.1.4 | Vierte Ekloge | 23 |
| 2.1.5 | Fünfte Ekloge | 25 |
| 2.1.6 | Sechste Ekloge | 27 |
| 2.1.7 | Siebte Ekloge | 28 |
| 2.1.8 | Achte Ekloge | 31 |
| 2.1.9 | Neunte Ekloge | 34 |
| 2.1.10 | Zehnte Ekloge | 36 |
| 2.2 | GATTUNG UND VORGÄNGER | 38 |
| 2.3 | LITERARISCHE TECHNIK | 42 |
| 2.4 | SPRACHE UND STIL | 47 |
| 2.5 | LITERATURTHEORETISCHES | 51 |
| 2.6 | GEDANKENWELT | 55 |
| 2.7 | ÜBERLIEFERUNG | 58 |
| 2.8 | FORTWIRKEN | 58 |
| 3 | *GEORGICA* | 65 |
| 3.1 | WERKÜBERSICHT | 65 |
| 3.1.1 | Erstes Buch | 65 |
| 3.1.2 | Zweites Buch | 68 |
| 3.1.3 | Drittes Buch | 71 |
| 3.1.4 | Viertes Buch | 73 |
| 3.2 | GATTUNG UND VORGÄNGER | 75 |
| 3.3 | LITERARISCHE TECHNIK | 81 |
| 3.4 | SPRACHE UND STIL | 86 |
| 3.5 | LITERATURTHEORETISCHES | 91 |
| 3.6 | GEDANKENWELT | 94 |
| 3.7 | ÜBERLIEFERUNG | 98 |
| 3.8 | FORTWIRKEN | 98 |

| | | |
|---|---|---|
| 4 | *AENEIS* | 107 |
| 4.1 | WERKÜBERSICHT | 107 |
| 4.1.1 | Erstes Buch | 107 |
| 4.1.2 | Zweites Buch | 112 |
| 4.1.3 | Drittes Buch | 117 |
| 4.1.4 | Viertes Buch | 120 |
| 4.1.5 | Fünftes Buch | 125 |
| 4.1.6 | Sechstes Buch | 128 |
| 4.1.7 | Siebtes Buch | 131 |
| 4.1.8 | Achtes Buch | 133 |
| 4.1.9 | Neuntes Buch | 136 |
| 4.1.10 | Zehntes Buch | 138 |
| 4.1.11 | Elftes Buch | 140 |
| 4.1.12 | Zwölftes Buch | 142 |
| 4.2 | GATTUNG UND VORGÄNGER | 146 |
| 4.3 | LITERARISCHE TECHNIK | 150 |
| 4.4 | SPRACHE UND STIL | 158 |
| 4.5 | LITERATURTHEORETISCHES | 168 |
| 4.6 | GEDANKENWELT | 171 |
| 4.7 | ÜBERLIEFERUNG | 183 |
| 4.8 | FORTWIRKEN | 187 |
| | | |
| 5 | NACHWORT | 197 |
| | | |
| 6 | ANHANG: *APPENDIX VERGILIANA* | 200 |
| | | |
| 7 | ZITIERTE LITERATUR | 201 |
| | | |
| 8 | REGISTER | 219 |

## VORWORT: VERGIL LESEN – HEUTE?

Man hat gefragt, ob nach dem Grauen und der Unmenschlichkeit des 20. Jh. Poesie überhaupt noch möglich sei. Auch in Vergils Zeit – einem Jahrhundert der Bürgerkriege und Proskriptionen – hatten Menschen Menschen Schlimmstes angetan. Man sehnte sich nach Frieden und der Wiedergewinnung der zerstörten Solidarität zwischen Mitbürgern. Heute redet man (zumindest auf dem Gebiet der Wirtschaft) von „Globalisierung"; damals war die mediterrane Menschheit sogar politisch zu einem Weltreich zusammengewachsen. In raschem Siegeslauf hatten die Römer zum Einswerden der damaligen Welt beigetragen, dieser aber durch inneren Zwist ein schlechtes Beispiel gegeben. Die Poesie hatte sich vielfach nach hellenistischem Vorbild ins Private, Subjektive, Gelehrte zurückgezogen. Auch Vergils Weg begann unter diesem Vorzeichen. Von Werk zu Werk jedoch rang der Dichter mit immer bedeutenderen Themen und Vorgängern. Die *Aeneis* wurde als konstruktiver Beitrag zu einer neuen Identität der Römer angenommen. Seine Leserschaft umfaßt seitdem alle Altersgruppen.

Der erste Grund, Vergil zu lesen, ist die Tatsache, daß er den Pulsschlag der Zeit feinhörig wahrnimmt, einer Epoche, die nicht weniger zerrissen war als die unsrige. Dichtung ist der seismographisch getreue Ausdruck von Zeitstimmungen. Als herausragender Zeuge einer zentralen Epoche der Menschheitsgeschichte kann Vergil nicht nur Vertreter verschiedener Disziplinen – Historiker, Philologen, Religions- und Wirtschaftswissenschaftler – an einen Tisch bringen, sondern überhaupt Menschen aus allen Völkern. Nach Jahrzehnten der Bürgerkriege gibt Vergils vierte Ekloge der Friedenssehnsucht der Welt vollkommene Gestalt. Die *Georgica* weisen den römischen Gebildeten den Weg zum Wiederaufbau des verwüsteten Italien, zur Wiedergewinnung einer wachen Beziehung zur Umwelt und zu einem bewußten Leben mit dem natürlichen Jahresrhythmus. Das Wiederfinden der landwirtschaftlichen Fundamente der römischen Existenz auf höherer Stufe setzt bei den Verantwortlichen wissenschaftliches Bemühen um astronomische Kenntnisse und sorgfältiges meteorologisches Beobachten voraus. Nachdem die militärische Expansion an einen vorläufigen Endpunkt gelangt ist, zeigen die *Georgica* den Römern eine friedliche und geistvolle Alternative zur kämpferischen Daseinserfüllung. Nicht zufällig sucht in unserer Zeit Claude Simon in seinem Roman *Les Géorgiques* auf den Spuren der *Georgica* nach einer Antwort des Geistes auf die jüngste europäische Geschichte.

Ein weiterer Grund, warum Vergil gelesen wurde und gelesen wird, ist seine Fähigkeit, eine fesselnde Geschichte zu erzählen. Wer Kindern eine Episode aus der *Aeneis* vorliest, macht die Erfahrung, daß Vergil zu den Dichtern zählt, die Kenner wie Laien, gelehrte wie naive Leser überzeugen.

Was aber eine Lektüre besonders lohnend macht, ist Vergils Umgang mit der Sprache. Während andere ihre innere Armut mit stilistischem Flitter aufputzen, sagt Vergil mit scheinbar gewöhnlichen Vokabeln Ungewöhnliches. So gewinnt jedes Wort seinen vollen Klang und die Frische des Ursprünglichen. Auch heute ist das Übersetzen aus Vergils wahrhaft lebendiger Sprache ein Gegengift gegen die toten Sprachen unserer Tage: die leeren Worthülsen aus Politik und Werbung. So mancher mag die Musik einiger Zeilen aus den

*Bucolica*, selbst wenn er nicht jedes Wort versteht, als geradezu körperliche Wohltat empfinden.

Ein wichtiger Grund für einen neuen Dialog mit Vergil ist das illusionslose Menschenbild des Dichters. Schon die *Bucolica* vermitteln keine Flucht in ein poetisches Arkadien, sondern die Begegnung mit der harten politischen Realität. Der Versuch des Orpheus, Eurydice aus dem Tod ins Leben zurückzuholen, scheitert in den *Georgica* nicht etwa an mangelnder dichterischer Kraft, vielmehr an der übergroßen Leidenschaft des Orpheus. Ein fehlbarer Mensch, kein Tugendheld, kann auch Aeneas seinen Weg nicht gehen, ohne an denen, die ihm nahestehen, schuldig zu werden: der Gattin Crëusa und der Geliebten Dido. Lang ist die Liste der jungen Menschen, die sich für ihr Land aufopfern: Nisus, Euryalus, Lausus, Camilla, Pallas ... Mit Palinurus kommt die Problematik des stellvertretenden Todes zur Sprache. König Tarchon erfleht für die Seinen eine glückliche Landung – um den Preis, daß sein eigenes Schiff zerschellen möge. Diener seines Volkes, kein Selbstbediener, erkauft Aeneas durch persönlichen Verzicht das Fortleben der troianischen Tradition in seinen römischen Nachkommen. Weder ein epischer Heros im herkömmlichen Sinne noch ein „Anti-Held", verfehlt er zwar sein Ziel nicht, doch ist ihm kaum persönliche Wunscherfüllung beschieden. Er ist ständig unterwegs, und man glaubt zu ahnen, daß Didos Fluch an ihm wahr wird. Sein Weg ist nicht vergeblich, aber der Erfolg ist für ihn nur selten sichtbar oder verstehbar. Zwischen Ungewißheit und Wagnis verkörpert er einen neuen Menschentypus, der uns Heutigen vielleicht mehr zu sagen hat als früheren Generationen.

Der nächste Grund, sich mit Vergil auseinanderzusetzen, ist seine Suche nach den Faktoren, die ein menschenwürdiges Zusammenleben ermöglichen. Wie das Verhältnis zur Natur waren auch die Beziehungen zwischen Menschen damals von einer Lockerung traditioneller Bindungen gekennzeichnet. Gesellschaft und Familie begannen für den Einzelnen an Bedeutung zu verlieren. Die *Aeneis* versucht, zerrissene Fäden in neuer Weise anzuknüpfen, indem sie zeigt, auf welche Weise die Römer sich der ihnen gestellten weltgeschichtlichen Aufgabe hätten würdig erweisen können. Hinter der wohl dauerhaftesten Gabe der Römer an die Welt, dem Recht, stehen Prinzipien, die Vergil herausarbeitet. Die lateinische Sprache ist reich an Wörtern, die Wechselbeziehungen bezeichnen und sich somit durch zwei komplementäre Begriffe wiedergeben lassen: Der Pakt der Generationen heißt *pietas*, „Eltern-" und „Kindesliebe". Zwischen Vertragspartnern herrscht *fides* – zugleich „Vertrauen" und „Verläßlichkeit". Aeneas besteht auf der Einhaltung von Verträgen – bis hin zur Solidarität mit dem Gegner. Er tritt unbewaffnet zwischen die Kämpfenden – ein Verhalten, das weit über den heroischen Ehrenkodex oder auch die Erwartungen an einen Römer des Gladiatoren-Zeitalters hinausgeht. Zwar ist Aeneas im gerechten Zürnen und Rächen ein Römer, kein Heiliger, doch liegt Vergil eine romantische Verherrlichung des Krieges fern. Letztlich entsprechen Vergils Mythos des Zusammenwachsens von Troianern, Etruskern und Latinern und auch die positive Wendung, die er den griechisch-römischen Beziehungen gibt, der tatsächlichen Offenheit Roms für fremde Einflüsse.

Ein weiterer Grund, zu Vergils Werken zu greifen, ist sein Mut, entgegen dem Augenschein an einem positiven Ziel der Geschichte festzuhalten. Fern allem oberflächlichen Optimismus, ist Vergils Glaube an Roms Zukunft nur im Sinne eines Dennoch verstehbar: Im Gegensatz zu Homers *Ilias*, deren Fernziel die Zerstörung einer Polis ist, bewegt sich die *Aeneis* auf die künftige Geburt einer Stadt zu, – eine Sicht, die (im Unterschied zu dem zyklischen Bild der Weltgeschichte bei Platon) Vorarbeit für die spätere Geschichtsphilosophie leistet, wie sie sich seit Augustinus entwickeln wird. Vergil nimmt die Aufgabe des Dichters ernst, ein – nur seinem Gewissen verantwortlicher, niemals dozierender – Lehrer seines Volkes zu sein. Zwar kein Prophet, gleicht er dennoch (wie Dante bemerkt) einem Mann, der auf dem Rücken ein Licht trägt. Er steht im Dunkel, doch erleuchtet er den Nachfolgenden den Weg.

Ein Grund, der uns Vergil vor allem nahebringt, ist sein undoktrinäres Denken und die besondere Gabe des Dichters, die ursprünglich überwiegend visuelle Sprache des Epos in eine Sprache der Seele zu verwandeln. Er erkennt Urformen, verborgene Möglichkeiten künftiger Entfaltung. So gelingt es ihm, kein „Retortenepos", sondern einen wirkmächtigen Mythos zu gestalten, der (was in nachphilosophischer Zeit überrascht) von der Gemeinschaft als Ausdruck ihrer wahren Identität angenommen wurde – eines Rom, wie es hätte sein sollen.

Vergillektüre lohnt sich zudem, weil er selbst ein Meister des Lesens ist: ein tiefblickender Leser im Buch der Natur und der Geschichte, aber auch ein kreativer Leser literarischer Texte. Sein Umgang mit Homer und anderen Vorgängern zeigt, wie ein wahrer Dichter sich Gelesenes voll zu eigen machen kann: So manche „homerische" Szene ist tiefer im Ganzen der *Aeneis* verankert als in ihrem ursprünglichen Zusammenhang. Aeneas gleicht zwar Odysseus, aber er fügt dem Odysseus-Typos eine neue Gemeinschaftsbezogenheit und eine welthistorische Dimension hinzu. Andererseits übernimmt Vergil von den hellenistischen Autoren das geschärfte künstlerische Gewissen und den edlen Geschmack, nicht aber deren Sinn für das Unwesentliche.

Wer eine Antwort auf die eingangs gestellte Frage sucht, ob Dichtung in unpoetischer Zeit noch möglich sei, wird somit in Vergil einen Gesprächspartner von erstaunlicher Modernität entdecken. Einen denkenden Dichter, der sich bei aller Reflektiertheit den Blick für das Ganze und eine ursprüngliche Sprachkraft bewahrt. Heute – nach dem Verschleiß der Genie-Ästhetik wie auch des *l'art pour l'art* – ist Vergil ein aktuelles Beispiel einer neuen, zukunftweisenden Auffassung vom Dichter.

Nicht zuletzt mag sich mancher mit frischer Neugier Vergils Werk zuwenden, allein schon um das törichte Gerücht zu widerlegen, Vergil, der Dichter Europas, sei heute in Europa weithin unbekannt.

Den Anregern und ersten Lesern dieses Buches, seinen Heidelberger Kollegen Dr. Eckhard Christmann und Dr. Rudolf Kettemann, dankt der Verfasser herzlich für sachkundige und gründliche Lektüre des Manuskripts und Franz M. Scherer, M.A., für bibliographischen Rat.

# 1 DER AUTOR IN SEINER ZEIT

Zeugnisse: J. Götte, K. Bayer (Ausg., Bd. 1, ⁵1985); K. Bayer (Ausg. 2002; Lit.). Zur Kritik: H. Naumann (1981) und G. Brugnoli in *Enciclopedia Virgiliana* (*=EV*) s.v. "Vitae Vergilianae"; * N. Horsfall (1995) 1–25 (Lit.); A. La Penna (2005) 499–505.

> *Sein Wachstum ist: der Tiefbesiegte*
> *von immer Größerem zu sein.*
> R.M. Rilke, *Der Schauende*

Vergils Lebensgeschichte bleibt für uns ein Geheimnis; seinen Werken und denen seiner Zeitgenossen lassen sich nur Andeutungen entnehmen. Von den erhaltenen Lebensbeschreibungen sind die Donatvita, die auf Suetons *De poetis* zurückgeht, und die Serviusvita die wichtigsten; doch glaubwürdig sind fast nur ihre Angaben zum Geburts- und Todesdatum und zu Vergils Vermögensverhältnissen.[1] Schon bald setzt die Legendenbildung ein. Die Mutter soll geträumt haben, sie gebäre einen Lorbeerzweig. Der Neugeborene weint nicht; die Erde läßt für ihn Blumen aufsprießen (man denkt an die vierte Ekloge); Honigbienen umschweben seine Lippen, wie einst die des „heiligen Platon" (*Vita Focae* 31). Ein Pappelreis, das der Vater in sandigen Boden steckt, überragt in Kürze alle anderen Bäume. Es ist leicht, über solche Erfindungen zu lächeln. Doch in Zeiten, die nur allzu bereit waren, Machthaber zu vergöttern, sind dies achtbare Zeugnisse nachdenklicher Leser, die versuchten, demgegenüber das unverdiente Wunder der Entstehung von Dichtung und den von ihr ausgehenden Segen in Worte zu fassen. So sind die Biographien als ein Stück Vergilrezeption zu lesen.[2]

Am 15. Oktober 70 v. Chr. in Andes[3] bei Mantua geboren, stammt Publius Vergilius[4] Maro aus keineswegs vornehmer Familie. Das Gentilnomen der Mutter – Magia oder Maia – könnte (falls nicht erfunden) ins Oskische weisen. Die Namen Vergilius und Maro[5] dürften auf etruskischen Ursprung hindeuten. Zwar wäre es verwegen, die visionäre Eigenart von Vergils dichterischer Begabung aus etruskischem oder keltischem Erbe herzuleiten – ist doch Mantua (nach Vergils Zeugnis: *A* 10, 198-206) ein Schmelztiegel verschiedener Stämme. Doch weiß der Dichter, was er seiner Heimat verdankt: Er nennt die Seherin Manto als Mutter des Gründers (ebd.); seine poetischen Siegespalmen will er dereinst in die

---

[1] Unklar sind im einzelnen die näheren Umstände der Landverteilungen und ihre Folgen für Vergil (vielleicht hatten die Biographen schon wie wir nur die *Bucolica* als „Quelle" zur Verfügung). Auch die Berichte über Vergils Testament sind in sich widersprüchlich.
[2] Eine umsichtige Kritik an der zeitüblichen pauschalen Ablehnung der biographischen Überlieferung: K. Büchner (1955), bes. 1037-1061; inzwischen hat die Literaturwissenschaft den „Autor" (als Begriff) totgesagt und doch wieder auferstehen lassen: R. Barthes (1967) und (1968); deutsch in: F. Jannidis u.a. (Hg.), (2000) 185-193; ferner: F. Jannidis u.a. (Hg.), (1999); S. Burke (²1998).
[3] Die Lokalisierung ist unsicher; man vermutet unter anderem die Ortschaft Virgilio (früher Pietole oder Pietola; vgl. Dante, *Purgatorio* 18, 83); für Castel Goffredo: D. Nardoni (1992).
[4] Die Form Virgilius findet sich erst von 400 n. Chr. an.
[5] Zu Maro gibt es aber auch griechische und keltische Anknüpfungsmöglichkeiten.

Heimat bringen, wo am Ufer des Mincius (Mincio) die Singschwäne wohnen (*B* 9, 27-29; *G* 2, 198 f.; bes. *G* 3, 12-15). Der Vater soll sich als einfacher Dienstmann eines niederen Beamten (*viator*) zum Schwiegersohn seines Vorgesetzten emporgearbeitet haben und zu einigem Wohlstand gelangt sein. Auf eigenem Grund und Boden befaßte er sich angeblich mit Bienenzucht und auch mit Töpferei.[6] So wächst der Sohn ursprünglich wohl in engem Kontakt mit der Natur auf. Die in den *Georgica* spürbare Nähe zu den bäuerlichen Wurzeln Italiens geht jedenfalls weit über die sentimentalische Affektation des Städters hinaus. Offenbar hält der Vater des Dichters – ähnlich wie der des Horaz – eine gründliche Erziehung seines Sohnes für eine gute Investition. In der Poebene, wo viele angesehene Grammatiker und Rhetoren ihren Lebensabend verbrachten, war Gelegenheit, sich im Lateinischen wie im Griechischen eine solide literarische Bildung anzueignen: Stationen sind wohl zunächst Cremona und Mailand, dann erst Rom;[7] doch das Großstadtleben sagt Vergil auf die Dauer nicht zu. Er lebt vorzugsweise am Golf von Neapel.[8] Wenn die Biographen ihm medizinische und mathematische (astronomische) Studien zutrauen, mag dies auf dem Zeugnis der *Georgica* beruhen.[9] Ein Bruder Vergils, Silo, stirbt im Knabenalter, ein anderer, Flaccus, als junger Mann: Das Thema des frühen Todes wird den Dichter von den *Bucolica* bis zur *Aeneis* nicht mehr loslassen.[10]

Die Annahme, Vergil sei bald mit dem Kreis in enge Berührung gekommen, den der angesehene Epikureer Siron am Golf von Neapel um sich scharte, beruht auf dem (in seiner Echtheit nicht unumstrittenen) Zeugnis von *Catalepton* 8 und 5;[11] ein Papyrus bestätigt, daß Vergil am Golf von Neapel war, nennt aber Siron nicht. Dort könnte Varus, den Vergil in der sechsten Ekloge anredet, sein Studiengenosse gewesen sein (Servius zu *B* 6, 13). Erste dichterische Versuche auf den Spuren Catulls wären (falls echt) jener Phase zuzuordnen (zur *Appendix Vergiliana* s. Anhang, S. 200). Ein Papyrus bezeugt jetzt, daß Philodem Vergil und seinen Freunden ein Werk gewidmet hat.[12] Epikureischer Einfluß zeigt sich stellenweise sogar in der *Aeneis*, besonders aber in den *Georgica*, wo der Dichter sich ständig mit Lukrez auseinandersetzt und den Heldentaten des Princeps stolzbescheiden seine „ruhmlose" neapolitanische Muße gegenüberstellt.[13] In der Weise der Epikureer lebt Vergil gerne im Verborgenen. Natürlich ist er von Anbeginn kein epikureischer Doktrinär; schon in den *Georgica* und noch mehr in der *Aeneis* treten stoische (und platonisch-neupythagoreische) Einflüsse hinzu. An Epikur – aber auch an die Pythagoreer – könnte ferner die hohe Bewertung

---

[6] Bei der „Bienenzucht" ist Extrapolation aus den *Georgica* denkbar; der „Töpfer" (keineswegs nur ein Schimpfwort) ist als Handwerker (Demiurgos) ein Sinnbild für den Schöpfer (also vielleicht eine platonisierende Erfindung): *figuli suboles nova carmina finxit* (*Vita Focae* 10).
[7] Studierte Vergil bei M. Epidius, dem Lehrer von Cornelius Gallus und Augustus?
[8] *G* 4, 563 f.; Augustus, *Brief* frg. xxxv, ed. H. (=E.) Malcovati (Torino 1962); Papyrus Paris Herc. 2 (N. Horsfall [1995] 2; 7).
[9] *Vita Donati* (Ausg. C. Hardie, Oxford 1957) 14, 47.
[10] Befremdlich daher K. Büchners (1955, 1040) Meinung, die Brüder hätten in Vergils Gedankenwelt „keine entscheidende Rolle gespielt."
[11] M. Gigante (1984); M. Gigante, M. Capasso (1989) 3-6; zur Kritik: N. Horsfall (1995) 7-8.
[12] M. Gigante (1990) 10-13; vgl. auch J. Fish (2004), (Lit.).
[13] D. Armstrong u.a. (Hg.), (2004); den Epikureismus Vergils betont M. Erren im *Georgica*-Kommentar (2003) durchweg sehr stark; zu Lukrez in den *Georgica* einschränkend R. Thomas, Komm. (1988) zu 2, 475-94, bes. S. 250 (Lit.); zur *Aeneis*: (Zorn; guter König) s. Anm. 598 f.

der Freundschaft erinnern, wie wir sie in den *Bucolica* und noch in der *Aeneis*[14] finden. Doch bedarf dieser edle menschliche Zug keiner philosophischen Festlegung. Horaz nennt Vergil *optimus*;[15] an anderer Stelle folgt bei ihm auf Vergils Namen ein enthusiastisches Lob der Freundschaft (*Satiren* 1, 5, 40-44). Es ist keine moderne Entdeckung, sondern eine Binsenwahrheit, daß man dichterische Texte nicht plump als autobiographische Zeugnisse auswerten darf; dennoch dürfte es lohnend sein, die Erwähnungen der Freunde und die historischen Anspielungen in Vergils Werk ernst zu nehmen.

Vergil ist eine Generation jünger als Cicero und Caesar und eine Generation älter als Ovid. Horaz kommt fünf, Augustus sieben Jahre nach ihm zur Welt. Den Konflikt zwischen Caesar und Pompeius erlebt Vergil als Jugendlicher, und das Leid dieses Bruderkrieges klingt noch in der *Aeneis* nach, wenn Anchises aufschreit: „Wirf die Waffen aus der Hand, du mein Blut" (*A* 6, 835). Bei Caesars Ermordung (44) ist Vergil 26 Jahre alt – auch später noch deutet er dieses Ereignis und die Schlacht bei Philippi (42) als Katastrophen, die den Kosmos in Mitleidenschaft ziehen (*G* 1, 466-497). Die bittere Erfahrung der Landverteilungen nach 42 – die von Augustus über Cremona verhängte Bestrafung greift auf das Gebiet von Mantua über (*B* 9, 28) – läßt ihn das Grauen der Völkerwanderung vorausahnen: „Der Barbar wird diese Saaten innehaben (*B* 1, 71)... Wir aber werden von hier teils zu den durstgeplagten Afrikanern gehen, teils nach Skythien" (*B* 1, 64 f.). Wenn auch die Einzelheiten offen bleiben, besteht kein Zweifel darüber, daß die Konfiskationen für Vergil eine traumatische Erfahrung waren und daß sogar das Leben eines Dichters zeitweise bedroht war (*B* 9, 16-20). Dank für Hilfe kommt in den Widmungen mehrerer Eklogen zum Ausdruck: Adressaten sind Asinius Pollio (Historiker, Tragiker, Mäzen und Politiker zwischen den Fronten der Bürgerkriege: *B* 3, 84-88; *B* 4, *B* 12 und wohl auch *B* 8), ferner dessen Nachfolger als Statthalter in Oberitalien, der Jurist Alfenus Varus (*B* 6, 10; *B* 9, 26 f.) und nicht zuletzt der ungenannte *iuvenis* (*B* 1, 42) – doch wohl der spätere Augustus. Besonders herzlich huldigt der Dichter in der sechsten und zehnten Ekloge einem Hauptvertreter der damaligen literarischen Moderne, Cornelius Gallus.[16] Sein zweites größeres Werk, die *Georgica*, widmet Vergil Maecenas, der ihn nach dem Erfolg der *Bucolica* in seinen Kreis aufgenommen hat.[17]

Die Bürgerkriege (44-42 und 32-30 v. Chr.) erlebt der Dichter mit Bewußtsein. Nur angesichts der düsteren Erfahrungen seiner frühen Jahre kann man voll ermessen, wie kostbar dem Dichter das Geschenk des Friedens – dieses höchsten Ziels der Politik – nach der Schlacht bei Actium erscheinen mußte (die er *A* 8, 675-728 verherrlicht). Ein Briefwechsel zwischen Augustus und Vergil über die *Aeneis* (*Vita Donati* 31, 104-110) fällt etwa in die Jahre 27-24. Properz

---

[14] Man denke nicht nur an Nisus und Euryalus (Buch 10), sondern auch an die Gastfreundschaft zwischen Aeneas, Euander und Pallas, welche die Bücher 8-12 zusammenhält.
[15] Er verdankt Vergil und Varius die Empfehlung an Maecenas (*Satiren* 1, 6, 54 f.); vgl. auch die herzliche Anrede *animae dimidium*: *Carmina* 1, 3, 8). Lit.: J. L. Vidal (2004); D. Gagliardi (1991) ; E. A. Schmidt (1983); G. Barra (1973).
[16] Gallus sollte damals (wohl als *vir agris dividendis*) von den verschonten Gemeinden Geld eintreiben. Zum von Vergil angeblich gestrichenen Lob des Gallus (in *G* 4) s. Anm. 26 u. 29.
[17] Maecenas erwählte mit Vorliebe bereits bewährte Dichter (auch Properz widmet ihm sein *zweites* Buch).

(2, 34, 65 f.) begrüßt im Jahr 26 v. Chr. die Entstehung der *Aeneis* mit überschwänglichem Lob, das sich als zutreffend bewahrheitet hat. Er kennt zumindest die beiden Anfangsverse des Werkes und die Actium-Partie des achten Buches. Zweifellos hat Vergil, wie damals allgemein üblich, Teile im Freundeskreis vorgelesen. Später (22) rezitiert er die Bücher 2, 4 und 6 vor Augustus. Das sechste Buch der *Aeneis* überschattet der erschütternd frühe Tod von Augustus' Schwiegersohn Marcellus (23 v. Chr., *A* 6, 860-886). Wie sehr sich der Dichter den historischen und geographischen Tatsachen verpflichtet fühlt, zeigt sich daran, daß er kurz vor seinem Tode beschließt, eine Seereise nach Griechenland und Kleinasien zu unternehmen, um einige der Schauplätze der *Aeneis* in Augenschein zu nehmen.[18] Eine Krankheit zwingt ihn umzukehren. Er ist in Brundisium am 21. September 19 v. Chr. gestorben; seine Gebeine ruhen in Neapel. Testamentarisch hatte er verboten, Unfertiges zu publizieren.[19] Die *Aeneis* wäre uns also verloren, hätte nicht Augustus ein Machtwort gesprochen.

*Mantua me genuit, Calabri rapuere, tenet nunc / Parthenope. Cecini pascua, rura, duces.* Das vielleicht authentische Grabepigramm nennt Mantua, Neapel (Parthenope) und Kalabrien, vergegenwärtigt also den Norden, die Mitte und den Süden Italiens als Raum von Vergils Wirken. Neapel als ständiger Wohnsitz (im Leben wie im Tod) steht in der Mitte, flankiert von den Stätten der Geburt und des Sterbens. Ortsnamen dienen zugleich als zeitliche Orientierungspunkte, wie dies auch im Prooemium der *Aeneis* der Fall ist (Troia – Rom – Karthago). An den Abriß des Lebens schließt sich der des Schaffens mit ebenfalls drei Stationen an, die eine progressive Erweiterung des Horizonts einschließen.

Nach dem Zeugnis der Biographen war Vergil groß und schlank, von eher dunkler Gesichtsfarbe und bäuerlichen Zügen (*Vita Donati* 8, 25); ein Mosaik aus Hadrumetum (Ende 3. Jh.), das den Dichter zwischen zwei Musen zeigt, scheint diese Beschreibung zu bestätigen, kann aber natürlich auch von ihr abhängen.[20] Horaz, der sich großstädtisch zu kleiden wußte, schildert mit einer Mischung aus aufrichtiger Bewunderung und leichter Ironie ein „großes Genie" (*ingenium ingens*:[21] wem außer Vergil würde der kritische Horaz diesen Ehrentitel gönnen?), bei dem aber Toga und Schuh schlecht sitzen (*Satiren* 1, 3, 30-34). Vergils schwache Gesundheit[22] – machte sich schon in relativ jungen Jahren auf der Reise nach Brundisium bemerkbar (38 v. Chr.: Horaz, *Satiren* 1, 5, 48 f.). Er war auf eine streng geregelte Lebensweise angewiesen und, was Auftritte in der Öffentlichkeit betraf, von fast mädchenhafter Scheu (*Vita Donati* 11, 36-40). Man konnte stolz darauf sein, wenn man ihn überhaupt zu Gesicht bekam (Ovid, *Tristia* 4, 10, 51). Als Redner und Advokat war er alles andere als erfolgreich

---

[18] Horsfall (1995) 21 meint, ein Bibliotheksaufenthalt wäre nützlicher gewesen; doch Bibliotheken kannte Vergil; Griechenland zu sehen war für ihn eine wichtige neue Erfahrung.
[19] Die Einzelheiten sind unklar und in sich widersprüchlich: Plinius, *Naturgeschichte* 7, 114; vgl. *Vita Donati* 37, 140 – 40, 155; zur Weisung, die *Aeneis* zu verbrennen s. auch *Serviusvita* 29; Kritik: N. Horsfall (1995) 20-23; N. Holzberg (2006) 16 (der Bericht über Vergil aus Ovid herausgesponnen; überzeugender ist das Umgekehrte).
[20] Zu Porträtköpfen, die z. T. auf Vergils letztes Lebensjahr zurückgehen könnten, und weiteren Darstellungen des Dichters: H. von Heintze (1987) und (1991).
[21] Zu *ingens*, einem Lieblingswort Vergils, immer noch J. Henry (1873-1889) 3, 39-45.
[22] Die Zeugnisse deuten eher auf eine Magenkrankheit (*crudus*: Horaz, *Satire* 1, 5, 49) als auf Tuberkulose hin.

(*Vita Donati* 15, 50-53), wohl weil er jedes Wort auf die Goldwaage legte; Vorbehalte gegenüber allzu großer Mundfertigkeit bekundet er an vielen Stellen der *Aeneis* (s. S. 169 f.). Augustus und andere Gönner sollen ihn reich beschenkt haben, so daß er – zumindest in späteren Jahren – die Voraussetzungen für den Ritterzensus erfüllte; doch hat der Dichter, als ihm der Princeps die Güter eines Verbannten anbot, die Annahme verweigert (*Vita Donati* 12, 40). Den Vertretern der Politik kommt im Falle des Vergil (und Horaz) das Verdienst zu, die Entfaltung der großen Literatur nicht blockiert zu haben. Nicht in allen Epochen können Autoren so ungehindert arbeiten, wie es Maecenas seinen Dichterfreunden ermöglichte. Wenn Augustus die *Aeneis* vor der Vernichtung gerettet hat, so darf man über diesem unsterblichen Verdienst um die Weltliteratur nicht vergessen, daß es damals auch Bücherverbrennungen und Verbannungsurteile gab.

Nun zur Datierung der Werke: Nach allgemeiner Ansicht entstanden die *Bucolica* etwa zwischen 42 und 39 (oder 38) v. Chr. Nach anderer (mit Recht nicht allgemein akzeptierter) Auffassung wäre der späteste Zeitpunkt 35.[23] Die erste und die neunte Ekloge (die sich thematisch berühren) sind im Jahr der Landverteilungen (41 v. Chr.) oder kurz danach entstanden. Die vierte Ekloge ist durch Pollios Konsulat (40) auf Ende 41/Anfang 40 datiert. Die zweite und die dritte Ekloge werden in der fünften (*B* 5, 86) zitiert, sind also vor dieser entstanden. Für eine relativ frühe Datierung dieser Eklogen spricht auch ihre Nähe zu Theokrit.[24] Horaz kennt in der 16. Epode (die während des Perusinischen Krieges entstand und die Parthersiege von Anfang 40 kennt) die erste, dritte und vierte Ekloge. Nach traditioneller Auffassung schloß sich an die fünfte die siebte Ekloge an; doch wird diese auch für die späteste gehalten (39 v. Chr.).[25]

Die neunte Ekloge zitiert die fünfte (*B* 9, 19 f.; 5, 40). Nach der neunten Ekloge ist vermutlich die sechste abgefaßt, da hier der dort angekündigte Lobpreis des Varus erklingt. Die sechste Ekloge setzt wohl die erste voraus (vgl. *B* 6, 8 mit 1, 2). Die achte und die zehnte Ekloge fallen in das Jahr 39. Die achte ist Pollio gewidmet, der Tragödien verfaßte – Vergils hohes Lob kann nicht dem mißlungenen *Aiax* des Augustus gegolten haben, den dieser in richtiger Selbsteinschätzung vernichtet hatte: Jeder Leser hätte Vergils Worte nur als bittere Ironie empfunden. Mit der Widmung an Pollio ist die achte Ekloge in das Jahr 39 datiert. Die *Bucolica* wurden also nicht erst 35 vollendet.

Ein besonderer Reiz der *Bucolica* liegt darin, daß sie das geistige Klima der ausgehenden Republik einfangen: das Patronat durch einflußreiche und noch relativ unabhängige Bürger, erste Bedrohung durch die wachsende Macht des Militärs, geheime, religiös getönte Friedenshoffnungen in friedloser Zeit. All dies erklärt nicht das Wunder der Entstehung dieser kleinen, großen Dichtungen, macht aber den Kairos verständlich: Nur damals konnten sie geschrieben werden.

---

[23] Einen Bezug der achten Ekloge auf Augustus vertreten G. Bowersock (1971) und (1978), E.A. Schmidt (1987) 198-200 (dort auch detaillierte Vorstellungen zur Entstehung der übrigen Eklogen und von *Georgica I*), D. Mankin (1988); W. Clausen, Komm. (1994); N. Holzberg (2006) 21. Dagegen mit Recht schon im 18. Jh. P. Burmann (Komm. zu Vers 6); W. Stroh (1983), bes. 214, Anm. 30; A. Perutelli, in: N. Horsfall (1995) 29 (Lit.); H. Seng 1999.
[24] Es ist nicht auszuschließen, daß die frühesten Eklogen zum Teil schon vor 42 entstanden.
[25] H. Seng (1999) 107.

Die *Georgica* entstehen etwa zwischen 39 und 29;[26] an der *Aeneis* arbeitet Vergil in seinem letzten Lebensjahrzehnt (29-19).[27] Die äußerst sorgsame und zeitaufwendige Art seines Dichtens (vgl. *Vita Donati* 22, 80-83) bestätigt eine Hochrechnung der Verszahlen auf die vermutlich benötigten Jahre. Drei Jahre soll er an den *Bucolica*, sieben an den *Georgica* und elf an der *Aeneis* gearbeitet haben.[28] Eine Unsicherheit bleibt, da die Zahlen 3, 7 und 12 (nur 11 wegen der Nichtvollendung) als symbolische Zahlen verdächtig sind. Die Entstehung der *Bucolica* mag etwas länger als drei Jahre gedauert haben. Zeitliche Überschneidungen zwischen *Georgica* und *Aeneis* sind möglich, ja wahrscheinlich.[29]

Trotz der Ungewißheit über viele biographische Details ist es für das Verständnis des Werkes lohnend, sich Vergils Stellung in der allgemeinen Geschichte und in der Literaturgeschichte zu vergegenwärtigen. Sein Leben, das unter dem Konsulat des Pompeius (70 v. Chr.) beginnt und zur Zeit der Ehegesetzgebung des Augustus endet (19 v. Chr.), umfaßt die Epoche der größten Entfaltung der Einzelpersönlichkeit in der römischen Politik: In Vergils Jugend baut Pompeius seine Machtposition durch Eroberungen im Osten aus, und Caesar tut das gleiche im Westen, so daß die Republik zerbricht. Auch in der Literatur kommen große Einzelne zu Wort: Vergils ältere Zeitgenossen Catull und Lukrez sind unabhängige Geister, die wagemutig für die lateinische Literatur neue Bereiche erobern. In der nächsten Generation wird der Individualismus Mode und damit – paradoxerweise – zu einer kollektiven Erscheinung. Während also die Elegiker Tibull, Properz und Ovid in der Nachfolge Catulls und des Cornelius Gallus die „regelmäßige" Fortentwicklung der römischen Literatur im Zeichen des Hellenismus widerspiegeln, findet Vergil einen ganz eigenen Weg in der entgegengesetzten Richtung: Sein Schaffen beginnt zwar mit der Pflege der neoterischen Kleinform, und die *Bucolica*, sein erstes größeres Werk, stehen in der Nachfolge des hellenistischen Dichters Theokritos (nicht ohne sich in vielem von

---

[26] Zur Datierung der *Georgica:* N. Horsfall (1995) 63-65 (mit kritischer Literaturdiskussion); und 93-94 (eine imponierende Liste der historischen Anspielungen in den *Georgica*). Im ersten Buch setzt das Prooemium das Erscheinen von Varros Werk *Über die Landwirtschaft* (37/36 v. Chr.) voraus; Vergil kann aber seine Arbeit früher begonnen (und laufend ergänzt) haben. Die Sphragis am Ende des Werkes ist auf 30 datierbar. Historische Anspielungen reichen bis 29. Die ausgewogene Konzeption des Gesamtwerkes macht eine separate Veröffentlichung des ersten Buches unwahrscheinlich. Gleiches gilt für eine solche der ersten beiden Bücher. Die Nachrichten des Servius (zu *B* 10, 1 und *G* 4, 1) über die von Augustus angeordnete Beseitigung eines Lobes des Gallus im vierten Buch diskutiert N. Horsfall (1995) 86-89 kritisch. Die gute Verankerung der Aristaeus-Erzählung im Ganzen der *Georgica* spricht gegen eine unter äußerem Druck erfolgte hastige Umarbeitung. M. Erren, Komm. (2003) 906-908 hält (für mich nicht überzeugend) das Aristaeus-Epyllion für den ältesten Teil der *Georgica*.
[27] Nach der *Vita Donati* (23, 85-91) soll sich Vergil von der *Aeneis* zuerst einen Aufriß in Prosa angelegt und die Teile von Fall zu Fall nach Lust und Laune ausgearbeitet haben, wobei als Zwischenstufe auch vorläufige Versfassungen als „Stützpfeiler" (*tibicines*) dienen konnten (ein Beispiel ist vielleicht die Helena-Episode im zweiten Buch). Diese Darstellung von Vergils Schaffensweise wird fast allgemein akzeptiert. Einwände und Lit.: Horsfall (1995) 16-17.
[28] *Serviusvita* 24-28.
[29] Überschneidungen von *Georgica* und *Aeneis*: R. Niehl (2002), bes. 185-201; Hinweise auch bei M. Erren, Komm. (2003) 905 f., Anm. 2. An der zeitlichen Priorität der *Georgica* zweifeln beide Forscher nicht, und die meisten werden ihnen zustimmen. Für Priorität der *Aeneis*-Stellen vor den Parallelen im Aristaeus-Epyllion (im Anschluß an Servius) A. Setaioli (1998) und (1999) – nicht überzeugend.

diesem und von Catull zu distanzieren), die anschließend verfaßten *Georgica* berufen sich nicht nur auf alexandrinische Traditionen, sondern auch auf den Altmeister Hesiod, und die *Aeneis* schließlich verleugnet zwar nicht den Einfluß des Apollonios von Rhodos, wetteifert aber vor allem mit dem frühesten und bedeutendsten griechischen Dichter, Homer. Diese Entwicklungslinie zeugt von innerer Unabhängigkeit. In literarischer Beziehung schwimmt der Autor gegen den Strom seiner Zeit. Vergil wächst, indem er mit immer größeren Meistern ringt.

Dabei läßt sich die literarische Entwicklung nicht von dem historischen Rahmen loslösen. Zwar hätte niemand voraussagen können, in philosophisch aufgeklärter Zeit werde ein Epos entstehen, das gar noch von der Allgemeinheit als Ausdruck der eigenen Identität akzeptiert würde. Dennoch trägt auch die *Aeneis* unverwechselbar die Züge des Jahrzehnts, in dem sie entstand. Aeneas ist kein Ideal, doch gleicht er – bei aller Unvollkommenheit, die ihn uns menschlich näher bringt – einem römischen Beamten und Feldherrn der Republik (wie er hätte sein sollen und wie man sich ihn für den „wiederhergestellten Staat" gewünscht hätte); seine *pietas* verwirklicht die für die frühaugusteische Zeit bezeichnende Verbindung „privater" und „öffentlicher" Wertvorstellungen, wobei Belange des Individuums hinter dem allgemeinen Wohl zurückstehen: ein „unheroischer", „moderner" Held, dem kaum persönlicher Erfolg, aber um so größere Langzeitwirkung beschieden ist. So ist Vergils Schöpfung alles andere als rückwärtsgewandt; sie gilt der eigenen Zeit – einem Fürstenspiegel gleich – und setzt auf lange Sicht Maßstäbe. Ein gnädiges Schicksal läßt den Dichter sterben, bevor sich die Herrschaft des „ersten Mannes" verfestigt und als Monarchie entpuppt.

## 2 BUCOLICA

### 2. 1 WERKÜBERSICHT

Forschungsberichte zu den *Bucolica*: W. W. Briggs (1981); A. Perutelli, in: A. La Penna (2005) 62-66. Gesamtwürdigung: A.Perutelli, in: N. Horsfall (1995) 27-62; C. Martindale, in: C. Martindale (Hg.), (1997) 107-124; N. Holzberg (2006) 71-90 (ohne Anm.); Verf., in: Ausg. (2001) 95-225; 263-283 (Lit.); ebd. Spezialbibliographien zu den einzelnen Eklogen (245-261).

### 2. 1. 1 ERSTE EKLOGE[30]

Die erste Ekloge ist ein Gespräch – oder ein „Aneinandervorbei" – zweier Hirten: des ruhigen und glücklichen Tityrus und des vertriebenen, elegischen Meliboeus.[31] Meliboeus stellt (1-5) sein hartes Flüchtlingslos dem geborgenen Dasein des Tityrus gegenüber.[32]

In seiner Antwort nennt Tityrus (6-10) seinen Zustand beim Namen (*otia*) und verweist auf den „Gott", dem er seine Muße verdankt und dem er Opfer darbringt – zum Dank für die Erlaubnis, an dem bisherigen Ort Rinder weiden zu lassen und zu musizieren.

Meliboeus (11-18) erklärt, er neide dem Freund sein Glück nicht. Nur wundert ihn angesichts der allgemeinen Unsicherheit die Ruhe des Tityrus. In einem Rückblick auf seine eigene jüngste Vergangenheit berichtet er von dem schmerzlichen Verlust zweier neugeborener Zicklein. Dann bittet er, Tityrus möge ihm eröffnen, wer sein „Gott" denn sei.

Statt direkt zu antworten, spricht Tityrus (19-25) von der Stadt Rom, die sich mit dem ihm bekannten Städtchen nicht vergleichen lasse. Bilder aus der Hirtenwelt verdeutlichen, daß es sich nicht nur um einen graduellen Unterschied[33] handelt – wie etwa zwischen Welpen und Hunden, Zicklein und

---

[30] Das Wort „Ekloge" bezeichnet einfach ein „ausgewähltes Gedicht"; die Humanisten mißverstanden es als Gattungsbezeichnung („Ziegen-Rede" nach griech. αἴξ, αἰγός „Ziege"; daher heute noch im Französischen die Schreibung mit -*g*-: *églogue*).
[31] Den ersten Vers wird Vergil am Ende der *Georgica* – stellvertretend für sein erstes größeres Werk – zitieren.
[32] Dabei haben die Personalpronomina ihr Gewicht: *tu – nos; nos – tu*. Der ersten Person sind Verben der Bewegung zugeordnet (*linquimus; fugimus*), der zweiten solche der Ruhe und der geistigen Tätigkeit (*recubans; meditaris; doces*). Zu *meditari* „einüben" verweist E. Zinn (brieflich) auf Ambrosius, *De officiis ministrorum* 1, 10, 33 (*Patrologia Latina* 16, 37): *Haec ipsa natura nos in parvulis docet, quod prius sonos meditantur loquendi, ut loqui discant.*
[33] Tityrus betont die Unvergleichbarkeit: Das Adverb *sic* ist wichtig: es geht um eine bestimmte Art des Vergleichens, die in diesem Fall keine Gültigkeit habe. Anders als hier erscheint in *G* 4, 176 der Vergleich zwischen Großem und Kleinem (Cyclopen und Bienen) als zwar gewagt, aber annehmbar. Das ist die geläufige Verwendung (mit einem entschuldigenden Nebensatz), vgl. z. B. Cicero, *Brutus* 213 (*ut conferamus parva magnis*); Ovid, *Metamorphosen* 5, 416 f. (*si...*).

Geißen[34] –, sondern um einen solchen der Gattung (22-25). So schafft er für eine Rückschau auf seine Erlebnisse einen verheißungsvollen Rahmen.

Anders als Tityrus geht Meliboeus auf den Gesprächspartner ein. Er errät, daß dieser in Rom war, und fragt nach dem Grund der Reise (26).[35]

Die Entgegnung des Tityrus (27-35) steht im Zeichen der Freiheit, von der er fast wie von einer Göttin redet. Seit er anstelle der verschwenderischen Galatea die sparsame Amaryllis liebt, hat er Geld zurücklegen und sich schließlich freikaufen können.

Der empfängliche Meliboeus fühlt sich in die Sehnsucht der Amaryllis ein, die – zusammen mit den heimatlichen Bäumen, Büschen und Quellen – Tityrus während seiner Romreise vermißte (36-39): ein elegisch bewegter und bewegender Passus, dem Polyptota[36] lyrische Eindringlichkeit verleihen; weihevolle Anaphern deuten an, welch hohen Wert Tityrus als der sehnlich erwartete Herr für Amaryllis und für sein Landgut hat. Solche Beseelung der Landschaft wird sich in der fünften Ekloge (*B* 5, 64) noch reicher entfalten, wenn die Büsche raunen: Daphnis ist ein Gott.

Tityrus (40-45) entschuldigt sich für seine damalige Abwesenheit mit einem achselzuckenden *quid facerem?* („Was hätte ich tun sollen? Ich hatte keine Wahl", vgl. *B* 7, 14). Denn nur in Rom war sein „hilfreich gegenwärtiger Gott" (*praesens divus*)[37] zu finden. „Gott" ist in der Antike vielfach ein Funktionsbegriff: Das Wort kann für den einzelnen Menschen auch irdische Lebensspender (Eltern, Lebensretter und Lehrer) bezeichnen.[38] Seinem „Gott" bringt Tityrus an zwölf Tagen im Jahr (also wohl jeden Monat einmal) Opfer dar. Der junge Mann (*iuvenis*), der nicht namentlich genannt wird, ist vermutlich Caesar Octavianus, der spätere Augustus. Die Nennung des *iuvenis* erfolgt in Vers 42, also genau in der Mitte der Ekloge.

Auch inhaltlich handelt es sich um ein Zentrum, einen Wendepunkt, von dem aus sich der Gesamtaufbau des Gedichtes erschließt: Bisher bewegte sich die Erinnerung schrittweise rückwärts in die Vergangenheit auf die Begegnung mit dem persönlichen „Gott" zu. Dementsprechend dominierten Vergangenheits-

---

[34] Tityrus wählt den Vergleich mit Zicklein und Geißen wohl, weil Meliboeus Ziegenhirt ist (das wäre liebenswürdig, wenn es nicht darum ginge, einen begrenzten Horizont zu beschreiben). Im Hinblick auf den soeben von Meliboeus berichteten Verlust der Zicklein (für den Tityrus kein Wort des Bedauerns findet) zeugt die Wahl des Bildes nicht gerade von zarter Rücksicht.
[35] Daß der genaue Zusammenhang zwischen dem erklärten Zweck der Romreise (Freikauf des Tityrus) und deren Ergebnis (seinem Verbleiben auf dem Grundstück) offen bleibt, paßt zu der Verschlossenheit des Tityrus. Das Geheimnisvolle, das aus der Überlagerung nicht restlos miteinander kongruenter Schichten entsteht, gehört zum Stil – und zum Reiz – der vergilischen Bukolik. Die Suche nach lückenlosen Erklärungen ist nicht verboten, aber in vielen Fällen zum Scheitern verurteilt.
[36] *Quid ... cui ...; ipsae ..., ipsi ... ipsa.*
[37] Zu *praesens deus (divus)* vgl. *A* 9, 404; Cicero, *Tusculanae disputationes* 1, 12, 28 (über Hercules); Catull 64, 384-396 (über Iuppiter und andere „hilfreich gegenwärtige" Götter in der Heroenzeit: θεοὶ ἐπιφανεῖς, ἐναργεῖς, *Odyssee* 3, 420; 7, 201); Horaz, *Carmina* 3, 5, 2 (über Augustus); Ovid, *Tristia* 2, 54 (ebenso); der Gegenbegriff wäre *absens* (über den toten Augustus: *Metamorphosen* 15, 870). Niobe stellt sich in ihrer Hybris als „sichtbare" Gottheit den Göttern gegenüber, die man nur vom Hörensagen kennt (ebd. 6, 170 f.).
[38] So vergöttert Lukrez seinen Lehrmeister Epikur (z. B. 5, 8).

tempora. Die antichronologische Reihenfolge der in der ersten Gedichthälfte aufgerufenen Ereignisse wirkt nur deswegen nicht „künstlich", weil sie sich an die Arbeitsweise des menschlichen Gedächtnisses anlehnt, dem das jüngst Erlebte am nächsten liegt. In der zweiten Hälfte der Ekloge herrscht hingegen die Zukunft vor.

Zunächst malt sich Meliboeus das künftige beschauliche Dasein des „glücklichen Greises" Tityrus aus (46-58). Das Bild trägt idyllische Züge, obwohl Meliboeus – erfrischend nüchtern – ein Detail nicht verschweigt, das vielleicht erklärt, warum Tityrus sein Gut behalten durfte: Der Boden ist teils steinig, teils sumpfig. Auch die Feststellung, daß trächtige Tiere nicht unter ungewohntem Futter zu leiden haben werden (49), klingt bitter, erinnert sie doch unmißverständlich an die Fehlgeburt der Ziege des Meliboeus (wohl auf einem der „nackten Steine" des Tityrus: Vers 47 entspricht Vers 15!). Der Ton ist dennoch im ganzen feierlich (man denke an die „heiligen" Quellen: *fontis sacros* 52), fast hymnisch. Das liegt nicht zuletzt an der musikalischen Wirkung der Wiederholungen (*fortunate senex:* 46 und 51) und den beschwörend eindringlich gliedernden Partikeln und Adverbien.[39] Dezent ist die Klangmalerei der Vokale (*turtur ab ulmo* 58) und Konsonanten (55), fast verborgen die Vokalharmonie: Wohlgeordnet erscheinen alle fünf Vokale in einem Vers (*fortunate senex, hic inter flumina nota*). Weiteres sei der Entdeckerfreude des Lesers überlassen. Die Gegenwart von Bienen und Tauben garantiert auch eine akustisch intakte Umwelt.[40] Die uns eher abschreckende Vorstellung schattiger Kühle (52) suggeriert dem von Hitze geplagten Südländer umgekehrt ein behagliches, mäßig warmes Klima. Der gesamte Abschnitt (46-58) steht im Zeichen der zweiten Person: Vokative markieren den Anfang und die Mitte (46 und 51), die Verbalform *captabis* steht in der zentralen Zeile 52; die Pronominalformen gliedern das Ganze: *tua ... tibi...tibi... tua*.

Tityrus bedankt sich nicht für die Komplimente, sondern beteuert in seiner Antwort (59-63) seine ewige Dankbarkeit gegenüber seinem Gott. Er wählt dazu die Form des Adynaton:[41] Ein Vergessen ist so wenig möglich, wie ein Fisch auf dem Trockenen leben kann, oder ein Parther an der Saône oder ein Germane am Tigris. Mit dieser letzten Bemerkung liefert er ein Stichwort für Meliboeus, dessen wahrlich langer Geduldsfaden nun endlich reißt:

Im nächsten Abschnitt (64-78) tritt der glücklichen Zukunft des Tityrus die unglückliche des Meliboeus gegenüber. Für ihn scheint ja wahr zu werden, was Tityrus für unmöglich hielt: „Wir" – Meliboeus und viele italische Bauern – müssen nach Afrika, Skythien, an den Oaxes (wohl: Oxus) in Asien oder ins ferne Britannien gehen! Diese übertriebene Schreckensvision stellt dem *locus amoenus* des Tityrus auswärtige *loca horribilia* gegenüber.[42] Im Gegensatz zu

---

[39] *Non .. nec; hic..., hinc... hinc; nec... nec.*
[40] Hier fügt sich auch der singende Laubscherer (*frondator*) ein, ein Landarbeiter (vgl. Catull 64, 41; Ovid, *Metamorphosen* 14, 649), nicht etwa ein Vogel. Nach Servius (zu *B* l, 56) beschnitten Laubscherer Bäume, bereiteten Laubbündel als Tierfutter für den Winter vor bzw. rupften Blätter an den Reben ab, um die Trauben der Sonne auszusetzen. Das Singen bei der Arbeit ist in allen Kulturen verbreitet; erst in den letzten Jahrzehnten beginnen weniger umweltfreundliche Geräuschkulissen es abzulösen.
[41] Griechisch: „Das Unmögliche".
[42] R. Kettemann (1999) 716.

dem Zukunftsbild für Tityrus (46-58) dominiert nun statt der zweiten die erste Person (*nos; ego; veniemus; mirabor; videbo; canam*). Vokative und Verbalformen der zweiten Person (jetzt verstärkt durch sarkastische Imperative) beziehen sich nicht mehr auf Tityrus, sondern auf den Sprecher selbst und auf die Ziegen, für die der glückliche Kuhhirt so wenig Mitgefühl zeigte. Anaphern begleiteten in den Versen für Tityrus (46-58) ein idyllisches Bild; jetzt aber negieren sie das Idyll (*non / nulla / non*). Auch Lieder werden nicht erklingen – eine Vorahnung der „Poetik des Verstummens" (*B* 9). Das letzte Wort des Meliboeus ist „bitter" (*amaras*). Die von den römischen Politikern – zuweilen sogar von Cicero – hoch gepriesenen Soldaten (auf deren Gnade die Anführer angewiesen waren) heißen jetzt „der Barbar" (*barbarus*) und „der gott- und rücksichtslose Krieger" (*impius miles*). Hier übt der vermeintlich „linientreue" Vergil herbe Zeitkritik: Auf die verheerenden Folgen der Bürgerkriege für den Landbau wird das erste Buch der *Georgica* zurückkommen.

In den abschließenden fünf Versen (79-83) lädt Tityrus Meliboeus ein, bei ihm für eine Nacht mit einem Laublager vorlieb zu nehmen. Was an Nahrung vorhanden ist – Äpfel, Kastanien und Käse – will er mit ihm teilen: einfache Speisen, aber – so möchte man hinzufügen – solche des Goldenen Zeitalters, das hier in die Gegenwart hereintreten kann.

*Rückblick:* Die Ekloge hat Ringform: Anfang und Schluß entsprechen einander (1-5 und 79-83). Zu Beginn stoßen die heile Welt des Tityrus und die zerstörte des Meliboeus aufeinander, am Ende lädt Tityrus Meliboeus vorübergehend in seine Welt ein. Den zweiten und zweitletzten Platz (6-10 und 64-78) füllen Bilder von vergangenem und künftigem Unglück des Meliboeus. An dritter und drittletzter Stelle tritt uns die Rettung des Tityrus in der Vergangenheit (19-45) und sein Glück in der Zukunft (46-58) vor Augen. Genau in der Mitte der Ekloge begegnet Tityrus seinem Gott. Hier liegt auch die Spiegelachse zwischen Vergangenheit und Zukunft.

Trotz des symmetrischen Gesamtaufbaus ist Gleichförmigkeit vermieden; sind doch die Einzelteile unterschiedlich lang.[43] Die nur andeutende Erzählweise des Tityrus trägt ebenso zur Dramatik bei wie die fragende Anteilnahme des Meliboeus. Die Struktur der ersten Ekloge verbindet strenge konstruktive Prinzipien mit expressiver Lebendigkeit.

Aufmerksame Leser stellen Fragen wie die folgenden: Liegt in den ersten Versen ein poetisches Programm?[44] (Schon hier konfrontiert Vergil Theokriteisches mit römischer Zeitgeschichte). Identifiziert sich Vergil mit Tityrus oder mit Meliboeus? (Wohl mit beiden, aber jeweils nur zum Teil).[45] Wird Meliboeus die Einladung des Tityrus annehmen? (Vergil läßt den Schluß[46] offen, aber die antike Gastfreundschaft legt eine bejahende Antwort nahe). Wie erklärt es sich, daß Tityrus nach Rom geht, um sich freizukaufen; aber dort (nur?) die Erlaubnis erhält, sein Gut weiter zu nutzen? (Vers 29 bestätigt die Erlangung der Freiheit;

---

[43] Etwas vereinfacht: 5+5+29+5+1+28+5+5 Verse.
[44] F. Cairns (1999).
[45] Vgl. Servius zu *B* 1, 1: *hoc loco Tityri sub persona Vergilium debemus accipere, non tamen ubique, sed tantum ubi exigit ratio.*
[46] Eine präzise Untersuchung des Schlusses: C. Perkell (1990).

die Kreuzung privater und öffentlicher *libertas* ermöglicht den Einschluß der Huldigung an den Herrscher ins bukolische Gedicht). Geht die neunte Ekloge (mit der Bedrohung des Besitzes) der ersten voraus oder handelt es sich dort um eine erneute Gefährdung?[47] (Poesie ist nicht zu notarieller Präzision verpflichtet; doch selbst wenn die neunte Ekloge älter sein sollte, hat Vergil sie absichtlich in die überhaupt konfliktreichere zweite Werkhälfte gestellt, dem Leser also das Wiederauftreten von Problemen nahegelegt). Die Schwierigkeit, ja Unlösbarkeit mancher neugierigen Fragen beleuchtet indirekt die Eigenart von Vergils Poesie, deren Reiz vielfach auf einem geheimnisvollen Halbdunkel beruht. Gerade die Mehrdeutigkeit des Textes ermöglicht den verschiedensten Lesern die Rezeption.

## 2. 1. 2 ZWEITE EKLOGE

Auf den Dialog der ersten Ekloge läßt Vergil nun einen Monolog folgen. Die Einleitung (1-5) kennzeichnet den Sprecher – Corydon – und seine hoffnungslose Liebe zu Alexis, dem Liebling seines Herrn. Nur Berge und Wälder vernehmen seine einsame Klage. Schon die erste Zeile ist einprägsam:[48] *O*- und *A*-Laute überwiegen, und der in der Mitte stehende Name Corydon ist durch die Sperrung *formosum – Alexim* umrahmt, als gäbe es für den Verliebten kein Entrinnen. Die einsame Klage verströmt sich – so will der Dichter uns glauben machen – „ungeordnet" (*incondita* 4), sie gibt sich „vorliterarisch".[49] Einsam singt auch Moeris in der neunten Ekloge (*B* 9, 44). Die Hoffnungslosigkeit der Liebesklage und das Alleinsein des Sprechers bewirken, daß der Text keinem äußeren Überredungszweck dient. Das Gedicht hat also nicht rhetorischen, sondern lyrischen Charakter. Darin liegt auch ein Unterschied zu dem engsten Vorbild, der Rede Polyphems (Theokrit, *Idyll* 11), bei der Galatea als Zuhörerin anwesend zu denken ist und überzeugt werden soll. Dennoch wendet sich Corydon – antikem Brauch entsprechend – ständig an den (abwesenden) Alexis. Vokative durchziehen die Ekloge; gegen Ende treten – als Steigerung – Selbstanreden hinzu.

Der erste Hauptteil der Ekloge umfaßt die Selbstvorstellung des Liebenden (6-27). Die beiden Eingangszeilen der Klage stellen das Thema auf (6-7). Die Interjektion *o* – im Lateinischen seltener und daher kostbarer als im Griechischen[50] – kehrt hier an wichtigen Stellen wieder (vgl. die Verse 17; 28; 45; 54; 65), im weiteren noch überboten durch das pathetische *heu!* (58) und das schmerzvolle *a!* (60; 69). Corydons erste Frage bezieht sich auf Alexis' Gleichgültigkeit gegenüber den *carmina* („Liedern"). Schon an dieser frühen Stelle innerhalb der Sammlung stellt Vergil die Frage nach der Wirksamkeit oder Unwirksamkeit von Gedichten. Die Drohung mit Selbstmord – ein traditionelles Motiv der Liebesklage – entnimmt er Theokrits drittem *Idyll* (3, 9), ersetzt aber

---

[47] Zur historischen Einordnung neuerdings W. Wimmel (1998).
[48] Vergil wird diesen Vers in *B* 5, 86 zitieren.
[49] *Inconditus*: vgl. Livius 4, 53, 11; 7, 2, 5; Tacitus, *Agricola* 3, 3.
[50] Vgl. S. 113 zu *A* 2, 241.

im Streben nach Würde das realistische „Sich-Erhängen" durch das schlichte *mori* („sterben").[51]

Die Einzelausführung beginnt mit dem Hinweis auf die heiße Mittagsstunde (8-13). In Form einer Beispielreihe (Priamel) stellt der Sprecher nicht ohne Selbstmitleid dem Verhalten anderer Lebewesen den eigenen Zustand gegenüber: Weidetiere, ja sogar Eidechsen halten Mittagsruhe, Schnitter lassen sich von der freundlichen Thestylis ein würziges Kräutergericht zubereiten, – nur Corydon wandert rastlos auf den Spuren des Alexis, allein vom Schmettern der Zikaden begleitet.[52] Ein zweiter Gedanke schließt sich an (14-18): Wäre es nicht immer noch besser für Corydon gewesen, sich der hochfahrenden Amaryllis oder dem dunkelhäutigen Menalcas zu unterwerfen? Die Anrede an den schneeweißen Alexis greift auf den Anfang zurück und schließt den ersten Hauptteil des Gedichtes mit einer allegorischen Warnung vor Hochmut ab: Weißer Liguster fällt ab, aber dunkle Veilchen pflückt man gerne.

Im nächsten Abschnitt (19-27) stellt sich Corydon als begehrenswerter Liebhaber vor: Tausend Lämmer nennt er sein eigen; nie mangelt es ihm an Milch; er singt wie der berühmte Amphion; ja, ein Blick in den Wasserspiegel hat ihn überzeugt, daß er es an Schönheit sogar mit Daphnis aufnehmen kann. Während bei Theokrit die offenbare Häßlichkeit des Cyclopen dessen schmeichelhaftes Selbstporträt ad absurdum führt, reduziert Vergil die Komik und läßt sie im folgenden vor allem aus dem Gegensatz zwischen Stadt und Land erwachsen. Vergil stellt die Schönheit und den hohen poetischen Anspruch seines Sprechers nicht in Frage.

Mit *o* setzt – als zweiter Hauptteil der Ekloge – die Einladung an Alexis ein (28-55). Zwar spricht Corydon selbstironisch vom „schmutzigen" Land, von „niedrigen" Hütten. Doch um so verlockender schildert er die Jagd auf Hirsche, das Hüten der Zicklein, vor allem aber das gemeinsame Singen mit Corydon in der Nachfolge des großen Hirtengottes Pan, des Erfinders der siebentonigen Panflöte.[53] In der Eklogenmitte steht *fistula*; in ihr konkretisiert sich das am Anfang der Ekloge angedeutete Thema (*carmina* „Lieder, Gedichte"). Das Instrument hat Corydon von Damoetas geerbt, der es ihm sterbend übergab. Corydon würde Alexis das Flötenspiel lehren – was hätte Amyntas darum gegeben! Diese Stelle ist zentral, da sie das wichtige Thema der Nachfolge unter Dichtern berührt, das besonders auch in der fünften Ekloge hervortreten wird. Vergil erweitert hier die poetologische Thematik und führt den Hirten und Allgott Pan selbständig ein. Neben diesen hochintellektuellen Geschenken sollen auch die Tier- und Pflanzenwelt Alexis huldigen. Auf die akustische Sphäre folgt zunächst der Bereich des Tastsinns: Alexis soll zwei Rehkitze bekommen, Streicheltiere, die sich Thestylis schon lange wünscht. Es folgen der Gesichts- und der Geruchssinn: Nymphen sollen Alexis Blumen darbringen (hier mischt Vergil Pflanzen aus verschiedenen Jahreszeiten; so unterstreicht er das Wundersame, Allumfassende und

---

[51] Die schwierigere und bessere Lesart *coges* (R) ist durch Theokrit 3, 9 gestützt; das trivialere *cogis* steht leider in der sonst zuverlässigen Handschrift P und bei dem Nachahmer Alcesta (*Poetae Latini Minores*, ed. Ae. Baehrens [Leipzig 1882], Bd. 4, S. 210, Vers 58).
[52] Zum Topos „alles schläft, einer wacht": A. D. Leeman (1985), 213-230.
[53] Vgl. Ovid, *Metamorphosen* 1, 689-712 (Pan und Syrinx). Das Thema „Vergilian middles" hat R.F. Thomas (2004) nicht erschöpft.

Dauerhafte der Einladung). Auf das Reich der Düfte folgt das des Geschmacks: köstliche Früchte und Gewürze. Corydon legt seinem Alexis die gesamte natürliche Welt und dazu noch seine ganze musikalische Kunst zu Füßen. Alle fünf Sinne sollen beglückt werden. Das Landleben erscheint als Gesamtkunstwerk.

Auf den Überschwang dieser kosmischen Einladung folgt als dritter Hauptteil ein introvertierter Schluß, der sich in zwei Wellen entfaltet (56-68 und 69-73). Die Wendung nach innen markiert der Wechsel von der Anrede an den Geliebten zur Selbstanrede: „Corydon, du bist und bleibst ein Bauernjunge." Bei dem römischen Bukoliker geht es um die Unüberwindlichkeit sozialer Schranken, einmal zwischen Stadt und Land (Alexis kümmert sich nicht um Corydons Geschenke), zum andern zwischen Herrschenden und Beherrschten (der Eigentümer Iollas würde eine Konkurrenz gar nicht zulassen). Corydon fühlt sich zugrunde gerichtet (*perditus*). Diese Erfahrung schildert eine doppelte Metapher: ein verheerender Sturm im Blumenbeet und ein Keiler in der Wasserquelle. Der verzweifelte Ruf „Vor wem fliehst du?" nimmt Worte Didos zu Aeneas (*mene fugis? A* 4, 314) und des Aeneas zur toten Geliebten vorweg (*quem fugis? A* 6, 466). Dann versucht Corydon, Standesvorurteile durch das Beispiel der Götter und des Prinzen Paris zu widerlegen, die in Wäldern gelebt haben. Soll doch Pallas Athene in ihrer Stadt wohnen – Corydon zieht die Wälder vor. Eine Priamel zeigt, daß jedes Wesen seiner Neigung folgt (*trahit sua quemque voluptas* 65), so auch Corydon seiner Liebe zu Alexis. Zwar neigt sich der Tag inzwischen zum Abend, doch Corydons Liebe zu Alexis lodert unvermindert: Liebe kennt kein Maß (*quis enim modus adsit amori?* 68). Inzwischen haben sich die Schatten verdoppelt. Wie hier im Verlauf des Gedichtes aus Mittag Abend geworden ist, so schloß auch die erste Ekloge mit dem Hereinbrechen der Nacht.

Der letzte Abschnitt (69-73) stellt der soeben noch behaupteten Maßlosigkeit der Liebe einen ernüchternden Schluß gegenüber.[54] Die wiederholte Anrede an Corydon, verbunden mit der schmerzlichen Interjektion *a!* ist ein Gipfelpunkt affektiver Ausdrucksweise, sie bereitet aber zugleich die Entzauberung vor: „Welcher Wahnsinn hat dich ergriffen! Die Rebe an deiner Ulme wartet darauf, fertig beschnitten zu werden; auch Flechtarbeiten gibt es zu tun. Du wirst einen anderen Alexis finden, wenn dich dieser verschmäht." Ähnlich wie bei Catull in *Carmen* 51 erklingt auch hier am Ende die Stimme der Vernunft.[55] Dieser Rahmen schafft Distanz. So erscheint das starke Pathos des Textes durch leichte Ironie[56] gedämpft – wohl nicht so sehr ein Bild der Kurzlebigkeit knabenhafter Leidenschaft als vielmehr ein mit blutendem Herzen unternommener Versuch, mit der kühlen Blasiertheit des Angebeteten zu wetteifern.

---

[54] Vergleichbar ist der abkühlende Schluß von Aratos' Lied in Theokrit 7, 122 f.; Diskussion des Schlusses: Verf., Ausg. (2001) 106-109.

[55] Ein Sprecherwechsel ist erwogen worden, zumal auch die Einleitung vom Autor in eigener Kompetenz gesprochen ist. An Selbstanrede denken aber führende Editoren (Wagner, Sabbadini, Hirtzel, Mynors u.a.) – wohl mit Recht, da es sich wenige Zeilen zuvor eindeutig um Selbstanrede handelt.

[56] Man könnte hier an (selbst-)ironische Schlüsse in lyrischen Gedichten Heines erinnern. Die Dissonanz hebt den Ernst des zuvor Gesagten keineswegs auf, sondern fügt ihm eine schmerzliche Note hinzu. Etwas anderes (das hier in der Schilderung des Jugendlichen vielleicht auch hereinspielt) ist Ironie als Mittel der „Sympathie und Bewahrung" im Sinne Th. Manns: E.A. Schmidt (1987) 22 (dort auf Theokrit bezogen).

*Rückblick:* Insgesamt gliedert sich die zweite Ekloge in eine Einleitung (1-5) und drei Hauptteile: die Selbstvorstellung des Werbenden (6-27), die Einladung (28-55) und die Selbstanrede (56-73). Die Zentralachse hat auch hier ihren Sinn: Stand in der ersten Ekloge der *iuvenis* in der Mitte, so nun die Flöte (37) und der Name ihres Gebers; das Musizieren der Hirten ist somit auch strukturell als zentrales Thema gekennzeichnet.[57] Das Motiv „Erbfolge unter Dichtern" weist auf die großartige fünfte Ekloge voraus.

Gewollte Dissonanzen in diesem Gedicht haben für Diskussionen gesorgt, so der Unterschied der Tageszeiten (zu Beginn ist Mittag, zum Schluß Abend: doch erklärt sich dies aus dem Fortschreiten der Zeit im Laufe des Monologs). Gravierender ist, daß die Schnitter am Anfang eine andere Jahreszeit voraussetzen als die Pflugochsen am Ende; auch die Blumen des Angebindes blühen in ganz unterschiedlichen Monaten. Solche Anstöße werfen indirekt Licht auf die Eigenart von Vergils Erfindung: Die Blumenkomposition gibt sich deutlich als ein Kunstgebilde zu erkennen, vor allem aber ist die Natur weniger in ihrer kontingenten Gegenständlichkeit dargestellt denn als Trägerin menschlicher Empfindung. Ähnliches gilt ja auch von den Göttern: Pan deutet die kosmische Dimension menschlichen Singens an, die Nymphen werden mit ihren Gaben zu Botinnen menschlicher Liebe. Die nach dem elegischen, zuweilen „tragischen" Pathos des Hauptteils ernüchternde „Vernünftigkeit" des Schlusses beleuchtet den Unterschied zwischen Vergils Bukolik und einem allzu romantischen Lyrikverständnis; lyrische Einfühlung und Selbstironie schließen sich ja auch bei dem großen Heine nicht aus; so erstrebt Vergil nach der intensiven Identifikation mit der fast tragischen Leidenschaft am Ende eine leichte Distanzierung. Die Jugendlichkeit des Sprechers erklärt sowohl die tragischen Akzente im Hauptteil als auch den sprunghaften Übergang zu dem unerwarteten Schluß. Vergil zeigt auch in der Darstellung dieses *rusticus*, daß er ein *poeta urbanus* ist und daß die epikureische Weisheit[58] nicht spurlos an ihm vorübergegangen ist. Daß solche Überlegungen Corydon von seiner Liebe „heilen" könnten, ist dennoch eine vorschnelle Annahme. Der Schluß ist offen.

## 2. 1. 3 DRITTE EKLOGE

Die dritte Ekloge – ein Wettgesang (wie die fünfte und siebte) – setzt sich mit dem vierten und fünften Idyll Theokrits auseinander. Sie ist ein Streitgedicht und besteht aus zwei etwa gleich langen Teilen.

Der erste Hauptteil (1-54) gliedert sich in ein spöttisches Gezänk zwischen Menalcas und Damoetas (1-27) und die Vorbereitung des Wettgesangs (28-54). Der zweite Hauptteil (55-111), umrahmt von Reden des Schiedsrichters Palaemon (55-59 und 108-111), besteht aus zwölf Vierergruppen. Damoetas singt jeweils zwei Verse, auf die Menalcas mit einem Verspaar antwortet.

In der ersten Gedichthälfte ist umgekehrt Menalcas der Herausforderer.

---

[57] Im Unterschied zu Theokrit 11 steht nicht die heilende Wirkung der Musik im Vordergrund (die Frage, ob Corydon geheilt ist, bleibt offen).
[58] Vgl. die Analyse der Liebesleidenschaft im vierten Buche des Lukrez.

Der Aufbau ist raffinierter: Rede und Gegenrede umfassen noch nicht je zwei Verse, vielmehr wird streng auf Variation der Verszahlen geachtet: 1 gegen 1 (1 f.); 4 gegen 3 (3-9); 2 gegen 4 (10-15); 5 gegen 4 (16-24); 3 gegen 4 (25-31); 12 gegen 5 (32-48). Erst zum Schluß stehen – gleiche Kampfbereitschaft bekundend – 3 gegen 3 Verse (49-54). Mit dem wechselnden Umfang der lebendigen Rede und Gegenrede soll das strenge Gleichmaß des darauf folgenden Wettgesanges kontrastieren.

Die Themen des Zankes entstammen der Welt der Hirten: fremde Tiere und ihre Ausbeutung; Frauenliebe; Homosexualität; Beschädigung fremder Reben, Waffen; Diebstahl von Tieren; musikalisches Talent und Unvermögen. Das letztgenannte Thema führt zur Frage des Wettsingens, dieses wiederum zum Aussetzen von Preisen. Kunstvoll geschnitzte Becher mit Darstellungen zweier großer Astronomen, die den Kosmos und damit die Zeiten für Saat und Ernte beschrieben haben, halten die Hirten sichtlich für weniger wertvoll als eine Kuh; anders Vergil, der einen Dichter – Orpheus – und zwei Astronomen als Menschheitslehrer in seine Hirtenwelt aufnimmt.[59] Die Wissenschaft vom Makrokosmos zeigt sich hier in ihrer Bedeutung für die Arbeit des Landwirts, die Thematik der *Georgica*. Ähnliches gilt von dem Rätsel (einer vergilischen Neuerung innerhalb der Bukolik) am Ende der Ekloge: die Frage nach dem Ort, an dem sich der Himmel nur drei Ellen weit ausdehnt, stellt – gleichgültig, wie man sie konkret beantworten mag, die Frage nach dem Mikrokosmos, also letzten Endes nach dem Menschen und seinem Verhältnis zum Universum. Dazu paßt der Eingang von Damoetas' Lied: „Mit Zeus soll die Muse beginnen". Der Anklang an den Beginn von Arats astronomischem Lehrgedicht ist unüberhörbar.

Auch die Themen des eigentlichen Wettgesanges, der die zweite Gedichthälfte füllt, sind mit dem Hirtenleben verbunden: Frauenliebe (Damoetas, aber auch Menalcas), Knabenliebe (Menalcas), Freud und Leid der Tiere und ihrer Hüter. Am Ende bringt Vergil die Liebesthematik auf eine Formel: Man fürchtet die Liebe, obwohl sie süß ist, und man will sie erproben, obwohl sie bitter ist (109 f.). Zum Hirtendasein gehört aber nicht zuletzt auch die Poesie. In diesem Zusammenhang nennen beide Hirten Vergils Gönner Pollio,[60] für den die Musen „eine Kuh – oder gar, wie Menalcas überbietend fordert, einen Stier – weiden lassen" sollen (85; 86) – Hirtentätigkeit wird zum Symbol des Dichtens; ist doch Apollon zugleich Hirte und Dichtergott. Spott ernten die Dichterlinge Bavius und Maevius[61] (90). Die dritte Ekloge entpuppt sich somit in ihrer literarischen und literarkritischen Ausrichtung. Wenn die eigene Muse hier „ländlich" heißt (*rustica* 84), so paßt dies zu der „Muse, dem Lied vom Walde" vom Beginn der ersten Ekloge (*silvestrem* 1, 2) und zu dem „ländlichen" Wesen Corydons in der zweiten Ekloge; wurde dort der Wald zum Ort musischer Belehrung, so ist er in der dritten das bezauberte Auditorium des Orpheus. Das Heraufbeschwören der großen Sänger der Vorzeit begann in der zweiten Ekloge, als Corydon mit Amphion verglichen wurde. In der dritten erscheint Orpheus erstmals in latei-

---

[59] In Theokrits erstem *Idyll* (27-56) sind auf einem Gefäß, das als Siegespreis dient, Szenen aus dem menschlichen Leben dargestellt. Vergil weist der Beschreibung des Kunstwerks darüber hinaus eine intellektuelle Bedeutung zu.
[60] Pollio ist auch Adressat der vierten (und der achten) Ekloge.
[61] Vermutlich handelt es sich um Pseudonyme.

nischer Dichtung – kein theokritischer Sänger hat solche Gewalt über die natürliche Welt. Beschwor die erste Ekloge noch keinen Dichtergott (außer der *silvestris Musa*), die zweite nur den Pan, so beruft sich die dritte auf Apollon und die Musen. Der Hirtendichter wird also von Ekloge zu Ekloge aufgewertet. In der vierten wird er zum Propheten, in der fünften in Gestalt des Daphnis zum Gott.

Im Vergleich mit Theokrits viertem und fünftem *Idyll* (dem Aufbau des letzteren folgt Vergil im großen) ist der Spott bei Vergil zwar keineswegs ausgeblendet, aber doch spürbar gedämpft. Auch endet in der dritten Ekloge (anders als in der siebten) der Wettstreit unentschieden. Beide Sänger sind einander ebenbürtig.

*Rückblick:* Insgesamt gliedert sich die dritte Ekloge in zwei Hauptteile: ein vorbereitendes Geplänkel (1-54) und das eigentliche Wettsingen (60-107). Das letztere ist von Äußerungen des Schiedsrichters umrahmt (55-59; 108-111). In der Mitte der Ekloge steht die Aufforderung an die Sänger, zu beginnen.

Diskussionsstoff liefert in dieser Ekloge z. B. die direkte Nennung Pollios, die den Leser dazu zwingt, bei der Interpretation die Hirtensphäre zu transzendieren (man kann bei den *Bucolica* von dem historischen Kontext nicht absehen), ferner die Rätsel am Ende (die Vergils Vorliebe für „offene" Schlüsse dokumentieren). – Die Beschreibungen von Kunstwerken weisen auf die Technik der *Aeneis* voraus. In dem hier besonders spürbaren Wetteifer mit Theokrit und anderen hellenistischen Dichtern[62] zeigt sich u.a. Vergils zurückhaltendere Stilisierung.

## 2. 1. 4 VIERTE EKLOGE[63]

Auf Beispiele dreier Untergattungen (Dialog, Monolog, Wettgesang) folgt nun eine Ekloge, die über die Grenzen der Hirtenpoesie hinausgreift, eines der geheimnisvollsten Gedichte nicht nur Vergils, sondern der Weltliteratur. Im Eingang (1-3) ruft der Dichter die „sizilischen Musen" an – die Musen der bukolischen Dichtung.[64] Jetzt sollen sie sich einem höheren Gegenstand zuwenden.

Der erste Abschnitt (4-17) handelt von der Geburt eines göttlichen Knaben unter Pollios Konsulat. Eine Anrufung gilt der Geburtsgöttin Lucina. Gemäß den Weissagungen der Cumäischen Sibylle kehrt mit dem Ende der Eisernen Zeit das Goldene Zeitalter zurück und mit ihm die „Jungfrau", die Göttin der Gerechtigkeit. Der Knabe wird mit Göttern und Heroen verkehren und eine befriedete Welt regieren.

Der zweite Abschnitt (18-25) ist der Kindheit des Knaben gewidmet, der hier angeredet wird. Freiwillig läßt die Erde für ihn Efeu, Baldrian, Wasserrosen und Akanthus sprießen; freiwillig tragen Ziegen ihre vollen Euter nach Hause. Rinder brauchen keine Löwen mehr zu fürchten; Schlangen und Giftpflanzen verschwinden; assyrischer Balsam wird überall wachsen.

---

[62] J. Farrell (1992).
[63] E. Norden (1924); dagegen (verfehlt) W. Clausen (1990); ausgewogen R.G.M. Nisbet (1995) 47-75; A. Perutelli in: N. Horsfall (1995) 60-61; A. La Penna (2005).
[64] Vgl. Moschos 2 (3), 8.

Im Jünglingsalter (26-36) wird der Verheißene von den Taten der Heroen und seines Vaters lesen können. Dann wachsen Ähren und Trauben von selbst, und Honig tropft aus der Eiche. Trotzdem bleiben noch Reste der alten Arglist: Seefahrt, Stadtmauern, Ackerfurchen. Zu dieser neuen Heroenzeit gehören wieder eine Argonautenfahrt und ein Troianischer Krieg.

Hat der Knabe das Mannesalter erreicht (37-45), verschwinden Seefahrt, Handel und Ackerbau; sogar Wolle braucht man nicht mehr zu färben: Schafe tragen sie in verschiedenen Farben. Einen solchen Verlauf der Jahrhunderte bestimmen die Parzen (46 f.).

In einer zweiten Anrede wendet sich der Dichter hymnisch-feierlich an den Göttersohn und Iuppiter-Sproß und wünscht sich, dessen Taten mitzuerleben. Dann will er diese verkünden, beredter als Orpheus, Linus und Pan (48-59).

Die dritte und letzte Anrede fordert den Knaben auf, der Mutter zuzulächeln. Dann darf er dereinst am Tisch der Götter speisen und mit einer Göttin das Lager teilen.

*Rückblick:* Insgesamt umrahmen die Einleitung (mit Anrufung der Musen 1-3) und der Schluß (mit Anreden an den Knaben 60-63) drei Hauptteile: 1. Ankündigung der Geburt des Knaben unter Pollios Konsulat (4-17); 2. Kindheit, Jugend und Mannesalter des Knaben (18-45); 3. Worte der Parzen und Wunsch des Dichters (46-59). Somit umfassen Einleitung und Schluß zusammen sieben Verse, und die Hauptteile bestehen aus zweimal sieben, viermal sieben und zweimal sieben Versen. Belebend wirkt die Variation der Gliederung innerhalb der Unterabschnitte.

Die vierte Ekloge belegt Fruchtbarkeit und Grenzen unterschiedlicher Forschungsansätze: Die religionsgeschichtliche und astrologische Interpretation (der Knabe als der neue Aion)[65] erfaßt die Zeitstimmung, läuft aber Gefahr, das einmalige Ereignis in allgemeine mythische Vorstellungen aufzulösen. Die historische Deutung auf einen erwarteten Sohn des Antonius von Octavia (es wurde eine Tochter), oder einen Sohn von Pollio (Asinius Gallus) nimmt die Tatsache ernst, daß Vergil an eine reale geschichtliche Chance denkt, droht aber die allgemeine Bedeutung des Gedichts zu verdunkeln, degradiert es zu einem Stück Gelegenheitspoesie.[66] Die Berührungen mit Catulls *Carmen* 64 zwingen nicht zu der Annahme, es handle sich bei Vergil um ein Hochzeitsgedicht; wichtig aber ist, daß es sich in beiden Fällen um weltgeschichtliche Prophetie handelt, wobei Vergil den düsteren Ahnungen Catulls ein helleres Zukunftsbild entgegensetzt. Die „römische" Deutung auf eine neue Generation[67] insgesamt als Trägerin der neuen Epoche dürfte in Verbindung mit der Aion-Idee besonders fruchtbar sein. Für das Verständnis der Form hat die literarische Interpretation das Verhältnis zu frühgriechischer (z.B. Hesiod) und hellenistischer Dichtung, Rhetorik (Reden beim Amtsantritt von Beamten) und „prophetischer" Literatur zu berücksichti-

---

[65] E. Norden (1924; ³1958); methodologisch wegweisend mit ikonographischen Belegen zum Aion u.a. : J. Gómez Pallarès (2001).
[66] Der Gedanke an Augustus als den neugeborenen „Knaben" verbietet sich; denn zur Zeit der Abfassung der Ekloge war jener ein erwachsener Mann. Auch umspannt das Leben des Knaben offenbar mehrere Generationen (also ist der Gedanke an den Aion doch wohl unvermeidlich).
[67] J. Beaujeu (1982).

gen. Der weltgeschichtliche Aspekt[68] verbindet die vierte Ekloge mit der *Aeneis*. Auch der Wohlklang und die spondeenreiche Metrik des Gedichts verlangen besondere Beachtung. So werden wir in so gut wie allen thematischen Kapiteln auf die vierte Ekloge zurückzukommen haben.

## 2. 1. 5 FÜNFTE EKLOGE

Die fünfte Ekloge – in mancher Beziehung das Herzstück des Buches – ist der hymnische Wettgesang eines älteren und eines jüngeren Hirten: Menalcas und Mopsus. Da sie beide tüchtige Sänger seien, schlägt Menalcas ein Wettsingen im Schatten der Bäume vor (1-3). Mopsus ist bereit, dem Älteren zu gehorchen, regt aber höflich an, vielleicht lieber die von wildem Wein umrankte Höhle aufzusuchen (4-7). Menalcas erklärt, nur Amyntas könne es mit Mopsus aufnehmen (8). Mopsus erwidert ironisch, Amyntas könne es ebensogut versuchen, Phoebus im Gesang zu übertreffen (9). Menalcas läßt Mopsus den Vortritt. Er soll als erster singen, solange Tityrus die Zicklein hütet (10-12). Mopsus will ein neues Lied erproben, das er kürzlich auf Rinde niedergeschrieben hat. Danach soll Menalcas den Amyntas zum Wettsingen mit ihm auffordern (13-15). Menalcas illustriert den Rangunterschied zwischen Mopsus und Amyntas durch eine Reihe von Vergleichen aus der Pflanzenwelt. Inzwischen haben sie die Grotte erreicht (16-19). Der Ältere hat also bei der Wahl des Platzes dem Jüngeren nachgegeben.

Nun singt Mopsus vom Tod des Daphnis (20-44). Um den Verstorbenen weinen die Nymphen und besonders seine Mutter, die Götter und Gestirne anklagt (20-24). Weidetiere verweigern Trank und Speise; sogar Berge und Löwen stöhnen um ihn (25-28). Daphnis lehrte, Tiger vor Wagen zu spannen, dionysische Festzüge mit Thyrsusstäben auszurichten (29-31). Der jetzt namentlich angeredete Daphnis ist die Zierde der Seinen: Vier Bilder aus der Natur dienen als Vergleich (32-34). Nach Daphnis' Tod haben Pales und Apollo das Land verlassen. Statt Gerste sprießt Unkraut, statt Blumen wachsen Disteln und Dornen (36-39). Am Ende steht die Aufforderung an die Hirten, für Daphnis den Boden mit Laub zu bestreuen und ihn durch eine Grabinschrift zu ehren (40-44).

Menalcas empfindet die soeben vernommenen Verse als geradezu körperliche Wohltat (zwei Vergleiche aus der Natur untermauern dies). Er redet den jungen Freund als „göttlichen Dichter" an und nennt ihn den zweiten nach Daphnis. Seinerseits will er nun Daphnis in den Himmel erheben (45-52). Mopsus hält dieses angekündigte Lied (über das er schon Rühmliches gehört hat) für die edelste Gegengabe (53-55).

Menalcas kehrt die Stimmung und Perspektive gegenüber dem Vorsänger um. Der verklärte Daphnis sieht staunend die Schwelle des Olymp[69] vor sich und Wolken und Gestirne zu seinen Füßen.[70] Die Wälder und das übrige Land samt

---

[68] Eine ausgewogene Würdigung: R.G.M. Nisbet (1978); einseitig „neoterisch" W. Clausen (1990); messianisch L. Nicastri (1989). Zum Einfluß Catulls: Lefèvre (2000).
[69] Gemeint ist die oberste (aus reinem Feuer bestehende) Sphäre des Himmels, das Empyreum, vgl. Augustinus, *De civitate Dei* 10, 27: *aetherias vel empyrias mundi sublimitates*.
[70] Zu *sub pedibus* vgl. G 2, 492 *subiecit pedibus*; Lukrez 1, 78 *pedibus subiecta*.

Pan, Hirten und Dryaden sind von lebhafter Freude[71] erfüllt. Tierfrieden herrscht.[72] Es gibt keine Jagd mehr; Daphnis, der Gütige (*bonus* ist ein Attribut von Göttern[73]), liebt die friedliche Muße (*otia* 61). Berge, Felsen und Büsche hallen von dem Ruf wider: Ein Gott, ein Gott ist Daphnis. Die innige Anteilnahme der Natur erinnert an die erste Ekloge (1, 5; 1, 38 f.). Die Bitte um Gnade und Glück mündet in die Weihung von Altären (zwei für Daphnis, zwei für Phoebus) und die Stiftung eines Festes mit Gesang und Tanz. Daphnis' Ruhm soll ewig dauern, was Vergleiche aus der Natur bestätigen (76-78; vgl. *A* 1, 607-609). Wie Bacchus und Ceres wird auch Daphnis Beter durch Erfüllung ihrer Wünsche zur Einlösung ihrer Gelübde verpflichten (56-80).

Mopsus weiß nicht, wie er dem Sänger für das Lied danken soll; klingt es ihm doch lieblicher in den Ohren als Windessäuseln, Meeresplätschern oder das Murmeln des Baches (81-84). Menalcas schenkt dem Jüngeren die Rohrpfeife aus Schierlingsstengeln, auf der er, wie er sagt, die – hier zitierten – Eklogen 2 und 3 gedichtet hat. Mopsus überreicht ihm als Gegengabe einen schönen Hirtenstab.

*Rückblick:* Insgesamt besteht die fünfte Ekloge aus einem vorbereitenden Gespräch (1-19) und zwei Liedern: dem des Mopsus (20-44) und dem des Menalcas (56-80). Hinzu kommen ein Zwischendialog (45-55) und ein Schlußgespräch (81-90), die ausführlicher gestaltet sind als in der dritten Ekloge. Anders als dort singt hier jeder der beiden Hirten nur einmal: Ihre Lieder umfassen jeweils 25 Verse. Die Vorbereitung (1-19) ist etwa ebenso lang wie der Zwischendialog (45-55) und der Schluß (81-90) zusammen. (Die Struktur erinnert an die achte Ekloge, die ebenfalls von zwei längeren Gesängen bestimmt ist).

Diskussionsstoff lieferte die Frage, wer mit Daphnis gemeint sei. Ein Bezug auf Caesar wurde vielfach vertreten, ist aber bei genauerer Prüfung[74] unwahrscheinlich; der glücklose Feldherr Quintilius Varus kommt erst recht nicht in Frage, allein schon aus chronologischen Gründen. Die Tatsache, daß Vergil zwei Brüder verloren hat, dürfte ein Movens für die Abfassung des Gedichts gewesen sein, trägt aber zur Interpretation des Kunstwerkes nicht viel bei. Daphnis ist, wie schon Servius gesehen hat, keine politische Allegorie, sondern Hirte und Dichter. Diese Ekloge stellt der vierten (einem Geburtsgedicht) ein Todes- und Himmelfahrtsgedicht gegenüber. Die Verflochtenheit von Vergangenem, Gegenwärtigem und Zukünftigem im Wandel der Dichtergenerationen gewinnt hier poetische Realität.

---

[71] *Alacris* gehört zu *voluptas*.
[72] Zum Tierfrieden (vgl. *B* 4, 22) siehe Theokrit 24, 84 f. über Wolf und Hirschkalb bei der Apotheose des Herakles (dort von manchen Herausgebern als unpassend getilgt; doch offensichtlich kannte und verstand Vergil die Verse als Bestandteil einer Apotheose).
[73] Vgl. auch *B* 5, 65; *A* 12, 647.
[74] Verf., Ausg. *Vergil, Bucolica* (2001) 149-151.

## 2. 1. 6 SECHSTE EKLOGE

Wie die vierte so erweitert auch die sechste Ekloge die Grenzen der Gattung. Tityrus führt seine Muse (*Thalia*) als Archegetin des bukolischen Genos in Rom ein und erklärt (im Geiste von Kallimachos' Aitienprolog), Phoebus habe ihn ermahnt, sich nicht im heroischen Epos zu versuchen, sondern bei der „feingesponnenen" (*deductum ... carmen*) Hirtendichtung zu bleiben. Doch im Gedanken an einen liebevollen[75] Leser weitet sich der Blick: Die ganze bukolische Landschaft soll vom Lob des Adressaten Varus erklingen (1-12). Diese kosmische Perspektive bereitet den Leser indirekt auf ein Ausgreifen über die Schranken der Hirtenpoesie vor.

Die Bitte, die Musen mögen fortfahren, leitet zur Erzählung über. Zwei Satyrn und die Nymphe Aegle fesseln in einer Grotte den schlafenden Silen und zwingen ihn so, das ihnen längst versprochene Lied zu singen. Als er beginnt, bewegen sich Faune und wilde Tiere im Rhythmus, Eichen wiegen ihre Wipfel; die Landschaft ist ergriffen, als sängen Phoebus oder Orpheus in ihren heimatlichen Bergen. So stellt der Dichter (ähnlich wie schon im Vorspruch) eine Sympathie zwischen dem Sänger und dem Kosmos her (13-30).

Der Silen singt von der Entstehung der Welt aus den vier Elementen, vom Aufsprießen der Wälder und vom Staunen der Berge über die neuartigen Tiere (31-40). Die Entstehung der Menschen wird – ohne strenge Chronologie – angedeutet durch Pyrrhas Steinwürfe,[76] das Goldene Zeitalter und die Fesselung des Prometheus, der das himmlische Feuer geraubt hat (41-42). Schon hier erscheint der Mensch – wie in der ganzen Ekloge – zwischen Polaritäten: Schwere und Leichtigkeit, Gebundenheit und Gelöstheit.

Daran schließen sich Geschichten von Trauer und Leidenschaft, zwei Formen „vermissenden Verlangens" (*desiderium*): die sehnsuchtsvolle Suche nach dem geraubten Hylas, Pasiphaes rasende Liebe (*dementia* 47) zum Stier, Atalante, die sich von goldenen Äpfeln verführen ließ, und – als Erstarren im Schmerz – die Verwandlung von Phaethons trauernden Schwestern in Erlen (43-63). Stimmungsbilder spiegeln das Problem der Ortsbestimmung des Menschen: Der auflösende Affekt, Eros, erscheint als Weg zu tiernahem Wahn, der verfestigende Affekt, die Trauer, als Weg zu pflanzenhafter Gebundenheit.

In den mythischen Rahmen ist die Dichterweihe des Cornelius Gallus eingeschoben. Während er am Strom des Permessus umherirrt, führt ihn eine Muse auf die böotischen Berge. Der Chor des Phoebus steht vor ihm auf, und der Hirtendichter Linus überreicht ihm im Auftrag der Musen die Rohrflöte, mit der einst Hesiod (gleich Orpheus) Eschen von den Bergen herablockte. Auf diesem Instrument soll Gallus zu Ehren Apollons den Ursprung des gryneischen Haines besingen (64-73). Das Vererben der Flöte kennen wir aus der zweiten und der fünften Ekloge als zentrales Motiv für Vergil. (Hier offenbart sich der zutiefst persönliche Charakter der heute so viel beredeten „Intertextualität"). Eine führende Rolle hat die Muse, die zur Überwindung des ziellosen Umherschweifens (*er-*

---

[75] Zu *amor* siehe zu *B* 7, 21.
[76] Ein Bild für die Härte, Schwere und Leidensfähigkeit des Menschen (*G* 1, 60-63).

*rare*) führt. Sie löst aber auch Verfestigtes: Trauer ließ Phaethons Schwestern zu Bäumen erstarren; umgekehrt setzt Gesang Bäume in Bewegung.

Vogelverwandlungen schließen den mythischen Rahmen: Scyllas Verrat (Vergil unterscheidet hier nicht zwischen der Nisustochter und dem Meerungeheuer, das die Gefährten des Odysseus hinraffte) und die blutrünstige Geschichte von Tereus und Philomela (74-81).

Silenus singt alles, was einst Phoebus am Eurotas einübte – die Lorbeerbüsche haben es gelernt. Die Täler lassen es bis zu den Sternen widerhallen, bis der Abendstern über dem Olymp aufgeht, der gerne noch länger zugehört hätte (82-86). Noch der letzte Abschnitt betont so das Mitschwingen des Kosmos beim Gesang. Mit der Rückkehr der Schafe in die Ställe (*cogere ovis* 85) tritt der bukolische Rahmen, den Vergil in der vorliegenden Ekloge auch sonst betont (vgl. 10 f.), nochmals in seine Rechte (vgl. auch *B* 10, 77).

*Rückblick:* Insgesamt gliedert sich die sechste Ekloge in vier Hauptteile. Der erste umfaßt die Recusatio an Varus und handelt vom dichterischen Selbstverständnis (1-12). Im zweiten Hauptteil wird der Silen gefesselt und dessen Gesang vorbereitet (13-30). Der dritte Hauptteil, der Silen-Gesang, ist der längste (31-81). Er entfaltet sich in vier Wellen: Entstehung der Welt und des Menschen (31-42), erste Mythengruppe (43-63), Dichterweihe des Gallus (64-73), zweite Mythengruppe (74-81). Der vierte Hauptteil ist ein kurzes Schlußstück (82-86).

Diskussionsstoff bot die Frage nach dem inneren Zusammenhang zwider Dichterweihe des Gallus[77] und den vom Silen erwähnten Mythen. Inwieweit handelt es sich um Werke oder ein größeres Sammelwerk des Gallus? Ein weiteres Problem ist das zeitliche Verhältnis zwischen der sechsten Ekloge und der pseudo-vergilischen *Ciris* (heute hält man die letztere für jünger). Aufmerksamkeit verdient die Rolle der Mythen und Bilder,[78] das Verhältnis zu neoterischer und hellenistischer Literatur[79] und die Beziehung zwischen Mythos und Wissenschaft[80] in dieser Ekloge.


2. 1. 7 SIEBTE EKLOGE

Sprecher der siebten Ekloge – eines Wettgesangs gleich der dritten und fünften – ist Meliboeus;[81] seine Worte bilden den Rahmen des Gedichts (1-20; 69 f.).

Einleitend berichtet Meliboeus, wie er auf der Suche nach einem entlaufenen Ziegenbock zufällig dazu kam, einen Wettgesang zwischen dem Schafhirten Thyrsis und dem Ziegenhirten Corydon anzuhören. Daphnis, der (wie der Tityrus der ersten Ekloge) im Schatten eines Baumes sitzt (hier wohl als Schiedsrichter),

---

[77] Zu Vergil und Gallus jetzt P. Gagliardi (2003).
[78] E. W. Leach (1968).
[79] W. Clausen, Kommentar (1994) 174 ff.; E. Courtney (1990); F. Cupaiuolo (1996).
[80] M. Paschalis (2001).
[81] Es ist müßig, hier hinter den Hirtennamen bestimmte Personen aus Vergils Umkreis zu vermuten; gleiche Hirtennamen in verschiedenen Eklogen brauchen nicht dieselben Personen zu bezeichnen.

fordert Meliboeus zum Bleiben auf (anders als in der ersten Ekloge steht die Einladung am Anfang, nicht am Ende). Das Geschehen spielt am Mincio in Oberitalien (vgl. *G* 3, 15); mit dem Rauschen der Steineiche (Vers 1) wetteifert das Summen der Bienen im heiligen Eichbaum (Vers 13; vgl. *B* 1, 53-55). Der Schauplatz hat einen besonderen Zauber, der die Jungstiere von selbst anlocken wird. Dank der tröstlichen Zusage des Daphnis (die in der Mitte des Abschnitts steht und entfernt an die Worte des „Gottes" in der ersten Ekloge erinnert) wagt es Meliboeus, seine ernsten Pflichten gegenüber dem Spiel der Hirten zurückzustellen. Insgesamt ist der einleitende Passus zentral aufgebaut: Die Daphnisrede (8-13) umschließen zwei Abschnitte, die sich auf Meliboeus beziehen (6-7; 14-15), umrahmt von Versgruppen über Corydon und Thyrsis (2-5; 16-20).

Der Hauptteil der Ekloge ist ein Wechselgesang. Im Unterschied zum dritten und fünften Gedicht wird der Wettkampf diesmal nicht unentschieden ausgehen.

*Erster Wettgesang* (21-24; 25-28): Im ersten Liederpaar geht es um musische Inspiration und um die verdiente Anerkennung. Corydon ruft die Musen als Gegenstand seiner Liebe an (*noster amor*; vgl. *B* 6, 10; *G* 2, 476; 3, 285; 292). Eros und Dichtung gehören in vielen Eklogen zusammen; bisher handelte es sich meist um die Liebe des Inspirierenden (also des Gottes oder des Toten) zum Inspirierten;[82] doch die fünfte Ekloge vergleicht die Verehrung der Lebenden für Daphnis mit der Liebe etwa des Fisches zum Wasser als Lebenselement (5, 76-78). Corydon bittet die Musen um ein Lied, ebenbürtig dem des Codrus,[83] der es mit Apollon aufnehmen könne. Sonst will er seine Hirtenflöte (als Weihegabe) an den Nagel hängen. Während Corydons Worte von Bescheidenheit und Frömmigkeit zeugen, wendet sich Thyrsis – ganz weltlich – an sein Publikum. Dieses soll den „Dichter der Zukunft" (25; 28) mit Efeu ehren, auf daß Codrus „vor Neid platze" – man beachte die drastische Ausdrucksweise (26) – oder – falls dieser im Rühmen[84] zu weit geht – Thyrsis mit Baldrian[85] kränzen, damit ihm die böse Zunge nicht schade: *superstitio* (Aberglaube) im Gegensatz zur *religio* Corydons! *Vates* (28) ist ein hoher Titel. Anders als z.B. Lycidas in 9, 34, der „von den Hirten als *vates* bezeichnet wird, ihnen aber nicht so leicht glauben will," beansprucht Thyrsis diesen Ehrennamen für sich. Durch seine Anerkennung, ja Aufwertung der Kategorie „Neid" ist Thyrsis der Gegenpol zu neidlosen Hirtendichtern – wie Corydon (der „seinen" Codrus lobt wie Vergil „seinen" Gallus) oder Meliboeus (*B* 1, 11) – und gleicht den notorisch neidischen Feinden des Kallimachos.[86]

*Zweiter Wettgesang* (29-32; 33-36): Corydon singt von der Weihung eines Eberkopfes und eines Hirschgeweihs und von dem Versprechen, falls das Jagdglück anhält, Diana eine Marmorstatue zu errichten. Thyrsis versucht, dieses Gelöbnis auszustechen: Falls die Herde reichen Nachwuchs bekommt, soll der

---

[82] *B* 3, 62 *Et me Phoebus amat*; 3, 84 *Pollio amat nostram ... Musam*; 5, 52 *amavit nos quoque Daphnis*.
[83] Anders als hier ist Codrus in der fünften Ekloge ein Feind, den es zu schmähen gilt (*B* 5, 11).
[84] D. h.: Falls der gehässige Codrus seinen Gegner Thyrsis dadurch dem Neid der Götter aussetzen will, daß er ihn über Gebühr lobt.
[85] *Baccar* ist eine Art Narde oder Baldrian.
[86] *Aitienprolog*, Fragment 1; *Apollonhymnos* 105-112; T.D. Papanghelis (1997) 149-150.

„bisher marmorne" Priapus ein goldenes Standbild erhalten. Da Priapusfiguren normalerweise aus Holz waren, ist dies eine ziemlich geschmacklose Prahlerei.

*Dritter Wettgesang* (37-40; 41-44): Corydons wohllautendes Liebeslied an die Nereide Galatea mit dem Lob ihrer Lieblichkeit erhält ein kontrastierendes Gegenstück in dem Gesang des Thyrsis, der in gleicher Syntax abstoßende Vergleiche (Mäusedorn, Algen) häuft, um sein leidvolles Warten zu beschreiben.

*Vierter Wettgesang* (45-48; 49-52): Dem einladenden Sommerbild Corydons stellt Thyrsis den Winter mit rauchgeschwärzten Pfosten, Wind, Frost, Wölfen und Wildbächen gegenüber.

*Fünfter Wettgesang* (53-56; 57-60): In Corydons Versen kontrastiert die herbstliche Fülle der Natur mit dem bevorstehenden Scheiden des Alexis, das sogar im Herbst Trockenheit bringen würde. Thyrsis geht umgekehrt von einer dürren Landschaft aus, die beim Kommen der Phyllis wieder aufblüht. Diese Verse wirken grandios; das einzige, was man daran aussetzen könnte, ist, daß die Hochzeit von Himmel und Erde in Iuppiters Regen (vgl. *G* 2, 325-345) dem bescheidenen Anlaß – einem Schäferstündchen – wenig angemessen ist. Auch daß er Dionysos Neidgefühle zutraut, paßt zum Wesen des Thyrsis.

*Der letzte Wettgesang* (61-64; 65-68): In einer Beispielreihe nennt Corydon verschiedene Gottheiten und zuletzt seine Phyllis zusammen mit ihren jeweiligen Lieblingspflanzen. Bei Phyllis ist es der Haselnußstrauch (wohl nicht nur wegen der Nüsse, sondern auch als Liebesnest). Dieser Strauch ist dem Sänger lieber als Venus die Myrte und Phoebus der Lorbeer. Auch Thyrsis baut eine Priamel auf; er beginnt mit dem mißtönenden Wort *fraxinus*.[87] Die Beispielreihe zeichnet sich durch Symmetrie aus und wirkt dadurch eher matt. Thyrsis stellt sich selbst in den Vordergrund, Corydon die Geliebte. Hier zeigt sich Thyrsis ebenso ichbezogen wie im Verhältnis zu den Göttern. Corydon spricht aus erfüllter, Thyrsis aus unerfüllter Gegenwart.

Erst die *Schlußverse* (69 f.) fällen das Urteil zu Gunsten Corydons. Beide Dichter verkörpern unterschiedliche Einstellungen zum Leben und zur Kunst: Thyrsis handelt aus Selbstvertrauen, Corydon aus Selbsterkenntnis. Thyrsis strebt nach Farbigkeit, Corydon nach Harmonie. Vergil erkennt beide Haltungen an und entscheidet sich erst allmählich für die letztere.

*Rückblick:* Insgesamt gliedert sich die siebte Ekloge nach einer Einleitung (1-20) in sechs Liederpaare, wobei jeweils zuerst Corydon, dann Thyrsis singt. Zwei Verse bilden den Abschluß (69 f.).

Diskussionsstoff bildet z.B. die Frage, warum Thyrsis verurteilt wird und ob dies von vornherein feststeht.[88] Eine mögliche Antwort haben wir oben entwickelt. Ein anderes Problem stellen die Berührungen mit der ersten Ekloge: Sie legen nahe, zu prüfen, ob die siebte Ekloge nach der ersten entstanden ist.

---

[87] Zu *fr*- als Mißklang: Quintilian 12, 10, 29.
[88] S. z.B. V. Pöschl (1964); C. Fantazzi, C.W. Querbach (1985); T.D. Papanghelis (1997).

## 2. 1. 8 ACHTE EKLOGE

Die achte Ekloge vereinigt zwei Gesänge.[89] Beide haben Monolog-Charakter und sind insofern mit der zweiten Ekloge vergleichbar.

Die ersten fünf Verse (1-5) kündigen das Wettsingen (wörtlich: die Muse) von Damon und Alphesiboeus an. Ihr Gesang bezauberte zahme und wilde Tiere und hemmte Ströme in ihrem Lauf. Die Wirkung erinnert an Orpheus, den Vergil in den *Bucolica* in die lateinische Dichtung eingeführt hat. Nach dieser Einleitung ist man gespannt, ob Lieder auch auf menschliche Wesen Einfluß haben können. Auch diese Frage steht im Hintergrund so mancher Ekloge.

Hierauf wendet sich der Dichter an den Adressaten (6-13). Dieser überschreitet den Timavus, der bei Aquileia ins Meer mündet, befindet sich also auf dem Rückweg aus Dalmatien oder aber er bewegt sich entlang der illyrischen Küste (beides paßt auf Asinius Pollio im Jahr 39 v. Chr.). In gleiche Richtung weist *tua carmina*, da Pollio (außer Geschichtswerken) auch Tragödien schrieb (dagegen wäre eine Anspielung auf den *Aiax* des Augustus, den dieser selbst verworfen hatte, höchst unpassend gewesen). Wer den Bezug dieses Prooemiums auf Augustus vertritt, müßte *tua carmina* als „dir gewidmete Gedichte" verstehen und den „sophokleischen Kothurn" zum „erhabenen Stil" verflüchtigen. Beides würde recht gezwungen wirken.[90] Zu „befohlenen" Gedichten (11 f.) sind *B* 6, 9 und *G* 3, 41 zu vergleichen. In beiden Fällen ist nicht Augustus der Auftraggeber.

Unvermittelt beginnt dann der morgendliche Wettgesang (den besonders gelungenen Vers 15 wird Vergil in den *Georgica* [3, 326] wieder aufnehmen), wobei lediglich der Name des ersten Sängers genannt wird (14-16). Im Unterschied zu anderen Eklogen ist der Rahmen am Anfang nur knapp angedeutet und fehlt am Ende ganz. Ebenso unterbleibt eine Bewertung. Beide Gesänge dieser Ekloge sind gleich lang (17-61 [46[91] Verse]; 64-109 [46 Verse]), sogar im einzelnen gleich disponiert[92] und zeichnen sich durch Verwendung der Refrain-Technik aus.[93] Im ersten Lied redet der Refrain die Hirtenflöte an, im zweiten die Verse, die Daphnis nach Hause führen sollen.

Mit der zauberhaften Morgenstimmung (die das vorliegende Gedicht auszeichnet) kontrastiert der düstere Inhalt. Der singende Hirte ist von Nysa (die er schon für seine „Gattin" hielt) betrogen worden und sucht den Tod. Er wendet sich an die Götter, obwohl seine Gebete vergeblich waren (17-21). Der Maenalus (das dem Pan heilige Gebirge in Arkadien) mit seinen rauschenden Hainen und raunenden Pinien hört stets Liebeslieder der Hirten und Pans[94] Flötentöne (22-

---

[89] In dieser Beziehung ähnelt sie Theokrits zweitem Idyll.
[90] S. Anm. 23.
[91] Entweder ist der Refrain in Vers 28 a (der in dem auch sonst beachtenswerten Guelferbytanus Gudianus – 9. Jh. – steht) einzuschieben, oder Vers 76 ist zu streichen (Gottfried Hermann). Zur Begründung siehe die nächste Anmerkung.
[92] Damon: 4. 1. 3. 1. 3. 1. 2. 1. 4. 1. 5. 1. 3. 1. 4. 1. 5. 1. 3. 1
Alphesiboeus: 4. 1. 3. 1. 3. 1. 2. 1. 4. 1. 5. 1. 3. 1. 5. 1. 3. 1. 4. 1
Nur in den letzten drei Strophen finden sich kleine Abweichungen, die sich aber im ganzen aufheben (vgl. R. Sabbadini, Ausg. [1930], S. 86).
[93] Wir kennen diese Technik z.B. aus dem zweiten *Idyll* Theokrits und aus dem Parzenlied bei Catull (64, 323-381). Zum Refrain: R. Schilling (1990).
[94] Pan als Erfinder der Panflöte: *B* 2, 32 f.

25). Wieder nimmt die Landschaft an den Empfindungen der Hirten Anteil.[95] Drei Verse geißeln die Verbindung zwischen Mopsus und Nysa als ein Ding der Unmöglichkeit (Adynaton), illustriert durch Bilder aus der Tierwelt[96] (26-28). Auf den Kehrvers (28 a) folgen zwei Zeilen mit ironischen Befehlen an den Rivalen (29 f.).[97] Vier Verse (32-35) sind an die Braut gerichtet, die keinen Besseren als Mopsus verdient, da sie alle verachtet. Das gilt für den Sänger – samt seiner Hirtenpfeife, seinen struppigen Augenbrauen und seinem Bart – aber auch für die Götter. Fünf Zeilen (37-41) beschwören die erste Begegnung mit der Angebeteten herauf, deren Anblick den Knaben[98] sofort ins Unglück (*malus ... error*) stürzte. Jetzt kennt er den Liebesgott (drei Zeilen 43-45) und seine unmenschliche Härte: Amor muß von barbarischen Felsen geboren sein.[99] Eine Einzelausführung liefern vier Verse (47-50): Der grausame Liebesgott brachte Medea dazu, ihre Kinder zu töten. Den Gedanken, Amor mache das Unmögliche möglich, entfalten die nächsten fünf Zeilen (52-56): So setzt sich die in Vers 27 f. begonnene Reihe von Adynata fort, die zum Teil an die Wunder des Goldenen Zeitalters anklingen. Sie gipfeln im Wetteifer der Käuzchen mit Singschwänen[100] und in der selbstironischen Gleichsetzung des Tityrus mit Orpheus und Arion. Hinter der Verzweiflung des Hirten leuchtet hier die Frage nach dem poetischen Anspruch des Bukolikers auf; Orpheus steht vielfach im Hintergrund der *Bucolica* und wird in den *Georgica* zu einer beherrschenden Gestalt. In betonter Kürze (drei Versen 58-60) beschwört der Selbstmörder als Gipfel der Paradoxie das Chaos der Sintflut und erklärt, er werde sich – ein letztes Geschenk an die Ungetreue – ins Meer stürzen. Die Schlußzeile (61) wandelt denn auch den Refrain ab: Die Flöte soll verstummen. Das Problem des Verstummens stellt sich seit der ersten Ekloge, und es wird in der neunten weiter entwickelt werden. Das erste Lied der achten Ekloge exponiert das Verzweifeln über die Unwirksamkeit der eigenen Lieder (ein Thema des neunten Gedichts) und zeigt als einzige Lösung für die Liebesleidenschaft den Tod auf (dies deutet auf die zehnte Ekloge voraus).

In der knappen Zwischenbemerkung zwischen den beiden korrespondierenden Gesängen bittet Vergil die Musen, ihm den Wortlaut des zweiten Liedes mitzuteilen. *Non omnia possumus omnes* (63): In *B* 7, 23 deuteten ähnliche Worte ein mögliches Versagen an; hier ist die Anrufung der Musen nach dem Verstummen des ersten Sängers, der an seiner Überzeugungskraft irre geworden war, besonders passend. Das zweite Lied, das glücklich endet, wird zumindest die Möglichkeit offen lassen, daß *carmina* etwas bewirken können. Das verkündet Vergil allerdings nicht in eigenem Namen; dazu bedarf es der Musen.

Die zweite Hälfte der Ekloge füllt das Lied des Alphesiboeus. Es spricht

---

[95] Vgl. *B* 1, 5; 38 f.; 4, 18-20; 5, 28; 58; 62-64; 6, 10 f.; 28-30; 82-86; 10, 13-15.
[96] Adynata auch: *B* 1, 59-63; 3, 91; Adynata werden wahr in der vierten Ekloge (bes. 42-45), bei Daphnis' Apotheose (*B* 5, 60 f.) und beim Gesang großer Dichter (*B* 6, 71; *G* 4, 481-484).
[97] Analog die beiden Zeilen mit Imperativen im Alphesiboeus-Lied: 77 f.
[98] Servius z. St. tritt für das dreizehnte Lebensjahr ein (in dem nach antiker Vorstellung die Pubertät eintrat), die meisten modernen Erklärer für das zwölfte (*alter ab undecimo* wie *alter ab illo* in *B* 5, 49).
[99] So wird Dido Aeneas einschätzen (*A* 4, 365-367; vgl. Catull 60, 1-5 und 64, 154-157).
[100] Vgl. *B* 9, 36 (Gans und Singschwäne).

eine Frau, die mit Hilfe magischer Riten und Gesänge ihren Daphnis zur Heimkehr aus der Stadt bewegen will. Magie war zu Vergils Zeit im römischen Alltag verbreitet – sei es als Schadens- oder als Liebeszauber. Der Dichter gewinnt der Thematik tiefere Resonanz ab, indem er den doppelten Sinn von *carmen* („Gedicht" und „Zauberspruch", vgl. französisch *charme*) mitschwingen läßt. Die Strophengliederung durch einen Kehrvers entspricht dem vorhergehenden Lied. Anders als dort überwiegen hier im Refrain die dunklen Vokale (die an Catulls Parzenlied im 64. Gedicht anklingen), und die neunmalige Wiederholung verstärkt die magische, beschwörende Wirkung.

Die Sprecherin bittet ihre Helferin (Amaryllis, vgl. 77 und 101), ihr das für den Ritus Nötige zu bringen. Zaubergesänge (*carmina*) sollen den „gesunden" (d. h. für Liebe unzugänglichen) Sinn des Geliebten wandeln (64-67). Die zweite Strophe preist die Macht der Gesänge, die den Mond vom Himmel herabziehen, die Gefährten des Odysseus verwandeln und eine Schlange[101] zum Platzen bringen können (69-71). Die dritte Strophe (73-75) hat drei Zeilen und handelt von der Macht der Dreizahl: drei Bänder und drei Farben sind es, und dreimal wird das Bildnis um den Altar geführt. Die vierte Strophe entwickelt in nur zwei Versen (77 f.) dieses Thema weiter und verbindet den dreifachen und dreifarbigen Knoten ausdrücklich mit den Fesseln der Venus. Der Analogiezauber setzt sich fort: Dasselbe Feuer macht Lehm hart und Wachs weich. Daphnis setzt die Liebende in Flammen, und so entzündet diese das Lorbeerblatt (80-83). Die Analogie wird nun im Tierreich gesucht: Daphnis soll sich so verlieben, wie eine brünstige junge Kuh, die Sprecherin aber soll gleichgültig werden (85-89). Die Sprecherin vergräbt abgelegte Kleider des Daphnis an der Schwelle, die diesen so zurückbringen soll (91-93). Sie hat von Moeris Zauberkräuter erhalten; mit ihrer Hilfe konnte sich dieser in einen Wolf verwandeln, Tote beschwören und Saaten von einem Feld auf das andere verschieben (94-99). Amaryllis soll Asche und Wasser hinter sich werfen, ohne zurückzublicken. So will die Sprecherin den angeblich gottlosen Daphnis angreifen, dem *carmina* gleichgültig sind (101-103). Gleichgültig gegenüber den *carmina* hatten sich auch Nysa (*B* 8, 33) und Alexis (*B* 2, 6) gezeigt. Hier könnte aus dem Liebeszauber ein Schadenszauber werden. Da erblickt die Liebende ein günstiges Zeichen, der Hund bellt, und Daphnis kehrt zurück. Eilends befiehlt sie den Liedern, den Zauber abzubrechen.

*Rückblick:* Insgesamt gliedert sich die Ekloge in eine Einleitung (1-16), das Lied Damons (17-61), eine Überleitung (62 f.) und das Lied des Alphesiboeus (64-109). Wissenschaftlich ist die Ekloge insofern reizvoll, als sie zwei unterschiedliche theokriteische Stoffe zusammenspannt, um das für Vergil zentrale Thema der Wirkung der *carmina* zu beleuchten. Elemente aus Theokrits drittem und zweitem *Idyll* sind einem umfassenden, metapoetischen Thema zugeordnet: Im Eingang der achten Ekloge rechnet der Sprecher mit einem starken, an Orpheus gemahnenden Effekt der Gesänge. Im Damon-Lied verzweifelt der Liebende an der Macht der Lieder. Auch im Alphesiboeus-Gesang verzweifelt die Liebende zunächst an der Kraft ihrer *carmina*; bevor sie aber zu schlimmeren Beschwö-

---

[101] Eine italische (marsische, vgl. *A* 7, 750-755) Zauberpraktik: Ovid, *Schönheitsmittel* 39; Lucilius 575 mit dem Kommentar von F. Marx (Leipzig 1905, Neudruck Amsterdam 1963).

rungen greift, stellt sich die Wirkung dennoch ein. Der Effekt der *carmina* ist also oft unabhängig von der Absicht oder dem Selbstverständnis der Sprecher.

Die neuerdings vieldiskutierte Frage nach dem Adressaten[102] dürfte zu Gunsten Pollios gelöst sein. Das Motiv „einsame Liebesklage" verbindet dieses Gedicht mit dem zweiten und zehnten.

## 2. 1. 9 NEUNTE EKLOGE

Die neunte Ekloge ist in ihrem Dialogcharakter (und ihrer zeitgeschichtlichen Verankerung) mit der ersten vergleichbar.

Lycidas begegnet Moeris auf dem Wege in die Stadt und redet ihn an (1). Moeris berichtet, der neue ortsfremde Eigentümer wolle die bisherigen Bauern vertreiben; sie schickten ihm nun (mit keinen guten Wünschen) die Zicklein, die er mit sich führe (2-6). Lycidas erwidert, er habe doch gehört, daß Menalcas durch seine Lieder ein größeres Stück Land vor der Ackerverteilung bewahrt habe (7-10). Moeris entgegnet, davon sei zwar die Rede gewesen, aber Hirtenlieder könnten inmitten von Waffenlärm so wenig ausrichten wie Tauben, wenn ein Adler komme. Ja, Moeris und sogar Menalcas seien in Lebensgefahr gewesen (11-16). Lycidas beklagt die Unmenschlichkeit eines solchen Anschlages, besonders aber die Gefahr, einen solchen Dichter zu verlieren, und zitiert ein Lied von diesem (17-25).[103] Moeris fügt weitere Verse des Menalcas hinzu, und zwar aus einem „unvollendeten" Gedicht auf Varus, den die Schwäne von Mantua durch ihren Gesang zu den Sternen erheben werden (inhaltlich sind diese Zeilen mit der sechsten Ekloge verwandt). Auch in den *Georgica* bringt Vergil seine Heimatstadt Mantua mit der Verewigung eines Adressaten in Verbindung (*G* 3, 10-15), und in der *Aeneis* (10, 198-203) leitet er den Ortsnamen von der Seherin Manto ab, deren Sohn die Stadt gegründet haben soll. Es liegt nahe, darin einen Hinweis auf seinen eigenen Anspruch als Dichterprophet (*vates*) zu sehen (26-29).[104]

Lycidas bittet Moeris zu singen, so wahr seine Bienen und Rinder gedeihen mögen! Er fügt hinzu, auch er selbst sei ein Dichter,[105] wenn auch nicht vom Range des Varius und Cinna (30-36). Hier überträgt Vergil Verse aus Theokrit (*Idyll* 7, 37-41) in seine römische Gegenwart; er nennt bekannte Dichterkollegen und ersetzt Frosch und Heuschrecken durch edlere Tiere (Gans und Schwäne).[106]

---

[102] S. Anm. 23 und S. 31.

[103] Es sind übersetzte Theokritverse (*Idyll* 3, 3-5); indirekt stellt sich Vergil als römischer Theokrit vor.

[104] Nach Servius zu *B* 9, 60 wäre Bianor ein anderer Name von Mantos Sohn Ocnus, dem Gründer von Mantua. Dies wäre ein weiterer Anlaß, das „Grab" mit dem Verstummen des jetzt lebenden *vates* in Verbindung zu bringen, was selbst dann naheliegt, wenn es sich bei Bianor nur um einen sonst unbekannten Frühverstorbenen (vgl. *Anthologia Palatina* 7, 261) handeln sollte, ein Thema, das Vergil in der *Aeneis* vertiefen wird (Marcellus, Euryalus, Lausus, Pallas). Zum Verstummen oder Versagen des Künstlers angesichts des Todes vgl. S. 169 f.

[105] Die Musen haben ihn zum *poeta* gemacht, den Hirten gilt er als *vates*, was er ihnen aber (noch) nicht glaubt (der römische Begriff schließt soziale Anerkennung ein).

[106] Das Bild ist gut vorbereitet. Die vorhergehende Rede des Moeris endete mit *cycni* wie jetzt die des Lycidas mit *olores*.

Moeris versucht nun, sich ein Lied auf Galatea (aus Theokrits elftem *Idyll*) ins Gedächtnis zu rufen (37-43). Da er unvermutet abbricht, legt ihm Lycidas nahe, ein eigenes Lied zu singen, das er jüngst von ihm gehört habe. Es gilt dem Gestirn Caesars, das für Wein- und Obstbau beste Voraussetzungen schaffen werde (man denkt an die *Georgica*). Der letzte Vers wendet einen pessimistischen Vers der ersten Ekloge (*B* 1, 73) ins Positive: „Daphnis, veredle Birnbäume; die Enkel werden dein Obst pflücken" (44-50).

Moeris entgegnet, das Alter habe ihm alles, auch den *animus*,[107] geraubt. Die vielen Lieder, die er kannte, habe er vergessen; sogar die Stimme versage. Er beruft sich auf einen alten Aberglauben: Wer einem Wolf begegne und ihm nicht als erster ins Auge blicke, werde stumm. Das distanzierte *ista* beweist, daß es Lycidas war, der die Verse gesungen hat. Im übrigen verweist Moeris auf Menalcas, von dem der Freund dieses Lied noch oft hören werde (51-55).

Lycidas fühlt sich von den Ausreden des Alten auf die Folter gespannt. Das Wort *amor* für den heftigen Wunsch, etwas zu hören, wird auch Aeneas im zweiten Buch der *Aeneis* verwenden (*A* 2, 10). Der theokritische Hinweis auf die Meeresstille (57 f., vgl. Theokrit 2, 38) paßt nicht in die Landschaft am Mincio (vgl. Anm. 139), darf also wohl im übertragenen Sinne verstanden werden: Moeris braucht hier, wo ihn nur Lycidas hört, nichts zu fürchten. In der Ferne erscheint Bianors Grab (vgl. Anm. 104); Lycidas schlägt vor, hier unter der Laube zu rasten oder aber sich den Weg durch Singen zu verkürzen. Er bietet auch an, das Bündel des Moeris zu tragen. Aus der großen Zahl der Vorschläge des Lycidas kann man den stummen Widerstand des Moeris erraten. Moeris gebietet dem Jüngeren, ihn nicht weiter zu drängen und sich ganz den anstehenden Aufgaben zuzuwenden. Wenn Menalcas erscheine, werde Zeit zum Singen sein.

*Rückblick:* Insgesamt handelt es sich um ein Gespräch zwischen Lycidas und Moeris. Lycidas eröffnet den Dialog, Moeris hat das letzte Wort. Der Gesamtaufbau der Ekloge ist trotz ihres zusammengesetzten Charakters in sich geschlossen.[108] Die Verse 23-25 und 39-43 sind im engeren Sinne „bukolisch", die Verse 27-29 und 46-50 beziehen sich auf die eigene Zeit. Einen Übergang bilden die Zeilen 32-36.

Ein beliebtes Diskussionsthema ist die Chronologie: Die neunte Ekloge erwähnt – wie die erste – die Landverteilungen. Die Antike hielt die erste Ekloge für älter, eine englische Tradition (mit ihr W. Clausen [Komm. 1994]) die neunte. Auch die Inszenierung – mit dem Widerspruch zwischen der Landschaft von Mantua und der „Meeresfläche"[109] – hat (fast zu viel) Aufmerksamkeit erregt.

Das neunte Gedicht – für A. La Penna (2005, 42) die „Königin der vergilischen Eklogen" – ist nach dem berühmten siebten Idyll Theokrits gestaltet, den *Thalysia*, die Daniel Heinsius *omnium eclogarum regina* nannte. Verwandt sind der Rahmen und die Auseinandersetzung mit der poetologischen Problematik. Doch gibt es bezeichnende Unterschiede: Während dort der Weg von der Stadt aufs Land führt, geht hier die Wanderung umgekehrt vom Lande in die Stadt.

---

[107] Das mehrdeutige Wort kann die geistigen Fähigkeiten bezeichnen, aber auch – und ganz besonders – den Mut und die Lust, etwas zu unternehmen.
[108] R. Hanslik (1955).
[109] Vgl. Anm. 139.

Das Ziel ist kein Götterfest, sondern die Lieferung von Zicklein an einen verhaßten neuen Eigentümer. Vergil klammert die bittere Realität seiner Epoche keineswegs aus. Dementsprechend geht es – anders als bei Theokrit – um das Verstummen der Dichtung in schwerer Zeit. Daneben auch wohl um den Gegensatz zwischen jugendlichem und reifem Gesang (sofern die Umstände ein Reifen zulassen). Das Verstummen des Sängers und das Auftauchen von bloßen Bruchstücken von Hirtengedichten in seiner Erinnerung kann als indirekte Vorbereitung des Abschieds von der *Bukolik* gesehen werden.

Fesselnd ist die Technik des Aussparens: Wie in einigen anderen Eklogen ist auch hier die Hauptperson, Menalcas, abwesend. In der zweiten Ekloge tritt Alexis so wenig auf wie Daphnis in der fünften (S. 44 f.). Die Ekloge ist offen formuliert; zweifellos will sie auf Varus und den jungen Caesar einwirken. Das Lob auf die Gönner bleibt deshalb noch unvollendet. Dem theokritischen Motiv des „Unterwegsseins" verleiht Vergil einen neuen, umfassenden Sinn. Bedeutsam ist hier die Poetik des Verstummens (S. 52).

## 2. 1. 10. ZEHNTE EKLOGE

> Virgil "has written a variation in his own style on a theme by Gallus."
> J. Griffin (1986) 33

Die zehnte Ekloge ist eigens als Schlußstück der Sammlung komponiert (*extremum ... laborem* 1).[110] Als Huldigung an Gallus bildet sie ein Seitenstück zur sechsten Ekloge. Sie steht der zweiten Hälfte von Theokrits erstem *Idyll* nahe, das uns den sterbenden Daphnis vor Augen stellt. Vergils Ekloge spielt (wie die siebte) in Arkadien. Zu Arethusa rief auch der (auf Sizilien) sterbende Daphnis (Theokrit 1, 117). Als Quellnymphe ist sie für Vergil den *nymphae Libethrides* (*B* 7, 21) vergleichbar. Gallus hat ihn um ein Gedicht gebeten; der kultivierte Geschmack der Geliebten des Gallus, Lycoris, macht die Aufgabe noch schwieriger. Die Ekloge soll auch vor Lycoris' kritischem Blick bestehen können.[111] Dem erotischen Charakter der Dichtungen des Gallus entsprechend soll die (hoffnungslose) Liebe des Gallus das Thema sein (7). Die bukolische Landschaft (8) nimmt von Anbeginn innigen Anteil am Geschehen (1-8).

Im ersten Hauptteil der Ekloge ist Vergil der Sprecher (9-30).[112] Lorbeerbüsche, Tamarisken – typische Pflanzen der bukolischen Dichtung – , ja selbst Arkadiens Berge trauern mit dem verliebten Gallus. Das erinnert an die Reaktionen der Natur auf die Abwesenheit des Tityrus (*B* 1, 38 f.) und auf die

---

[110] Zu dieser Ekloge: L. Rumpf (1996); C.G. Perkell (1996). *Labor* für dichterische Arbeit: Horaz, *Epistulae* 2, 1, 224; *Ars poetica* 291.

[111] Ist die Ekloge nicht nur als literarisches Kunstwerk (was der Text zunächst nahelegt), sondern auch als ein Stück „werbende Dichtung" für die Augen der Lycoris bestimmt, – so allenfalls als Werbung für Gallus bei Lycoris. Den Mantel des Vergessens sollte man über den Einfall (N. Holzberg [2006] 90) breiten, Vergil selbst werbe um die sinnliche Liebe des Gallus. Eine öffentliche Werbung dieser Art stünde im Widerspruch zu Vergils notorischer Diskretion und hätte die gedachte Leserin Lycoris wohl kaum zu zustimmender Lektüre ermuntert.

[112] Es besteht ein Unterschied zur Trauer der Nymphen in der fünften Ekloge (*B* 5, 20 f.). In Vergils Vorlage (Theokrit 1, 66) wundert sich der Dichter darüber, daß die Nymphen ihrem Liebling Daphnis nicht zu Hilfe gekommen sind.

Himmelfahrt des Daphnis (*B* 5, 62-64). Für Gallus' Leiden zeigen sogar die Schafe Mitgefühl. Daran möge der „göttliche Dichter" (17) keinen Anstoß nehmen! Hat doch sogar Adonis Schafe gehütet. Natürlich kommen auch der Schafhirt, der Schweinehirt und Menalcas, der Eicheln als Tierfutter gesammelt hat. Alle fragen nach dem Warum dieser Liebe. Selbst Götter erscheinen: Apollo, Silvanus und Pan. Apollo erklärt die Liebe des Gallus für Wahnsinn, da Lycoris einem anderen gefolgt sei. Pan fordert ihn zum Maßhalten auf. Doch der unersättliche Amor kennt kein Maß.

In seinem anschließenden Lied (31-69) tröstet sich Gallus[113] mit dem Gedanken, die arkadischen Hirten würden von ihm singen, er werde also in der bukolischen Dichtung fortleben. Er träumt von glücklicher Liebe in bukolischer Landschaft (Arkadien); dabei befindet er sich (man beachte den Bruch in der Inszenierung!) gerade auf einem Feldzug, während Lycoris ohne ihn auf verschneiten Alpenpfaden wandert. Gerne würde er seine in Euphorions Nachfolge gedichteten Lieder auf der sizilischen Hirtenflöte spielen, Liebesworte in Bäume ritzen (die Liebe wächst mit) und als Jäger durch Wald und Berge streifen ... Doch seine Liebe ist unheilbar. Dryaden und sogar Gedichte gefallen ihm nicht mehr. Weder Thrakiens Kälte noch Afrikas Hitze kann Amor wandeln.

Vergil spricht das Schlußwort (70-77). Er wendet sich an die Musen und erklärt, mit diesem letzten Lied möge es sein Bewenden haben. Die feine Arbeit des Körbchenflechtens bildet eine sprechende Parallele zum Gesang. Mögen die Musen das bescheidene Lied für Gallus groß werden lassen, der ihm immer mehr ans Herz wächst! Doch die Schatten fallen länger: Zeit für die satten Ziegen, nach Hause zu gehen.

*Rückblick:* Insgesamt gliedert sich die zehnte Ekloge in folgende Teile: Einleitendes Gebet (1-8), Teilnahme von Natur, Menschen und Göttern an der trauernden Liebe des Gallus (9-30); Gesang des Gallus (31-69); Schlußwort des Dichters (70-77).

Diskussionsstoff boten Widersprüche in der Inszenierung (Arethusa deutet auf Sizilien hin; angeredet werden die Arkader, in deren Gebiet auch Maenalus und Lycaeus liegen; wo aber befindet sich Gallus auf seinem Feldzug?). Nicht weniger Scharfsinn hat man auf die Entdeckung von Zitaten aus Gallus' (verlorenen) Gedichten verwendet. Leider gibt Servius kaum mehr als Andeutungen. Kühn[114] wirkt die Aufnahme eines lebenden Römers, Politikers und Liebesdichters in die bukolische Welt und seine typologische Verbindung mit dem sterbenden Daphnis. Hat Dichtung Macht über Leidenschaft?[115] Einerseits nein: Wählt doch Gallus das Leben mit der unglücklichen Liebe zu Lycoris statt des Todes in der Nachfolge des Daphnis. Andererseits ja: Liest Lycoris dieses Gedicht als

---

[113] Vergil hat hier Zitate aus Dichtungen des Gallus verarbeitet (Servius zu *B* 10, 46).
[114] Vergils Ekloge, deren Ton „ernst und rein" (E.A. Schmidt [1987] 163) ist, sollte man nicht „komisch" nennen; Vergils versteckter Humor ist zarter als selbst der leiseste Hauch liebevoller Thomas Mannscher Ironie (vgl. Anm. 56); sind doch lebende Römer auch sonst in die *Bucolica* einbezogen. Doch an dem beabsichtigten Kontrast zwischen Ethos und Pathos besteht kein Zweifel. Der Dialog ist in mancher Beziehung ein Aneinandervorbei (darin der ersten Ekloge vergleichbar).
[115] C.G. Perkell (1996) liest das Gedicht (entsprechend Vergils Absicht: *B* 10, 2) aus der Perspektive von Lycoris.

Liebesbotschaft des Gallus, so wird es seinen werbenden Zauber ausüben. Reizvoll ist die Frage, wie Vergil die elegische Liebe des Gallus in die bukolische Welt „einschließt".[116] Liegt darin eine Erhöhung der bukolischen Gattung oder ein kritischer Abschied von ihr?[117] Ist das Ende des Eklogenbuches pessimistisch oder optimistisch zu lesen? (Nach dem Überwiegen der düsteren Töne in der zweiten Werkhälfte und des elegischen Pathos im letzten Gedicht gibt der Schluß der zehnten Ekloge mit dem Ethos der Freundesliebe und dem Bild der wachsenden Pflanze eher Anlaß zu verhaltener Hoffnung).

## 2. 2 GATTUNG UND VORGÄNGER

Als ein Produkt der hellenistischen Epoche verbindet die Bukolik (Hirtendichtung) Züge ganz unterschiedlicher Gattungen: Episch ist das Versmaß (der Hexameter), lyrisch die Wirkung der Wiederholungsformen bis hin zum Refrain, dramatisch die dialogische Form vieler (aber nicht aller) Eklogen.

*Gattung.* Problematisch ist die Definition der Gattung.[118] Berücksichtigt man alle erhaltenen Gedichte der griechischen und römischen Bukolik, so ergibt sich für das Genos ein sehr breites Spektrum. Versucht man aber, sich auf spezifische Züge zu beschränken, fallen weite Teile des Tradierten heraus. In der Tat vereinigt die Bukolik Unterschiedliches, ja Widersprüchliches. Ihr Auftreten ist betont schlicht, und doch schließt sie auch die erhabensten Gegenstände nicht aus. Sie beruft sich auf volkstümliche Wurzeln, ist aber schon bei Theokrit ein höchst kunstvolles Genos, das als Gefäß für Reflexionen über Dichtung dienen kann. Eine Wesensbeschreibung sollte nicht von vorgefaßten Meinungen über „das Bukolische", sondern von den Gegebenheiten des Textes ausgehen. Für Vergil hat E.A.Schmidt zwei wichtige Aspekte herausgearbeitet, die in seinen Buchtiteln klar zum Ausdruck kommen: „Poetische Reflexion" (1972) und „Bukolische Leidenschaft"(1987). Hinzu kommt ein Drittes, das vielleicht an erster Stelle Erwähnung verdient: Der Bukoliker Vergil *scheint* sich nur aus der Wirklichkeit zurückzuziehen, in Wahrheit setzt er sich kritisch mit der Zeitgeschichte auseinander.[119]

Viele Spielarten der Gattung sind bei Theokrit vorgebildet: das Gespräch zwischen Hirten (Theokr. 4, vgl. *B* 1 u. ö.), ihr Wettgesang (Theokr. 5, 6, 8 und 9, vgl. *B* 3, 5 und 7), die Verklärung der Natur und das Lied vom Tod eines Hirten (Theokr. 1, vgl. *B* 5), die Zauberinnen (Theokr. 2, vgl. *B* 8), das Ständchen oder die Klage des Verliebten (Theokr. 3 und 11; vgl. *B* 2, 8 und 10). Auch Herrscherlob ist bei Theokrit belegt, allerdings in einem Gedicht, das nicht auf die Hirtenwelt Bezug nimmt (Theokr. 17; *B* 1 u.a.). Vor allem aber strahlt das Thema „Dichtung über Dichtung" (Theokr. 7, die „Königin der Eklogen") auf Vergils

---

[116] Vgl. Anm. 122 und 124. Verwandt der Begriff der „Rahmung" bei L. Rumpf (1996).
[117] Zum „metapoetischen" Verständnis dieser Ekloge G.B. Conte (1986) 100-102; W. Clausen, Komm. 288-292.
[118] Zum Wesen der Gattung und zu Vergil und Theokrit sehr nützlich P. Alpers (1996); Zur Gattung und zu Vergils Verhältnis zu den Vorgängern, besonders zu Theokrit, A. Perutelli (1995) 34-42.
[119] Einschließlich der Spannung zwischen Stadt und Land (*B* 1, 34; 9, 1-6; vgl. 1, 19-25; 38-45).

ganze Sammlung aus, besonders auch auf *B* 9. Es ist, als habe Vergil alle Hauptmotive der Hirtendichtung im Lichte von Theokrits sublimem siebten Idyll neu gedeutet und mit seiner Gegenwartserfahrung durchdrungen.

*Vorgänger.* Vergil setzt sich mit Theokrit auf hoher Ebene auseinander, und er zentriert seine Theokrit-Nachfolge weitgehend auf das Thema „singende Hirten". Die Bedeutung des Vorgängers für Vergil zeigt sich schon in der ersten Zeile, die lautlich und motivisch an den berühmten Anfang des ersten theokritischen Idylls anklingt. Theokrits programmatisches siebtes Idyll, die *Thalysien*, ist ein Bezugspunkt für viele Eklogen Vergils. Der musizierende Hirte im Schatten eines Baumes heißt im siebten Idyll Komatas (Theokr. 7, 88 f.); doch auch der Name Tityrus findet sich dort (Theokr. 7, 72).[120] Die Schilderung der Zukunft des Tityrus in der ersten Ekloge erinnert an den Schluß der *Thalysien*: Man denke an das heilige Wasser, die stöhnende Turteltaube und die so bedeutsamen Bienen. Anders als Theokrit betont Vergil jedoch von Anfang an die politische Realität der Landvertreibungen; ferner ersetzt er die reale Gegenwart der Gottheit in der bukolischen Landschaft (den Schlußakkord des siebten *Idylls*) durch deren politische Präsenz im rettenden *iuvenis* (dies beleuchtet einen Unterschied zwischen griechischer und römischer Religiosität). Das *otium* des Hirten in der Natur ist in dem entsprechenden Passus der ersten Ekloge ein Zukunftsbild, gesehen mit den Augen des ausgestoßenen Meliboeus: nicht gegenwärtige Wirklichkeit, sondern Gegenstand der Sehnsucht.

Im Hintergrund der zweiten Ekloge stehen im wesentlichen drei Gedichte Theokrits, besonders das elfte (Polyphems Werbung um Galatea), aber auch das dritte – für Einzelheiten der Werbung bis hin zur Drohung mit Selbstmord – und das sechste, besonders für die „Schönheit" des Verliebten, der sich im Wasser bespiegelt (Theokr. 6. 34-38).[121] Bezeichnend für Vergils Kunst ist die Reduktion der grotesken Komik des verliebten Cyclopen zugunsten einer affektiven Darstellung, die zu einfühlendem Nachvollzug einlädt und die Menschenwürde des Liebenden achtet. Dem tiefen Ernst ist nur noch in Spurenelementen eine leichte Ironie beigemischt, die bewußt macht, daß es sich um die kleine Welt knabenhafter Gefühle handelt. In dieser Beziehung ist der Zugang dem vierten *Georgica*-Buch vergleichbar, das den Ernst menschlichen Lebens und Sterbens in den Mikrokosmos der Bienen hineinspiegelt. So bildet die zweite Ekloge im kleinen Maßstab ein Vorspiel zur zehnten, in der Gallus – Dichter wie Corydon – als Erwachsener der Allmacht des Eros erliegt. Anders als bei Theokrits Polyphem beruht die Hoffnungslosigkeit der Liebe nicht auf Naturgegebenem – Häßlichkeit und Schönheit –, sondern auf sozialen Unterschieden und auf Machtfaktoren (Stadt und Land; Herr und Knecht). Zeigte sich der gesellschaftsbezogene Zugang des Römers in der ersten Ekloge in der unterschiedlichen Präsenz der Gottheit (in der Natur bzw. im Menschen), so offenbart er sich nun in seinen Auswirkungen auf das Gefühlsleben des Einzelnen.

Die zweite Ekloge verändert die Sprechsituation ihrer Vorbilder. Im elften Idyll wirbt Polyphem um die anwesende Galatea, im sechsten handelt es sich um einen Wettgesang. Bei Vergil geht es um einsame Klage. Die Fiktion der Überredung wirkt noch in den Anreden an den Geliebten nach, aber am Ende

---

[120] Zu Tityrus vgl. auch Theokrit 3, 2-4.
[121] Außerdem spielt das zweite Idyll herein. Der Name Corydon stammt aus dem vierten.

dominieren die Selbstanreden. Der unmittelbare rhetorische Zweck, den Angebeteten zu rühren, entfällt. Vergil entwirft ein Seelengemälde.

Die dritte Ekloge spielt mit der Lesererwartung: Der Eingang läßt einen Dialog mit dem vierten *Idyll* erwarten, dann aber entdeckt man, daß der Aufbau dem fünften folgt; daneben spielen das sechste und das achte herein. Derbheiten und realistische Züge sind gedämpft. Im Unterschied zu Theokrit gibt es hier bei Vergil keinen Sieger. Die literarische Thematik erinnert an das siebte *Idyll*.

Die vierte Ekloge greift zu Beginn ausdrücklich über den Rahmen der Hirtendichtung hinaus. Sie integriert die historische Dimension und die prophetische Poesie in die Bukolik. Als Brücke dient die Vorstellung des Goldenen Zeitalters, die zahlreiche Berührungen mit der Welt der Hirtendichtung aufweist. Das Prinzip des „Einschließens"[122] anderer Gattungen wird uns in der sechsten und der zehnten Ekloge wieder begegnen.

Die fünfte Ekloge verbindet Theokrits erstes *Idyll* mit dem neunten (zum Tierfrieden s. noch *Idyll* 24, 84 f.). Besonders der Mittelteil weist auch Verbindungen zum siebten *Idyll* auf. Mopsus ist in seiner Theokrit-Nachfolge strenger als Menalcas. Im ersten *Idyll* singt Thyrsis, der Schäfer vom Aetna, das Lied von Daphnis' Tod (64-145), im neunten singen Daphnis und Menalcas zwei gleich lange Lieder. Im Vergleich mit dem ersten *Idyll* steigert Vergil das Pathos durch Einführung der untröstlichen Mutter; bei der Trauer der Tiere hebt er das vornehmste, den Löwen, hervor. Anders als Theokrit gestaltet Vergil den Tod nicht als Abschied des Sterbenden, sondern als Nachruf und Himmelfahrt. Tod und Apotheose (letztere nur entfernt mit der Weissagung in *Idyll* 24, 71-98 vergleichbar) haben revolutionierende Folgen: Die Veränderung der Natur bei Daphnis' Tod ist bei Theokrit bloßer Wunsch, bei Vergil Wirklichkeit.

Die sechste Ekloge stellt sich im ersten Vers betont in die Nachfolge der syrakusanischen Dichtung, also Theokrits. Noch die Eingangsszene berührt sich vage mit Theokriteischem (*Epigramm* 3 und *Idyll* 1 und 7); dann aber entfernt sich Vergil weit von diesem Dichter, um andere Gattungen in seine Bukolik einzuschmelzen (insbesondere das Kleinepos). In den letzten Versen schließt sich der Kreis, und „die Schafe kehren in die Ställe zurück."

Die siebte Ekloge ist dem achten (und auch dem sechsten) *Idyll* nachgebildet. Den Wechsel des Metrums (vom Hexameter zum elegischen Distichon und zurück) ahmt Vergil nicht nach. In der siebten Ekloge gibt es (anders als in der dritten und fünften) auch bei Vergil einen Sieger.

Die achte Ekloge verbindet zwei Lieder aus dem dritten und dem zweiten *Idyll* Theokrits.

Hauptvorbild der neunten Ekloge ist das siebte Idyll, was die Wanderung und die literarische Thematik betrifft; doch hat Vergil die Wegrichtung umgekehrt: Ziel ist die ungeliebte Stadt, nicht das geliebte Land.

Die zehnte Ekloge greift auf das Sterben des Daphnis in Theokrits erstem *Idyll* zurück.

Die Theokrit-Nachfolge ist in den „frühen" Eklogen *B* 2 und 3 recht wörtlich, doch schließen sich Theokrit-Nähe und innere Selbständigkeit keineswegs aus. Vergils Eigenständigkeit zeigt sich besonders in der Entfaltung der politisch-

---

[122] Zum Grundsätzlichen („inclusion") vgl. F. Cairns (1972) 158-176; der von anderen bevorzugte Ausdruck „window reference" ist ein Unwort des Computerzeitalters.

gesellschaftlichen (*B* 1, 4 und 9) und der poetologischen Thematik (*B* 6 und 10), aber auch in der Reduktion des realistischen Humors auf Spurenelemente.

Zwar setzt sich Vergil gründlich mit Theokrit (und sogar Kommentaren[123] zu diesem) auseinander, beschränkt sich aber keineswegs auf ihn und seine griechischen Nachfolger (Moschos, Bion und das Corpus Theocriteum). So öffnet sich in der vierten Ekloge die bukolische Gattung – die als „niedrig" gilt, „höheren" literarischen Formen (*B* 4, 1 *paulo maiora canamus*): Lehrgedicht, Prophetie, Gebet, Hymnus. Die zuletzt genannten Textsorten spielen auch in andere Eklogen herein (z.B. das Adynaton *B* 1, 59-63). Ein weiterer literarischer Bezugspunkt der *Bucolica* sind Gattungstraditionen der Rhetorik und des Festgedichts – Geburtstagswünsche, Totenklagen, Apotheosenberichte. Ferner sah die Antike in der Dialogform vieler Eklogen eine Verwandtschaft mit dem Drama. Darüber hinaus gibt es Berührungen mit dem dramatischen Monolog.

Die zehnte Ekloge integriert die römische Liebeselegie in die bukolische Welt.[124] Berührungen mit der Elegie zeigen z. B. auch die leidenschaftlichen Monologe in der zweiten und achten Ekloge. Subtile Kunst der Anspielung verbindet die *Bucolica* (wohl enger als wir ahnen) mit den (für uns weitgehend verlorenen) Werken des Cornelius Gallus und seines Vorbilds Euphorion. Die Eingangszeile der zweiten Ekloge erinnert (außer an Theokrit) auch an die Art, wie die hellenistische Elegie ihre Protagonisten einführt und ihr Verhalten charakterisiert (Kallimachos, *fr.* 67-75: Akontios und Kydippe). Ein Beispiel für Einschluß mehrerer Gattungen ist die sechste Ekloge: Die Fesselung des Silens geht letzten Endes auf die Proteus-Befragung im vierten Buch von Homers *Odyssee* zurück. Hinter der Dichterweihe des Gallus steht Hesiod. Lukrezische[125] Töne erklingen im kosmogonischen Teil derselben Ekloge, vgl. 6, 34 *tener mundi ... orbis* mit Lukrez 5, 780 f. *mundi novitatem et mollia terrae / arva*. Doch vertritt Vergil die Lehre von den vier Elementen, die Epikur fremd ist. Gegen Ende klingt Catulls Hochzeitsgedicht an (Vergil, *B* 6, 86 *Vesper Olympo*: Catull 62, 1). Solche Berührungen mit benachbarten und fernerliegenden Gattungen verleihen Vergils Bukolik psychologische Tiefe und kosmische Weite.

Wichtige lateinische Vorgänger sind Cornelius Gallus (*B* 6 und 10) und Calvus (mit dessen Epyllion [frg. 9 Morel] sich – wie fast zu erwarten – *B* 6 [47] berührt). Doch weiß Vergil durch innere Distanzierung seine Selbständigkeit zu wahren: An die Komödie erinnert unter anderem die Technik der Tragödienparodie: *numquam hodie effugies* (*B* 3, 49) zitiert scherzhaft einen todernsten Naevius-Vers (*Trag.* 15 Ribbeck³). Das Verhältnis zu Lukrez ist eng und gleichzeitig kritisch; Entsprechendes gilt von Catull: *B* 4 kehrt die negative Prophezeiung von *Carmen* 64 ins Positive. Die vierte Ekloge zeigt neben Hesiodischem Berührungen mit sibyllinischen Orakeln (Endzeitverkündigung, Herabsteigen der Dike von den Sternen, Wiederkehr des Goldenen Zeitalters) und prophetischen Tex-

---

[123] Vergil dürfte die Bukoliker-Ausgabe des Artemidor von Tarsos und den Kommentar Theons von Alexandrien benutzt haben (N. Holzberg [2006] 25 f.; F. Cairns [1999]).

[124] Auch hier ist „inclusion" eine treffende Beschreibung; ähnlich F. Klingner (1967, 174) „Beherbergen"; L. Rumpf (1996, 71) „Rahmung". Weniger überzeugend M.C.J. Putnam (1970, 377 f.: Zerstörung der bukolischen Gattung und ästhetisierende Relativierung der Liebe); G.-B. Conte (1980) betont den Gegensatz zwischen der Fähigkeit zur Distanzierung (Bukolik) und dem Aufgehen in der Liebe (Elegie), wohl zu stark verallgemeinernd.

[125] Zu Lukrez bei Vergil vgl. V. Buchheit (1986) und (2004).

ten; an Jesaja 11, 6 f. erinnern z.B. der Tierfriede (der Antike bekannt durch *Oracula Sibyllina* 788-795)[126] und der Knabe als Erlöser (das hellenistische Judentum wäre eine denkbare Brücke). Zur Aion-Thematik gibt es orientalische (z.T. persische) Parallelen; im einzelnen sind Art und Grad der Abhängigkeit umstritten. Man sollte solche Zusammenhänge weder über- noch unterschätzen.

## 2. 3 LITERARISCHE TECHNIK

*Aufbau der Sammlung.*[127] Vergils *Bucolica* sind als Gedichtbuch ein Kunstwerk; die überlegte Anordnung von zehn Gedichten fand frühzeitig Nachfolge in Horazens erstem Satirenbuch und dem ersten Buch Tibulls.

Betrachtet man die zehnte Ekloge als selbständiges Schlußstück – eine Widmung an Gallus – , so ergibt sich ein axialsymmetrischer Aufbau der Sammlung. Als Rahmen dienen die quasi „autobiographischen" Gedichte 1 und 9; die nächste Schale bilden die Monologe 2 und 8; es folgen die Wettgesänge 3 und 7; das ebenfalls diesem Typus zugehörige Zentralgedicht 5 ist von zwei Eklogen umgeben, die teilweise über die bukolische Gattung hinausgreifen (4 und 6). Erstaunlicherweise ergeben die Verszahlen jedes dieser Gedichtpaare gleiche Summen: *B* 1 und *B* 9: 150 Verse (83+67); *B* 2 und *B* 8: 181 Verse (73+108);[128] *B* 3 und *B* 7: 181 Verse (111+70); *B* 4 und *B* 6: 149 Verse (63+86). Außerdem umfassen die Eklogen 1-4 und 6-9 jeweils gleich viel Verse.[129]

Die kristallklare Form der Eklogensammlung zeigt auch unter anderen Gesichtspunkten sinnvolle Entsprechungen:[130] Formal vergleichbare Gedichte erscheinen in der ersten und der zweiten Buchhälfte unter entgegengesetztem Vorzeichen: In der dritten Ekloge ist der Wettstreit friedlich, in der siebten kämpferisch. Der Ton des ersten Stücks der Sammlung ist optimistischer als der des vergleichbaren neunten. Adressaten spielen eine strukturbildende Rolle: Der Elegiker Gallus erscheint in den Eklogen 6 und 10, umschließt also die zweite Buchhälfte. Ähnliches gilt von den Themen: Zwei „römische" Eklogen (1 und 4) umrahmen zwei besonders „theokriteische" (2 und 3). Den beiden letzteren entsprechen spiegelbildlich die Eklogen 7 und 8. Am Ende beider Werkhälften folgt auf ein zeitgeschichtliches (4 und 9) ein poetologisches Gedicht (5 und 10).

Auch innerhalb der einzelnen Eklogen herrschen Symmetrien. Erinnert sei an die erste (s. Anm. 43). Die eingelegten Gedichtpaare in der fünften (20-44; 56-80) und in der achten Ekloge (17-61 [mit 28a]; 64-109) haben jeweils gleichen Umfang. In anderen Eklogen sind die Symmetrien (wie wir beobachten konnten) komplexer, aber dennoch klar erkennbar. Solches verwundert nicht – ist

---

[126] Ausg. A. Kurfeß, J.-D.Gauger (Darmstadt 1998); ausgewogen R.G.M. Nisbet (1995) 74 f. (=1978, 71): „Virgil claims ... to be drawing on the Sibyl, and he ought to be believed ... There is also much to criticize in the Westerners' under-estimation of this supremely beautiful poem."
[127] Zum folgenden: A. La Penna (2005) 53 f.; vgl. auch H. Seng (1999); S. Lindhal (1994).
[128] Die achte Ekloge hat 108 Verse, wenn man Vers 76 (einen Kehrvers) tilgt; 109, wenn man ihn beibehält; 110, wenn man 28a für echt hält. Trotzdem sind die Entsprechungen zu deutlich, um als Zufallsprodukt zu gelten.
[129] Zuletzt R. Thomas (2004). Knapper Forschungsüberblick zur „Numerologie" in den *Bucolica* A. Perutelli in: N. Horsfall, (Hg.) (1995), 33 f.; vgl. auch L. Bernays (2000) 19-25.
[130] R. Kettemann (1977), 74.

doch lateinische Dichtung in hohem Grade von musikalischen Gesetzen bestimmt, und Musik ist eine „unbewußte Rechenübung der Seele"[131] – oft sogar eine bewußte. So umfassen in der vierten Ekloge Einleitung und Schluß zusammen sieben[132] Verse; die Hauptteile bestehen aus zweimal sieben, viermal sieben und zweimal sieben Versen, wobei indessen im Detail wohltuende Variation herrscht (28 ist auch 8+11+9). Vielfach gehen Poeten exakter zu Werke als ihre zahlenscheuen Deuter es sich träumen lassen. Doch ist es schwer, bei derartigen Untersuchungen das rechte Maß zu halten. Symmetrien sind ein Element der Schönheit, aber in der Poesie nur eines neben vielen anderen.

Trotz dieser formalen Geschlossenheit der Sammlung behält das einzelne Gedicht ein hohes Maß an Autarkie. Versuche einer über die einzelne Ekloge hinausgehenden harmonisierenden Interpretation – auch nur gleicher Hirtennamen in verschiedenen Eklogen – führen selten weiter. Die Interpretation des Einzelgedichts hat methodisch den Vorrang vor bequemen Synthesen. Unter diesem Vorbehalt seien nun weitere Aspekte der literarischen Technik betrachtet.

Mehrfache Rahmung kann als Guckkasteneffekt Distanzierung bewirken; besonders kunstvoll geschieht dies in der sechsten Ekloge (s. S. 54). Dasselbe Gedicht ist ein Beispiel für Motiventwicklung zwischen Verfestigung und Lösung, Ruhe und Bewegung (s. S. 27 f.). In den Wettgesängen sind Parallele und Kontrast der Lieder und Charaktere ein wichtiges Gestaltungsprinzip.

Die *Personencharakteristik*[133] ist in der ersten Ekloge besonders ausgeprägt. Tityrus ist schon älter, sein Haar ist grau (28), er hat die stürmische Jugend mit Galatea hinter sich, verhält sich nun ruhig und gelassen. Seine Gefühle gelten seinem Gott, dem er die Erhaltung seines Besitzes verdankt, und seine Lieder erklingen für die schöne Amaryllis, die ihm den Erwerb der Freiheit ermöglichte. Von ihr hat er gelernt, mit Hab und Gut haushälterisch umzugehen. Da er auch mit Worten spart, wirkt er etwas verschlossen und nicht sehr feinfühlig. Ganz anders ist Meliboeus: jung und leicht zu beeindrucken. Er nimmt lebhaft Anteil am Schicksal der anderen; diese Sensibilität äußert sich aber auch in einem gewissen Hang zum Selbstmitleid. Diese subtilen Charakterbilder, die auch in Stildifferenzen[134] zu fassen sind, lassen sich nicht auf die Formel *vita activa* und *vita contemplativa* reduzieren.

Das Verhalten der Hirten – eines älteren und eines jüngeren – untereinander ist in der fünften Ekloge von ausgesuchter Liebenswürdigkeit; in der dritten wird der Ton rauher, in der siebten streift er an Feindseligkeit. In der neunten Ekloge ist Lycidas jung und lebhaft, Moeris von Alter und Enttäuschungen ge-

---

[131] *Musica est exercitium arithmeticae occultum se numerare nescientis animae (animi)*: G. W. Leibniz am 17. 4. 1712 an Christian Goldbach. Nicht nur Klassiker wie Mozart, sondern auch "romantische" Komponisten kalkulieren Phrasenlängen und Taktzahlen aufs genaueste.

[132] Die Panflöte besteht aus sieben Rohren (*B* 2, 36); auch der erste Absatz der *Aeneis* (wie schon der *Ilias*) umfaßt 7 Verse. Doch sollte man die Suche nach *hebdomades* nicht zu weit treiben.

[133] Namensgleichheiten und –unterschiede im Vergleich mit Theokrit führen nicht recht weiter: Perutelli (42-44). Auch innerhalb von Vergils Sammlung sollte man nicht zu viel Kohärenz erwarten, also jede Ekloge für sich interpretieren: Corydon ist in *B* 2 ein Schafhirt, in *B* 7 ein Ziegenhirt. Doch immerhin ist er in beiden Eklogen ein Liebender und mit Sympathie dargestellt.

[134] Siehe S. 51.

zeichnet. Die Vertreter beider Generationen zeigen bei allen Unterschieden Verständnis füreinander. Im sechsten Gedicht fesseln übermütige Jugendliche den alten Silen, um ihm ein Lied abzutrotzen. Der Alte versteht Spaß und läßt sich nicht lange bitten.

Verkörperte die erste Ekloge in zwei gegensätzlichen Gestalten Ruhe und Wanderschaft, glückliches und unglückliches, erfülltes und unerfülltes Dasein, Ethos und Pathos, so konzentriert sich im Corydon der zweiten Ekloge die Spannung zwischen Einsicht und Leidenschaft in einer einzigen Person, wobei auf weite Strecken das Pathos dominiert. Das Verhältnis zwischen Mensch und Natur ist hier komplex: In ihrer Heftigkeit scheint seine Liebe keine Grenzen zu kennen (weder die Hitze des Mittags noch die Stille des Abends läßt ihn zur Ruhe kommen); weit mehr als nur ein Naturtrieb (man denke an die Tiervergleiche *B* 2, 63 f.), ist sie Wahnwitz (*dementia*). Vor allem aber – und hier spielt die römische Gesellschaft herein – stößt Corydons Liebe an vorgegebene soziale Schranken. Hier wird ein einfacher Landbewohner – in antiker Literatur kein häufiger Fall – zur fast tragischen Figur aufgewertet. Doch ist das Liebesfeuer nicht nur zerstörerisch. Corydons grenzenloser Liebesleidenschaft entspricht nicht zuletzt auch die Höhe seines dichterischen Anspruchs (Amphion!): Corydon weist über sich selbst hinaus auf Gallus (*B* 6 und 10) und Daphnis (*B* 5). Die Einsicht am Ende wirkt ironisch, gleichsam aufgesetzt. Corydon versucht verzweifelt, mit der Blasiertheit seines verwöhnten Geliebten zu wetteifern. Hoch über den anderen Hirten steht der vergöttlichte Daphnis: ein Kulturstifter[135] wie Orpheus und Dionysos. In ihm wird etwas von Vergils römischer Dichteridee sichtbar.

Auch die Frauenporträts sind differenziert. Die erste Geliebte des Tityrus heißt nicht zufällig Galatea – in ihrem verschwenderischen Wesen gleicht sie dem Meer. So bildet sie den Gegenpol zu der haushälterischen Amaryllis.[136] Die letztere ist mit kleinen Geschenken – etwa Kastanien – zufrieden; Ähnliches gilt von Thestylis, die Schnittern ein schlichtes, wohlschmeckendes Mahl zubereitet und sich von Corydon zwei Rehkitze erhofft. Mit den einfachen Schönen der Hirtenwelt kontrastiert die großstädtische Lycoris, um deren zarte Füße sich Gallus sorgt, während sie mit seinem Rivalen durch Alpenschnee watet. Die zweite Ekloge betont (im Unterschied zu Theokrit) die soziale Kluft zwischen dem werbenden Landbewohner und dem urbanen Objekt der Anbetung.

Vergil ist ein Meister der *indirekten Darstellung*. In mehreren Eklogen ist die Hauptperson ausgespart[137] und kommt gerade dadurch noch stärker zum Leuchten, sie glänzt buchstäblich durch Abwesenheit: so der göttliche *iuvenis* in der ersten, der geliebte Alexis in der zweiten, der verstorbene Daphnis in der fünften, der vom Tod gerettete Menalcas in der neunten Ekloge. (Gleiches gilt von dem toten Pallas, der noch bis in die letzten Zeilen der *Aeneis* Mithandelnder ist). Die Verschränkung dieser Technik mit der Thematik von Liebe und Tod

---

[135] W. Clausen, Komm. (1994) 151-153.

[136] Von Amaryllis läßt sich ein komplexes und differenziertes Charakterbild zeichnen, wenn man die unterschiedlichen Eklogen zusammennimmt (was aber methodisch nicht unproblematisch ist, da gleiche Namen in verschiedenen Eklogen auch unterschiedliche Personen bezeichnen können).

[137] Ein schlagendes modernes Beispiel dieser Aussparungstechnik ist der tote Professor in Thomas Bernhards *Heldenplatz*.

beleuchtet die wichtige Rolle des Dichters als Überwinder von Trennung in Raum und Zeit. Hier verleiht Vergil einer literarischen Vorgehensweise, die man aus Anfangsszenen von Dramen (und aus Botenberichten) kennt, tieferen Sinn.

Die *Landschaft* spielt in den *Bucolica* aktiv mit; sie teilt als Trägerin menschlicher Empfindungen Jubel und Trauer. Berge, Wälder und immer wieder namentlich genannte Pflanzen und Tiere vergegenwärtigen eine mitfühlende – oder auch grausame – Umwelt. Nicht selten drückt sich Vergil sogar konkreter aus als Theokrit – er kann mehr Pflanzennamen nennen, auf Landwirtschaftliches anspielen und italische Götter und Feste beschwören. Doch selbst dann ist ihm oft das Atmosphärische wichtiger als die feste Verankerung in einer bestimmten Tages- oder Jahreszeit (s. S. 21). Ähnliches gilt vom Raum: Der poetischen Vielschichtigkeit entsprechend ist die geographische Lokalisierung mehrplanig: In einem typisch römischen Akt der „Vergangenheitsschöpfung" entdeckt Vergil stellenweise die Landschaft Arkadien,[138] doch erscheint diese nur in wenigen Eklogen; die meisten Erwähnungen finden sich in dem Gallus gewidmeten zehnten Gedicht (vgl. *B* 4, 58 f.; 7, 4; 26; 10, 26; 31; 33). Darüber lagert sich Theokrits Vaterland Sizilien (*B* 2, 21; 4, 1; 10, 4; 51) mit der Quelle Arethusa (10, 1); dem Gang der Literaturgeschichte entsprechend tritt schließlich Vergils eigene Heimat – die Gegend um Mantua (*B* 9, 27 f.) mit dem Fluß Mincius (*B* 7, 13) – hinzu.[139] Eigentlich hat jede vergilische Ekloge ihre eigene Dichterlandschaft – genauer: ihre spezifische Schichtung unterschiedlicher Dichterlandschaften. Auch Hesiods Aonien (*B* 6, 65) mit dem Permessus-Strom und der Hebrus des Orpheus (10, 65) spielen herein. Vergil kommt es weniger auf kartographische Genauigkeit als auf eine präzise geistige Topographie seines Dichtens an. Landschaft vermittelt Stimmungen, aber auch historischen Hintergrund (etwa: die Landzuweisungen) und – nicht zuletzt – Poetologisches: die geistigen Quellgebiete von Vergils Dichten (nicht zufällig nennt er viele Gewässer).

Römisches Kunstwollen offenbart sich besonders auch in der Abwandlung theokritischer Techniken. Humor erscheint fast nur noch in Spurenelementen – der urbane Dichter reduziert den mimischen Realismus des Vorgängers. Dennoch spürt man des Dichters *urbanitas* sogar in der Darstellung des verliebten *rusticus* Corydon (*B* 2). Derbes gibt es im Streit der Hirten in der dritten Ekloge – doch meist nur in der andeutenden Form der Aposiopese. Es ist schon viel, wenn der Silen scherzt, Aegle werde ihren Lohn in anderer Form erhalten (*B* 6, 26).

---

[138] Von der Entdeckung einer „geistigen Landschaft" spricht B. Snell (1945); aus Arkadien stammen Pan (Erfinder der Syrinx) und Hermes (Erfinder der Lyra); Arethusa verbindet Arkadien mit Sizilien; überzeugende Kritik an Snell: E. A. Schmidt (1972) 172-185 und (1987) 239-264; R. Jenkyns (1989) 26-39; zur Forschungsdiskussion: A. Perutelli bei N. Horsfall (1995) 45-47; zum griechischen Hintergrund des Genos ebd. 34-37 mit dem Ergebnis, es handle sich vor Vergil bei der Bukolik noch nicht um eine eigene „Gattung" im strengen Sinne (vgl. auch D.M. Halperin (1983) 217-219 ). Die Nähe Theokrits zum Mimos betont B. Effe (1977) 19; als weitere (nicht im strengen Sinne bukolische) Vorgänger Vergils kommen Philetas und griechische Epigrammatiker (so schon R. Reitzenstein [1893]) in Frage. Was Vergils Nähe zum Epyllion betrifft, so schrieben Moschos und Bion sowohl Hirtengedichte als auch Kleinepen.

[139] Symbolismus und Theokritimitation in Ehren, ab er daß Vergil in die Poebene ein „Meer" verlege (*B* 9, 57), muß muß man nicht unbedingt glauben: *aequor* bezeichnet bei ihm auch an anderen Stellen flaches Land: *G* 2, 205 das Ackerfeld; *G* 1, 105 eine Wüste, *G* 3, 195 freies Feld. An einen (inzwischen verschwundenen) See denkt E. Christmann (brieflich).

Beispielreihen sind in der Bukolik schon seit Theokrit beliebt. Ehe der Sprecher uns seine eigene Wahl verrät, läßt er fremde Vorlieben Revue passieren (*prae-ambulare*; daher der Fachterminus „Priamel"), z. B. (*B* 7, 61-68) schätzt Hercules die Pappel, Bacchus die Rebe, Venus die Myrte: Phyllis aber liebt die Haselnuß (die darum dem Sprecher besonders wert ist). Zugrunde liegt eine volkstümliche Vorform rhetorischer Strukturen. Solche finden sich auch sonst in den *Bucolica*. Vor F. Cairns,[140] der „Generic composition" zu einem festen Terminus machte, hatte E. Pfeiffer[141] nachgewiesen, daß der Aufbau der vierten Ekloge den (hellenistischen) Regeln für Reden zum Amtsantritt von Beamten entspricht. Vermeidet man den Fehler, die poetische Vorstellung in unverbindlich phrasenhafte Rhetorik aufzulösen, so läßt dieser Zugang Vergils Größe im Kontrast klar hervortreten. Rhetorische Strukturen, die bei Theokrit der Überredung der geliebten Person gelten, werden z. B. in Vergils zweiter Ekloge – da der Angeredete abwesend ist – zu Elementen eines Seelengemäldes.

Die Beschreibung von Kunstwerken verweilt bei Theokrit auf dem allgemein Menschlichen und Typischen (Theokrit 1, 27-56: eine Frau und zwei Bewerber; Fischer bei der Arbeit; ein Knabe, den zwei „schlaue Füchse" überlisten). Bei Vergil sind die Darstellungen individuell: Es handelt sich um zwei bestimmte und sogar berühmte Astronomen. Der Römer denkt an historische Individuen (Ähnliches beobachten wir beim Schild des Aeneas im Vergleich mit Homer). Hinzu kommt der Gedanke an Dichter und Wissenschaftler als Menschheitslehrer. Zusammen mit einem Leitzitat (*B* 3, 60) aus der Sternendichtung des Aratos (und den anthropologischen Rätseln des Schlusses)[142] dient die Beschreibung des Kunstwerks dazu, den Zusammenhang zwischen dem Menschen und dem Kosmos zu erhellen. Der Mensch ist Gestalter seiner Umwelt und selbst eine „Welt im kleinen".[143] Solche Beschreibungen öffnen ein Fenster in Vergils Gedankenwelt. Literarische Technik steht im Dienste transzendierenden Gestaltens.

Viele, aber nicht alle Eklogen Vergils sind dialogisch angelegt. Die antike Theorie[144] legte auf diesen Aspekt besonderes Gewicht. Dieser Grundzug bestimmt auch Sprache und Stil der *Bucolica*.

---

[140] F. Cairns (1972).
[141] E. Pfeiffer (1933) 68-84.
[142] Verf., Ausg. (2001) 123–124.
[143] Vergil spricht von der Physik mit Hochachtung (*G* 2, 475-486) und verlangt als Lehrer seines Volkes vom Bauern astronomische Kenntnisse. Die Landwirtschaft, die gleichgewichtig mit Physik und Ethik zu tun hat, spielt schon in den *Bucolica* eine bedeutende Rolle; vgl. R. Kettemann (1977).
[144] Vgl. Servius zu *B* 3, 1: *Dramatico charactere scripta est; nam nusquam poeta loquitur, sed introductae tantum personae. Novimus autem tres characteres hos esse dicendi: unum, in quo tantum poeta loquitur, ut est in tribus libris georgicorum; aliud dramaticum, in quo nusquam poeta loquitur, ut est in comoediis et tragoediis; tertium mixtum, ut est in Aeneide; nam et poeta illic et introductae personae loquuntur*. Doch vergißt Servius nicht hinzuzufügen: *hos autem omnes characteres in bucolico esse convenit carmine*. Als Beispiel für *in quo tantum poeta loquitur* dient die vierte Ekloge, für das *genus mixtum* die zehnte, für das *dramaticum* die erste (und dritte). Zu Aufführungen der *Bucolica* s. S. 58 f.

## 2.4 SPRACHE UND STIL[145]

Zu Vergils Stil, Sprache und Metrik grundsätzlich *N. Horsfall (1995) 217-248 (mit Lit. und Methodenkritik); W. Görler (1985); J.J. O'Hara (1997); allgemein zur Dichtersprache: A. Lunelli ($^2$1980); G. Maurach ($^2$1989); J.N. Adams und R.G. Mayer (Hgg.), (1999), (für Vergil wichtig); vgl. auch T. Reinhardt u.a. (Hgg.), (2005), Index s. v. "Virgil"; zum Stil der *Bucolica*: A. Perutelli, in: N. Horsfall (1995) 47-53; A. La Penna (2005) 57-61.

> *De la musique avant toute chose...*
> *Rien de plus cher que la chanson grise*
> *où l'Indécis au Précis se joint...*
> *Pas la Couleur, rien que la Nuance ...*
> *Fuis du plus loin la Pointe assassine...*
> Paul Verlaine, « Art poétique ».

Der Agrippa zugeschriebene Ausspruch,[146] Vergil habe eine neue Art Stilblüten (κακόζηλον) erfunden, nämlich solche aus alltäglichen Wörtern, trifft (nimmt man ihm die boshafte Spitze) etwas Wahres. Die Eleganz der *Bucolica* liegt nicht in der Verwendung seltener, sondern in der ungewohnten Zusammenstellung geläufiger Vokabeln. Ein Beispiel ist schon in der ersten Zeile zu finden: *sub tegmine fagi* (wörtlich: „unter der Bedeckung der Buche"). Mit *tegmen* („Bedeckung") assoziierte der Römer im Alltag die Vorstellung von Kleidung. So spottete ein früher Leser: *Tityre, si toga calda tibi est, quo tegmina fagi?* („Tityrus, hast du 'ne Toga, die wärmt, – wozu dann ‚Buchenbedeckung'?").[147]

Als Meister der Untertreibung betont Vergil gern die „ländliche" Wesensart der *Bucolica*, antike Kritiker sprechen vom *humilis character* dieser Gattung,[148] und Renaissance-Leser ordnen dieses Werk dem „einfachen" (oder: „niederen") Stil zu; ja Vergil selbst vergleicht das Genos mit „niedrigen Tamarisken" (*B* 4, 2).[149] Dennoch findet sich bei Vergil Rustikales und Volkstümliches nur in Andeutungen. Das ist bei dem Fehlen literarisch gleichberechtigter Dialekte im Lateinischen und bei dem bekannten Purismus der Stadtrömer auch nicht anders zu erwarten, deren Scharfblick selbst die wenigen Anleihen bei der Umgangssprache, die Vergil zur Verlebendigung der Rede einstreut, nicht entgingen. Spottend formte man daher den ersten Vers der dritten Ekloge folgendermaßen um: *Dic mihi, Damoeta, „cuium pecus" anne Latinum?* (etwa: „Sag mir, Damoetas, „wem sein Vieh" – ist das etwa Deutsch?).

---

[145] Eine Liste der Wörter, die Vergil nur in den *Bucolica* verwendet: F. Cupaiuolo in: *EV* 1, 572; zu Vergils Stil in den *Bucolica*: R.G.M. Nisbet (1991=1995); A. Perutelli in: N. Horsfall (1995) 47-53; D. Najock (2004); A. La Penna (2005) 57-61; M. Lipka (2001) untersucht u. a. neoterischen, ennianischen und lukrezischen Einfluß, die Spannung zwischen ländlicher Einfachheit und städtischer Verfeinerung sowie die atmosphärische Verwendung von Schlüsselbegriffen (*avena, fagus, formosus, silva*) und Eigennamen. Nützlich Theokrit- und Vergilkommentare, Spezialwörterbücher und immer noch R. Gimm (1910).
[146] *Vita Donati* 44, 186. Als Reaktionen von Muttersprachlern gewinnen solche Notizen der vielgeschmähten antiken Biographen und Kommentatoren unerwarteten Zeugniswert.
[147] Ebd. 43, 179 (*tegmina* Gronovius: *-ne* codd.).
[148] Servius zu den *Bucolica*, p. 1, 16 Thilo.
[149] Die *Georgica* vertraten den „mittleren", die *Aeneis* den „hohen" Stil.

Abgesehen von solchen verschwindenden Ausnahmen, die gleich Salzkörnern dem Text Würze verleihen, handelt es sich in den *Bucolica* um urbanes Latein, das scheinbar ganz anspruchslos, aber korrekt auftritt. Das gilt etwa von einer Ellipse wie *Quo te, Moeri, pedes?* (etwa: „Wohin des Weges?" *B* 9, 1).[150] Ein weiterer der lebendigen Rede abgelauschter Zug ist die Parenthese. Der Dichter macht daraus ein Kunstmittel, das der Rede Straffheit und Eleganz verleiht: *Tityre, dum redeo – brevis est via – pasce capellas* (*B* 9, 23; vgl. 25).

Es überrascht nicht, daß einige Vokabeln, die zum Hirtenmilieu gehören, in den späteren Werken fehlen, etwa *caseus* („Käse"), *avena* („Hafer, Halm, Blasinstrument"), *fiscella* („Körbchen"), *alium* („Knoblauch").[151] Kastanien und Quendel kehren in den *Georgica* wieder, verschwinden aber in der *Aeneis*, wo sich jedoch der Thymian (im Gleichnis) behauptet. Entsprechend dieser Stiltendenz sind Deminutive in den *Bucolica* (mit einem ganzen Dutzend Vokabeln, darunter *capella* allein 13 mal) erheblich häufiger als in den *Georgica* (sechs Belege) und der *Aeneis* (drei).[152] Das entspricht auch der relativen Nähe der Hirtengedichte zur neoterischen Kunst eines Catull. Allzu lieblich klingende Adjektive wie *suavis*[153] (4 mal in den *Bucolica*) und *formosus* (16 mal)[154] kehren nur je einmal in den *Georgica* wieder und fehlen ganz in der *Aeneis*. Zum affektiven Charakter der *Bucolica* (die man in der Antike als Liebesdichtung verstand) paßt es auch, daß die leidenschaftliche Interjektion *a!* in diesem Werk neunmal, in den *Georgica* nur zweimal und nie in der *Aeneis* vorkommt.[155]

Dichter ordnen Sätze lieber bei als unter. Das gilt erst recht für den schlichten Stil. Ausnahmen sind begründet: Wenn Tityrus längere Perioden bildet als sein Dialogpartner, so geht es um die Einzigartigkeit Roms (*B* 1, 19-21), den Gewinn der Freiheit (27-35) und den feierlichen Dank an den Wohltäter (59-63). Diese Partien sind rhetorisch beschwingt und nähern sich wegen ihres epideiktischen Charakters dem sogenannten „mittleren Stil".[156] Aus dem gleichen Grund ist auch in den Prooemien bestimmter Eklogen (*B* 6, 1-12 Lob Pollios; *B* 8, 6-10 Lob des Varus) die Syntax komplexer.[157]

Doch nicht nur an Einzelstellen kann sich die Sprache zu hymnischer oder ritueller Feierlichkeit erheben. Im ganzen gilt dies für die vierte Ekloge, wie Vergil schon im ersten Vers betont: *paulo maiora canamus* („Laßt uns etwas erhabenere Töne anschlagen"). An den Stil hoher Dichtung erinnert besonders der Vers (*B* 4, 49): *cara deum suboles, magnum Iovis incrementum* („Teurer Göttersohn, großer Sproß Iuppiters").[158] Diese Ekloge zeigt, daß der sublime Stil –

---

[150] Umgangssprachlich auch *da* für *dic* („rück heraus": *B* 1, 18); *magis* „vielmehr" (*B* 1, 11; vgl. frz. *mais*); relativ zahlreich sind solche Elemente in der dritten Ekloge; zu 9, 56-65 s. N. Horsfall (1995) 237-248.

[151] Die große Zahl der Pflanzennamen zeigt, daß die *Bucolica* zumindest in dieser Beziehung der Wirklichkeit näher stehen als spätere Bukoliker (und selbst Theokrit).

[152] A. La Penna (2005) 59; so schon R. Kettemann (1977) 28 f. mit allen Belegen.

[153] Dazu B. Axelson (1945) 35-37.

[154] Diese Vokabel in *B* 2, 1 erinnert (entfernt) an Ps.-Theokrit 23, 2.

[155] *B* 1, 15; 2, 60; 69; 6, 47; 52; 77; 10, 47; 48; 49; *G* 2, 252; 4, 526.

[156] Vgl. Verf. (2003) 23 f. u.a.

[157] Auch Catulls Satzbau ist in Einleitungen vielfach weiter gespannt als sonst.

[158] Die Häufigkeit molossischer Wörter (aus drei Längen) nach der Mittelzäsur in der vierten Ekloge trägt ebenfalls zur Feierlichkeit bei.

im Unterschied zum „schmuckreichen" und „erfreuenden" mittleren – wieder einfache Beiordnung bevorzugt, aber gepaart mit feierlichen Ausrufen (*o* in *B* 4, 48; 53), hymnischen Prädikationen, Zukunftsvisionen, Wunsch- und Befehlssätzen. Auch die sechste Ekloge schließt höhere Stilebenen ein: Man denke an die lukrezischen Klänge der Kosmogonie (bezeichnend *uti B* 6, 31).

Freilich ist selbst in „einfach" stilisierten Partien die Schlichtheit trügerisch; in der Qualität macht Vergil nirgends Konzessionen (*si canimus silvas, silvae sint consule dignae*: *B* 4, 3). Jeder Zeile offenbart höchste Kunst.

Das war schon bei Theokrit so; doch bot diesem die dorische Kunstsprache zusätzliche Register der Charakterisierung und Differenzierung. Allein schon die Wahl dieses Mediums verlieh seinem Werk bei allem Raffinement die Vertrautheit des „Volkstons". Nun kennt das Lateinische keine literarisierten Dialekte – so entfällt diese Möglichkeit für Vergil. Dafür betrachtete die damalige Wissenschaft das Lateinische zuweilen als einen griechischen Dialekt, und so mochte es Vergil reizen, die feine Kunst Theokrits in eine andere „Mundart" zu übertragen und dem spröden Latein bisher ungekannte Biegsamkeit zu verleihen.

Dazu tragen musikalische Mittel bei, die zum Grundbestand der Gattung gehören. Noch auffälliger als die Doppelung klangvoller Eigennamen (*Corydon, Corydon B* 2, 69; vgl. Theokrit 11, 72) ist die Verwendung des Refrains.[159] Hier liegt es nahe, an volkstümliche Vorbilder zu denken, doch ist für Vergil Theokrit[160] der Vermittler und unmittelbare Vorgänger. Verwandte musikalische Wiederholungsformen durchdringen den Text auch im kleinen; charakteristisch ist die Wiederkehr des Versanfangs nach der „bukolischen" Diärese: *ite meae, quondam felix pecus, ite capellae* (*B* 1, 74). Überhaupt sorgen Anaphern nicht nur inhaltlich, sondern auch akustisch für engen Zusammenhalt (*B* 1, 38 f.): *ipsae te Tityre pinus, / ipsi te fontes, ipsa haec arbusta vocabant* („selbst die Pinien, selbst die Quellen, selbst diese Büsche riefen nach dir"). Solch eindringliche Wiederaufnahmen können sich über halbe Verse erstrecken (etwa *Pan etiam Arcadia B* 4, 58 f.; *incipe parve puer B* 4, 60 und 62). Über zwei Verse oder gar über ganze Abschnitte reicht das feine musikalische Wechselspiel von Parallelismus und Antithese in den Wettgesängen der Hirten (s. *B* 3; 5; 7). Griechische Deklinationsformen bei Eigennamen dienen der metrischen Bequemlichkeit, verstärken aber auch die musikalische Wirkung. Die Allgegenwart musikalischer Wiederholungsformen[161] verleiht den *Bucolica* lyrische Qualitäten, innere Geschlossenheit, ja geradezu magische Faszination.

Überhaupt entfalten diese Texte ihr volles dichterisches Potential erst bei lautem Lesen. Man denke an Verse, die alle fünf Vokale enthalten (*incipe, parve puer, risu cognoscere matrem*: *B* 4, 60). Der Wohlklang von *o* in Verbindung mit Liquidae (*fontes et somno mollior herba*: *B* 7, 45) eignet sich auch für Echowirkungen: *respondent omnia silvae* (*B* 10, 8). Selbst- und Mitlaute spielen zusammen im Gurren der Taube (*turtur ab ulmo*: *B* 1, 58) und im einschläfernden Summen der Bienen (*saepes – salicti – saepe – somnum – suadebit – susurro B*

---

[159] R. Schilling (1990).
[160] Auch an das Parzenlied (Catull 64) kann man denken.
[161] Ein Extremfall ist 8, 48-50: für Nörgler „magere Wiederholung", für Freunde der Poesie reine Wortmusik.

1, 55); ja zuweilen sucht Vergil sogar Kakophonien, etwa um das veristische Kunstwollen des Thyrsis zu illustrieren (*horridior rusco*: *B* 7, 42).[162]

Wiederholungen sind ohne Starre gehandhabt, vielmehr durch leichte Abwandlung verfeinert: Kehrverse erscheinen nicht unbedingt immer an gleicher Stelle.[163] Die in Anapher stehenden Wörter können unterschiedliche Kasusendungen aufweisen, so daß sich ein Spiel mit der Grammatik ergibt; z. B. lösen sich (*B* 1, 38 f.) Femininum, Maskulinum und Neutrum ab. Ein Übriges tut feine Variation in Ausdruck und Wortstellung, etwa *flevere – fleverunt* (*B* 10, 13-15). Erlesene Wortarchitekturen (etwa „*ab AB*": silvestrem *tenui* Musam ... avena) verleihen dem Vers inneres Gleichgewicht; gehört doch in der Regel zu einem Substantiv nur jeweils ein Attribut. Bildhaft ist die Wortstellung in (*B* 2, 1) *formosum pastor Corydon ardebat Alexin*: Der Geliebte schließt den Liebenden unentrinnbar ein. Kunstvoll auch der Einschub der Apposition zwischen Adjektiv und Substantiv: *raucae, tua cura, palumbes* (*B* 1, 57; vgl. 2, 3; 3, 3; 7,21).[164]

Viele derartige Wortstellungstypen verbinden Schönheit mit Klarheit. Eine Ausnahme ist die ans Rätselhafte streifende Verschränkung in 5, 71 *vina novum fundam calathis Ariusia nectar*.[165] Den meisten sprachlichen Kühnheiten aber weiß der Dichter den Schein des Vertrauten zu verleihen: So ist das lapidare *ut vidi, ut perii* zwar wörtlich dem Griechischen nachgebildet (*B* 8, 41; Theokr. 2, 82; 3, 42), klingt aber so überzeugend lateinisch wie Caesars *veni, vidi, vici*. Entsprechendes gilt von „griechischen Akkusativen"[166] (*suras evincta*: *B* 7, 32) und gräzisierenden Infinitivkonstruktionen (*suadebit inire B* 1, 55): Erlesen, aber nicht befremdlich, kommen sie der Freude des Lateiners an lapidarer Kürze entgegen.

Die Fähigkeit des Römers, sich in seine Gestalten einzufühlen und den Stoff zu beseelen, zeigt sich in einem Satz wie *nec quid speraret, habebat* (*B* 2, 2), der in der theokritischen Vorlage fehlt. Belebend wirken Anreden. Sie gelten Menschen und Göttern (*divae B* 10, 70), aber auch personifizierten Liebesgefühlen (*crescetis amores*: *B* 10, 54), ja sogar der Umwelt (*silvae*: *B* 10, 63).

Was die *Metrik* betrifft, so behandelt Vergil den Hexameter zwar etwas freier als Theokrit,[167] übernimmt aber dessen Vorliebe für die sogenannte bukolische Diärese: Wortende nach dem vierten Fuß scheint in den *Bucolica* häufiger mit einer Sinnespause verbunden zu sein als in Vergils späteren Hexametern.[168] Hellenistische Atmosphäre vermitteln viersilbige Versschlüsse mit griechischen Vokabeln.[169] Römische *gravitas* erhält der Hexameter durch Einsatz zahlreicher Spondeen, so bei pathetischer Klage (*B* 5, 20): *exstinctum nymphae crudeli fu-*

---

[162] Thyrsis läßt auch härtere Elisionen (Synaloephen) zu als Corydon. Die Verse des Thyrsis sind keineswegs „schlecht", sondern zeigen, daß Vergil auch eine andere Stilart beherrscht (von der er sich erst am Ende des Gedichts distanziert).

[163] Siehe zu Ekloge 8, S. 31 mit Anm. 92.

[164] Über diesen Wortstellungstypus: W. Solodow (1986); T.D. Papanghelis (1997) 148–149.

[165] Auch die (nicht theokritische) Einfügung von Rätseln entspricht hellenistischer Freude am Geheimnisvollen (*B* 3, 104-107).

[166] Zum griechischen Akkusativ: E. Courtney (2004).

[167] A. Perutelli bei N. Horsfall (1995) 51-53.

[168] R.G.M. Nisbet (1991) 8 f.

[169] Beispielsweise *B* 6, 53 *hyacintho*; verwandt ist der spondeische Versschluß mit Molossus: *narcisso* (*B* 5, 38).

*nere Daphnin...* Umgekehrt verleiht die (im Lateinischen sonst seltene) „weibliche" Zäsur nach dem dritten Trochäus[170] dem Vers Entspanntheit und ruhigen Fluß: *Daphnin ad astra feremus* (*B* 5, 52; vgl. 59; 61; 66; 10, 21; 28). Belebend wirkt das Überspielen von Zäsuren: *Atque utinam ex vobis* (*B* 10, 35); *illum etiam lauri, illum etiam flevere myricae B* 10, 13). Die rhythmische Feinheit der *Bucolica* scheint im ganzen derjenigen von Ciceros *Aratea* näher zu stehen und innovativer zu sein als diejenige Catulls.[171] In den – besonders wohlklingend gestalteten – *Bucolica* ist Elision (Synaloephe) seltener als in Vergils späteren Werken.

*Stildifferenzen* spiegeln auch die Eigenart der Sprecher: Der ruhige Tityrus formt längere Sätze als der erregte Meliboeus (*B* 1); der auf harmonische Form bedachte Corydon meidet spröde Konsonantenhäufungen, die der auf Farbigkeit erpichte Thyrsis geradezu sucht (*B* 7). Auch Adressat und Anlaß bestimmen den Stil mit (so erscheint Elegisches im Zusammenhang mit Gallus).

Man sieht: Im Vergleich mit der Praxis früherer Hexametriker (etwa dem klanglichen Überschwang des Ennius) sind sprachliche, lautliche und metrische Effekte subtiler, Vergils Kunst gibt sich sparsamer und raffinierter. Horaz (*Satiren* 1, 10, 44) nennt als besondere Gabe Vergils das „Zarte und Geistreiche" (*molle atque facetum*). Das „Zarte" besagt, daß Vergil der lateinischen Sprache (in ständigem Wetteifer mit Theokrit) eine bisher für unerreichbar gehaltene Musikalität entlockt, das „Geistreiche" meint die verfeinerte Kunst der Anspielung. Ein Geheimnis Vergils ist, daß gerade die Reduktion der Mittel die Wirkung potenziert.[172] Sein zugleich behutsamer und unendlich sicherer Umgang mit der Sprache hat Goethe das gute Wort vom „engelreinen" Vergil entlockt.[173] Sprachreinheit bleibt vielfach auch später ein Merkmal der bukolischen Gattung.

## 2. 5 LITERATURTHEORETISCHES[174]

Vergil setzt das literarische Niveau der Bukolik grundsätzlich niedrig an (s. S. 47 f.). Dennoch wird in seiner Hand das Genos zum Spiegel des gesamten Kosmos: Weltgeschichtlich ist die Perspektive der vierten, kosmogonisch die der sechsten Ekloge. Hinzu kommt die Innenwelt des Menschen – die psychologisch-erotische Dimension ist allgegenwärtig. Diesem umfassenden Charakter entspricht auch die Reflexion über Dichtung und Musik – in fast ständigem Ringen mit Theokrits poetologischem siebten Idyll. Der Dichter der *Bucolica* ist Schöpfer eines mehrschichtigen Kosmos (vgl. *G* 4, 563-566).

Die Eingangsverse (*B* 1, 1-5) vermitteln (gleichsam programmatisch) zugleich (motivische) Nähe und (durch die traurige Realität bedingte) Ferne zu Theokrit. Die erste Ekloge ist unter anderem eine Besinnung auf die Möglichkeit

---

[170] Sie verbindet sich vorzugsweise mit Hephthemimeres.
[171] A. Perutelli bei N. Horsfall (1995) 52.
[172] Zum kallimacheischen Hintergrund: A. La Penna (2005) 59 f.
[173] Siehe S. 194 mit Anm. 673.
[174] Grundsätzlich zu Vergils Poetologie: A. Barchiesi (1995); in den Eklogen: E.A. Schmidt (2000) 117-124; zur Künstleridee: H.C. Rutledge (1992)

des Dichtens in schwerer Zeit. Tityrus,[175] der im *otium* lebt, kann singen (*B* 1, 1-5) – auch künftig wird in seiner Welt Raum für singende Vögel und Menschen sein (*B* 1, 56-58) –, Meliboeus aber wird „keine Lieder singen". Man denkt an den verstummenden Moeris der wichtigen neunten Ekloge und an Daedalus, dem angesichts von Icarus' Tod die kunstreichen Hände versagen (*A* 6, 30-33).

In der zweiten Ekloge geht es einerseits um Wirkung und Unwirksamkeit von Liedern und Gedichten (hier: in der Liebe),[176] andererseits um die „Erbfolge" von Dichter zu Dichter, von Generation zu Generation. Corydon hat seine Hirtenflöte von dem sterbenden Damoetas als Vermächtnis erhalten. Diese Thematik wird die fünfte Ekloge weiter entfalten. Das hier ebenfalls angesprochene Verhältnis zwischen Eros und Dichtung bereitet die zehnte Ekloge vor.

Die dritte Ekloge thematisiert – außer dem allgegenwärtigen Eros – den Wettgesang. Dies ist ein wichtiges Element der Kultur: Velleius (1, 17, 6) wird hervorheben, daß die (oft kurzlebige) Größe bestimmter Sternstunden der Kultur auf dem Wettstreit (*aemulatio*) der Talente beruht. Eine weitere Voraussetzung literarischer Blüte ist das Vorhandensein urteilsfähiger Förderer der Literatur – hier nennt Vergil Asinius Pollio. Sinnig spielt die Beschreibung der geschnitzten Becher mit dem Bild zweier berühmter Astronomen[177] auf die intellektuelle Sphäre und auf die kosmische Resonanz von Vergils Dichten an.

Die vierte Ekloge erinnert eingangs an Theokrit („sizilische Musen": Moschos 2 [3] 8 u.ö.), um dann aber dessen Spuren zu verlassen (Entsprechendes gilt vom Anfang der sechsten: „in syrakusischem Vers"). Zeigt doch Vergil hier den Dichter in der Rolle des Propheten und geschichtsphilosophischen Visionärs. Nicht zu Unrecht wünscht er sich die Gaben des Orpheus (*B* 4, 55-57). Die augusteische Dichtung erhebt sich hier aus dem traditionellen Rahmen römischer „Klientenpoesie" zu weltgeschichtlicher Größe. Das Ergebnis stellt dem Genie der Autoren, der Wettbewerbs-Situation im augusteischen Rom, nicht zuletzt auch dem Geist und Geschmack der Auftraggeber ein gutes Zeugnis aus.

In der fünften Ekloge sind Menalcas und Mopsus Dichter. Der vergötterte Daphnis trägt Züge des großen Orpheus[178] – auf den auch die zweite, dritte, vierte und sechste Ekloge Bezug nehmen. Daphnis, der Inbegriff des bukolischen Dichters, war Lehrer des Mopsus, hat aber auch Menalcas beeinflußt (*amavit nos quoque Daphnis* 5, 52). Die Erbfolge im Besitz der Flöte erinnert an die zweite Ekloge. Auch der Eros Corydons zu Alexis zielte auf musische Unterweisung (*B* 2, 31-39). Wichtig ist die traditionsstiftende Rolle der Feier zum Gedächtnis an den gemeinsamen Lehrer. In der fünften Ekloge findet die Verbundenheit der Schüler ihren Ausdruck in der Stiftung eines Festes und im Austausch von Liedern und Geschenken. (Ein Parallelfall ist die Stiftung von Spielen zu Ehren des Anchises im Rahmen eines von Aeneas geschaffenen Festkalenders. Dort schlägt der *lusus Troiae* eine Brücke zur Gegenwart).

---

[175] Zwischen Tityrus und der *avena* stellen F. Cairns (1999) und J.B. Van Sickle (2004) über *calamus* (auf Grund eines Theokrit-Scholions) eine innere Beziehung her, der gattungsspezifische Bedeutung zukomme.

[176] Die Klage des verlassenen Liebenden wird in der zehnten Ekloge wiederkehren. Zur „einsamen Klage" immer noch beherzigenswert W. Stroh (1971) 5 f., Anm.19.

[177] Anders Theokrit (1, 29-55), bei dem es um typische Szenen aus dem Menschenleben geht.

[178] Orpheus wird auch in den *Georgica* (s. S. 63 f.; 74 f.; 78 f.; 94 f.; 101; 105 f.) und sogar in der *Aeneis* (S. 130; 149; 170) von Bedeutung sein.

Die sechste Ekloge entfaltet die poetologische Thematik besonders reich. Auffällig ist die mehrfache Rahmung und Distanzierung (Vergil, Tityrus, die Musen,[179] der Silen); doch wird die kallimacheische *recusatio* des Anfangs dadurch nicht relativiert, daß Apollons Mahnung an „Tityrus" gerichtet ist. Breit ist allein schon die Fächerung der erwähnten Literaturgattungen: die Lehrdichtung (mit ihrer „physikalischen Theologie" – man denkt auch an Iopas im ersten Buch der *Aeneis*), das Kleinepos (unabhängig davon, ob die uns erhaltene *Ciris* älter[180] oder – wie heute allgemein angenommen – jünger ist als die sechste Ekloge), die Tragödie (Tereusdramen u.a.) und die Metamorphosendichtung. Einleitung und Mitte dieser Ekloge sind auf konkrete Personen bezogen: Varus und Gallus. In römischer Weise mißt Vergil, auch wenn er über Dichtung reflektiert, dem historisch Realen und der Unwiederholbarkeit des menschlichen Lebens besonderes Gewicht bei: Der Chor Apollons erhebt sich vor dem Römer Gallus, dem als Dichter trotz seiner Sterblichkeit besondere Würde und Macht zukommt (für römisches Empfinden sogar gerade deswegen, weil er ein lebender Mensch und keine nur mythische Figur ist). In diesem Zusammenhang gewinnt die „Erbfolge" von Dichter zu Dichter besondere Bedeutung. Das Verhältnis zwischen Gallus und Hesiod gleicht freilich weniger der persönlichen Schülerschaft, wie sie in der zweiten und der fünften Ekloge hervortritt, als vielmehr – römischen Vorstellungen entsprechend – der Übergabe von Amtsinsignien. Römisches Stilgefühl verrät auch der im Vergleich mit Hesiod viel feierlichere und respektvollere Ton. Der Dichter erfüllt den Auftrag Apollons. Hesiod ist hier nicht nur der Autor von „Frauenkatalogen", er ist die große Alternative zu Homer und somit ein Ahnherr der hellenistischen Moderne; auf ihn kann sich ein „Sänger Euphorions" wie Cornelius Gallus berufen. Gallus soll den „Ursprung" des gryneischen Haines besingen, also „aitiologisch" dichten; diese alexandrinische Themenstellung paßt zu Vergils einleitender Erinnerung an Apollons Ruf im Prolog der *Aitia* des Kallimachos. Auch in den *Georgica* wird festzustellen sein, daß die „Hesiod-Nachfolge" mehr den allgemeinen Zuschnitt des Werkes als das Einzelne betrifft.

Um Vergils hohen dichterischen Anspruch zu begründen, wirken hier in mehrfacher Rahmung drei sakrale Schauplätze zusammen: Der erste sind die Wälder – der Raum von Vergils bukolischer Dichtung. Der zweite – geheimere – ist die Grotte, hier erklingt Silens kosmischer Gesang. Der dritte und erhabenste ist der Musenberg, die Stätte der Dichterweihe des Gallus. Es geht weniger um Schauplätze als um Dimensionen des dichterischen Bewußtseins. Die Welt wird nach Breite, Tiefe und Höhe durchmessen. So ist Dichtung hier untrennbar von der Frage nach der Entstehung der Welt[181] und nach dem Verhältnis von Mensch und Natur. Als Weltgedicht scheint der Silensgesang Ovids *Metamorphosen* vorwegzunehmen, die auch Gallus viel verdanken dürften. Im Heliaden-Mythos erscheint die Natur als erstarrte Form, der ursprünglich menschliches Leben

---

[179] R.F. Thomas (1998) übersieht, daß die Verse 13 b ff. von den Musen (nicht von Tityrus, wie er glaubt) gesungen sind.
[180] F. Skutsch (1906); W. Stroh (1983) und (1989); Verf. (1997) 753 (Lit.).
[181] Zum *poeta creator* sowie zur bukolischen Dichtung als Teilnahme an der Ur-Schöpfung und als Gleichnis der Welt : Buchheit (1986) 133; 139-141.

innewohnte. Der Dichter, der wie Orpheus[182] „Bäume in Bewegung setzt", kann die Natur vorübergehend aus der Starre herausführen.

In der siebten Ekloge entfaltet Vergil zwei gegensätzliche Spielarten der Ästhetik, und wählt die ausgewogenere: eine Ästhetik, die Ethos einschließt.

Eine wichtige Dimension der Poetik der Eklogen ist der Eros. Die Frage, ob Lieder in der Liebe nützlich sein können, steht z.B. hinter der zweiten und der achten Ekloge. Umfassend behandelt die zehnte Ekloge das Thema Liebe (das aber auch schon in der zweiten, sechsten und achten als verzehrende Lebensmacht präsent ist). Einige Grundzüge der Liebeselegie[183] stellt Vergil hier kontrastierend in die bukolische Welt hinein. An der Liebesleidenschaft des Gallus nimmt die gesamte Natur – einschließlich der Menschen und Götter – innigen Anteil. Die Freundschaft mit Gallus – von Vergil als *amor* bezeichnet – ist zweifellos ein Movens von Vergils Dichten, das sich als etwas Naturgewachsenes in das Ganze der Natur einreiht. Es wäre töricht, in Vergils Werk nur Kalkül und Konstruktion zu sehen. Sie sind zweifellos vorhanden, aber sie erklären nicht die ursprüngliche Sprachkraft, die seinen Versen geradezu magische Wirkung verleiht. Vergil erneuert die alte Dichteridee:[184] Er ist Seher (μάντις), Prophet (προφήτης) und Sendbote der Polis ans Orakel (θεωρός).

Ob Lieder auch äußere Verhältnisse verändern können, wird im Hinblick auf den Liebeszauber (*B* 8),[185] aber auch allgemein problematisiert. Die neunte Ekloge zeigt im Zwischenmenschlichen eine eher resignierende Haltung (doch sogar hier streift die Vergegenwärtigung des Frühlings 9, 39-44 ans Magische!); die vierte und die erste freilich machen indirekt die theogonische[186] Kraft der Dichter – sogar im öffentlichen Bereich – sichtbar.

Keineswegs begnügt sich Vergil damit, seinen problematischen Status als bukolischer Dichter in Rom darauf zu gründen, daß er als erster eine neue Poesiegattung bearbeitet – garantiert durch den jeweiligen *patronus*, der nicht nur Besteller ist, sondern gesellschaftlich als der eigentliche Autor zu gelten hätte und durch das Werk seines Klienten Ansehen gewönne.[187] Vielmehr schafft sich Vergil eine eigene, neue Identität, die sich über das Gesellschaftliche hinaus ins Kosmische weitet. Kurz: Der Hirtendichter verkleinert sich selbst, entpuppt sich aber bei näherem Zusehen als göttlicher *vates*, als Prophet. In der Tat scheinen Gallus, Daphnis, der Silen, Tityrus und andere Hirten unterschiedliche Facetten des künstlerischen Menschen, insbesondere des Dichters, widerzuspiegeln.[188] Neben der Poesie und Musik spielen auch andere Bereiche der Kunst herein: geschnitzte Becher, geflochtene Körbchen, ein imaginäres Blumengewinde. Doch handelt es sich trotz allem nicht um eine Kunstwelt; nicht nur Künstlerdasein wird gespiegelt, sondern Grundbefindlichkeiten des Menschen.

---

[182] Vgl. A. Loupiac (2001 [2002]).

[183] Etwa Liebe als Lebensinhalt, lebenslanger Liebesbund, Dienstbarkeit des Liebenden. Zwar betont, ja überzeichnet Vergil den Kontrast zur Hirtenwelt. Aber den Eindruck, die Darstellung des Gallus in der zehnten Ekloge wirke „komisch" (N. Holzberg[2006] 89), teile ich nicht.

[184] Zu diesen griechischen Begriffen: G. Nagy (1990).

[185] Zu Elementen der „werbenden Elegie" in der zehnten Ekloge s. Anm. 111.

[186] Vgl. Herodot (2, 53) über Homer und Hesiod.

[187] Vgl. F. Dupont (2004).

[188] H.C. Rutledge (1992); trotzdem ist die vierte Ekloge kein "portrait of the artist as a young man".

## 2. 6. GEDANKENWELT

R.J. Tarrant (1997), (Lit.).

Die erste Ekloge enthält kritische Töne. Die beiden Hirten verkörpern zwei mögliche Haltungen gegenüber dem augusteischen Regime: einerseits loyale Dankbarkeit für die Erhaltung eines (freilich nicht sehr wertvollen) Besitzes, andererseits Empörung über die ungerechten Landverteilungen und die Allmacht des Militärs, das aus „Barbaren" und „rücksichtslosen" Leuten besteht. Noch düsterer ist das Bild in der neunten Ekloge. Vergils Bukolik ist keine Flucht in ein weltfernes Arkadien. Der Dichter verschließt nicht die Augen vor der Wirklichkeit. Die Landschaft am Mincio sieht er nicht nur als Idyll, sondern auch als unbequem harte Realität – sumpfiges und steiniges Gelände.

In der zweiten Ekloge ersetzt Vergil das ästhetische Handicap des Cyclopen durch gesellschaftliche Schranken, die Liebende trennen: Spannungen zwischen Stadt und Land, Herren und Abhängigen.[189] Römisch ist, daß beide Pole – der Affekt in der einsamen Klage wie auch das rationale Element am Ende – gesteigert und einander gegenübergestellt werden. Der Schluß der Ekloge setzt dem „Wahnsinn" (*dementia*) „elegisch" maßloser Liebe eine – vielleicht epikureische,[190] gewiß aber lateinisch-realistische – Vernünftigkeit entgegen. Auch die Szenerie ist romanisiert: statt des theokriteischen Felsens am Meer dichte, schattige Buchen;[191] sogar das Kräuterkäsegericht der Thestylis enthält konkretes Lokalkolorit: Entsprechend der Zubereitung auf freiem Felde vertritt wilder Thymian die Gartenpflanze Petersilie.[192] Unbedingte Liebe kehrt in der achten und zehnten Ekloge wieder, hier in romanisierter Gestalt.

In die dritte Ekloge spielt, so theokriteisch sie im Ansatz auch sein mag, das römische Patronat herein: Pollio als Gönner, der zugleich strenge ästhetische Kriterien vertritt. Auch dies ist ein realer Aspekt der römischen Gesellschaft. Nicht zu allen Zeiten haben reiche Auftraggeber so viel Geist und Geschmack.

Die vierte Ekloge verdient hier besonderes Augenmerk. Geht es doch um die Geburt eines neuen Zeitalters unter Pollios Konsulat. Die Gleichsetzung des Knaben mit einem der in jenem Jahr erwarteten Kinder[193] im Umkreis von Pollio oder Augustus entspräche zwar der römischen Neigung, das historisch Einmalige ernst zu nehmen; aber die Gefahr derartiger Deutungen liegt im Verkennen der allgemeinen Bedeutung der Ekloge, die auf diese Weise zu einem bloßen

---

[189] Ob Corydon Sklave ist (auch dann könnte er übrigens Schafe als *peculium* besitzen), bleibt offen, aber er ist zweifellos von Mächtigeren abhängig. Alexis ist als *puer delicatus* wahrscheinlich Sklave. Übrigens sind bei Theokrit Komatas und Lakon (ausdrücklich 5, 5) Sklaven.
[190] Vgl. die Liebespathologie im vierten Buch des Lukrez und A. Traina (1965).
[191] Heute wachsen dort keine Buchen mehr, aber in den Sumpfgebieten hat man reichlich Buchenpollen aus sehr alter Zeit nachgewiesen (A. Grilli [1999] 88).
[192] A. Grilli (1999) 91.
[193] In Frage kommen: ein zu erwartendes Kind des Augustus (Vergil konnte nicht wissen, daß es eine Tochter würde); ein Kind von Antonius und Octavia (es wurde ebenfalls eine Tochter); ein Sohn Pollios (Asinius Gallus). G. Binder (1983) setzt den Knaben mit Augustus gleich (geboren 63 v. Chr.!) – mir unverständlich. Eine komplette Liste solcher Versuche mit knapper Widerlegung liefert A. Perutelli bei N. Horsfall (1995) 60-61.

Geburtstagsgedicht[194] oder einem Stück Klientenpoesie verkäme. Zudem wären langwierige und durch Jahrzehnte von einander getrennte Unternehmungen wie ein neuer Argonautenzug *und* ein neuer Troianischer Krieg in der Lebenszeit eines einzelnen Menschen nicht unterzubringen, und erst recht nicht in der kurzen Phase seines Jünglingsalters, wie es der Text voraussetzt. Jedes von beiden dauert viele Jahre, und beide gehören unterschiedlichen Generationen an. Bei dem „Knaben" *kann* es sich also nicht um einen Menschen handeln. Ansprechender ist der Vorschlag von J. Beaujeu,[195] der Knabe verkörpere eine neue Epoche für Rom, getragen von einer neuen Generation (*nova progenies*: B 4, 7). Doch auch hier bleibt der Einwand, daß die angekündigten Veränderungen über die Lebenszeit einer einzelnen Generation hinausgehen. Daher ist E. Nordens[196] These, der Knabe repräsentiere die neue Weltzeit, den neuen Äon, immer noch die befriedigendste. Sie hat zudem den Text auf ihrer Seite (*ultima ... aetas*). Vergil beruft sich auf sibyllinische Weissagungen. Auch die Aion-Vorstellung und entsprechende astrologische Spekulationen sind den Römern jener Zeit vertraut.[197] Die hesiodische Weltalterlehre gehörte seit langem zur poetischen Tradition; vor allem die Idee des Goldenen Zeitalters ist für Vergil auch sonst von Bedeutung. Die vierte Ekloge spiegelt eine Zeitstimmung. Römisch ist der geistige Hintergrund: Anders als in Theokrits *Lob des Ptolemaios* (*Idyll* 17) steht nicht der „König" im Mittelpunkt, sondern das Gemeinwesen und sein Schicksal, wie es ein Bürger der *res publica* sieht. Die Bezogenheit auf eine positive Zukunft verbindet diese Ekloge mit dem geschichtsphilosophischen Ansatz der *Aeneis* (s. S. 172 f.). Die Idee der Geburt wird auch das achte Buch der *Aeneis* überstrahlen.[198]

Dagegen handelt die fünfte Ekloge vom Tod. Für den Römer ergeben sich hier persönliche und gesellschaftliche Aspekte: Die Lebenden treten die Nachfolge des Verstorbenen an (49): *fortunate puer, tu nunc eris alter ab illo*. Sie reihen sich in eine Tradition ein und wetteifern mit ihr. Sie ehren den Toten, indem sie seinen letzten Willen erfüllen, einen Grabhügel aufschütten und Opfergaben darbringen. Vor allem aber rühmen sie ihn (52): *Daphnin ad astra feremus*. Hier ist der Ort der Poesie im Lebenszusammenhang. Der Verstorbene war der gütige (*bonus*) Lehrmeister; Rühmen heißt Vergelten empfangener Liebe. Dem Toten zu Ehren sind Feste und Feiern gestiftet. Von ihm her gewinnt die Freizeit ihren Sinn (5, 61): *amat bonus otia Daphnis*. Festtage sind geschenkte Zeit für kulturelle Aktivitäten – solche Zeit ist die edelste Gabe der Toten an die Lebenden. Kein Ende ist der Tod, sondern ein Anfang: Quelle des

---

[194] F. Marx (1898).
[195] J. Beaujeu (1982).
[196] E. Norden (1924, ³1958) ist mit orientalischen Traditionen vertraut – das hat seiner richtigen Grundidee leider in den Augen mancher Latinisten geschadet. Beherzigenswert C. G. Heyne (P. Virgilii Maronis opera in tironum gratiam perpetua annotatione novis curis illustrata, Bd. 1 [Leipzig 1779] 31): „Enimvero inter omnes populos, magna imprimis aliqua calamitate oppressos, vaticinia circumferri solent ... nullo tamen tempore vaticiniorum insanius fuit studium, quam sub extrema reip. Romanae tempora ... Quascumque autem in hoc genere descriptiones habemus, sive in Orientis, sive in Graecis ac Romanis poetis, eae omnes fere inter se similes sunt" (Tierfrieden, Fehlen von Ackerbau, usw.).
[197] J. Gómez Pallarès (2001) mit archäologischen Belegen.
[198] Vgl. S. 133-135.

Lebens und der Kultur. Die Verflochtenheit von Vergangenem, Gegenwärtigem und Zukünftigem im Wandel der Dichtergenerationen bereitet die Koexistenz dieser Zeitstufen in der *Aeneis* vor. In Rom besteht ein enges Band zwischen dem Individuum und der Gesellschaft;[199] Feste machen bewußt: Die Gesellschaft umfaßt nicht allein die Lebenden, sie reicht weit in die Vergangenheit und in die Zukunft.

Die sechste Ekloge handelt von der Weltentstehung aus den vier Elementen und vom Dasein des Menschen. Ihn treibt Liebe, verzehrende Leidenschaft, dazu, seine Grenzen zu überschreiten. Tragödienstoffe spielen nicht zufällig herein. Der zerstörerische Aspekt weist auf die zehnte Ekloge voraus. Die Bedeutung des Individuums tritt hier wie in der zehnten Ekloge in Gestalt des Dichters Cornelius Gallus hervor (s. S. 53 f.). Römischem Empfinden entspricht es, daß sich Apollons Chor vor dem Menschen Gallus erhebt. Dem Dichter kommen Amtsinsignien zu; Macht geht vom Älteren auf den Jüngeren über.[200]

Im Gespräch zwischen Gegenwart, Vergangenheit und Zukunft (*B* 5), zwischen Menschen, Natur und Göttern kommt dem Dichter eine ordnende, lebenserhaltende Rolle zu, vergleichbar der des Herzens in einem lebenden Organismus. Den Römer fesselt der zwischenmenschliche Bereich – Politik und Geschichte. Dem ständigen Fluß der Lebensprozesse entspricht die Offenheit – ja Rätselhaftigkeit – vieler Schlüsse. Statt fertige Antworten zu geben, stellt der Dichter Fragen und weckt begründete Hoffnungen.

Der Realitäts- und Zeitbezug hat in den *Bucolica* einen hohen Stellenwert, den man über dem Literarischen nicht vernachlässigen sollte. Die bedrängenden Aspekte des politischen Zeitgeschehens fließen in Vergils Hirtendichtung ein und bewahren sie vor der Versuchung, eine bequeme Flucht aus der Wirklichkeit zu vermitteln. Durch die Idee der Wiederkehr des Goldenen Zeitalters wird die Eklogenpoesie zur Trägerin geschichtsphilosophischer Ansätze – dennoch bewirkt der Zeitbezug, daß sie der Utopie ferner steht, als man vielfach annimmt.

Man hat bei Vergil Einflüsse unterschiedlicher Philosophenschulen gesucht. Anklänge an das epikureische Prinzip „Lebe im Verborgenen" sollte man weder leugnen noch überbewerten. Die Auffassung der Liebe als „Krankheit" oder Wahnsinn verträgt sich mit dem Epikureismus (vgl. das vierte Buch des Lukrez), doch ist sie nicht auf diese Philosophenschule beschränkt. Auch die Kosmogonie der sechsten Ekloge erinnert an Lukrez. Die Erwähnung von Gottheiten ist übrigens kein Beweis gegen epikureische Einflüsse: kennt doch sogar Lukrez die poetische und metaphorische Verwendung von Götternamen. Andererseits beruhen Vergils Ansätze zu einer Philosophie der Geschichte auf stoischem, platonischem und sibyllinischem Gedankengut. Orphisches und Neupythagoreisches wird bei ihm später noch deutlicher hervortreten. Kurz: Vergil ist kein philosophischer Doktrinär; er ist Dichter – Sprecher der Menschen seiner Zeit; seine

---

[199] Es ist eher störend, wenn man Daphnis als Allegorie für Caesar auffaßt (Servius [zu *B* 5, 20] führt diese Deutung an, ohne sie zu akzeptieren). Caesar war kein *puer* mehr, und seine Mutter lebte bei seinem Tode nicht mehr. Daß Vergil an einen ihm nahestehenden Verstorbenen denkt, ist möglich, vermag aber nicht viel zur Erklärung des Kunstwerks beizutragen.

[200] Hier erhält das schon in früheren Eklogen zu beobachtende Vererben der Hirtenflöte einen offiziellen, typisch römischen Anstrich.

Redeweise unterscheidet sich von der des Philosophen. Doch können einzelne philosophische Elemente zu Mitteln poetischen Sprechens werden und so seinen Zeitgenossen als Spiegel zur Selbsterkenntnis und Daseinserhellung dienen.

## 2. 7 ÜBERLIEFERUNG[201]

## 2. 8 FORTWIRKEN[202]

Geflügelte Worte aus den *Bucolica*:

1, 1-5   (vgl. unten S. 64).
1, 6   *Deus nobis haec otia fecit* (zitiert von Seneca, *Epist.* 73, 10-11 *Otium, quod inter deos agitur, quod deos facit*).
2, 1   *Formosum pastor Corydon ardebat Alexin* (dazu Christian Weise, Vorrede zu Zincgrefs *Aphophthegmata* (Frankfurt, Leipzig 1693: „Der Pastor Corydon briet einen wunderschönen Hering").
2, 25   *Nuper me in litore vidi* (Motto zu A. Gide, *Le traité du Narcisse* [1891]).
2, 65   *Trahit sua quemque voluptas* (Augustinus, *In Ioannis Evangelium* 26, 4 f., *Patrologia Latina* (Migne) 35, Spalte 1608 f., bezieht dies auf die Liebe zu Christus: *Est quaedam voluptas cordis, cui panis dulcis est ille caelestis*).
2, 69   *A Corydon, Corydon, quae te dementia cepit!* (G.A. Bürger, „Die Weiber von Weinsberg" [1775]: „O weh mir armen Korydon").
3, 28 f.   *Vis ergo inter nos, quid possit uterque, vicissim / experiamur* (erotisch umgedeutet von Oliver St. John Gogarty in *"Sub Ilice"*).
3, 60   *Ab Iove principium Musae: Iovis omnia plena* (zitiert von J.L. Borges, "Sherlock Holmes", in: *Los conjurados*).
3, 93   *Latet anguis in herba* (vgl. *G* 4, 457-459).
3, 104   *Dic quibus in terris ...*(Motto: A. Gide, *Le voyage d'Urien* [1893]).
3, 104   *Eris mihi magnus Apollo* (Redensart bei kaum zu beantwortenden Fragen).
3, 108   *Non nostrum inter vos tantas componere lites.*
3, 111   *Claudite iam rivos, pueri; sat prata biberunt* (Goethe, *W.A.* IV 49, 166 an W. von Humboldt über den Abschluß des *Faust*).
4, 1   *Paulo maiora canamus.*
4, 5   *Magnus ab integro saeclorum nascitur ordo* (Shelley, *Hellas* 1060 f. "The world's great age begins anew, / The golden years return").
5, 10   *Incipe, Mopse, prior* (Motto: A. Gide, *Mopsus* [1899]).
8, 55   *Sit Tityrus Orpheus* (Motto: A. Gide, *Paludes*, 2. Auflage).
8, 63   *Non omnia possumus omnes.*
9, 66   *Desine plura, puer, et quod nunc instat agamus.*
10, 69   *Omnia vincit Amor, et nos cedamus Amori* (zitiert von Papst Benedikt XVI. in der Enzyklika *Deus caritas est* [2006] § 4).

Schon zu Vergils Lebzeiten wurden Eklogen vielfach auf der Bühne durch Sänger aufgeführt.[203] Diese frühe Form der Rezeption bestätigt den zutiefst musikalischen Charakter von Vergils erstem Hauptwerk. Er selbst soll ein bezaubernder

---

[201] Zur Überlieferung s. S. 183-187.
[202] Hier beschränken wir uns auf die *Bucolica*; zum Fortwirken Vergils im allgemeinen s. das *Aeneis*-Kapitel. Umfassend: *G. Highet (1949); Zum Fortwirken der *Bucolica*: V. Cristóbal (1980); Fortwirken in der Antike: allg. M. Korenjak (2003); J. Küppers (1989); zu Calpurnius: V. Langholf (1990); im Mittelalter: *D. Comparetti (1872); von Dante bis Petrarca: K. Krautter (1983); zur neulateinischen Literatur und der Pastoraldichtung: W. L. Grant (1965); zum Barock: K. Garber (1974; 1976; 1977); zum 20. Jh. *T. Ziolkowski (1993).
[203] *Vita Donati* 26, 90.

Vorleser gewesen sein (*Vita Donati* 28, 95). Horaz (*Saturae* 1, 10, 44 f.) beschreibt Vergils Talent auf Grund der *Bucolica* als „sanft und geistreich" (*molle atque facetum*). Properz (2, 34, 61-84) würdigt den großen Schritt zur *Aeneis* und erwähnt auch die *Georgica*, geht aber besonders ausführlich auf die *Bucolica* ein. Er versteht dieses Werk als Liebesdichtung. Gleiches gilt von Ovid (*Tristia* 2, 537 f.). Die *Bucolica* stoßen aber auch auf Kritik (vgl. S. 47 zu Sprache und Stil). Als eines der ersten Bücher der Weltliteratur, das auch in der Zusammenstellung der Gedichte ein Kunstwerk ist, werden die *Bucolica* maßgebend für Horazens erstes Satirenbuch und Tibulls erstes Elegienbuch. Horaz huldigt Vergils vierter Ekloge wohl schon in der 16. Epode und in *Carmina* 1, 3.[204] Ovid läßt sich nicht zuletzt von der sechsten Ekloge zu seiner kosmologisch-erotischen Metamorphosendichtung anregen. Auch seine Briefe aus der Verbannung setzen sich mit Kernthemen der *Bucolica* – dem Heimatverlust, der Augustus-Theologie, der Frage des Nutzens der Dichtung, und überhaupt der poetischen Selbstreflexion – auf hohem Niveau auseinander.[205]

Hirtendichtungen in der Nachfolge Vergils schreiben in neronischer Zeit Calpurnius und der unbekannte Verfasser der Einsiedler Gedichte; in der zweiten Hälfte des dritten Jahrhunderts folgt Nemesian. Während sonst in neronischer Zeit das Kaiserlob üppige Blüten treibt,[206] hat Calpurnius (4, 70) gerechterweise auch dem Dichter Vergil (Tityrus), mit dessen Sprachreinheit er wetteifert, eine Apotheose zugedacht.[207] Im dritten Jahrhundert vergöttert Nemesian (1 passim) Meliboeus und macht die Bukolik in einem unpolitischen Sinne zum Gefäß persönlichen Erlösungsstrebens im Zeichen der Dionysos-Religion; stilistisch erhält die Gattung bei ihm – ohne ihr Wesen zu verleugnen – einen leicht rhetorisch getönten Schwung.[208]

Nach Ansätzen bei Laktanz (der *Divinae institutiones* 7, 24 neben Vergil die Erythraeische Sibylle zitiert) gibt Kaiser Constantin (bzw. ein von ihm beauftragter Autor) der vierten Ekloge eine christliche Deutung. Beigefügt ist eine – Heidnisches abschwächende – griechische Übersetzung[209] des Gedichts. Im Unterschied zu Augustinus lehnt Hieronymus eine Vermengung von Vergilischem und Christlichem ab. Etwa im 4. Jahrhundert stellt ein Pomponius einen Cento unter dem Titel *Tityrus* her. Die beiden Hirten der ersten Ekloge unterhalten sich über christliche Themen.[210] Um 400 schreibt Endelechius christliche Hirtenpoesie in asklepiadeischen Strophen (für die Rinderpest stützt er sich auch auf die *Georgica*). Paulinus von Nola verfaßt „Geburtstagsverse" auf

---

[204] Die vierte Ekloge ist vermutlich älter als die 16. Epode; zu *Carmina* 1, 3 siehe jetzt R.J. Clark (2004).
[205] S. Lütkemeyer (2005).
[206] Schlimm die erste Einsiedler Ekloge (43-49): Homer krönt Nero zum Dichter, und Vergil vernichtet die eigenen Werke.
[207] Zu Macrobius s. S. 190; 193.
[208] G. Binder, in: B. Effe, G.Binder, (1989) 150-153.
[209] Vgl. Verf., Ausg. *Vergil. Bucolica* (2001) 136-140.
[210] Fragmentarisch im Vaticanus Palatinus 1753 (9.-10.Jh); *Poetae christiani minores*, pars I, ed. C. Schenkl u.a., Vindobonae 1888 (= Corpus Scriptorum Ecclesiasticorum Latinorum 16, 1) 609-615; vgl. *Anthologia Latina*, ed. A. Riese (Lipsiae ²1894) 719 a; die neue Ausgabe (D. R. Shackleton Bailey, Stutgardiae 1982) ist noch nicht bis zu diesem Text fortgeschritten.

den Heiligen Felix mit bukolischem Einschlag; auch sein elftes Gedicht erinnert an die erste Ekloge.

Vergil wird seit der Antike reichlich kommentiert. Das in verläßlichen Editionen[211] vorliegende Material ist – bei kritischem Gebrauch – auch für den heutigen Leser hilfreich, da die antiken Kommentatoren den Vorzug mutiersprachlicher Kompetenz haben.

Im 9. Jh. schreibt der Bischof Modoin von Autun (unter dem Namen Naso) in eigener Sache eine Ekloge an Karl den Großen und rühmt das neue „Goldene Zeitalter". Jean de Meun, Verfasser des *Roman de la rose* (um 1270), kennt die *Bucolica* (ebenso wie *Georgica* und *Aeneis*).

Auf den Vorwurf, warum er die *Göttliche Komödie* nicht auf lateinisch abgefaßt habe, antwortet Dante (+1321) mit einer lateinischen Ekloge im vergilischen Stil. In der *Commedia* faßt er das „Prophetische" der vierten Ekloge in ein treffendes Bild: Mehr als nur Stilmuster oder Führer durch die Unterwelt, gleicht für ihn Vergil einem Mann, der auf dem Rücken ein Licht trägt: Er selbst sieht nichts, erhellt aber den Nachfolgenden den Weg (*Purg.* 22, 67-69).[212]

Die Auffassung der *Bucolica* als verschlüsselte Persönlichkeitsdichtung, mitgeprägt durch die spätantiken Kommentare, bestimmt die Vergilexegese wie auch das Schaffen der Renaissance. Petrarcas (+ 1374) *Carmen bucolicum* umfaßt zwölf lateinische Eklogen. Sie verbinden unterschiedliche Bedeutungsebenen. Zu den Gestalten zählen – außer Hirten und Nymphen – Petrarcas Freunde, bedeutende Zeitgenossen und allegorische Gestalten. Petrarca selbst hat einen Kommentar zu seiner Dichtung verfaßt. Die erste Ekloge arbeitet den Gegensatz zwischen dem rastlosen Petrarca (einem neuen Meliboeus) und seinem kontemplativ lebenden Bruder (einem Tityrus) heraus.[213]

Auf den Spuren Vergils (und besonders seiner Deuter) verwenden viele Bukoliker die Eklogenform, um eigenes Erleben und ihren Freundeskreis zu verewigen oder zu verfremden. Ein Freund Petrarcas, Philippe de Vitri, verfaßt im 14. Jh. eine Hirtendichtung *Le Dit de Franc Gontier*. Früher entstanden Spiele wie *Robin et Marion* von Adam de la Halle (um 1250) sowie provençalische *pastourelles*, die nicht unmittelbar auf antiken Vorbildern beruhen. Ihr Einfluß verbindet sich zunehmend mit dem der Antike.

Boccaccio (+1375) mischt im *Ameto* (Admetus, um 1341) Poesie und Prosa, Schäferpoesie, Jägerthematik (nach Vergils zehnter Ekloge) und Allegorie: Sieben Nymphen (die Kardinaltugenden) bekehren einen Landmann von der irdischen zur himmlischen Liebe.

In der Zeit der Renaissance verfaßt Bernardo Pulci eine elegante italienische Version der *Bucolica* (1481). In Spanien reichert Juan del Enzina seine freie Paraphrase mit philosophischer und theologischer Gelehrsamkeit des Mittelalters an (1492-1496). Cristóbal de Mesa übersetzt *Bucolica* (und *Georgica*) in ottave rime (um 1600). Der große Luis de León (+ 1591) bildet die *Bucolica*[214] nach.

Die bekanntesten lateinischen Eklogen der Renaissance dichtet Baptista

---

[211] Siehe „Zitierte Literatur": *Antike Kommentare*.
[212] A. Heil (2002) und (2003).
[213] Verf. ($^2$1995) 164-173; M. Berghoff-Bührer (1991).
[214] Auch die ersten beiden Bücher der *Georgica*.

Mantuanus (Battista Spagnoli, letztes Drittel des 15. Jh.). Andere schaffen Jägereklogen, der bedeutende Jacopo Sannazaro (+1530), der alljährlich Vergils Geburtstag festlich begeht, verfaßt originelle lateinische Fischereklogen (*Eclogae piscatoriae*); so nähert sich die Gattung wieder der Realität. Vor allem aber ist Sannazaro der eigentliche Entdecker Arkadiens als einer geistigen Landschaft – nicht als Flucht aus der Gegenwart, sondern als Mittel umfassender Bildung.[215] Seine höchst einflußreiche, italienisch geschriebene *Arcadia* zirkuliert seit 1481 als Handschrift und erscheint 1504 im Druck. Zwölf Prosakapitel und zwölf *Eklogen* in lyrischen Metren lösen einander ab. Epische, romanhafte und philosophische Elemente bereichern das Genos; im Unterschied zu Boccaccios *Ameto* fehlt die Allegorese. (Den großen Erfolg der *Arcadia* bestätigen französische (1544) und spanische (1549) Übersetzungen und Nachahmungen). Marcus Antonius Flaminius (Zarabini, +1550) latinisiert u.a. Theokrit-Idyllen. Im 16. Jh. üben an der Universität Erfurt im Kreis um Mutianus Rufus die Humanisten Joachim Camerarius und Euricius Cordus in ihren Eklogen auch Zeitkritik (wie schon Mantuanus), während Eobanus Hessus sich in dieser Beziehung zurückhält.

Auf Vergils und Sannazaros Spuren schreibt Garcilaso de la Vega (+1536) drei gewichtige, geheimnisvolle Eklogen. Clément Marot (+1544) singt von französischen Landleuten und Pan. Ronsard (+1585) ahmt Theokrits „verliebten Cyclopen" (*Idyll* 11) nach und dichtet sechs Eklogen nach Vergil, Calpurnius und Sannazaro.

Auf der *Arcadia* baut die noch einflußreichere (unvollendete) *Diana* von Jorge de Montemayor (+1561) auf, ein bukolischer Liebesroman, der auf Shakespeares *Two Gentlemen of Verona* sowie auf Cervantes' *Don Quijote* und seine *Galatea* ausgestrahlt hat. In der Nachfolge der *Diana* entsteht Sir Philip Sidneys (+1586) unabgeschlossenes Werk *The Countess of Pembroke's Arcadia*, das freilich von Arkadien ein recht friedloses Bild entwirft. Der Hirtenroman kommt seit Amyots Übersetzung (1559; engl. von Day 1587) von Longos' *Daphnis und Chloe* in Mode. Die bekanntesten französischen Hirtenromane sind *Astrée* (1607) von Honoré d'Urfé und *Paul et Virginie* (1789) von Bernardin de Saint-Pierre.

Die erste französische Übertragung der *Bucolica* (und *Georgica*) von Michel Guillaume de Tours (1516 und 1519) enthält fromme Erläuterungen im Stil des *Ovide moralisé*. Clément Marot übersetzt die erste Ekloge (1532), Richard le Blanc die übrigen (1555).[216] Im 18. Jh. verteidigt Fontenelle (+1757) in seinem *Discours de la nature de l'églogue* seine eigenen dem Zeitgeschmack entsprechenden Hirtendichtungen, indem er Theokrit für vulgär und Vergil für affektiert erklärt. Noch in der Zeit der französischen Revolution dichtet André Chénier (+1794) glänzende *Bucoliques*. Victor Hugo (+1885) kennt Vergil wohl gründlicher als alle anderen antiken Autoren. In seiner Schulzeit übersetzt er *Bucolica, Georgica* und Kampfszenen aus der *Aeneis*. Lange Zeit bewundert er den Dichter. In seiner Vorrede zu *Cromwell* nennt er ihn dann den „Mond", Homer die Sonne. Von Napoleon III. verbannt, bekämpft er schließlich den „Höfling" Vergil. Doch in *Les voix intérieures* (1837) ehrt er den Meister, vor allem als Maler der Natur und als „talentierten" Autor (wie Racine, im Unterschied zu den „Genies" Shakespeare und Homer). Die Ablehnung Vergils und besonders der *Buco-*

---

[215] U. Töns (1977).
[216] Er hatte die *Georgica* 1554 übersetzt.

*lica* durch Huysmans (*A rebours* 1884) ist in ihrer Zeit eine Ausnahme. Mallarmés (+1898) *L'après-midi d'un Faune* (anklingend an *B* 1, bes. 53-55 und 80 f.) inspiriert Debussy. André Gide (+1951) liest die Eklogen gründlich im Original und setzt sich mit ihnen sein Leben lang in zahlreichen Werken auseinander: „Ich glaubte sie in- und auswendig zu kennen. Doch ist mir, als hätte ich sie nie gelesen: wunderbar des Dichters Gabe, stets neu zu sein".[217] Paul Valéry (+1945) (der mit Freunden zuweilen lateinisch korrespondiert) begleitet seine meisterhafte Übersetzung der *Bucolica* mit einer Einleitung, die als poetisches Testament gelten kann. Ferner verfaßt er ein Gespräch zwischen Tityrus und einem Dichterphilosophen Lucrèce. Dieser schreibt tiefsinnig die Kraft des *meditari* nicht Tityrus, sondern dem Baum zu, der tätig und stetig seine Bestimmung erfülle. Jean Gionos Begegnung mit den *Bucolica* (1911, durch eine zweisprachige Ausgabe) ist trotz fehlender Lateinkenntnisse persönlich geprägt:[218] „Wie eine Glasscheibe im Boden eines Floßes, das vor umkämpften Küsten auf dem Meer treibt, erlaubt uns Vergil, unter uns das Wrack eines großen Schiffbruchs und die Paläste von Atlantis zu entdecken."

Auch in Italien dauert Vergils Einfluß lange an (U. Foscolo [+1827], G. Carducci [+1907]), insbesondere steht G. Pascoli mit seinen *Myricae* (1891) in der Nachfolge der *Bucolica*. E. Montale betont ("Egloga", in: *Ossi di seppia* [1925]) die düsteren Aspekte der ersten Ekloge – Tityrus und Meliboeus sind keine unterschiedlichen Personen mehr.[219]

Die erste deutsche Übersetzung der *Bucolica* stammt von Stephan Riccius (1567). F. von Spee (+1635) übernimmt – auch aus Vergil – Schäfermotive in die geistliche Lyrik, wo sie ohnehin biblisches Heimatrecht genießen (von Abraham und dem Hohen Liede bis zu den „Hirten auf dem Felde" und dem „Guten Hirten"). Ph. von Zesens (+1689) Roman „Adriatische Rosemund" (1645) steht dagegen unter dem Einfluß französischer Schäferromane. Pastorales – das sich oft von Vergil entfernt – findet sich etwa bei den Nürnberger „Pegnitzschäfern" (G. P. Harsdörffer [+1658], J. Klaj [+1656], S. von Birken [1681]) und noch in der Lyrik Klopstocks und des jungen Goethe. S. Geßners Idyllen in edler, anmutiger Prosa (5 Bände, 1772, mit eigenen Bildern) erinnern mehr an Watteau als an die antiken Bukoliker. Doch Herder läutet in seiner Schulrede *Non scholae sed vitae* (1800) endgültig das 19. Jh. ein: „Die Zeiten, daß man Schäfergedichte macht, Anakreons Lieder übersetzt oder sonst mit der Sprache und Poesie tändelt, seien auch bei der Jugend vorüber; denn das Leben, wozu sich Jünglinge zu bereiten haben, fordert andere Geschicklichkeit als Anakreontische oder Schäferlieder." Noch Hegel wird spotten: „Kahler schon (als Theokrit) ist Vergil in seinen Eklogen, am langweiligsten aber Geßner, so daß ihn wohl niemand heutigentags mehr liest".[220] Indessen geht solche Kritik an Vergil vorbei. J.H. Voß, der die *Bucolica* übersetzt (1799), versteht deren Wirklichkeitsbezug; ist doch mit seiner hexametrischen *Luise* (1795/1807) die Idylle realistisch geworden. Auch ist es keine Überraschung, bei Eduard Mörike (+1875), der

---

[217] Tagebuch November 1894. Die Rechtfertigung der Homosexualität (*Corydon* [1924]; vgl. *B* 2) ist für Gide nur ein Aspekt unter vielen.
[218] T. Ziolkowski (1993) 76.
[219] Zum Fortleben des Orpheus-Motivs s. S. 105 f.
[220] *Vorlesungen über die Ästhetik* III (Werke, Band 13, 391).

Theokrit überträgt, auf Spuren der vergilischen *Bucolica* zu stoßen.[221] Die Eklogen strahlen noch auf die Darstellung des *locus amoenus* in Stefan Georges (+1933) Preisgedichten aus.[222]

In England steht Spensers *Shephearde's Calender* (1579) weniger in der Nachfolge Vergils als in derjenigen der Franzosen und Italiener. Miltons (+1674) *L'Allegro* und *Il Penseroso* geben der Bukolik philosophischen und musikalischen Tiefgang. Der junge Pope (+1744) setzt sich in seinen *Pastorals* gründlich mit Vergil auseinander.[223] Pastorale Elegien entstehen auf den Spuren von Theokrits erstem Idyll und Vergils zehnter Ekloge: Frühe Beispiele sind Spensers *Daphnaida* (1591) und *Astrophel* (1595; eine Huldigung an Philip Sidney). Die berühmtesten sind Miltons *Lycidas* (1637), Shelleys *Adonais* (1821) und Arnolds *Thyrsis* (1866). Genannt sei auch Thomas Grays (+1771) *Elegy Written in a Country Churchyard*. Noch im 20. Jh. schreibt Oliver St.John Gogarty ein „Virgil" betiteltes Gedicht, dessen Bilderwelt aus den *Bucolica* stammt, und wagt eine erotische Parodie auf die dritte Ekloge („Sub Ilice"). Die vier Eklogen von Louis MacNeice (in: *Collected Poems 1925-1948*) entwerfen, anklingend an Vergils Zeitkritik, ein düsteres Bild der heutigen Welt, doch kennen sie keine messianische Hoffnung.

*Drama und Oper.* Der dialogische Charakter und die musikalische Sprache der *Bucolica* stehen Pate bei der neuzeitlichen Entwicklung des Schäferdramas und der Oper aus höfischen Maskenzügen der Renaissance. Die Wurzeln liegen in Italien: Polizianos (+ 1494) Schäferdrama *Orfeo* und Beccaris *Il Sacrificio* (aufgeführt 1555 in Ferrara). Stark gewirkt haben Tassos *Aminta* (aufgeführt in Ferrara 1573) und Battista Guarinis *Il pastor fido* (aufgeführt 1590). 1605 erscheint das niederländische Schäferspiel *Granida* von P. C. Hooft. In England findet das Genos in Miltons *Comus* (aufgeführt 1634) einen glänzenden Vertreter. Für Deutschland gibt M. von Opitz 1630 das Beispiel mit seiner *Schäfferey von der Nimpfen Hercinie*. Schäferdramen dichten u. a. A. Gryphius (+1664; *Die geliebte Dornrose*), J. W. L. Gleim (+1803; *Der blöde Schäfer*), Ch. F. Gellert (+1769; *Das Band*) und Goethe (+1832; *Die Laune des Verliebten*; *Erwin und Elmire*).

Die bukolisch geprägte Oper (die seit Rinuccinis *Daphne* [1594] vielfach zusätzlich in der Nachfolge Ovids steht) wirkt auch in Deutschland fort: Belege sind Händels (+1759) *Acis und Galatea*, Bachs (+1750) *Bauernkantate* und *Der Streit zwischen Phoebus und Pan*. Ausgeprägte pastorale Elemente finden sich auch in Glucks (+1787) *Orpheus*. In der musikalischen Tradition der Neuzeit verbinden sich bestimmte Rhythmen (*Siciliano*) und Tonarten mit der Hirtenwelt[224] – sowohl in geistlichem Zusammenhang (z. B. in Bachs *Weihnachtsoratorium*) als auch in weltlicher Instrumentalmusik (wie in Beethovens *Pastorale*).

Der musikalische Zauber der *Bucolica* bestätigt sich bei lautem Lesen. Ein

---

[221] J. Schönberger (1920).
[222] G. Hennecke (1964).
[223] Die fünfte Ekloge hat Pope in *Pastoral IV* nachgebildet. Mit der sechsten vergleiche man den Anfang von Popes *Pastoral I* (der *prima* als Archegetenanspruch auffaßt), mit der achten Popes *Pastoral III*.

[224] H. Jung (1997), 1499-1509.

Beispiel[225] sind die Kindheitserinnerungen des Literaturkritikers Edmund Gosse (*Father and Son*, 1907): "I persuaded my Father, who was a little astonished at my insistence, to repeat the lines <*B* 1, 1-5> over and over again." So prägten sich ihm diese Verse unauslöschlich ein: "All my inner being used to ring out with the sound of *formosam resonare doces Amaryllida silvas.*"

---

[225] G. Highet (1949) 705, 4.

# 3 *GEORGICA*

*Forschungsbericht*: A. Perutelli in: A. La Penna (2005) 109-112; *Gesamtwürdigungen:*
F. Klingner (1963); L.P. Wilkinson (1969); R. Martin (1971) 109-210. *N. Horsfall (1995) 63–100 (Lit.); R.F. Thomas (1999); *A. La Penna (2005) 69-102; C. Nappa (2005); N. Holzberg (2006) 91-128.

> *The best poem of the best poet.*
> J. Dryden
> *Nichts ist mir zu klein, und ich lieb es trotzdem*
> *und mal es auf Goldgrund und groß.*
> R.M. Rilke

## 3. 1. WERKÜBERSICHT

### 3. 1. 1. ERSTES BUCH

Mit der Widmung an Maecenas[226] ist die Ankündigung des Gegenstandes der vier Bücher verbunden: Ackerbau, Baumpflege, Vieh- und Bienenzucht (1-5). Dann ruft Vergil – ganz im Sinne der Lehrdichtung – die für sein Stoffgebiet zuständigen Götter an. Es sind ihrer zwölf:[227] Auf die Gottheiten von Sonne und Mond (die den Jahreslauf bestimmen) folgen die großen Kulturstifter Bacchus und Ceres. Diese Göttin beherrscht (zusammen mit Triptolemus und weiteren nur kollektiv angerufenen Göttern des Landbaus) das erste Buch (Ackerbau). Das zweite Buch (Baumpflege) regieren Bacchus (Reben), Minerva (Oliven) zusammen mit Faunen, Dryaden und Silvanus. Das dritte Buch (Viehzucht) beschirmen Neptun (Pferde), Aristaeus (Rinder) und Pan (Schafe und Ziegen), das vierte Buch (Bienenzucht) nochmals Aristaeus. Der auf den ersten Blick bunten Reihenfolge der Nennung liegt also eine Ringform zugrunde: Die für das erste und zweite Buch zuständigen Götter bilden einen äußeren (1, 5-11 und 18 b-23), die Götter des dritten Buches einen inneren Kreis (12 -18 a). In deren Mitte steht Aristaeus (zu dessen Ressort auch das vierte gehört). Mit den Gestirnen, Neptun und Ceres ist zugleich die alte Dreiheit „Himmel, Wasser, Erde" abgeschritten. Die anschließende Anrufung (gleichen Umfangs wie das Gebet) gilt dem Herrscher als Beschützer der Welt. Der nur von diesem zu erhoffende Friede ist – man vergleiche die Fürbitte am Ende des Buches – eine Vorbedingung für das Gedeihen der Landwirtschaft. Wieder ist die Dreiheit „Himmel, Erde und Meer" gegenwärtig: Diese Bereiche stellt Vergil für eine künftige Herrscherapotheose[228] zur Wahl, sei es nun die Fürsorge für die Erde im Zeichen der Ahnherrin Venus (man denkt an Lukrezens Eingangshymnus) oder die Schirmherrschaft über das

---

[226] Zum Prooemium der *Georgica* : N. Horsfall (1995) 99-100 (Lit.).
[227] Zwölf Götter hatte auch Varro in seiner Praefatio (4-6) angerufen. Grundlegend G. Wissowa (1917); R. Long (1987) 252-253; gute Analyse: R.A.B. Mynors, Komm. (1990) 1-3 (Lit.); *Der Neue Pauly* 12, 2 (2003) 860 f., s.v. „Zwölfgötter" bringt für unsere Stelle nichts.
[228] Vergil betritt hier religionsgeschichtliches Neuland; er ist der Entwicklung im Herrscherkult voraus und läßt die konventionelle Hercules- und Romulus-Topik hinter sich.

Meer[229] und die Seeleute oder schließlich ein göttliches Dasein als feuriges Gestirn am Ort der gerechten Waage.[230] Eine Praeteritio schließt die Unterwelt als letzten möglichen Bereich der Apotheose aus. Das Eingangsgebet umreißt den kosmischen Rahmen[231] des Themas, begründet die Untrennbarkeit von natürlicher und politischer Welt (somit auch von Landwirtschaft und Kosmos) und formuliert so den Anspruch der *Georgica* als Universaldichtung (5-42).

Klima und Bodenbeschaffenheit bestimmen den Zeitpunkt des Pflügens,[232] die Wahl der anzubauenden Frucht und die Tiefe der Furchen (43-70). Die Fruchtbarkeit steigern Brache, Fruchtwechsel, Düngen, Abbrennen, Eggen, Brachpflügen. Nach der Aussaat wieder Schollen Zerhacken, Bewässern, Beweiden (des geilen Austriebs) und Trockenlegen (71-117). Der Saat schaden bestimmte Vogelarten und Pflanzen sowie ein Übermaß an Schatten (118-121). Exkurs: Iuppiter selbst hat (nach dem Ende des Goldenen Zeitalters) die Menschen durch Not dazu gebracht, den Ackerbau zu erfinden (121-149).[233] Unablässig ringt man mit Krankheiten des Getreides, Unkraut, Schatten, Dürre (150-159).

Auf eine Beschreibung des Ackergeräts und seiner Herstellung (160-175) folgen Anweisungen, die Tenne so anzulegen, daß sich dort keine Schädlinge einnisten können. Gegen den Verfall des Saatgutes hilft nur Verfeinern durch stetes Auslesen in mühseliger Handarbeit. Diesen Abschnitt (176-203) beschließt das Gleichnis vom Ruderer, den das Wasser mit sich fortreißt, wenn er nicht ständig gegen die Strömung ankämpft. Das Bild korrespondiert mit dem Schluß des Buches (512-514): Von Kriegen gefährdet, gleicht Rom einem dahinrasenden Viergespann, das dem Lenker nicht mehr gehorcht. Nagetiere, Kröten und Insekten gefährden bis zuletzt den Erfolg der Landwirtschaft, aber gefährlicher noch ist die politische Unvernunft der Menschen. Daher sind die Bezugnahmen auf den Herrscher am Anfang und am Schluß des Buches keine äußerlichen Zutaten; sie hängen eng mit dem Thema zusammen.

Das arbeitsreiche Jahr des Landwirts beginnt im Zeichen des Stieres (217-218), des *animal laboriosum*.[234] Hinweise zur Wahl des rechten Zeitpunktes für das Pflügen und die Aussaat bestimmter Fruchtarten (204-230) münden in einen (die Mitte des Buches markierenden) „Exkurs"[235] über den Sonnenlauf und die Jahreszeiten (231-258). Weitere Themen sind Arbeiten während der Regenzeit (259-267) und an Feiertagen (268-275), die Beachtung des Mondkalenders (276-286) sowie Tätigkeiten für Nachtstunden, Hochsommer- und Wintertage (287-

---

[229] Nach dem Sieg bei Actium erscheint Octavian als Neptun mit Hippokampengespann auf einer Gemme (E. Simon [1986] 114); vgl. auch *A* 1, 148-156.
[230] G. Klause (1993) 133-138, nach W. Hübner (1977) und (1982).
[231] Bezeichnend die Rekapitulation des ersten Buches in der ersten Zeile des zweiten: *arvorum cultus et sidera caeli*.
[232] Zunächst scheint es, als beginne das Pflügen generell ab 7. Februar; dann aber wird differenziert. Beim zweiten Mal wird der frühe Beginn auf *pingue solum* beschränkt. *Putris glaeba* (43) wird in 65 nicht direkt genannt, aber umschrieben.
[233] Siehe Anm. 238.
[234] W. Hübner (2005), bes. 35-36 mit Anm. (Lit.).
[235] Zur Problematik des „Exkurs"-Begriffs s. S. 82, Anm. 309.

310). In der stürmischen Herbst- und Vorfrühlingszeit gilt es, den Himmel genau zu beobachten und die Götter anzurufen (311-350); Vergils Verweilen bei den Wetterzeichen (351-463) verdeutlicht, daß bei der Analogie zwischen Makrokosmos und Mikrokosmos nicht an Spekulation gedacht ist, sondern an eine Schulung des Auges. Es gilt, die Zeichen der Natur lesen zu lernen. Auf das Leben der Pflanzen und das Tun des Landwirts haben astronomische Zeitbestimmungen und meteorologische Bedingungen einen unmittelbaren Einfluß; Beschäftigung mit dem Himmel ist für den antiken Bauern eine Existenzfrage.[236] Nicht weniger wichtig ist der politische Friede. Das Schlußstück des Buches handelt von den Vorzeichen des Bürgerkrieges bei Caesars Tod (464-497). Ein Bittruf an die Staatsgötter für den jugendlichen Herrscher, den späteren Augustus, schließt das Buch ab (498-514).

Das „offene" Schlußbild – ein dahinrasendes Gespann[237] – will den Leser zur Stellungnahme aufrütteln. Das Bild des Weges und der Wagenfahrt ist im ersten Buch auf verschiedenen Ebenen durchgeführt: Es bezieht sich auf den Fortgang des Wagnisses „Lehrgedicht" (*da facilem cursum* 1, 40), auf die Tätigkeit der Bauern (*ignaros ... viae* 41; *colendi ... viam* 121 f.), und schließlich auch auf den Staat (512-514), der beides ermöglichen und verhindern kann. Diese Mehrstimmigkeit ist beabsichtigt. Sie verdeutlicht den inneren Zusammenhang zwischen Kosmos, Landwirt und Lehrdichter. Die *Georgica* sind zugleich ein kosmologisches, anthropologisches und poetologisches Gedicht. Die Poetik dieses Werkes ist eng mit den beiden anderen Komponenten sowie mit der Landwirtschaft verflochten und läßt sich nicht von ihnen trennen.

*Rückblick*: Die Forschung beschäftigte sich mit Datierungsproblemen, vor allem, was das Prooemium betrifft (im Verhältnis zu Varros Schrift *Über die Landwirtschaft*), aber auch mit der Frage, ob Buch 1 zuerst selbständig oder zusammen mit Buch 2 veröffentlicht wurde. Am wahrscheinlichsten ist eine geschlossene Publikation des ganzen Werkes (s. oben Anm. 26 und 29). Fast über Gebühr erregten sich die Gemüter darüber, ob bei *labor* die passiven oder die aktiven Aspekte überwiegen. Wie bei anderen römischen Begriffen, ist gerade hier die „Doppelseitigkeit" besonders fesselnd. Dasselbe Wort bezeichnet sowohl den Zustand ständiger Bedrohung als auch die dadurch geweckten Fähigkeiten: Fleiß, Ausdauer, Widerstandskraft und Erfindungsgabe. Ganz im Sinne des römischen Aktivismus betont an zentraler Stelle der Zusatz *improbus* („hemmungslos," „unaufhaltsam")[238] die Expansivität.

---

[236] Das gilt in noch vollerem Maße für die Zeit vor Caesars Kalenderreform. Der Eigentümer mußte die wissenschaftlichen Grundkenntnisse haben, um seinen Helfern die richtigen Weisungen zu geben.
[237] Vergil hat das homerische Vorbild im Auge, das anaphorisch auf μῆτις („Einsicht") hinweist (*Ilias* 23, 315-321): Nestor belehrt Antilochos vor einem Wagenrennen. Hier liegt bei Homer kein Gleichnis vor; Vergil formt den Text dazu um. In den *Georgica* ist das Umgekehrte häufiger: Vergil verwandelt homerische Gleichnisse in Beschreibungen.
[238] Richtig z. B. F. Klingner (1967) 204; R. Cramer (1998) 37-43; verfehlt R. Thomas, *Gnomon* 73 (2001) 581 und M. Erren, Komm. (2003) 98 f.; der von ihm vermißte „lexikalische Beweis" ist längst geliefert: O. Prinz, *Thesaurus linguae Latinae* 7, 1, 5 (1938) 693, 46-69; *labor improbus* ist (so E. Zinn, brieflich) nicht (mit H. Altevogt [1952] und anderen) ausschließlich passiv („arge Mühsal"), sondern aktiv zu verstehen (*improbus* „expansiv"): W. Kroll, Komm. (Berlin

## 3. 1. 2. ZWEITES BUCH

Das hymnische Eingangsgebet an Bacchus kündigt als Thema den Weinbau an; daneben soll von wildwachsenden Bäumen sowie vom Anbau der Oliven die Rede sein. Vergil setzt hier das Wirken des Gottes mit dem des Winzers und dem des Dichters in Beziehung. Insofern wirkt der mehrdimensionale Zugang des ersten Buches weiter (1-8). Göttliche Natur, menschliches Werk und dichterisches Wort sind ineinander verwoben.

Ein erster Überblick über natürliche Entstehung[239] und Fortpflanzung (9-21) sowie das künstliche Pflanzen und Veredeln von Bäumen (22-34) ist nach dem Eingangsgebet eingeschaltet. Auf diese – recht ausführliche – Ankündigung des Themas folgt ein Aufruf an die Landwirte, sich belehren zu lassen und danach zu handeln,[240] sowie die Bitte an Maecenas um treues Geleit bei dem Unterfangen (35-46; vgl. 1, 40). Dichten erscheint hier als Seefahrt – zunächst meint man, Vergil wolle sich auf das offene Meer hinauswagen (*pelago ... patenti* 2, 41);[241] dann aber ruft er sich bescheiden zurück zur Küstenschiffahrt (2, 44), die in der Antike die Regel war: Will er doch nicht das gesamte Stoffgebiet behandeln, wozu es hundert Zungen bedürfte.[242] Solcher Verzicht auf kleinliches Detail entspricht dem Bestreben, „Leitungswissen" zu vermitteln (vgl. S. 98 mit Anm. 374). Auch betont er nach Art der Lehrdichter, er werde weder über Erfundenes singen (*carmine ficto* 2, 45; vgl. 3, 3-8) noch lange Umschweife machen.

---

1913) zu Cicero, *Orator* 88 „unverschämt", ohne Rücksicht auf Rechte anderer (J. Conington und H. Nettleship, Komm. zu *G* 1, 119; *B* 8, 50); C. Bailey (Lukrez-Komm., Oxford 1947) im Anschluß an Munro zu Lukrez, 3, 1026: ἀναιδής; Vergil, *A* 12, 687 nach *Ilias* 13, 139; Gegensatz zu *verecundus, pudicus:* Horaz, *sat.* 2, 2, 104; Auctor ad Herennium 4, 34, 45 Marx: *Translationem pudentem dicunt esse oportere, ut cum ratione in consimilem rem transeat, ne sine dilectu temere et cupide videatur in dissimilem transcurrisse;* Seneca, *epist.* 108, 35 *translationes improbas.* Macrobius, *Saturnalia* 5, 16, 7 zitiert die Stelle als geflügeltes Wort : *Labor omnia vincit* (sic). Das Präsens hat keine Stütze in den Handschriften. Literaturbericht und Synthese beider Deutungen (beruhend auf der „Doppelseitigkeit" so vieler lateinischer Begriffe) bei S. Bruck (1993). Sie stellt fest, daß Iuppiter und Aeneas (im Unterschied zu anderen Gestalten, die nur die bedrückenden *labores* wahrnehmen) dem *labor* eine positive, aktive, überwindende Seite abgewinnen: „zugleich schwerste, oft an den Rand der Existenz führende Belastung, und Bedingung für ein wünschenswertes, weil sinnvoll verbrachtes Leben" (192). M. Erren und R. Thomas kennen S. Brucks Untersuchung (1993) nicht.

[239] Einige Schwierigkeiten der von Vergil vorgetragenen Einteilung entstehen für uns daraus, daß er sie nicht nach botanischen Gesichtspunkten, sondern ganz praktisch nach den Bedürfnissen des Landwirts vornimmt (wobei er sich auch auf antike Philosophen stützt). Der „Widerspruch" zwischen Dichten als Seefahrt oder Wagenfahrt ist durch die weite Entfernung der Stellen (2, 41-45 und 2, 541 f.) gemildert. Der Kontrast zwischen Hochsee- oder Küstenschiffahrt (unmittelbar hintereinander: 2, 41 und 44 f.) ist beabsichtigt. Vergil betont auf diese Weise seine Selbstbescheidung.

[240] Diese Aufforderung findet ein Pendant gegen Ende des Buches (2, 433): *Et dubitant homines serere atque impendere curam?*

[241] Am Ende des Buches kehrt Vergil zu dem Bild der Wagenfahrt zurück (2, 542).

[242] Auffällig der Hundert-Zungen-Topos (*G* 2, 42-44) im Anschluß an Hostius (bei Macrobius, *Saturnalia* 6, 3, 6 = *frg.* 3 Morel); vgl. *Ilias* 2, 488-490; Vergil, *A* 6, 625 f.

Klar ist die Hinwendung zum Adressaten von der Gottesanrufung getrennt. Ein Vorbild hierfür ist Lukrez, der im fünften Prooemium zwischen den Hymnus auf den göttlichen Epikur und die Anrede an Memmius (mit dem Versprechen, ihn nicht lange aufzuhalten) eine ausführliche Ankündigung des Themas einschaltet. Überhaupt ist Vergil im zweiten Buch wohl besonders Lukrez verpflichtet. Das gilt von gliedernden Adverbien in den didaktischen Partien[243] wie auch von dem ausführlichen militärischen Gleichnis: aus einer aufmarschierenden wird bei Vergil eine aufmarschierte Legion – geht es doch um die Anordnung von Pflanzen (2, 279-283; Lukrez 2, 323-332).[244] Auch sonst behauptet Vergil seine Selbständigkeit: Im Prooemium tritt Bacchus an die Stelle des vergötterten Epikur – passend zum Thema (Weinbau) und zu Vergils Dichtertum. Im Schlußteil tritt stolz-bescheiden der Musenpriester Vergil dem „Arzt" Lukrez, der Kenner der ländlichen Götter dem Naturphilosophen gegenüber.

Nun geht der Dichter ins Einzelne: Bäume, die von selbst wachsen, kann Kunst veredeln; Schößlinge, die unten am Stamm entstehen, entfalten sich besser, wenn man sie an einen freien Platz versetzt; was aus Samen (Kernen) entsteht, wächst langsam und verwildert, wenn man es nicht verpflanzt und kultiviert; Oliven sprießen besser aus Stümpfen, Reben aus Senkern, Myrten aus Kernholz, andere Bäume aus Wurzelreisern (47-68). Hier betont Vergil den positiven Wert des *labor*[245] – das ständige Sichabmühen des Landwirts (2, 61). Vom Pfropfen und Okulieren (69-82) kommt die Rede auf die Wahl der jeweils besten Baumart, Obst- oder Weinsorte (83-108), je nach Bodenbeschaffenheit und Lage (109-113). Dann setzt der Aufschwung zu einer *ratio*-Partie ein: Der Blick wird auf die Welt ausgedehnt, und von daher erhält die Beschränkung auf jeweils wenige günstige Stellen ihren Sinn (114-135). Dennoch dominiert im zweiten Buch – im Unterschied zum ersten – nicht der *labor*, es stehen vielmehr „paradiesische" Elemente im Vordergrund.[246]

Der berühmte „Exkurs" zum Lobe Italiens (136-176)[247] setzt das Wachstum von Früchten parallel mit der Entstehung tüchtiger Männer – bis hin zu dem jungen Caesar. (Man denkt an die „Heldenschau" im sechsten Buch der *Aeneis*). So schwingen sich Brücken zwischen dem natürlichen Kosmos, dem Staat und dem dichterischen Wirken. Hier nennt Vergil ein frühgriechisches Vorbild: Hesiod. Dessen Einfluß auf die *Georgica* ist zwar begrenzt; aber der Name steht für den hohen Anspruch des Dichters (wie das dritte Buch zeigen wird). Wie Hesiod in der Öffentlichkeit vorgetragen hatte, so sieht sich Vergil überall in römischen Gemeinden von der alten ruhmvollen Landwirtschaft Italiens singen, die von den Greueln der mythischen Zeit rein geblieben war.

Für das Erdreich und dessen Eignung für bestimmte Pflanzen (177-225) gibt es klare Kriterien (226-258). Die Natur des Bodens läßt sich zum Beispiel durch Umbrechen und Auslüften verbessern. Reben sind zunächst in einer „Schu-

---

[243] Beispiele: *principio G* 2, 9; 4, 8; *praeterea* 4, 210; *nunc* 2, 177; 2, 226; *nunc age* 4, 149.
[244] Vgl. auch *G* 2, 49 *quippe solo natura subest* mit Lukrez 3, 273.
[245] Positiv auch 2, 155 (die Bautätigkeit in den Städten).
[246] F. Klingner (1963) 70; R. Kettemann (1977), 80.
[247] Zur *Saturnia tellus* (*G* 2, 173) in augusteischer Kunst: E. Simon (1986) 36; 54. Wie bei Vergil besteht auch in der Bildenden Kunst seiner Zeit eine enge Beziehung zwischen diesem Passus der *Georgica* und der *Aeneis*.

le" anzupflanzen, deren Terrain dem des endgültigen Platzes möglichst ähnlich sein soll. Je nach der Natur des Erdreichs verteile man die Pflanzen dichter oder weniger dicht, immer aber in geraden Reihen und in regelmäßigen Abständen versetzt (259-287). Für Reben genügen flache Furchen, für die Eichenart *aesculus* (die in der Transpadana zum Stützen der Reben dient) bedarf es einer Grube, deren Tiefe der Höhe von Stamm und Ästen entspricht (288-297).[248] Die symbolträchtige Beschreibung dieses Baumes wird *A* 4, 445 f. (über eine *quercus*) zum Gleichnis werden. Es folgt eine Warnung vor Fehlern und Gefahren (298-314).

Herbst und Frühjahr sind die rechte Zeit zum Anlegen des Weingartens; ein „Exkurs" voll kosmischer Erotik preist den Weltenfrühling; der sublime Passus über die „heilige Hochzeit" zwischen Himmel und Erde ist nach einem Fragment aus Aischylos' *Danaiden* gestaltet[249] (315-345).

Anweisungen zum Einpflanzen der Rebensetzlinge, zum Düngen, zur Gestaltung der Pflanzgruben, zum Hacken, Stützen und Stutzen der Reben (346 bis 370) sowie eine Warnung vor Bißschäden durch weidende Tiere (371-379) münden in einen „Exkurs" von der Opferung des Bockes an Bacchus und der Entstehung festlicher Lieder (380-396): keineswegs eine Abschweifung, denn Opfer und Lieder dienen dem landwirtschaftlichen Erfolg! Hier greift Vergil überlieferte Beziehungen zwischen Weinbau und Dichtung auf. Die Anrede an Bacchus (388) erinnert an den Bucheingang (2, 2).

Abschließend betont Vergil nochmals die Notwendigkeit steter Arbeit (*labor:* 397-419): Lockre das Erdreich, lichte das Laubwerk! Sind Weinstöcke kahl, so beschneide sie! Sei beim Graben der erste, beim Ernten der letzte.

Ein Anhang über Oliven- (420-425), Obstbäume (426-428) und nützliche Wildbäume (429-433; 434-457) bietet Gelegenheit, harmlose Kultur- und Waldbäume gegen die nicht ungefährliche Gabe des Bacchus abzugrenzen. Das Buch beschließt der großartige „Exkurs" über das Landleben (458-542).

*Rückblick:* Diskussionsstoff lieferte das „Lob Italiens", das mit dem damals beklagenswerten Zustand des Landes kontrastiert[250] und nur als Ausdruck von Glaube und Hoffnung gelesen werden kann. Eine parteipolitische Deutung (zu Gunsten des späteren Augustus und gegen den „Orientalen" Antonius) liegt nahe, greift aber zu kurz. Vergil lobt Italien nicht nur deshalb, weil Augustus sich als dessen Vorkämpfer darstellt, sondern Augustus präsentiert sich als Streiter für Italien, weil er die Heimatliebe seiner Römer kennt. Fruchtbarer ist es, das „Lob Italiens" zusammen mit der „Heldenschau" des sechsten *Aeneis*buches und dem Italikerkatalog des siebten als eine Besinnung auf Italiens physisches und geistiges Potential zu lesen. Das Gewissen der Nation, kein Höfling, ist der Sprecher. Hinzu kommt die Vorstellung, Italien sei das Zentrum der Oikumene, das Reich der Mitte – im Gegensatz zur Maßlosigkeit und Gefährlichkeit des Orients (136-142), zur Kälte des Nordens und zur Hitze des Südens (vgl. *G* 3, 339-383).

Auch die genaue Bedeutung der Schlußpartie des Buches ist umstritten:

---

[248] Wenn Vergil an das Auspflanzen eines Bäumchens aus der Baumschule in das Rebenstück denkt, ist diese Angabe weniger übertrieben als sie zunächst scheinen mag.
[249] Zu *gremio* vgl. Lukrez 1, 250.
[250] Übertrieben R. Thomas, Komm. 1 (1988) 180 „deliberate falsehood".

Setzt sich der Dichter mit der Tradition der Lehrdichtung auseinander? Handelt es sich um eine *recusatio* lukrezischer philosophischer Didaktik? Geht es um die geistig-moralische Bedeutung des Landlebens? Nimmt Vergil für oder gegen den Epikureismus Stellung? Überprüft er seine bisherige dichterische Laufbahn? In welchem Verhältnis stehen der Landwirt, der Dichter und der Naturphilosoph zueinander?[251] Der selbstbewußte Wettstreit mit Lukrez findet hier seine Krönung. Vergils Dichtung ist allumfassend – sie verbindet Kosmos, Staat und Landwirtschaft –, aber sie lebt nicht vom aufklärerischen Pathos einer naturwissenschaftlichen Weltsicht, sondern aus der „Kenntnis der Götter des Landes" durch den Musenpriester. Zwar ist das „dionysische" zweite Buch strahlender, weniger düster als das erste, reicher auch an schwungvollen „Exkursen"; aber die Meinung, Vergil verschweige hier die Mühen des Landlebens, trifft nicht zu; betont doch der Dichter auch hier immer wieder die Notwendigkeit ständiger Arbeit. Hierin liegt also kein Gegensatz zum ersten Buch. Vergil beharrt auf dem nicht-fiktionalen Charakter der *Georgica*-Dichtung. Das Wirken des Bacchus wird zusammengeschaut mit dem Tun des Winzers und dem Reden des Dichters:[252] Worte sind Taten und verändern die Wirklichkeit. Die Poetologie der *Georgica* ist zutiefst römisch: Ihr Wesen liegt darin, kein separates Reich der Poesie zu errichten, sondern sich den Fakten zu stellen.

### 3. 1. 3 DRITTES BUCH

Die Einleitung des dritten Buches ist wohl die erstaunlichste im ganzen Werk.[253] Nach einer kurzen Anrufung der für Viehzucht zuständigen Gottheiten – es sind Pales, der Hüter Apollon sowie die Wälder und Ströme der arkadischen Bergwelt des großen Pan – (*G* 3, 1-2) distanziert sich Vergil noch deutlicher als im zweiten Prooemium (*G* 2, 45) von den ausgetretenen Pfaden mythologischer Dichtung, die nur von Erfundenem handelt (*G* 3, 3-8). Er sucht einen Weg, sich vom Boden zu erheben und als „Sieger" (*G* 3, 9 und 3, 17, vgl. Lukrez 1, 75) „von Mund zu Mund zu fliegen"[254] – gleich dem verewigten Ennius. Zunächst will er die Musen vom Helicon gefangen führen – also Hesiod übertreffen. Der hohe Anspruch der *Georgica* (8-11) deutete sich schon in *G* 2, 176 an. Zu Ehren der Siege des Augustus im Orient gelobt Vergil, einen mit Reliefs und marmornen Rundplastiken geschmückten Tempel zu errichten und festliche Spiele zu veranstalten (an die Stelle dieser erträumten Huldigung für Augustus [12-39] wird glücklicherweise die *Aeneis* treten). Dieses Prooemium zeugt von der Stetigkeit, mit der Vergil im Bewußtsein wachsender Kräfte von Werk zu Werk fortschreitet. Im Schlußstück

---

[251] Hierzu zuletzt L.J. Kronenberg (2000) – wobei die gestellten Fragen weiter führen als die Antworten.
[252] Die Veränderung der Wirklichkeit durch das Wort, wie Vergil sie hier praktiziert, führte im Mittelalter zu der Vorstellung vom „Magier" Vergil.
[253] Trefflich N. Horsfall (1995) 96-98 (dort Lit.); V. Buchheit (1972) 92-159; L.P. Wilkinson (1969) 165-172; 323-324.
[254] Eine abgeschwächte (rein visuelle) Interpretation von *virum per ora* („im Angesicht der Menschen") mag zum Flug des Horaz in *carm*. 2, 20 passen, wird aber für Vergil durch *Aen*. 12, 235 widerlegt. Hierher gehören klassische Wendungen wie *in ore esse, in ora venire*. Eindeutig der Erzvergilianer Silius 3, 135 f.: *ire per ora / nomen in aeternum*.

dieses Vorworts erfolgt – ähnlich wie im Prooemium des zweiten Buches – die Anrede an Maecenas. Hinzu kommt eine Einladung in die zum engeren Thema passende Wildnis (im Gegensatz zu den Kulturlandschaften der ersten beiden Bücher) und das erneute Versprechen, bald den Caesar zu verewigen (40-48).

Vorerst jedoch geht es um die Zuchtkuh (50-59), den rechten Zeitpunkt ihrer Befruchtung (60-71), den Zuchthengst (72-122) und dessen Pflege vor der Paarung (123-137), die trächtigen Tiere (138-156) und die Nachkommenschaft: Kälber für Fortpflanzung, Opfer oder Arbeit (157-178) sowie Fohlen (179-208). In diesem Abschnitt kennzeichnet ein schwungvolles Nordwind-Gleichnis (196-200) das Rennpferd. Hengste und Stiere wachsen kräftiger heran, wenn man sie vom Anblick weiblicher Tiere fern hält (201-241); das Bild des Kampfes zweier Bullen um die Kuh (219-223) wird Vergil in die *Aeneis* als Gleichnis übertragen (*A* 12, 715-724); Gleiches gilt von dem Stier, der seine Kräfte an einem Baumstumpf erprobt (232-234; vgl. *A* 12, 103-106). Anschließend handelt ein „Exkurs" von der Urgewalt des Eros, der insbesondere die Stuten ausgesetzt sind (242-283). In den letztgenannten Abschnitten häufen sich die Gleichnisse (die Flut, die sich wütend erhebt 237-241; wilde Tiere in der Brunstzeit 245-257; 264 f.; ein junger Mann,[255] der tollkühn durch Nacht und Sturm zur Geliebten schwimmt 258-263). Der Ton wird immer feierlicher, Anaphern beschwören den Frühling (272) – zugleich Fortsetzung und Überbietung der (grandiosen, aber etwas weniger bedrohlichen) Frühlingsbilder des zweiten Buches (*ver adsiduum* 2, 149; *ver* erscheint 2, 323 f. drei- und 338 zweimal). Während dort die vegetativen Elemente Wasser und Erde im Vordergrund standen, betont das dritte Buch der sensitiven Wesensart der Tiere entsprechend Feuer und Luft. Nicht zufällig erwähnt Vergil die Vorstellung, die Stuten würden vom Wind geschwängert.

Die Sentenz vom Fliehen der Zeit leitet über zu einem kurzen Zwischenprooemium. In lukrezischen Tönen, aber mit veränderter Blickrichtung[256] betont es die Schwierigkeit, Kleines durch das Wort zu adeln (ein Problem auch des vierten Buches). Die Anrufung der Gottheit Pales steht am Ende (284-294).

Der zweite Teil des Buches handelt von der Haltung der Schafe und Ziegen, sei es im Stall während des Winters (295-321) oder auf der Weide in der warmen Jahreszeit (322-338). Ein doppelter „Exkurs" schildert das Leben der Hirten in Libyen (339-348) und im eisigen Skythien (349-383). Es folgen Empfehlungen zur Gewinnung guter Wolle (384-393) bzw. Milch (394-403), zur Haltung von Hunden (404-413), zum Schutz vor Schlangen (414-439)[257] und Krankheiten (440-477). Die Schilderung der Tierpest (eines Leidens, das im Zeichen der Elemente Luft und Feuer steht) schließt das Buch ab (478-566), gewiß in Erinnerung an das Ende des lukrezischen Lehrgedichts. Aber Vergil bleibt nicht bei dem Bild des Todes stehen: Das vierte Buch wird von der Entstehung neuen Lebens handeln. Ähnlich wird Vergils *Aeneis* Homers Epos des Untergangs von Troia durch den Mythos von der Geburt Roms überbieten.

---

[255] Leander ist gemeint, wird aber nicht genannt.
[256] Lukrez (1, 136-139) betont die Schwierigkeit, Philosophisches in lateinischer Sprache zu erörtern, Vergils Problem ist es, alltägliche und „unbedeutende" Dinge in würdigem Stil zu beschreiben.
[257] Im Rückblick zeigt sich, daß Vergil im Lob Italiens 2, 153 f. die Schlangengefahr verharmlost hat (die kleinen Vipern sind in Italien viel gefährlicher als größere Schlangen).

*Rückblick:* Die Forschung beachtete die Einleitung des Buches. Die Beschreibung eines Kunstwerks und Festzugs wird als symbolische Ankündigung der *Aeneis*, besonders der Schildbeschreibung des achten Buches verstanden (abzulehnen der Bezug auf die *Georgica* selbst). Die Schilderung der Liebesleidenschaft der Tiere hat man mit der Gewalt des Eros in den *Bucolica* und im vierten Buch der *Aeneis* verglichen. Berührungen sind zwar vorhanden – besonders deutlich im Falle von Pasiphaes Leidenschaft für den Stier (*B* 6, 45-60) –, aber den Abstand zu Didos tragischer Liebe zu Aeneas sollte man nicht unterschätzen. Größer ist die Nähe des dritten Buches der *Georgica* zu den Tiergleichnissen der *Aeneis*. An der Beschreibung der Leidenschaft hat man mit Recht lukrezische Züge hervorgehoben. Neben dem epikureischen Hintergrund ist der wissenschaftlich-kosmologische zu beachten: Die (nicht epikureischen!) vier Elemente tragen den Gesamtentwurf.

## 3. 1. 4. VIERTES BUCH

Das Prooemium des vierten Buches umfaßt nur sieben Verse.[258] Der geringe Umfang ist offenbar der Kleinheit des Gegenstandes – der Bienen – angepaßt: *in tenui labor* „meine Arbeit bewegt sich im Kleinen" (*G* 4, 6). Wie im ersten Buch erscheint der Name Maecenas schon im zweiten Vers. Das Thema wird zugleich als klein (*levium spectacula rerum* „Schauspiel einer schwerelosen Welt": *G* 4, 3) und als erhaben dargestellt: In *aërii mellis caelestia dona* „des Honigs, des Lufttaus, himmlische Gaben"[259] sind die beiden höheren Elemente – Luft und Himmelsfeuer (Aether) – gegenwärtig. Die hochepische Sprache, in der Vergil von den Bienen handeln wird, ist der ernsten Menschenwelt entnommen: Krieg und Politik. Die schon bisher betonte Verflechtung von Natur und Staatsleben ist noch enger geworden – sie wird zur fast kontinuierlichen Metapher (doch ohne die Realität der Bienen abzuwerten). Der erstrebte – und gegebenenfalls von Apollon geschenkte – Ruhm (*gloria* 6) ist alles andere als bescheiden. Die Erwähnung der *gloria* gemahnt an das dritte Prooemium (*victorque virum volitare per ora* „als Sieger von Mund zu Mund der Männer fliegen" 3, 9) und an Lukrez (1, 923 *laudis spes magna* „hohe Hoffnung auf Ruhm"). Die Spannung zum zweiten Buch (und zum Schluß des vierten) mit dem „ruhmlosen" Dasein des Landmanns und des „müßigen" Dichters (*G* 2, 486; 4, 564) ist beabsichtigt. Zwar fehlt eine direkte Götteranrufung, doch erscheint Apollons Name bedeutungsvoll am Ende des Vorwortes – jetzt freilich nicht als Gott der Hirten,[260] sondern der Poeten. Wie später die Musenanrufung (4, 315) bestätigt, steht nun die Arbeit des Dichters im Vordergrund. Die Poesie befreit sich – auch im Lehrge-

---

[258] Eine Zahl, die am Anfang der *Ilias* und der *Aeneis* ebenfalls bedeutungsvoll ist; doch ist dort nach dem siebten Vers nur der erste Satz, nicht schon das ganze Prooemium zu Ende.
[259] Übersetzung: J Götte ($^2$1953).
[260] Dennoch besteht auch eine stoffliche Verbindung zwischen Apollon und dem vierten Buch; ist doch dieser der Vater des Aristaeus (4, 323). Daneben ist daran zu erinnern, daß Apollon zugleich Hirte und Dichter ist und dementsprechend in mehreren Eklogen genannt wird; vgl. E.A. Schmidt (1972) 255-257 und öfter.

dicht – aus der „dienenden" Rolle, die ihr bei Lukrez zukommt. Doch verabsolutiert sie sich nicht: Sie durchdringt den Stoff bis ins Detail, vergegenwärtigt die Einheit von natürlichem, politischem und poetischem Kosmos.

An erster Stelle geht es um den rechten Ort und die Herstellung des Bienenstockes (8-50), dann um das Anlocken von Bienenschwärmen im Frühjahr (51-66). Bricht zwischen zwei Schwärmen ein Krieg aus, so werfe man Staub und töte dann den struppigeren und trägeren der beiden Anführer (Vergil spricht – wie die meisten antiken Quellen – von Königen, nicht von Königinnen); auch die Arbeitstiere sind bei der besseren Bienenart goldglänzend und getupft. Ihr Honig wird den Geschmack des Bacchus (des Weines) „zähmen": ein Gradmesser für den Fortschritt vom zweiten zum vierten Buch (95-102)! Fliegt der Schwarm ziellos umher, muß man den Königen die Flügel ausreißen und den Bienenstock durch duftende Pflanzen anziehend machen (103-115). Wie in den früheren Büchern liegt das Gewicht auf harter eigenhändiger Arbeit (*labor* 114).

Da des Dichters „Seefahrt" bereits dem Festland zustrebt (116 f.), schildert ein „Exkurs" nur im Vorübergehen (*praeteritio*) einen Blumen- und Gemüsegarten bei Tarent, den sich ein betagter Einwanderer aus Corycus auf „unvermessenem" (also unrentablem) Boden angelegt hat: ein kleines Paradies auch für Bienen. Vergil behauptet, den Stoff späteren Dichtern zu überlassen, hat aber hier ein Kabinettstück geschaffen (116-148). Die Kunst des „Übergehens"[261] – besser: Andeutens – ganzer Stoffgebiete (so schon 1, 36-39; 2, 420-457; 3, 404-413), gewinnt hier besondere poetische Strahlkraft.

Die Bienen leben und arbeiten wie in einem geordneten Staatswesen zusammen (149-218). Parallelen zur *Aeneis* häufen sich. Dort dient das Leben der Bienen mehrfach als Gleichnis für das Verhalten menschlicher Völker und Heere (z.B. *A* 1, 430-436; vgl. *G* 4, 158-169;), hier wird umgekehrt die Welt der Bienen in Metaphern aus dem Menschenleben beschrieben. Die Bienen scheinen mit göttlicher Vernunft begabt zu sein (219-227). Anschließend geht es um das Herausnehmen der Waben (228-238), um Schädlinge (239-250) und Krankheiten (251-280). Beim Verlust eines Bienenvolkes läßt sich aus einem Stierkadaver ein neues gewinnen (281-314). Der entsprechende Mythos von Aristaeus, Orpheus und Eurydice setzt mit einer Musenanrufung ein, wie dies der Bedeutung dieser Sage als Schlußstein entspricht (315-558). Vergil zeigt sich hier als Erzähler von hohen Graden; Sprecher ist der Prophet Proteus (*vates* 4, 392); so wird es möglich, einen geheimnisvollen, orakelhaften Ton anzuschlagen, der manche Einzelheit im Halbdunkel läßt.[262] Eine unnachahmliche Märchenstimmung liegt über der Wanderung des Aristaeus in die gläserne Unterwasserwelt. Auch Orpheus, der ins Erdinnere hinabsteigt, ist ein Wanderer zwischen den Welten. Nach der Luft- und Äther-(Feuer-)Thematik der Bienen sind nun Wasser und Erde konkret gegenwärtig. Die *Georgica* erweisen sich als kosmische Dichtung. Verschlungen mit dem Thema von Kosmologie, Leben und Tod und dem Wirken des Landmanns (hier des Ur-Imkers Aristaeus) ist das Schicksal des Dichters

---

[261] Das äußerst kleinteilige Gebiet der Gartenkunst hätte den Rahmen des Werkes in der Tat gesprengt.
[262] So wird die für das Verständnis der Handlung entscheidende Bedingung, daß Orpheus sich nicht nach Eurydike umsehen darf, erst mit großer Verspätung nachgetragen (4, 487): dieser „Verstoß" ist natürlich als Element des Orakelstils dem Sprecher angemessen.

Orpheus. Durch seinen Weg ins Reich der Schatten versucht er, an den Grenzen des Menschseins zu rütteln. Dabei scheitert er nicht als Sänger (sein Lied rührt die Totengötter), aber als Mensch. Der Affekt gewinnt über ihn die Oberhand. Die zerstörerische Wirkung der Leidenschaft war schon im dritten Buch zur Sprache gekommen. In dieser grundsätzlichen Bewertung des Emotionalen ist sich Vergil mit Lukrez einig. Doch anders als in *De rerum natura* siegt in den *Georgica* das Leben über den Tod.

Im Nachwort (559-566) stellt Vergil, der sich hier als Autor (auch der Eklogen) vorstellt, sein „müßiges" und „ruhmloses" Leben am Golf von Neapel den Siegen seines Caesar im Orient gegenüber.

*Rückblick*: Das Buch besteht (ähnlich wie das dritte) aus zwei gleichen Teilen; doch ist nur der erste didaktisch; der zweite enthält eine aitiologische Erzählung.

Forschungsthemen sind: Wurde das vierte Buch umgearbeitet? Tilgte Vergil ein Lob des Gallus (s. Anm. 26 und 29)? Ist also das Aristaeus-Epyllion ein späterer Zusatz[263] oder – wie andere[264] vermuten – ein frühes Werk, das Vergil hier eingearbeitet hat? (Wohl weder das eine noch das andere). Zeigt die Abhängigkeit von Homer in dieser Episode eine neue Qualität gegenüber den früheren Büchern? Wären demnach die *Georgica* eine „Übergangsdichtung"?[265] Die Bienen und ihr Staat beschäftigen den Dichter seit den *Bucolica* und noch in der *Aeneis*. Auch andere Themen (Mensch und Erde, Leidenschaft, Tod, Unsterblichkeit) bestätigen die innere Einheit des Lebenswerkes; dennoch sollte man die *Georgica* nicht zu einer Dichtung des Übergangs abwerten. Wie im dritten Buch das Thema Leidenschaft, so legt im vierten die politische Thematik eine Übertragung auf den Menschen nahe. Doch gibt es Grenzen der Vergleichbarkeit: Anders als die Leidenschaft des Orpheus entzieht sich sein göttliches Dichtertum dem Tiervergleich. Auch im Politischen wird der Aeneisdichter alles tun, um den auf Bienen vielleicht zutreffenden, aber menschenunwürdigen Gedanken fernzuhalten, von zwei Königen müsse der schlechtere sterben (s. Anm. 601).

## 3. 2. GATTUNG UND VORGÄNGER

Zu den *Vorgängern* der *Georgica*: *Bibl.*: W. Suerbaum (1980) 481-491. Grundsätzlich Horsfall (1995) 77-86; R.F. Thomas (1999); Zur *Lehrdichtung*: B. Effe (1977); Verf. ($^2$1994) 217-229; zur Fachschriftstellerei ebd. 450-464.

*Gattung: Lehrgedichte* sind sachgebunden. Zwischen sprödem Stoff und poetischer Aufgabe besteht oft ein Widerstreit (Quintilian, *Institutio* 10, 1, 55[266] über die Leistung des Aratos); Ciceros Kompliment (*De oratore* 1, 69), Nikander habe einen rustikalen Stoff in keineswegs bäurischer Form behandelt, könnte man auf Vergil übertragen.

---

[263] Hierfür nachdrücklich A. Setaioli (1999) mit Lit. Dagegen R. Niehl demnächst im *Rheinischen Museum* oder im *Hermes*..
[264] M. Erren, Komm. (2003) 908 mit Forschungsdiskussion 905-910.
[265] Dazu N. Horsfall (1995) 84-86 in Auseinandersetzung mit G.N. Knauer (1981) und J. Farrell (1991).
[266] Vgl. auch die knappe Würdigung des Lukrez ebd. 10, 1, 87.

Geschaffen, um andere zu überzeugen, ist das Lehrgedicht (nach einem Wort Goethes[267]) „ein Mittelgeschöpf zwischen Poesie und Rhetorik"; die Antike macht daher den Archegeten der Redekunst, Gorgias, zum Schüler des Didaktikers Empedokles. Das Wort steht hier im Dienste der Sache. Prooemien und „Exkurse", Argumentationsformen und Beweismittel lassen sich (zumindest im Rückblick) rhetorisch deuten. Alle römischen Autoren von Lehrgedichten haben die Schule der Rhetorik durchlaufen. In den belehrenden Partien finden sich denn auch bei Vergil rhetorische Mittel der Überredung und in den lobenden „Exkursen" Elemente der epideiktischen Beredsamkeit (s. S. 83).

Didaktische Dichter streben nach Breitenwirkung. Goethe[268] verlangt, die besten Autoren sollten sich nicht zu gut sein, Lehrgedichte zu schreiben. Leider scheint vielen seiner Landsleute eher verdächtig, wer wissenschaftliche Themen in verständlicher oder gar anmutiger Form behandelt. Hier liegt wohl auch eine Ursache dafür, daß man die *Georgica* mißverstand oder versuchte, sie zu „retten", indem man den Bezug zum Gegenstand zurückdrängte.

Wegen ihres komplexen Charakters läßt sich die Gattung nur schwer einordnen. Mögliche Lösungen sind:

1. *Ausgrenzung aus der Poesie:* Nach Aristoteles (*Poetik* 1, 1447 b 18) schreibt Empedokles zwar in Versen, ist aber mehr Naturphilosoph denn Dichter. Als Kriterium für die Zuordnung rangiert hier der Stoff vor der Form. Während Platon den didaktischen Anspruch der Dichtung ernstnimmt, betont Aristoteles ihren Zweck, Freude zu bereiten. Goethe nimmt eine mittlere Position ein: „Alle Poesie soll belehrend sein, aber unmerklich".[269] Zur Ausgrenzung des Lehrgedichts aus der Dichtung trug in neuerer Zeit ein verabsolutierter Poesiebegriff bei. Faktentreue und Zweckbestimmung können aber nicht Kriterien für literarischen Unwert sein. Die hohe poetische Qualität der *Georgica* schließt eine solche Betrachtungsweise aus.

Nach Plutarch (*De audiendis poetis* 16 CD) gehören zur Dichtung μῦθος und ψεῦδος („Mythos" ist eine Geschichte, eine Handlung; „Pseudos" Lüge, Erfindung, Fiktion, schöner Schein); Lehrdichtung aber bediene sich der poetischen Form nur leihweise. Als „Süßstoff" gilt diese den Hesiodscholien (zu: *Werke und Tage*, 1 f. und 4; Ausg. von Pertusi); ähnlich äußert sich Lukrez (1, 936-941), der dennoch ein geborener Dichter ist. Vergil denkt höher von seiner Berufung, und er spricht dies in den *Georgica* auch aus (s. S. 91-94).

2. *Zuordnung zum Epos:* Vielfach stellt man in der Antike alles metrisch Gleichartige zusammen.[270] Da nun das Lehrgedicht in der Regel den Hexameter verwendet, rechnet man es zum Epos. Ein inhaltlicher Grund kommt hinzu. Unter dem Einfluß stoischer Nützlichkeitstheorien betrachtete man vielfach Homer als ernstzunehmende naturwissenschaftliche und geographische Quelle. Für ein Publikum, das auch im erzählenden Epos wissenschaftliche Belehrung

---

[267] *Über das Lehrgedicht, Weimarer Ausgabe* 1, 41, 2 (1903) 225.
[268] Ebd.
[269] Ebd. 225.
[270] Dionysios von Halikarnassos, *De compositione verborum* 22, 7; Quintilian, *Institutio* 10, 1, 46-72 ; 85-100.

sucht, verblaßt der Unterschied zwischen Epos und Lehrgedicht.[271] Das gilt vor allem für Rom, wo der Einfluß der (pergamenischen) Stoa stärker war als derjenige der (alexandrinischen) Kritik. Vergil stellt in der Tat den Zusammenhang sowohl zur didaktischen Poesie (Hesiod, Aratos) als auch zum homerischen Epos her.

3. An dritter Stelle kannten antike Grammatiker auch den Versuch, das Lehrgedicht als eine eigene Gattung zu betrachten. Entweder setzte man (etwas gewaltsam) neben der „mimetischen" Dichtung der aristotelischen Tradition eine „nicht mimetische" an. Zu dieser gehört die „erzieherische", die in eine „unterweisende" und „betrachtende" zerfällt.[272] Oder man unterschied nach Platons *Staat* (3, 392 c – 394 c) „dramatische", „darlegende" und „gemischte" Dichtung. Innerhalb der „darlegenden" (*genus enarrativum*) befand sich dann eine Spezies „Lehrdichtung" (διδασκαλική), vertreten durch Empedokles (sowie Arat, Lukrez und Vergil).[273]

4. Zu den modernen Versuchen, das Odium des „Lehrgedichts" zu umgehen, zählt die Bezeichnung der *Georgica* als „deskriptive" Dichtung,[274] eine Beschreibung, die dem Werk nur teilweise gerecht wird.

5. Das Lehrgedicht bringt gewisse literarische Konventionen mit sich: Der Dichter erscheint in der *persona* des Lehrers und Fachmanns („Landwirt"; „Hirte", „Bienenzüchter"); was den Adressaten betrifft, so ist zu unterscheiden zwischen dem (den) Adressaten im Werk und dem (den) Adressaten des Werkes:[275] In den *Georgica* finden wir den Caesar, aber auch Maecenas und natürlich den (als Leser vorausgesetzten) Landwirt (wir werden auf Vergils Publikum zurückkommen: S. 97 f.). Ferner bedingt das Lehrgedicht eine klare Gliederung des Stoffes und entsprechende sprachliche Signale – sei es direkt in Form von Ankündigungen, Mahnungen zur Aufmerksamkeit, gliedernden Adverbien („ferner...") oder indirekt (durch bildhafte Schlußvignetten oder durch eingefügte „Exkurse"). Doch liefert die Gattung nur den allgemeinsten Rahmen: Wie sehr unterscheidet sich die didaktische Persona Vergils etwa von der des Lukrez, der mehr *ex cathedra* spricht und deshalb oft störrische Leser vorauszusetzen scheint, die er dann durch eine Flut von Argumenten überzeugen muß! Vergil argumentiert viel weniger, er gibt nach Art eines erfahrenen Landmanns Hinweise und Ratschläge. Dahinter steht nicht nur ein Unterschied der Temperamente, sondern auch des Stoffgebietes. Philosophische Lehre muß sich in viel weiterem Umfang auf rationale Argumentation stützen als dies bei der Vermittlung einer Erfahrungswissenschaft notwendig oder auch nur wünschenswert wäre. Groß ist ferner die Versuchung, im Text „Stellvertreter" für den „Lehrer" und den „Schüler" der Landwirtschaft zu suchen. Dann avanciert die Mutter Cyrene zur „Lehrerin" und der gehorsame (aber nicht besonders sympathische) Aristaeus zum „guten Schüler". Für den göttlichen Sänger und großen Liebenden Orpheus

---

[271] Weniger Einfluß in Rom hatte die strenge alexandrinische Trennung zwischen Psychagogie (Homer) und Didaxe (Lehrdichtung).
[272] *Tractatus Coislinianus*, ein antiker Text zur Komödientheorie (*Comicorum Graecorum Fragmenta*, hg. G. Kaibel [Berlin 1899] 50-53).
[273] Diomedes (*Grammatici Latini*, hg. H. Keil, 1 (1857) 482-483 (nach hellenistischen Quellen).
[274] Beispielsweise: L.P. Wilkinson (1969) 4-15; kritisch dazu N. Horsfall (1995) 76-77 (Lit.).
[275] Klärend A. Schiesaro (1993). Längst weiß man, daß das spezifische „Du" der Widmung zu unterscheiden ist von dem oft sehr generellen der lehrhaften Partien.

bleibt in diesem System freilich nur die Rolle des schlechten (weil ungehorsamen) Schülers. So endet Orpheus im 21. Jh. nicht in den Händen rasender Mänaden, sondern auf dem Prokrustesbett klassifizierender Schulmeister. Daher sind Gattungsgesetze, so wichtig sie sein mögen, nur eine von vielen Komponenten, die bestenfalls als Kontrastmittel dienen können, um einen meisterhaften Text von billiger Massenware unterscheiden zu lernen.

*Vorbilder:*[276] Die Hesiod-Nachfolge[277] bezieht sich weniger auf Einzelheiten als auf das Niveau des poetischen Anspruchs (*G* 2, 176 „Ich singe ein askräisches Lied allenthalben in römischen Städten"). Hesiodisch ist immerhin die hochaltertümliche Anweisung, nackt (leicht bekleidet) zu pflügen und zu säen: *Nudus ara, sere nudus* (*G* 1, 299; *Werke und Tage* 391 f.). Ähnliches gilt vom Rückblick auf das Goldene Zeitalter (*G* 1, 125-146), in dem Hesiods *Werke und Tage* (90-93) und Arats *Phainomena* (108-114) in selbständiger Abwandlung nachklingen.[278] Vergil hat sich auch Hesiods (und Catos) Entdeckung der Würde der Arbeit zu eigen gemacht.

Daneben wird im Zuge der „*Episierung*" (s. S. 83 f.) der Anschluß an Homer und Ennius (S. 88-90) gesucht. Anklänge an die *Tragödie* finden sich, wie zu erwarten, vor allem im Epyllion des vierten Buches (s. S. 85).

*Hellenistisch* ist der Hintergrund des Herrscherlobs in den *Georgica*,[279] doch spielt – dem Rang des Themas entsprechend – auch Pindarisches herein.[280] Ebenfalls hellenistisch ist das aitiologische Interesse (wie es z. B. in der Aristaeus-Episode hervortritt) und überhaupt die Überzeugung, wissenschaftliche Stoffe seien für poetische Darstellung geeignet. Doch an die frühgriechischen Anfänge der Lehrdichtung erinnert das Streben, dem Gegenstand Würde zu verleihen und seine allgemeine Bedeutung hervorzuheben.

*Aratos* dient vielfach als Quelle und Vorbild, z.B. bei der Behandlung der Wetterzeichen. Vergil verkürzt seine Vorlage und wetteifert dennoch mit ihr; auch Umstellungen und Neuakzentuierungen bezeugen seine Selbständigkeit.[281] Natürlich fehlt auch *Kallimachos* nicht: Das gilt allein schon von der Einteilung in vier Bücher und den Anspielungen auf den *Sieg der Berenike* (*G* 1, 24-42 und 3, 1-48).[282] Aus Kallimachos stammt auch so manche Einzelheit, etwa die Annahme, Proteus sei ursprünglich Chalkidier.[283] Daneben hat Vergil sein früheres Vorbild *Theokrit* nicht vergessen.[284] Die Beschreibung der Himmelszonen (*G* 1,

---

[276] Zu den *Georgica* im Verhältnis zu ihren Vorbildern: J. Farrell (1991); R. Thomas (1999).
[277] N. Horsfall (1995) 78 f. (Lit.).
[278] Auch das „Lob Italiens" und das „Lob des Landlebens" erinnern stellenweise an das Goldene Zeitalter.
[279] L. Cadili (2001).
[280] V. Buchheit (1972); R. K. Balot (1998).
[281] Man vergleiche das erste *Georgica*-Buch mit Arat (Parallelstellen bequem bei R.A.B. Mynors, Komm. [1990] 326-330).
[282] R. Thomas, Komm. (1988) zu *G* 3, 19-20; *G* 1, 503 f. erinnert vielleicht an den Zeushymnus des Kallimachos (58-60); zu Kallimachos in den *Georgica* R.F. Thomas (1999); einschränkend E. A. Schmidt, *Gnomon* 74 (2002) 362 f.
[283] M. Erren, Komm. (2003) 938.
[284] M. Erren, Komm. (2003) zu 1, 332; 3, 338; R. Thomas, Komm. (1988) zu 3, 351.

231-256) stützt sich auf Verse aus dem *Hermes* des Eratosthenes,[285] einen Passus, den schon Varro Atacinus (fr. 16 Morel) latinisiert hatte.

Mit der griechischen konkurriert die lateinische Tradition. Kein Weg führt an *Ennius* vorbei. Prägungen dieses Archegeten werden zugleich heraufbeschworen und verfeinert: Ein Vers wie *Mane salutantum totis vomit aedibus undam* (*G* 2, 462) bewahrt die Kraft der kühnen ennianischen Metapher, federt sie aber durch Klang- und Wortarchitektur ab (vgl. Ennius [142 V. = 453 Sk.] bei Macrobius, *Saturnalia* 6, 4, 3). Mögliche Berührungen mit dem *Euhemerus* des altlateinischen Dichters sind künstlerisch weniger ergiebig.

*Lukrez* ist ständig gegenwärtig:[286] ihm huldigen die berühmten Verse (*G* 2, 490-492): *Felix qui potuit rerum cognoscere causas / atque metus omnes et inexorabile fatum / subiecit pedibus strepitumque Acherontis avari* (dazu Lukrez 1, 78 *religio pedibus subiecta*).[287] Doch Vergils Weg ist ein anderer, wie bald zu zeigen sein wird (s. S. 92). Gliedernde Adverbien wie *principio* („erstens": *G* 2, 9; Lukrez 1, 271 u.ö.) und Mahnungen wie *nonne vides?*(*G* 3, 103; vgl. Lukrez 2, 263; Arat 733) oder *contemplator!*[288] klingen lukrezisch, doch setzt Vergil sie sparsam und vermeidet so den Eindruck doktrinärer Starre. Die lukrezische Formel (*Nunc age...*) *expediam* wandelt sich im im vierten Buch (149-152; 286; 397) vom Didaktischen zum Aitiologischen. Vom unterschiedlichen Stellenwert der Pestschilderung[289] war bereits die Rede.

*Catull* zählt nicht nur zu den stilistischen Vorbildern; sein Peleus-Epos gehört zum geistigen Hintergrund der Orpheus-Episode.[290] Daneben liefert der Epiker Hostius die Latinisierung des Hundert-Zungen-Topos (s. Anm. 242). Erstaunlich wörtlich sind manche Anklänge an Vergils Zeitgenossen Varius (zu *G* 2, 401 f. vgl. Varius (*inc. fab.* 6 f. Ribbeck²) an: *mundi resonat canor in vestigia se sua volventis* ; zu *G* 2, 506 vgl. Varius *De morte* frg. 2 Morel: *incubet ut Tyriis atque ex solido bibat auro*; zu *G* 3, 115 vgl. ebd. frg. 3; zu *G* 3, 253 ebd. frg. 4.

Nicht nur Quelle, sondern stellenweise auch Vorbild ist schließlich der *landwirtschaftliche Dialog* als Prosagattung von Xenophon bis Varro (s. S. 81).

*Ethnographische Beschreibungen* liefern das literarische Muster für die

---

[285] Eratosthenes, *frg.* 16, p. 62 J.U. Powell, *Analecta Alexandrina* (Oxford 1925); abgedruckt bei R.A.B. Mynors, Komm. (1990) 325. Köstlich papieren die Prioritäten von R. Thomas, Komm. (1988) zu 1, 231-256: "V's primary *in erster Linie* (!) concern is to recall precisely a number of authors ..." Wollte nicht Vergil *in erster Linie* die Aufmerksamkeit des Landwirts auf den Himmel lenken? (Der Bezug auf Autoren kam an zweiter Stelle hinzu). Wesentlich dagegen R.A.B. Mynors, Komm. (1990) zu 1, 233 mit dem Verweis auf Himmelsgloben (A. Schlachter [1927]) und auf Vergils ungewöhnliche Perspektive (die Erde aus dem Weltraum gesehen).
[286] Siehe H. A. J. Munro, Komm., Cambridge, 4. Aufl. 1886, zu Lukrez 1, 78; 3, 449; *simulacra modis pallentia miris* (*G* 1, 477) aus Lukrez 1, 123 (so dann auch mehrfach in der *Aeneis*); zu Lukrez 5, 1361-1378 vgl. *G* 2, 22-34; dazu *G* 1, 133; 4, 315 f.; den lukrezischen Einfluß betont besonders M. Erren, Komm. (2003) passim. Zum Epikureismus einschränkend z. B. R. Thomas, vgl. hier Anm. 13; s. auch S. 179 f.
[287] Zu Vergil, *G* 2, 362 *ac dum prima novis adolescit frondibus aetas* vgl. Lukrez 3, 449 *inde ubi robustis adolevit viribus aetas*.
[288] Siehe Anm. 243; vgl. S. 84 f.; 87-89.
[289] E.L. Harrison (1979).
[290] A.M. Crabbe (1977).

Schilderungen des Hirtenlebens in der Wüste und im Eis (*G* 3, 339-383), sie spielen wohl auch in das Lob Italiens (*G* 2, 136-176) und in die Darstellung des Bienenstaates[291] herein.

*Quellen:* Grundsätzlich geht Vergil mit seinen Quellen recht frei um; ein lehrreiches Beispiel ist F. Klingners Besprechung der Aristaeus-Geschichte.[292] Gleiches gilt von den im engeren Sinne landwirtschaftlichen Partien.

Einiges stammt aus Xenophons *Oikonomikos* (Servius zu *G* 1, 43).

Für die Wetterzeichen dient Aratos als Vorlage (Macrobius, *Saturnalia* 5, 2, 4); doch hat Vergil die Beschreibung vereinfacht und verwesentlicht.[293] Indessen ist Arat nicht nur Quelle, sondern auch ein wichtiges Vorbild; schätzt Vergil doch diesen Dichter auch sonst in den *Georgica*[294] und schon in den *Bucolica* (programmatisch *B* 3, 60[295]; vgl. wohl auch *B* 3, 40). Ähnliches gilt, wie jüngst[296] wahrscheinlich gemacht wurde, auch für die *Aeneis* (6, 849-850). Die Tatsache, daß es sich hier um einen berühmten didaktischen Dichter handelt, der von Vergil ganz offensichtlich fachwissenschaftlich ernstgenommen wird,[297] gestattet auch Rückschlüsse auf Vergils dichterisches Selbstverständnis – und seinen Anspruch als Fachautor – in den *Georgica*. Der großen Bedeutung Arats für Vergil entspricht ferner die Tatsache, daß die Gesamtstruktur des ersten Buches Hesiodisches mit Arateischem verbindet.[298]

Komplex ist die Beziehung zur aristotelischen *Tiergeschichte* (Buch 5 und 6).[299] Zahlreiche Parallelen (z.B. *Tiergeschichte* 10, 40; vgl. *G* 4, 91-94 zum Unterschied zwischen den Bienenkönigen) lassen Abhängigkeit von diesem oder einem ähnlichen Text vermuten, aber der veränderten Zielsetzung (dort Naturkunde, hier Bienenzucht) entsprechend sind die Notizen jeweils anders angeordnet und miteinander verknüpft. Gleich die ersten Worte des Buches (*aërii mellis caelestia dona*) verdichten die aristotelische Vorstellung von der himmlischen Herkunft des Honigs.[300] Für die Baumzucht (Buch 2) kommen Theophrasts *De causis plantarum* und *Historia plantarum* in Frage (Parallelen z. B. bei Lukrez [5, 1361-1378] und bei Plinius [*Naturgeschichte* 17 passim, bes. 10; 19 f.; 29).

---

[291] H. Dahlmann (1954).
[292] F. Klingner (1927) 329-333.
[293] Man vergleiche etwa *G* 1, 210 f. mit Aratos 271-277. Treffend C. G. Heyne – G. Ph. E. Wagner (Komm., Leipzig 1830) zu *G* 1, 432: *Facile admiraberis Maronis iudicium in dilectu et brevitatis studio.*
[294] Zum Einfluß Arats auf Vergils Darstellung der *Iustitia* auf dem Lande und im Goldenen Zeitalter (*G* 1, 136-138): J. Farrell (1991) 162-163.
[295] Vgl. auch Theokrit 17, 1 (Lob des Ptolemaios); Schon Theokrit spielt auf Arat an; Vergil kennt beide Texte (an die Theokritstelle erinnert die Fortsetzung in *B* 8, 11, während in *B* 3, 60 f. der Fortgang Arat folgt).
[296] A. Rossius (2001).
[297] Inhaltlich stützte sich Arat auf Eudoxos, den Vergil aber nicht direkt studiert hat. Cicero (*De Oratore* 1, 16) betont, daß Arat selbst kein Astronom war (doch benötigt er diese Zuspitzung für sein Beweisziel, der Redner könne über alle Gegenstände besser reden als die Fachleute). Kritik an Aratos übte der Astronom Hipparch.
[298] N. Horsfall (1995) 80 (dort auch zu möglicher Benutzung von Arat-Kommentaren); J. Farrell (1991) 163-164.
[299] Praktischer Überblick von Parallelen bei R.A.B. Mynors, Komm. (1990) 330-333.
[300] *Tiergeschichte* 5, 22,4; vgl. später Plinius, *Naturgeschichte* 11, 30 f. *sudor caeli*.

Man besäße gern mehr Texte von Nikander[301] und Eratosthenes (s. Anm. 285), um Vergils Leistung in den *Georgica* ermessen zu können.[302] Überhaupt muß man bei Vergil mit breiter hellenistischer Gelehrsamkeit rechnen;[303] wenn auch Art und Ausmaß im einzelnen umstritten bleiben.

Aus Cato und Varro[304] stammen viele Vorschriften, vor allem zur Schafzucht. Quellen zur Bienenzucht sind Varro (*De re rustica* 3, 16 passim) und Aristoteles. Varro hat gleichzeitig formale Anregungen gegeben: Er gliederte die komplexe Tätigkeit des Landwirts auf, in dem er monographisch nacheinander Ackerbau (einschließlich Baumpflege), Vieh- und Kleintierhaltung behandelte. (Vergil folgt dieser Anordnung im großen und ganzen; trennt aber die Baumpflege noch schärfer vom Ackerbau, behandelt Rinder und Pferde vor Schafen und Ziegen und bespricht von Kleintieren nur die Bienen). Mehr noch: Varros Vergleich der Bienen mit Soldaten (*Landwirtschaft* 3, 16, 10 *Consonant vehementer perinde ut milites, cum castra movent*; vgl. auch ebd. 4: *Omnes ut in exercitu vivunt*) hat der Dichter ausführlich entfaltet. Sogar ein einzelnes literarisches Motiv – die Nachricht von einem Mord als Schlußsignal von Varros erstem Buch – erfüllt Vergil am Ende des ersten *Georgica*-Buches durch die Bezugnahme auf die Ermordung Caesars mit tieferer Bedeutung. Zugleich stellt er eine enge Verbindung zur Vorzeichen-Thematik her. Varros Anrufung der zwölf Götter am Anfang verändert er stark und macht sie eigenen Zielen dienstbar.[305]

## 3.3 LITERARISCHE TECHNIK

*Buchaufbau:* Je zwei Bücher gehören enger zusammen. Nach der Mitte des Gesamtwerkes erfolgt ein Neueinsatz. Auf ein „dunkleres" folgt jeweils ein „helleres" Buch, obwohl auch in den froheren Partien gedämpfte Töne nicht fehlen. Prooemien, Widmungen, Buchschlüsse sind fein aufeinander abgestimmt. Octavian wird im ersten und dritten Prooemium und im Epilog des Werkes geehrt; die Anreden an Maecenas stehen symmetrisch in *G* 1, 2 und 4, 2; 2, 41 und 3, 41.

Jedes der Bücher ist aufs Ganze gesehen zweiteilig. Das erste Buch handelt zunächst von den Tätigkeiten des Landwirts (43-203), dann von seinem Kalender (204-463). Das zweite Buch besteht aus zwei didaktischen Teilen. Der erste bespricht die Vielfalt der Baumkultur, der Baumarten und der Böden (*G* 2, 9-258); der zweite die Pflanzung und Pflege von Weinreben, Oliven und anderen

---

[301] Zum Einfluß Nikanders auf Vergil: I. Cazzaniga in: M. Gioseffi (Hg.), (2000) 1-30.
[302] Zur Kritik an den Überlieferung über Parthenios V. Maurizio (2004). Eine Übereinstimmung mit Parthenios: *G* 1, 437 (vgl. Gellius 13, 27 (26); Macrobius, *Saturnalia* 5, 17, 18. Da es sich um Verse handelt, die ausschließlich aus griechischen Namen bestehen, scheint mir Priorität des Parthenios (oder eines anderen Griechen) unabweislich; auf *Anthologia Graeca* 6, 164, 1 verweist M. Erren, Komm. (2003) z. St., der mit Recht (gegen R. Thomas) das Prosawerk des Kallimachos über Nymphen als Quelle ausschließt; vgl. auch *B* 2, 24 mit dem Kommentar von W. Clausen (1994).
[303] R. Thomas, Komm. (1988); Ergänzungen (und gelegentlich Reserven) bei N. Horsfall (1995) 79-81.
[304] Zum Beispiel Vergil, *G* 3, 311-313; Varro, *De re rustica* 2, 11, 11.
[305] L.J. Kronenberg (2003); zum monographischen und zum komplexen Aufbau von Agrarschriften: E. Christmann (2003) 125-127; 148-150.

Bäumen (*G* 2, 259-457). Ebenfalls in sich zweiteilig – und noch dazu gleich lang – sind das dritte und das vierte Buch. Im dritten Buch entspricht die Zweiteilung einem Wechsel des Stoffgebiets (1-283; 284-566), im vierten der Darstellungsweise (von der Didaxe zur aitiologischen Erzählung: 1-280; 281-566). Von der strukturierenden Rolle der sogenannten „Exkurse" wird sogleich die Rede sein.

Der subtile Aufbau einzelner Abschnitte sei nur an einem Beispiel illustriert: In dem „Lob des Landlebens" am Ende des zweiten Buches setzt Vergil Abschnitte nebeneinander, deren Länge jeweils um einen Vers differiert, so daß Starre vermieden wird: Auf 28 Verse (475-502) folgen 29 (503-531); diese Gliederung kreuzt sich mit einer anderen, bei der sich Bild und Gegenbild in 18 bzw. 19 Versen gegenübertreten (495-512; 513-531).[306]

Vergils Streben nach Vermeidung der Kleinteiligkeit, nach Gestaltung in sich geschlossener größerer Abschnitte und nach sorgfältiger Innenverankerung läßt sich z.B. am Vergleich mit Homer schon in den *Georgica* nachweisen.[307]

*Einleitungen, „Exkurse" und Schlußstücke*[308] fallen als besonders leserfreundlich gestaltete Teile auf; doch sollte man diese Partien nicht – wie es oft geschieht – aus ihrem Zusammenhang lösen.[309] Stilunterschiede sind zwar vorhanden, dürfen aber nicht überbetont werden, da die sogenannten „Exkurse" fest in ihren jeweiligen Kontext eingefügt sind. Es handelt sich um reflektierende Abschnitte, die Brücken von der Landwirtschaft zur natürlichen und politischen Welt schlagen und den Gegenstand in einen größeren Zusammenhang stellen.

Das ausführliche Prooemium des ersten Buches enthält die Widmung an Maecenas und die Anrufung der für den Landbau zuständigen Götter zusammen mit dem Princeps, der – durch seine Friedensherrschaft – ein erneutes Aufblühen der Landwirtschaft ermöglicht. In der Mitte des ersten Buches steht ein „Exkurs" über die Himmelszonen und den Tierkreis (*G* 1, 231-256). Der kunstvoll stilisierte Schlußteil des ersten Buches handelt von den Himmelszeichen bei Caesars Tod (*G* 463-497). Das Buch endet mit einem Gebet an die Götter Roms, den *iuvenis* (Augustus) zu bewahren (498-514). Kürzer ist das Prooemium des zweiten Buches (*G* 2, 1-8) mit der Anrufung des Bacchus; auf die Propositio folgt die Anrede an Maecenas (*G* 2, 39-46). Das berühmte „Lob Italiens" bildet den zentralen „Exkurs" (*G* 2, 136-176); als Finale dient das „Lob des Landlebens", der wohl bekannteste Teil des Werkes (*G* 2, 458-541). Dem Prooemium des dritten Buches kommt – nicht nur wegen seiner zentralen Stellung im Werk – besonderes Gewicht zu (s. S. 71). Der Mittelexkurs handelt von der Brunstzeit der Tiere (*G* 3, 242-283); vor dem Abschnitt über das Kleinvieh betont ein Zwischenprooemium die Schwierigkeit, einen unbedeutenden Gegenstand in würdiger Form zu behandeln (*G* 3, 289-294).

---

[306] F. Klingner (1963) 132-133.
[307] S. Anm. 315.
[308] Vgl. Macrobius, *Saturnalia* 5, 16, 5 *Nam post praecepta, quae naturâ res dura est, ut legentis animum vel auditum novaret, singulos libros acciti extrinsecus argumenti interpositione conclusit. Primum de signis tempestatum, de laudatione rusticae vitae secundum, et tertius desinit in pestilentiam pecorum, quarti finis est de Orpheo et Aristaeo non otiosa narratio.*
[309] Ganz auf den Begriff „Exkurs" oder „Digression" zu verzichten (wie R. Thomas, Komm., Bd. 1 [1988] 20 vorschlägt), ist untunlich; andererseits sollte man ihn auch nicht zu sehr ausweiten (richtig N. Horsfall [1995] 75 gegen F. Della Corte). Bei einem guten Schriftsteller haben auch „Abschweifungen" einen engen Themenbezug.

Später folgt ein „Exkurs" über die Nomaden Afrikas und Skythiens (*G* 3, 339-383). Am Ende steht die Schilderung der Tierpest (*G* 4, 470-566). Das vierte Buch weist ein kurzes Prooemium (*G* 4, 1-7) und ein persönliches Nachwort auf (*G* 4, 559-566). Zu Recht berühmt sind der „Exkurs" über den Garten des corycischen Greises (*G* 4, 125-148) und das besonders reich orchestrierte Epyllion von Aristaeus, Orpheus und Eurydice, das die Krönung des Werkes bildet (*G* 4, 281-558). Die Bücher sind jeweils in sich geschlossene Einheiten. Doch gibt es auch Verbindungen: z.B. verweist der Name Bacchus (4, 102) auf das zweite Buch zurück: Honig versüßt die Gabe des Weingottes.

*Variatio:* Die Vielfalt literarischer Techniken in den *Georgica* spiegelt die Vielfalt der Natur. Dem Prinzip der Abwechslung dienen unter anderem die sogenannten „Exkurse". Sie bringen eine veränderte Gangart, führen den Leser auf eine höhere Warte, vom Besonderen zum Allgemeinen, und regen ihn an, über den Sinn der Details nachzudenken. Prooemien, „Exkurse" und Epiloge verschmelzen didaktische, rhetorische und lyrische Elemente.

*Rhetorisches und Lyrisches:* Im „Lob Italiens" (*G* 2, 136-176) verbinden sich rhetorische Traditionen der Lobrede mit poetischen des Hymnos.[310] Zwar ist die Behauptung sehr gewagt, Vergil rede hier „ohne merklich zu übertreiben",[311] doch gehen andererseits Kritiker zu weit, die den Dichter hier der Lüge zeihen. Kenntnis der zugrunde liegenden Gattungsstile kann hier vor Fehlurteilen schützen.[312] Zudem erforderte die künstlerische Disposition (οἰκονομία), nach dem Lob fremder Länder für das Mutterland Italien besonders festliche Töne anzuschlagen. Die Verbindung des Hymnischen mit dem Enkomiastisch-Rhetorischen verleiht übrigens auch weiteren epideiktischen Partien der *Georgica* „pindarischen" Charakter:[313] Bei Vergil schließen sich jedenfalls – im Gegensatz zu einem verbreiteten Vorurteil – Rhetorisches und Lyrisches keineswegs aus.

*Episierung:* Die Aristaeusgeschichte des vierten Buches ist natürlich der *Odyssee* nachgebildet, wobei Vergil 4, 401 *Odyssee* 4, 400 entspricht, so daß Vergil in diesem Fall sogar die genaue Stellenangabe mitzuliefern scheint:[314] Zeigt hier der Dichter den Gelehrten, die so gern seine „Ungenauigkeit" beklagen, daß auch er – wenn er nur wollte – es an Pedanterie mit ihnen aufnehmen könnte? Solche „alexandrinischen" Scherze zeugen von einem (sehr versteckten) Humor, den man jedoch vergröbert, sobald man ihn ans Tageslicht zerrt. Vergil dämpft nämlich aufs Ganze gesehen die komischen Züge der Erzählung und verwesentlicht auch den Charakter der Darlegung, indem er die homerische Kleinteiligkeit überwindet und z.B. die Antwort des Gottes genauer auf die gestellte Frage ausrichtet.[315] Die Erscheinung der Totengeister in der

---

[310] Hierüber z. B. M. Erren, Komm. (2003) 356-387.

[311] M. Erren ebd. 357.

[312] Auch der Prosaiker Varro preist Italien recht vollmundig (*Landwirtschaft* 1, 2, 3). Urbild solcher Texte ist das Lob Attikas bei Sophokles, *Oidipus auf Kolonos* 668-719.

[313] V. Buchheit (1972); Kritik an Vergils Pindarnachfolge in *A* 3: Favorinus bei Gellius 17, 10.

[314] N. Holzberg (2006) 31 mit Hinweis auf L. Morgan (1999) 223. Zählt man einen späteren Einschub (4, 338) nicht mit, so ist es bei Vergil wie bei Homer Vers 400. Ein gehaltvoller Vergleich mit der Odysseepartie: F. Klingner (1967), 341-349.

[315] Der Hinweis auf das vierte Buch der *Odyssee* ist gleichzeitig eine Anregung, Vergils Gesamtwerk kontinuierlich zu lesen. Denn der Seesturm des ersten *Aeneis*-Buches nimmt auf

Orpheus-Episode (4, 471-480) ist ebenfalls der *Odyssee* (11, 36-43) nachempfunden, aber eng auf das Singen des Orpheus bezogen und um ein Gleichnis erweitert.[316] Auch die *Ilias* wirkt nach: Die Klage des Aristaeus und sein Bittruf an die Mutter entsprechen im Umriß den Auftritten zwischen Achilleus und Thetis (*Ilias* 1, 348-430 und 18, 35-147), und hier wird Vergils Ernst deutlich: Ähnlich wie später beim Empfang des Aeneas in Karthago, tritt schon in der *Georgica*-Szene das Sakrale stärker hervor als bei Homer.[317] Signalwert haben am Anfang des Epyllion die Musenanrufung und die Frage *quis deus?* (*G* 4, 315, vgl. *Ilias* 1, 8). Doch ist episches Kolorit keineswegs auf diese Episode beschränkt; ein Beispiel ist das Wagenrennen (*G* 3, 103-112 nach *Ilias* 23, 363-372); vor allem aber gehören hierher die Gleichnisse.

*Gleichnisse:* Manchmal setzt Vergil homerische Gleichnisse in Beschreibungen um. Die Vertauschung von Erzählsphäre und Gleichnissphäre schafft in den *Georgica* eine neue Beziehung zum homerischen Gleichnis. Die Natur ist hier nicht Gleichnis, sondern Wirklichkeit. Man denke an Vergils Schilderung der Bewässerung (*G* 1, 104-110 in Abwandlung von *Ilias* 21, 257-262). Während bei Homer meist Naturbilder militärische Vorgänge illustrieren, beschreibt im Lehrgedicht umgekehrt ein militärisches Gleichnis die Anordnung der Pflanzen (*G* 2, 279-283 frei nach Lukrez 2, 323-332). Es überrascht nicht, daß nicht selten – in einer zweiten Umkehrung – die *Georgica* Material für epische Gleichnisse der *Aeneis* liefern werden. Daß beim Pflanzen einer *aesculus* eine Grube ausgehoben werden muß, die der Höhe des Bäumchens entspricht (*G* 2, 290-297), unterstreicht eine doppelte Anspielung:[318] das der Himmelshöhe entsprechend abgrundtiefe Gefängnis der Titanen bei Hesiod (*Theogonie* 720-721) und die Langlebigkeit der Riesenmenschen bei Lukrez (1, 202). Das ist nicht Großsprecherei, sondern ein Versuch, die gewaltige Lebenskraft des Baumes spürbar zu machen.

Dienen Gleichnisse[319] bei Lukrez dazu, auch mikroskopisch Kleines oder Unsichtbares anschaulich vorzustellen, so entkörperlichen sie in Vergils *Georgica* umgekehrt vielfach ihren Gegenstand (Pferde gleichen dem Wind: *G* 3, 196-201), es geht weniger um eine punktuelle Konkretisierung als um das Aufspüren innerer Dynamik (man denke an Kraft und Gegenkraft im Rudergleichnis: *G* 1, 201-203), verborgenen Potentials (Großes in Kleinem: cyclopischer Fleiß steckt in den Bienen: *G* 4, 170-178), verbunden mit dem Verweis auf thematische Zusammenhänge (*labor*) im Werk. Der gleiche römische Dynamismus bestimmt die Vision archetypischer Potenzen *in statu nascendi* in der „Heldenschau" (s. S. 172). Daraus erklärt sich die bevorzugte Verwendung von

---

das fünfte Buch der *Odyssee* Bezug. Ein klassisches Beispiel der sorgfältigeren Innenverankerung bei Vergil im Vergleich mit Homer ist die Begegnung zwischen Aeneas und Dido (*A* 6, 450-476); Verf. (1999), 123-129.

[316] In der *Aeneis* (6, 309-312) tritt zu dem Blättergleichnis der *Georgica* noch das Vogelgleichnis hinzu. Das Blättergleichnis stammt aus dem Gespräch zwischen Glaukos und Diomedes (*Ilias* 6, 146-149), das Vogelgleichnis aus dem lauten Aufmarsch der Troer (*Ilias* 3, 2-7). Im Zusammenhang mit Totengeistern erscheint das Blättergleichnis bei Bacchylides 5, 65-67, nicht aber das Vogelgleichnis.

[317] F. Klingner (1967) 338-341.

[318] A. Grilli (2002); vgl. *A* 4, 441-446.

[319] Zu den Gleichnissen: C. Schindler (2000).

Attributen wie *magnus* und *ingens* auch für nur knospenhaft erkennbare, äußerlich nicht voll entfaltete Größe (etwa *maxime Palla*: *A* 11, 97; *quantum instar* über Marcellus *A* 6, 865). Der Kontrast zwischen größter innerer Dynamik und kleinster äußerer Gestalt bestimmt die gesamte Darstellung des gottbeseelten Bienenstaates (*ingentis animos angusto in pectore versant*: *G* 4, 83; *magnisque agitant sub legibus aevom*: *G* 4, 154; *sedem augustam*[320] *G* 4, 228). Folgerichtig ist auch der Gott, der alles durchzieht, dort dynamisch gesehen (*deum namque ire per omnia*: *G* 4, 221; zum Text s. S. 99).

*Tragödie:* Doch bleibt Vergils dynamische Darstellungskunst nicht beim alten Epos stehen. Zum Einfluß der *Tragödie* vergleiche man den grandiosen Passus über die „heilige Hochzeit" zwischen Himmel und Erde (*G* 2, 325-345) mit den von Athenaios 13, p. 600 zitierten Fragmenten aus Aischylos (*frg.* 44 A. Nauck, B. Snell, *Tragicorum Graecorum Fragmenta*, Hildesheim 1964, p. 16) und Euripides (*frg.* 898, ebd. p. 648), die sich bei Vergil aufs glücklichste mit Reminiszenzen aus Lukrez kreuzen. Hier – im naturkundlichen Zusammenhang – findet das sublime Motiv zu sich selbst, auf das schon in den Eklogen Thyrsis einen etwas überzogenen Anspruch erhoben hatte.

Noch bedeutsamer sind die Anklänge an das Drama im Epyllion des vierten Buches. Eurydices Abschiedsrede gemahnt an Euripides' *Alkestis*. An die Tragödie[321] läßt auch die Aufdeckung von Aristaeus' Schuld und der Donner als Ruf des Todes denken (4, 493-496). All dies deutet auf die *Aeneis* voraus, die ohne das griechische und altlateinische Drama so nicht geschrieben worden wäre.

*Beschreibungen:* Man hat die *Georgica* ein „deskriptives" Gedicht genannt – für das Ganze eine einseitige Definition, die aber im Einzelfall oft zutrifft. Kleinere Schilderungen wie die der Bewässerung (*G* 1, 104-110) führen ein episches Gleichnis zurück in seinen natürlichen Bezug. Umfangreichere Beschreibungen verbinden altepische Tradition (z.B. Homers Schildbeschreibung) mit der hellenistischen Technik der Ekphrasis, weisen aber über den momentanen Anlaß hinaus. Schon in den *Bucolica* öffnet die Schilderung geschnitzter Becher (*B* 3, 36-47) ein Fenster in die Welt der Astronomie und verleiht Vergils Dichten kosmische Weite. Der allegorische Tempel und Festzug für Augustus (*G* 3, 16-39) ist ein Ausblick in die Zukunft – hierin der vergilischen Schildbeschreibung vergleichbar (*A* 8, 626-728). Vergil stellt sich hier als Prophet (*vates*) dar. Die Verbindung von Architektur, Festzügen und Dichtung ist bezeichnend für die augusteische Kultur (und sollte die Philologie warnen, sich allzu weit von der Archäologie und der Alten Geschichte zu entfernen).[322]

---

[320] *Augustam* steht in den verläßlichen Hss. M und P (nur die flüchtiger geschriebene Hs. R trivialisiert: *angustam*). Servius z. St. erläutert: *proprie augustum est tectum augurio consecratum, abusive nobile, quasi maiestatis plenum*. Der Abschnitt folgt unmittelbar auf die Darlegung der göttlichen Natur der Bienen.
[321] E. Norden (1934) 673; F. Klingner (1967) 358.
[322] Zu Vergils Beschreibungen s. S. 23; 112; 152. Zu dem dritten *Georgica*-Prooemium F. Klingner (1967) 278-283; N. Horsfall (1995) 95-98 (gehaltvoll); für die *Georgica* unergiebig ist A. Barchiesi bei Martindale (Hg.), (1997) 271-281.

*Zahlensymmetrien:* Die Gliederung der *Georgica* gibt immer wieder Anlaß, Zahlensymmetrien[323] zu beobachten (was bei dem Dichter der *Bucolica* nicht überrascht). Das Prooemium des „episch" stilisierten vierten Buches der *Georgica* umfaßt sieben Verse – wie der Anfang des *Ilias-* (und später des *Aeneis-*) Prooemiums. Die Anreden an Maecenas erfolgen symmetrisch in *G* i, 2 und 4, 2 sowie 2, 41 und 3, 41. Die Bücher 3 und 4 umfassen jeweils genau 566 Verse. Solche Beispiele zeigen, daß Vergil in der Tat die Architektur seines Werkes sehr sorgfältig kalkuliert hat. Der Anfänger sei jedoch davor gewarnt, sich von der Entdeckerfreude zu weit hinreißen zu lassen. Denn seltsamerweise scheint es ausgerechnet auf dem Gebiet der Zahlen und Proportionen besonders schwer, das Prinzip der Proportionalität zu wahren. Derartige Feststellungen haben ihren guten Sinn, wenn man sie nicht verabsolutiert, sondern in Relation zu den übrigen Aspekten setzt.

## 3. 4. SPRACHE UND STIL

Zu Vergils Stil, Sprache und Metrik grundsätzlich N. Horsfall ebd. 217-248 (mit Lit. und Methodenkritik); *W. Görler (1985); J.J. O'Hara (1997) mit Lit. *Bibl.*: W. Suerbaum (1980) 449-451; allgemein zur Dichtersprache: A. Lunelli ($^2$1980); G. Maurach ($^2$1989); speziell zur Sprache der *Georgica*: N. Horsfall (1995) 89-91 (gehaltvoll; Lit.); vgl. auch M. Erren, Komm. (2003), S. xi-xxi (programmatisch, mit eigener Terminologie).

*Molle atque facetum*
*Vergilio adnuerunt gaudentes rure Camenae.*
Horaz, Satiren 1, 10, 44 f.

*Facetum quoque non tantum circa ridicula*
*opinor consistere ... decoris hanc magis et ex-*
*cultae cuiusdam elegantiae appellationem puto.*
Quintilian, *Institutio oratoria* 6, 3, 20.

Bei ihren Stilurteilen über den „sanften und geistreichen" Vergil hatten Horaz und Quintilian nicht "Witz", sondern *urbanitas* – großstädtische Feinheit – im Sinn. Dieser schon in den *Bucolica* spürbare Grundzug ist auch in den *Georgica* unverkennbar. „Freude am Land" (vgl. *gaudentes rure*) ist etwas ganz anderes als „bäurisches Wesen". Trotz aller Verfeinerung – oder vielleicht sogar dank ihr – kommt in Vergils *Georgica* viel von Italiens Natur und auch von der Urkraft des Lateins ans Licht. Vergil redet nicht nur „über" Landbau, er bringt Italien, seine Landschaft, seine Pflanzen und Tiere zur Sprache. Viele Vokabeln erscheinen im Lateinischen erstmals in den *Georgica*, andere erstmals in neuer Bedeutung.[324] Ursprünglichkeit und Bildung schließen sich bei diesem Dichter nicht aus, der nicht zufällig die Landwirtschaft zum Paradigma der Kultur erhoben hat. Ein

---

[323] N. Horsfall (1995) 74 (mit Lit.).

[324] *Furor* in erotischer Bedeutung erstmals *G* 3, 266; doch irrt M. Erren, Komm. 2 (2003) S. xv, wenn er glaubt, *Bacchus* erscheine im Lateinischen erstmals *G* 1, 344 im Sinne von „Wein" (siehe Lukrez 2, 656 f., der zudem ausdrücklich älteren Sprachgebrauch voraussetzt). Ebenso ist *ora* (in bezug auf Tiere) schon vor Vergil in der Dichtung üblich (richtig N. Horsfall [1995] 240 gegen R.A.B. Mynors, Komm. [1990] zu *G* 4, 406).

Aspekt dieses Prozesses ist z.B. die künstlerisch motivierte Vermeidung allzu technischen Vokabulars.[325]

*Laute:* Gedehnte *E*-Klänge dominieren die Klage des Orpheus um Eurydice: *te veniente die, te decedente canebat* (*G* 4, 466). Liquidae, *O*- und *U*-Laute häufen sich beim Heulen der Wölfe in der Nacht: *per noctem resonare lupis ululantibus urbes* (*G* 1, 486). Das Prasseln und Hüpfen der Hagelschloßen kennzeichnen Verschlußlaute in Verbindung mit *l* und *r*: *Tam multa in tectis crepitans salit horrida grando* (*G* 1, 449). Bei der Bestrafung Scyllas durch den Seeadler deutet das pickende *p*- die Schnabelhiebe an: *et pro purpureo poenas dat Scylla capillo* (*G* 1, 405). Alliterierendes *s*- (ein Konsonant, der nach Quintilian, *Institutio oratoria* 9, 4, 37 zu den „spröderen" – *asperiores* – zählt) verfremdet die einsam über den Sandstrand spazierende Krähe: *et sola in sicca secum spatiatur harena* (*G* 1, 389).[326] Mächtig anstürmende Brandung versinnbildlicht alliterierendes *m* (*G* 3, 240): *Monte minor procumbit*; (zugleich macht der im Lateinischen seltene Trochäus im dritten Fuß das Überströmen deutlich). Oft erscheinen zweierlei Alliterationen in einem Vers (*G* 2, 441): *Quas animosi Euri adsidue franguntque feruntque*. Beabsichtigt ist auch der Kontrast zwischen hellem und dunklem Vokal (*ing* – *ang*) bei der Charakterisierung der Bienen: *Ingentis animos angusto in pectore versant* (*G* 4, 83). Echowirkungen können mit Gleichklang bei unterschiedlicher Vokalquantität spielen: <u>*Avia* tum resonant *avibus*</u> *vineta canoris* (*G* 2, 328). Trotz seines ausgeprägten Klangsinns geht Vergil mit Wortspielen sparsam um.

*Stilebenen:* Elemente des hymnischen Gebetsstils, die seit Hesiod zum didaktischen Prooemium gehören,[327] lassen sich besonders im ersten und dritten, aber auch im zweiten Buch beobachten: Die Bitte *veni* (*G* 2, 7), das feierliche *o*, verbunden mit eindringlicher Wiederholung (*huc, pater o Lenaee ... huc pater o Lenaee* "Hierher komm, o Vater Lenaeus" *G* 2, 4 und 7), das anaphorische „Durchdeklinieren" des Pronomens der zweiten Person: *te ...tecum ... tuis ... tibi* (*G* 2, 2-4). Mit der römischen Herbheit des Schlußgebets des ersten Buches kontrastiert der liebliche, gräzisierende Klang im Eingang des zweiten: Entsprechend dem androgynen Charakter des Gottes tritt hier die im Lateinischen seltene, sogenannte „weibliche" Zäsur nach dem dritten Trochäus gleich doppelt auf. An die Neoteriker erinnert der schleppende, oft als weichlich empfundene Spondeus im fünften Fuß (*autumno*: *G* 2, 5); zudem setzt hier die irrationale Längung der letzten Silbe von *gravidus* catullische Technik fort.[328]

Gattungsspezifische Sprachmittel sind Kontaktnahmen mit dem Leser wie *nonne vides?* (s. S. 79) oder *contemplator*.[329] Gelegentlich verzichtet Vergil auch nicht auf „prosaisch" wirkende Übergangsformeln, soweit diese zum didaktischen Stil passen, etwa: *His animadversis* (*G* 2, 259; 3, 123). Noch

---

[325] M. Erren, Komm. 2 (2003) S. xi-xii; dabei ist „Wortverfehlung" ein ungünstiger Terminus (selbst mit dem Zusatz „gespielte"), besser ebd. xii: „Tropen der Verschämtheit".

[326] Ähnlich ist der Ausdruckswert des *s*- im Zusammenhang mit der Unterwelt (*A* 6, 462 *per loca senta situ*) oder dem Alter (*A* 6, 114 *sortemque senectae*).

[327] R. Kettemann (1977) 51, Anm. 13 (Lit.); G. La Bua (1999) 149-154 (Prooemien *G* 1 und 2).

[328] Zum hellenistischen und homerischen Hintergrund E. Norden, Komm. (Ndr. 1957), Anhang 10, S. 451; zu *B* 6, 53 *fultus hyacintho* vgl. Catull 64, 20 *despexit hymenaeos*; 66, 11.

[329] *G* 1, 187; 4, 61 nach φράζεο, σκέπτεο, τεκμαίρου bei Nikander.

altertümlicher ist der (an Cato gemahnende) „Rezept-Stil".[330] Was den Umgang mit lukrezischen Vokabeln betrifft, so nimmt Vergil sprachliche Kühnheiten des Vorgängers zuweilen zurück: Er bevorzugt das technisch präzise *spiramenta* (*G* 1, 90 und 4, 39) im Unterschied zu Lukrezens (6, 493) *spiracula* (wo *quasi* andeutet, daß es sich um eine neue Metapher handelt); doch übernimmt Vergil Lukrezens Wort in *A* 7, 568, wo der personbezogene Kontext die Metapher erleichtert. Ähnlich verleiht Lukrez (1, 494) in der Verbindung *penetrale frigus* dem Adjektiv (das in der Regel „innerlich" heißt) die Bedeutung „durchdringend", während Vergil (*G* 1, 93) vorsichtiger und im Einklang mit dem Sprachgebrauch von *penetrabile frigus* spricht. Übergangsformeln lukrezischer Prägung sind unverkennbar, aber weniger auffällig als bei dem Vorgänger.

Die Bedeutung umgangssprachlichen Vokabulars in den *Georgica* wird vielfach unterschätzt; sie ergibt sich aus dem lebensnahen Inhalt.[331] Besondere Beachtung verdient andererseits Vergils Kunst der Vermeidung des Trivialen durch leichte stilistische Verfeinerung oder Verfremdung, ganz allgemein die Kunst der Verwandlung prosaischer Quellen in Poesie. Damit hängt zusammen, daß Vergils *Georgica* trotz der Vielfalt der integrierten Stilebenen einen einheitlichen Charakter haben; man kann also stilistisch keine scharfe Trennlinie zwischen „technischen" Partien und „Exkursen" ziehen.

*Epische Stilisierung*[332] – ein wesentlicher Zug der literarischen Technik der *Georgica* – fällt naturgemäß in bestimmten „Exkursen" besonders auf, ist aber auch in den lehrhaften Partien festzustellen. Ein Beispiel ist die mythische Verklärung des Zuchthengstes (*G* 3, 89-94). Die Anlehnung an das Epos beginnt nicht erst im vierten Buch, ist dort aber am deutlichsten, vgl. die Ankündigung *proelia dicam* (*G* 4, 5 und gar *G* 4, 72 *tubarum*). In der Darstellung des Bienenstaates ist der Kontrast zwischen der Kleinheit des Gegenstandes (*levium ... rerum*: *G* 4, 3) und der erhabenen Stilisierung gesucht (*in tenui labor, at tenuis non gloria*: *G* 4, 6 „Müh ich mich auch mit Kleinem nur ab, nicht klein ist der Ruhm doch"). Freilich handelt es sich nicht um bloße Spielerei, sondern um den Versuch, eine adäquate Vorstellung von der Erhabenheit der Landwirtschaft als Aufgabe des Menschen zu vermitteln (s. S. 96).

Zum epischen Stil gehören Bittrufe an die Musen[333] (so *G* 4, 315 vor der Aristaeus-Erzählung), vor allem aber Gleichnisse: Ein Sturmbild spiegelt ein rennendes Pferd (*G* 3, 196-201). Das Herabfallen der Bienen malt ein Hagelgleichnis (*G* 4, 80-81), wie man es auch aus Homer[334] kennt. Mit der Kleinheit der Bienen kontrastiert das grandiose Cyclopen-Gleichnis für ihre Arbeit (*G* 4, 170-175). Gleichnisse können ganze Ketten bilden, eine schon homerische Praxis, die sich im Hellenismus verstärkt hat: Das Summen der kranken Bienen illustrieren Südwind, Meeresrauschen und ein Feuerofen (*G* 4, 261-263), das hervorstürmende Bienenvolk gleicht einem Regen oder prasselnden Parther-

---

[330] N. Horsfall (1995) 89-90.
[331] Beachtet von M. Erren, Komm. (2003); N. Horsfall (1995) 90 (mit Lit.) zu *siccus, spissus, subito, serpens, bracchium, crassus, dorsum, facies, grandis, imus, invenio, lassus, nato, lavo, ostium, pavor.*
[332] A. Grilli (2002) mit Lit.
[333] Dazu F. Klingner (1967) 327.
[334] *Ilias* 10, 6; 15, 170; 22, 151.

pfeilen (*G* 4, 313 f.). Auch hinter den Naturbildern steht vielfach epische Tradition.[335] Bei kriegerischen Bildern wird die Nähe zum Epos ganz offenkundig: Für das Anpflanzen in Reih und Glied ist der Aufmarsch einer Legion die maßgebliche Vorstellung (*G* 2, 279-283).

Epischer *gravitas* entspricht die gelegentliche Durchbrechung der Regel, daß in klassischer hexametrischer Dichtung zu einem Substantiv nur ein Attribut gehören darf, so *G* 1, 407 *ecce inimicus atrox ...insequitur Nisus* (eines der beiden, wohl *atrox*, kann man als Prädikativum auffassen). Die Härte ist noch mehr gemildert, wenn eines der Epitheta ein Partizip ist: *asper, acerba sonans* (*G* 3, 149; frei nach Lukrez 5, 33 *asper, acerba tuens*); *tenuis fugiens per gramina rivos* (*G* 4, 19).[336]

Epische Elemente verbinden sich einerseits mit technischer Sprache, andererseits mit hellenistischer Feinheit: Aus Ennius stammt z.B. der fast neoterisch klingende Halbvers (*G* 3, 76) *et mollia crura reponit* (vgl. Servius z. St.). *Silet nox* (*G* 1, 247) ist Catull 7, 7 nachempfunden, aber das Adjektiv *intempesta* gemahnt an Ennius (*Annalen* 102 und 167 Vahlen = 33 und 160 Skutsch)[337] und Lukrez (5, 986). Neoterische[338] Manier findet sich – zusammen mit Homer-Nachfolge! – besonders im Aristaeus-Epyllion (4, 315-558). Grundsätzlich aber unterscheidet sich der Stil der *Georgica* von der „Lieblichkeit" der *Bucolica*.[339]

*Historischer Infinitiv:* Der „historische" – besser: beschreibende – Infinitiv ist keineswegs auf die Geschichtsschreibung beschränkt, aber er begegnet in den *Georgica* wohl nicht zufällig vor allem bei der Schilderung des Verfalls. In *G* 1, 199 f. kann man die Konstruktion im Entstehen beobachten: Zunehmend verselbständigen sich die Infinitive. Zunächst noch von dem Verb *vidi* abhängig, gewinnen sie allmählich „beschreibenden" Charakter: *sic omnia fatis / in peius ruere ac retro sublapsa referri*. Die Vorstellung und die Formulierung kehren bezeichnenderweise in *A* 2, 169 in einem historischen Bericht wieder: *ex illo fluere et retro sublapsa referri / spes Danaum*. Von hier aus fällt rückblickend auf die *Georgica*-Stelle Licht.[340]

*Partizipien:* Das Partizip Präsens – besser: Partizip der Gleichzeitigkeit – gewinnt bei Vergil gestische Kraft, so wenn *G* 4, 501 f. Orpheus Eurydices Schatten vergeblich festzuhalten sucht: *prensantem nequiquam umbras et multa volentem / dicere*. Das Partizip im Akkusativ gestattet dabei, zwei Personen gleichzeitig ins Visier zu nehmen und die innere Spannung zwischen ihnen spürbar zu machen, indem es durch Betonung der Gleichzeitigkeit den fehlenden Kontakt verschärft (*A* 2, 790 f. *lacrimantem et multa volentem / dicere deseruit*; vgl. *A* 6, 467 f.; *A* 1, 406).

*Metrik:* Gewichtige *Spondeen* malen die mühevolle Landarbeit an den zähen Erdschollen: *Agricola incurvo terram molitus aratro ...* (*G* 1, 494), *glaebas cunctantis* (*G* 2, 236) oder das Entsetzen angesichts von Prodigien: *Infandum!*

---

[335] Umgekehrt werden Naturbilder der *Georgica* ihrerseits die Gleichnisse der *Aeneis* befruchten, s. S. 110 f.
[336] Vgl. *A* 3, 70; 9, 794 (mit Partizip); dagegen ohne Partizip 6, 283: *ulmus opaca, ingens*.
[337] O. Skutsch (Hg.), *The Annals of Ennius* (Oxford 1985).
[338] R. Thomas, Komm. (1988 ), Index, unter „neoteric" und „elegiac language" (M. Erren, Komm. [2003] hat leider keinen Index).
[339] S. beispielsweise N. Horsfall (1995) 96-98 zum dritten Prooemium der *Georgica*.
[340] Nicht berücksichtigt bei M. Erren, Komm. (2003) zur Stelle.

*Sistunt amnes ...*(*G* 1, 479). Besonders nachdrücklich kommt am Versende in den sonst gemiedenen „Spondeiazontes" die Tiefe der Täler (*et depressas convallis* [*G* 3, 276]) oder die Fruchtschwere des Herbstes zum Ausdruck (*gravidus*[341] *autumno* [*G* 2, 5]). Solche Verse hatten Homer, Ennius und Lukrez relativ wenig verwendet. Die Alexandriner und Neoteriker bevorzugten sie[342] (was vielfach als „unmännlich" empfunden wurde). Der Spondeus im 5. Fuß erscheint bei Homer etwa in jedem 50. Vers, bei Vergil (in der *Aeneis*) in jedem 300., also viel seltener als bei manchen alexandrinischen Dichtern. Vergil übernimmt die hellenistische Feinheit, gebraucht sie aber sparsam und meist mit klar erkennbarer malerischer Absicht. Im ganzen Hexameter jedoch ist eine deutliche Zunahme der Spondeen von den *Bucolica* zu den *Georgica* festzustellen.[343] Diese Tendenz, die sich innerhalb der *Aeneis* weiterhin leicht steigern wird, hängt mit der *gravitas*,[344] der ernsten Würde zusammen, die den Spondeen eigen ist. Dies zeugt von Homerferne und von Nähe zu Ennius. Nur im ersten Fuß des Hexameters überwiegen bei Vergil die Daktylen (*Bucolica* 65%, *Georgica* 62%, *Aeneis* 61%).

Was die Zäsuren betrifft, so bevorzugt Homer die („weibliche") Zäsur nach dem dritten Trochäus (59%) gegenüber der („männlichen") Penthemimeres (40%). Vergil dagegen liebt wie Ennius (und alle Lateiner) die letztere (etwa 85%). Ausnahmen haben (wie sogleich zu zeigen sein wird) oft illustrative Funktion. Eine enge Verknüpfung zwischen beiden Hexameterhälften findet statt, wenn vor der Zäsur eine Konjunktion steht, die mit dem vorhergehenden Wort durch Synaloephe verbunden ist: *vela dabant laeti et spumas* ... (*A* 1, 35). Diese Feinheit, die bei Vergil nicht ganz selten ist, bereitet dem modernen Rezitator manchmal Kopfzerbrechen. Sie trägt zur *gravitas* von Vergils Stil bei. Ein *Vers ohne Mittelzäsur* (Penthemimeres) kann lang anhaltende Anstrengungen widerspiegeln: *omnia temptanti ex-tuderat* (*G* 4, 328). Das Einsetzen des Verbalpräfixes vor der Zäsur (die dadurch entfällt) unterstreicht die Gewaltsamkeit des Abbruchs. Ähnliches gestattet sich Vergil öfters bei Bindewörtern: Am Ende des ersten *Georgica*-Buches zeigt der vorletzte Vers (*G* 1, 513 *addunt in spatia et frustra*) die „stockende" Synaloephe vor *et* an der Mittelzäsur – in Übereinstimmung mit dem vergeblichen Bremsversuch des Wagenlenkers. Damit kontrastiert im folgenden Schlußvers die spannungslose Zäsur nach dem dritten Trochäus (*fertur equis auriga*)[345] – entsprechend dem Davoneilen des Fahrzeugs, das dem Lenker nicht mehr gehorcht. Auch hier verwendet Vergil einen in lateinischer Poesie eher seltenen Typos zu expressiven Zwecken.

Die Wortarchitektur im Hexameter besticht durch Symmetrie. Ein Beispiel von vielen ist *G* 2, 396: *pinguiaque* in veribus TORREBIMUS *exta* colurnis. Bezeichnet man die Substantive mit Großbuchstaben, die Adjektive mit Klein-

---

[341] Zur irrationalen Längung: E. Norden, Komm. zu *Aeneis Buch 6* (⁴1957) 451.
[342] Hellenistisch der Spondeiazon bei astronomischer Angabe: *Atlantides abscondantur* (*G* 1, 221).
[343] Zahlenangaben bei N. Horsfall (1995) 235-236.
[344] Zur *gravitas* der langen Silben: Quintilian, *Institutio* 9, 4, 83.
[345] Die „weibliche" Zäsur bereitet zugleich unauffällig die neoterisch stilisierte Anrufung des Bacchus am Anfang des nächsten Buches vor.

buchstaben, so ergibt sich: a B (Verb) A b. Die augusteische Dichtung arbeitet auf Schritt und Tritt mit derartigen uns fast mathematisch, gewiß aber musikalisch anmutenden Mustern.

Auch die Zahl der Wörter im Vers ist nicht gleichgültig. Der Hexameter besteht im allgemeinen aus mindestens fünf Vokabeln. Sind es weniger, so erscheinen die Wörter wegen ihrer geringen Menge gleichsam in Sperrdruck und wirken gewichtiger; so der Hinweis auf den Erbfluch Roms: *Laomedonteae luimus periuria Troiae* (G 1, 502). Oder die Prodigienreihe: *obscenaeque canes importunaeque volucres* (G 1, 470), aber auch die Funktionen des Gottkaisers für die Landwirtschaft: *auctorem frugum tempestatumque potentem* (G 1, 27).

Synaloephen – die das Sprechen nicht gerade erleichtern und darum eher gemieden werden – häufen sich absichtlich in der Klage des Aristaeus (G 4, 326-331). Hiat erlaubt sich Vergil gelegentlich bei Sprechpausen: *Tum pingues agni // et tum mollissima vina* (G 1, 341).

Vergil weiß seinen Text ständig im Fluß zu halten. Im kleinen strömt der Satz vielfach über das Zeilenende hinaus. Auch im großen brauchen Übergänge von Abschnitt zu Abschnitt nicht mit Versgrenzen zusammenzufallen: So beginnt das Finale des ersten Buches inmitten eines Verses. Wiederholung eines bedeutsamen Wortes verschleiert die Fuge (G 1, 463): *Sol tibi signa dabit. Solem quis dicere falsum / audeat? Ille etiam caecos instare tumultus / saepe monet ...* „Sonne, sie gibt die Zeichen dir dann. – Wer wagte die Sonne / Truges zu zeihn? Wie oft das Kommen verborgener Unruhn / kündigt sie an!"

Die (nur als Ausnahme akzeptierte) Verwendung eines *einsilbigen Wortes* am Versende[346] ist teilweise durch griechische oder ältere lateinische Vorbilder gedeckt, bedeutet aber in jedem Fall eine Hervorhebung (*silet nox* [G 1, 247 im Anschluß an Catull 7, 7]; *imbriferum ver* [G 1, 313]; *exacuit sus* [G 3, 255]). Besonders reizvoll die leichte Ironie in: *exiguus mus* (G 1, 181; vgl. später Horaz, *Ars poetica* 139: *ridiculus mus*). Dazu Quintilian (*Institutio* 8, 3, 20): *clausula ipsa unius syllabae non usitata addit gratiam*. Das Wort *gratia* (*charis*) ist ein trefflicher Schlußstein für diesen Versuch einer Stilcharakteristik der *Georgica*.

## 3. 5 LITERATURTHEORETISCHES[347]

Die Trennung von „Handwerk" und „Kunst" ist eine späte Erscheinung der Neuzeit; wir sollten sie nicht in Vergils Epoche hineinprojizieren. Weit entfernt, die Landwirtschaft zu einem Demonstrationsmaterial für Anthropologie herabzuwürdigen, will Vergil vielmehr zeigen, wie ein Einsichtiger Landwirtschaft menschenwürdig betreiben kann. Aus diesem Verständnis des Sachgebietes erwächst auch die Poetologie. Richtig besehen, ist der Landwirt ein Künstler; im letzten Buch fällt von dem Dichter Orpheus ein Lichtstrahl auch auf den Bienenzüchter Aristaeus.[348] Wenn im Prooemium des ersten Buches der Herrscher gebeten wird, dem Dichter „gute Fahrt" (*facilem cursum*: G 1, 40) zu schenken, so ist der

---

[346] Dazu E. Norden, ebd., 438-441.
[347] Zu Vergils Poetologie A. Barchiesi (1995); für die *Georgica:* grundlegend V. Buchheit (1972); C.D. Perkell (1989); A. Hardie (2002).
[348] H.C. Rutledge (1992) 467.

Bereich der Dichtung analog zu dem der Landwirtschaft gesehen. Das Gedeihen der Landwirtschaft (wie auch der Poesie, die sie fördern will) ist von dem politischen Klima, d.h. von dem Frieden, den der Princeps bringen kann, abhängig.

Am Ende des zweiten Buches entfaltet Vergil in Auseinandersetzung mit Lukrez seine Auffassung vom Dichtertum – in enger Verbindung mit dem Dasein des Landwirts.[349] Im Gegensatz zu der wissenschaftlichen Naturerkenntnis des Vorgängers besteht Vergils Weg in der „Kenntnis der ländlichen Götter" (*G* 2, 493). Während Lukrez aus dem Hochgefühl der Freiheit schreibt, lebt Vergil aus der Kraft der Demut. Er ist nicht jener Arzt, der den bitteren Kelch der Philosophie am Rande mit Honig bestreicht, um kranke Kinder zu heilen (Lukrez 1, 936-950), sondern er ist ein Priester der Musen (*G* 2, 476; vgl. 3, 11; 4, 315). Für Vergil ist Musenkunst nur als göttliche Gabe vorstellbar.[350] So ist sein Anspruch als Dichter zwar andersartig, aber nicht weniger hoch als der des Lukrez. Schon im ersten Buch herrscht Analogie zwischen dem Makrokosmos, dem Wirken des Bauern und dem des didaktischen Dichters (man denke an das Bild des Weges und der Wagenfahrt). An die *Bucolica* erinnert es, wenn sich Vergil im Zwischenprooemium des dritten Buches (3, 284-294) als Hirte (322-326; 329) versteht; dies haben schon die antiken Illustratoren des *Codex Romanus* erfaßt, wenn sie den Hirten der *Georgica* Lorbeerkränze aufsetzten.[351]

In anderer Hinsicht bereitet die Poetologie der *Georgica* die der *Aeneis* vor. Das Prooemium des dritten Buches zeigt, daß Vergil über die kallimacheische Verachtung des großen Publikums hinausgreift.[352] Er will einen „Tempel", also ein öffentliches Gebäude, erbauen. Er sieht sich selbst als wichtigen Bestandteil eines Triumphes – einer öffentlichen Feier, bei der das bisher verachtete Volk als Staatsvolk, somit als religiöse Gemeinde, mitwirkt. Hieraus spricht ein poetisches Selbstverständnis, das sich nicht mehr mit kallimacheischer Esoterik zufriedengibt. Damit hängt auch die Hinwendung zum italischen Kleinbauern[353] und der Bildungsanspruch an diesen zusammen.

Dennoch sollte man der Versuchung widerstehen, die *Georgica* lediglich als ein Werk des Übergangs[354] zwischen *Bucolica* und *Aeneis* zu betrachten. Sie sind eine Schöpfung eigenen Profils, einzigartig in ihrer Bezogenheit auf die lebendige Natur und die sichtbare Welt.

Im ersten Buch wird deutlich, daß der Landwirt ständig „gegen den Strom schwimmen" muß. Ähnliches gilt in Vergils Sicht auch vom Dichter. Selbst wenn – und gerade wenn – es nur um Schafzucht geht, wandelt Vergil auf „neuen Wegen": *Sed me Parnasi deserta per ardua dulcis / raptat amor* (*G* 3, 291 f.; der ganze Passus erinnert an Lukrez 1, 921-924 und modifiziert dessen Sicht). Entscheidend ist, daß scheinbar kleine Dinge hohen Rang gewinnen.[355]

---

[349] S. jetzt: V. Buchheit (2004).
[350] V. Buchheit (2004).
[351] Abbildungen in: D.H. Wright (2001) 22-23.
[352] Konventionelle mythische Stoffe – seien sie nun hellenistisch (wie Busiris und Hylas) oder klassisch – sind als abgedroschen abzulehnen. Die Siegespalmen will der Dichter in seine engere Heimat tragen (vgl. Horaz, *Carmen* 3, 30; auch Properz und Ovid werden ähnlich denken).
[353] E. Christmann (1982) 64-66; (1988) 754.
[354] N. Horsfall (1995) 72 f. mit anderen ( Lit.).
[355] Besonders deutlich *G* 3, 289-290; 4, 6.

Vergils Entwicklung führt von „moderner" Kleinpoesie über die ebenfalls hellenistisch bestimmte Bukolik zur Lehrdichtung, die über den Hellenismus – zumindest in der Theorie – auf Frühgriechisches zurückgreift, zum Epos und damit zum Wettstreit mit Homer.[356] Ein wichtiger Gesichtspunkt für Vergil als Dichter ist die in den *Georgica* vollzogene ausdrückliche Distanzierung von fiktionaler Dichtung, insbesondere von einer Poesie, die sich im Wiederholen abgedroschener literarischer Traditionen – z.B. mythologischer Stoffe – erschöpft. Deshalb sollte man seine Wahl des landwirtschaftlichen Themas ernst nehmen und nicht zu schnell auf die für den Nichtfachmann bequemere kulturphilosophische oder poetologische Deutung ausweichen.

Vergil selbst hat es sich in dieser Beziehung nicht leicht gemacht. Von der organischen Entwicklung des Dichters zeugt die Tatsache, daß einzelne Motive, die er sich in *Bucolica* und *Georgica* als natürliche Phänomene erarbeitet hat – etwa Bilder aus dem Pflanzen- und Tierleben – später in der *Aeneis* – zum Teil unter Wahrung des ursprünglichen Wortlautes – als Zeichen für menschliches Verhalten wieder aufgenommen werden. Die Wörtlichkeit der Übernahme läßt erkennen, daß Vergil den inneren Zusammenhang mit der – in den *Georgica* präsenten – natürlichen Welt nicht verleugnen, sondern in Erinnerung rufen wollte. Fern aller abstrakten, papierenen Allegorie, sind die Pflanzen- und Tiergleichnisse in der *Aeneis* in der natürlichen Wirklichkeit verankert und wollen den Leser an sie erinnern. So fällt von der in den *Georgica* erarbeiteten äußeren und inneren Beziehung zur Natur ständig lebendiges Licht auf die geschichtliche Welt und in die Innenräume der menschlichen Seele, die uns die *Aeneis* erschließt.

Schon in den *Bucolica* beobachteten wir, daß Vergil sich mit der Wirklichkeit – auch der polititschen – auseinandersetzt. In den *Georgica* geht es unter anderem ganz konkret um die Not eines Italien, dessen Landwirtschaft durch die Folgen der Bürgerkriege schwer erschüttert ist. Es gilt, den natürlichen Rahmen und dessen naturphilosophische Implikationen ernst zu nehmen. Der Dichter stellt im Epilog bescheiden und doch selbstbewußt sein „ruhmloses" Dasein dem des siegreichen Herrschers gegenüber. Seine Welt ist nicht diejenige militärischer Gewalt, aber daß der Caesar die Ruhe und den Frieden garantiert, die für Landwirtschaft – und Poesie – unabdingbar sind, weiß er zu schätzen.

Auch in der *Aeneis* wird Mythisches nicht um seiner selbst willen erzählt, sondern im Hinblick auf die eigene Zeit. In dieser Beziehung bleibt Vergil sogar in der *Aeneis* dem in den *Georgica* ausgesprochenen Prinzip des Aussprechens des Wahren und Wirklichen treu – fern aller Fiktion. Parallelen zwischen der Arbeit des Bauern und dem militärischen Kampf sowie das mühsame Ringen um die Beherrschung der zerstörerischen Affekte in beiden Werken unterstreichen ebenfalls die Kontinuität von den *Georgica* zur *Aeneis*.

---

[356] Es trifft zu, daß im letzten *Georgica*-Buch die Homernachfolge umfangreicher und systematischer wird als zuvor. Man kann dies als einen Übergang zur *Aeneis* sehen (nicht entstehungsgeschichtlich, sondern im Hinblick auf die Konzeption des Gesamtwerkes, das fortlaufend zu lesen ist). Die Verwendung der *Georgica* in den Gleichnissen der *Aeneis* weist in gleiche Richtung. Umgekehrt gibt es auch Querverbindungen zwischen *Bucolica* und *Georgica* (etwa gemeinsame Mythen und gemeinsame landwirtschaftliche Stoffe, vgl. R. Kettemann [1977]). Das zeigt aber nur, daß Vergil sein Gesamtwerk als Einheit sehen wollte, nicht aber, daß die *Georgica* als ein bloßes Übergangsstadium abzuwerten wären.

Eine Grundsatzfrage ist das Problem der Wirkung des Wortes. Vergil denkt schon in den *Bucolica* darüber nach und gibt widersprüchliche Antworten (vgl. S. 33 f. zu *B* 8 und S. 34-36 zu *B* 9). Die *Georgica* billigen dem Gesang des Orpheus hohe Kraft zu, die sogar den Tod zu überwinden vermag. Eurydices Rückkehr ins Leben scheitert an der Leidenschaft des Orpheus, also nicht an künstlerischer, sondern an menschlicher Unvollkommenheit. Die Liebesleidenschaft macht Orpheus zunächst unbesiegbar, dann aber schlägt sie zerstörerisch auf ihn zurück. Der Gesang überwindet den Tod, der Sänger nicht. Man hat beobachtet, daß in der *Aeneis* Reden vielfach ohne Wirkung bleiben[357] und daß in der Episode von Aeneas und Dido dem Schweigen ein höherer Stellenwert zuzukommen scheint als dem Wort.[358] Den Pessimismus in bezug auf Menschenwort durchbricht jedoch das Vertrauen auf das göttliche und prophetische Wort. Die *Georgica* zeigen, worauf sich solches Vertrauen stützen kann: die „Kenntnis der ländlichen Götter", den weisen Umgang des nachdenklichen Landmanns mit den geheimen und doch offenbaren Kräften der Natur.

## 3. 6 GEDANKENWELT

*Zum Landwirtschaftlichen*: R.A.B. Mynors, Komm. (1990); K.D. White (1967), (1970) und (1975); J. Frayn (1979); M.S. Spurr (1986); W.E. Heitland (1921); *zu Mensch und Tier*: U. Dierauer (1977); *Schafzucht*: J.Frayn (1984). Vergils *„Pessimismus"*: D. Ross (1987), (übers Ziel hinaus schießend), gefolgt von R.F. Thomas, Komm.(1988); dagegen z.B. N. Horsfall (1995) 92 und öfter. *Vergils Augusteertum:* realistisch abwägend N. Horsfall (1995) 93-94; R. J. Tarrant (1997); „amtliche Proklamationen" (m. E. zu weit gehend) : M. Erren, Komm. (2003), S. vii. Zur *Erziehungsidee:* P.R. Hardie (2004); zur *Harmonie zwischen Gegensätzlichem*: A. Hardie (2002).

*A remarkably realistic poem.*
R. Thomas, Komm. 1 (1988) 16.

Die *Georgica* sind eng auf die Situation nach den Bürgerkriegen bezogen. Es geht um den Wiederaufbau eines schwergeprüften Italien – nicht nur im äußerlichen Sinne –, um eine Neubesinnung auf altrömische Verhaltensweisen wie *labor* und *pietas*. Was not tut, ist stetige Pflege der zerstörten Pflanzenwelt ebenso wie weise Beherrschung und Lenkung der destruktiven Triebe im Tierreich und im menschlichen Zusammenleben. Um dafür festen Grund zu schaffen, gilt es für den denkenden Landwirt, sich im physikalischen Raum und auch im Rhythmus der Jahreszeiten zu orientieren, sich dieser Ordnungen bewußt zu werden und aktiv an ihrer optimalen Verwirklichung mitzuarbeiten.[359]

Der Kosmos gliedert sich für archaisches Denken in Himmel, Meer und Erde. Diese Gliederung gilt vielfach noch für die *Georgica*. Unter der Erde ist das Totenreich angesiedelt. Auch hierauf geht Vergil ein – nicht erst im vierten Buch, das von der Überwindung des Todes handelt, sondern schon im Weltbild des ersten Prooemiums (wenn auch in Form einer Praeteritio). An vielen Stellen findet sich die antike Vorstellung der vier Elemente – Feuer (Himmel), Luft,

---

[357] M. Erdmann (2000).
[358] A. Mauriz (2003).
[359] "Work is a positive value", J. Griffin (1986) 45.

Wasser und Erde. Die ersten beiden Bücher handeln vom Pflanzenreich, für das im wesentlichen zwei Elemente – Erde und Wasser – bestimmend sind. Im dritten Buch kommen die Tiere als atmende Wesen hinzu – neu ist also das Element der Luft. Man beachte die zahlreichen Wind- und Sturmbilder und die Beschreibung der Pest, die nach antiker Vorstellung durch schlechte Luft verursacht wird (ausdrücklich G 3, 546: *ipsis est aër avibus non aequus*). Im letzten Buch kommt das „himmlische" Element hinzu, das die Bienen verkörpern.[360] Sie stehen dem göttlichen Geist besonders nahe. Das erklärt, wieso Vergil vielfach von ihnen spricht, als handle es sich um Menschen. Mit dem vierten Buch ist der Aufbau des Kosmos vollständig.

Nach stoischer Vorstellung ist der Mensch der Mikrokosmos. Zwischen ihm und dem Makrokosmos liegt als mittlerer Bereich (Mesokosmos) der Staat. Das staatliche Leben der Bienen nimmt Vergil ernst; die *Georgica* berücksichtigen von Anbeginn auch die Bedeutung der Politik für den Kosmos im allgemeinen und für die Landwirtschaft im besonderen.

Das Thema „Tod" betrifft die natürliche, die individuelle wie die staatliche Existenz. Vergil weicht ihm nicht aus. Mag auch die einzelne Biene sterben, aber ihr Volk lebt fort (*G* 4, 206-209, bes. 208 f.): *At genus inmortale manet multosque per annos / stat fortuna domus et avi numerantur avorum*. Mehr noch: Sollte ein Bienenvolk untergehen, so kann es durch das beschriebene Stieropfer zu neuem Leben erweckt werden. Wenn Aristaeus, der zuvor schuldig geworden war, am Ende sein Bienenvolk neu empfängt, so ist dies mehr als nur ein Hoffnungsstrahl für die Römer nach den schuldhaften Bürgerkriegen: Der zentrale Gedanke des letzten Buches der *Georgica* ist die Frage der Überwindung des Todes. Hierin liegt ein Unterschied zu Lukrez, dessen Werk mit der Pest endet. Ähnliches gilt für das Epos: Während die *Ilias* auf die Zerstörung Trojas zustrebt, ist für die *Aeneis* die Geburt Roms der Zielpunkt. Das heißt keineswegs, daß Vergil einem undifferenzierten „Optimismus" huldige.[361] So wenig er in der *Aeneis* den ungeheuer hohen Preis der römischen Reichsgründung verschweigt, so wenig verharmlost er in den *Georgica* Eurydices Tod und das Unglück des Orpheus, dessen Liebesleidenschaft in ihrer Größe,[362] aber auch in ihrer verhängnisvollen Ambivalenz sichtbar wird (*quis tantus furor?* Diese an Orpheus gerichteten Worte [*G* 4, 495] greifen nicht umsonst die Anrede an Gallus auf [*B* 10, 22]). Vergils Glaube an Roms Zukunft ist der eines schwergeprüften Erwachsenen: nicht kindliche Einfalt, sondern ein wagemutiges Dennoch. Der Princeps erscheint daher in den *Georgica* zwar auch als Welteroberer im Geiste Alexanders, aber mehr noch in seiner friedens- und kulturstiftenden Aufgabe. Kraft seiner Nähe zu den Göttern (als „künftiger Gott", vgl. den Eingang des ersten Buches) kann er zur Rettung der Menschen, insbesondere der Landwirtschaft beitragen, solange er auf Erden weilt.

---

[360] In diesen Zusammenhang gehört die Vermutung einer ungeschlechtlichen Fortpflanzung der Bienen (*G* 4, 197-202) und sogar mancher Stuten (*G* 3, 273-275).
[361] Kurioserweise stempeln zwei Forschergruppen die jeweils andere als „Optimisten" bzw. „Pessimisten" ab, ohne für sich selbst das entgegengesetzte Etikett zu akzeptieren. Beide Begriffe entstammen einem ideologisch pervertierten Jargon und sind für eine Vergil-Interpretation ungeeignet.
[362] G. Stroppini (2003).

Grundsätzlich stehen in den *Georgica* alle Reflexionen „zunächst mit dem Landleben in Verbindung".[363] Hier findet der Römer im Zeichen des augusteischen Friedens einen neuen – unblutigen – Kampfplatz, ein Feld der Ehre (*gloria*: *G* 1, 168; *laus*: *G* 3, 288).[364] Zwar stellt Vergil im ersten Buch der *Georgica* klar, daß das Goldene Zeitalter vorüber ist;[365] aber hoch bewertet er den uns von Iuppiter auferlegten *labor* als aktive Tätigkeit: *scilicet omnibus est labor impendendus* (*G* 2, 61).[366] Ist doch *labor* einer jener „doppelseitigen" Begriffe, die für römisches Empfinden so bezeichnend (und kaum übersetzbar) sind: einerseits Mühe und Not, andererseits das daraus entspringende rastlose Wirken. Die Abwertung militärischer Siege als *hominum ... triumphos* (*G* 1, 504) gemahnt an Ciceros Degradierung des Ruhmes zu *hominum gloria* (*De re publica* 6, 22, 25). Die Klage, der Pflug stehe an Ehre hinter den Waffen zurück und Sicheln würden zu Waffen umgeschmolzen (*G* 1, 508; vgl. 2, 540), läßt ahnen, daß jetzt aus Schwertern Pflugscharen werden sollen. Gelegentlich geht Vergil so weit, Zweifel am Vorrang der Politik und des Krieges zu äußern: Den glücklichen Bauern kümmern *res Romanae perituraque regna* nicht (*G* 2, 498). Die Zusammenstellung des eigenen Staates mit vergänglichen Königreichen mußte römische Leser aufschrecken (obwohl Vergil natürlich fremde Reiche meint). Sogar im „Lob Italiens" und im „Lob des Landlebens" – in denen das Goldene Zeitalter trotz allem wieder mitschwingt – lassen sich inkongruente Elemente finden.[367] Einsträngige Parteilichkeit ist nicht Vergils Sache. Für ihn ist der Beruf des Landwirts eine Berufung, kein bloßes Metier. Vergil wünscht sich denkende und fühlende Leser, die sich ihrer Stellung in der Welt bewußt sind. Die Landwirtschaft ist für ihn weit mehr als nur eine natürliche Vorschule staatsbürgerlichen Verhaltens;[368] steht sie doch in dem größeren Zusammenhang einer unvoreingenommenen Anleitung zur Menschwerdung des Menschen.

Vergil verwendet für seine Zwecke unter anderem auch die Sprache der Religion und der Mysterien, wie dies sogar der Aufklärer Lukrez tat. Die Gottheiten des Landes – besonders Ceres, Proserpina und Bacchus – sind mit Mysteriengottheiten identisch. Es wäre eher überraschend, keine Verbindungen zwischen Vergils Musenfrömmigkeit und der Mysteriensprache zu finden.[369]

Ein kurzes Wort noch zu der – bei Dichtern immer problematischen – De-

---

[363] E. Christmann (1982), bes. 67.
[364] Oft erscheint der Landmann in den *Georgica* als „Soldat".
[365] Anklänge finden sich natürlich im „Lob Italiens" (*G* 2, 136-176) und im „Lob des Landlebens" (*G* 2, 458-540); bitter ironisch ist aber die Anspielung auf den Tierfrieden in der Pestschilderung (*G* 3, 537-545).
[366] S. Anm. 238.
[367] Ob man freilich annehmen soll, Vergil habe biologisch unmöglich Scheinendes (R. Thomas, Komm. [1988] zu *G* 2, 32-34; 69-72) mit voller Absicht in seine Lehren eingestreut, um diese (und alles Folgende, einschließlich von Italiens Lob!) zu untergraben, scheint mehr als fraglich. Die zur Stützung angeführte Hesiodstelle – über die poetische Mischung von Wahrheit und Lüge (*Theogonie* 27 f.) – handelt ja nicht von fachwissenschaftlich Falschem, sondern von mythischer Fiktion. Angemessener ist der Hinweis auf die „Harmonie zwischen Gegensätzlichem" (A. Hardie [2002] 205; berechtigt auch der Hinweis darauf, daß der Erfolg (sogar der des Landwirts) einen hohen Preis hat (R. Thomas, Komm. [1988] zu *G* 2, 172); vgl. auch A. La Penna (2005) passim.
[368] P. Hardie (2004).
[369] A. Hardie (2002).

batte über die Zugehörigkeit Vergils zu bestimmten Philosophenschulen. Obwohl, wie sich ständig gezeigt hat, Stoisches schon in den *Georgica* im Vordringen ist, haben epikureische Züge[370] in diesem Werk mehr Gewicht als bisher vielfach angenommen (einiges erklärt sich aus den persönlichen Kontakten des Dichters mit Epikureern, vieles aus der literarischen Lukrez-Nachfolge, das meiste aus der naturkundlichen Zielsetzung und erzieherischen Absicht des Werkes). Doch sollte man nicht folgern, die Äußerungen von Vergils Liebe zum Land und seinen Göttern seien nur durch poetische und rhetorische Traditionen bedingt. Vergil zählt zu jenen Römern, die im Ringen um ein vertieftes Selbstverständnis von allen Elementen der Tradition Gebrauch machen, ohne sich restlos einer einzelnen Schule zu verschreiben. Zwar werden in der *Aeneis* (dem Inhalt des Werkes entsprechend) stoische, platonische und pythagoreische Töne stärker hervortreten, doch auch dort wird die epikureische Stimme nicht ganz verstummen. Es ist jedenfalls an der Zeit, in Vergil den Intellektuellen zu entdecken, der seinen – von Bürgerkriegen erschöpften – Römern ein neues Bewußtsein ihrer Identität als Menschen im natürlichen Kosmos und ein friedliches Betätigungsfeld – als wissenschaftlich denkende Landwirte – erschließen will: ein vielleicht utopisches, aber dringend notwendiges Ziel. Als Dichter hat er das Privileg, dies ohne ideologische Festlegung versuchen zu dürfen.[371]

Für wen schreibt Vergil? Moderne Forscher unterscheiden zwischen einem tatsächlichen Leserpublikum[372] – den Gebildeten, welche die komplexe Struktur der *Georgica* würdigen konnten – und einer – nicht „imaginären", sondern imaginierten – Zuhörerschaft von Landwirten, an die sich Vergil in der Weise Hesiods wendet, um sie zu belehren. Vergil identifiziert sich häufig mit dem Landwirt, indem er die erste Person Plural verwendet. Ob es sich bei den Arbeitenden um Freie oder Sklaven handelt, sagt er nicht ausdrücklich. Klar ist, daß Vergil hauptsächlich an Kleinbauern[373] denkt (z.B. 2, 412 f.), deren praktische Bedeutung nach neueren Forschungen größer war als früher angenommen. Zudem bewirtschafteten auch Reiche vielfach verstreute kleinere Güter („Streubesitz") oder ließen diese durch Pächter bewirtschaften.

Der Streit darüber, ob Vergil für Landwirte oder für Gebildete schreibt, erwächst aus einer falschen Alternative. Der römische Adel bestand (wie in vielen anderen Kulturen) aus Grundbesitzern, die zwar grobe Arbeit delegierten, aber doch in ständigem Kontakt mit ihren Landgütern standen, diese sehr häufig aufsuchten und in allen Einzelheiten gründlich kontrollierten. Das Delegieren erklärt, warum viele technische Einzelheiten in den *Georgica* übergangen werden. Es geht um Leitungswissen und Überwachungskompetenz des Eigentümers.[374] Auch von dem Bildungsstand der Verwalter sollte man sich keine allzu

---

[370] Stark betont von M. Erren im Komm. (2003) durchweg. Zum zweiten Buch schon F. Klingner (1963) 130; 132.
[371] In der Hinterfragung der moralischen Werte geht L.J. Kronenberg (2003) m.E. weiter als Vergil.
[372] Gründliche Diskussion der Frage des „Publikums": N. Horsfall (1995) 65-71.
[373] E. Christmann (1982) 64-66. Vergil denkt zwar *auch*, aber nicht nur an „gentleman farmers", er faßt die *Roma rustica* als Einheit (anders J. Isager [1991] 24).
[374] E. Christmann (2003) 124; die Leser der Agrarschriftsteller sind erwachsen und vielbeschäftigt; daher das Bemühen um Kürze (Columella 1, praef. 28; Varro, *Landwirtschaft* 1, 1,

bescheidenen Vorstellungen machen. Und warum sollte es um die Leserschaft der *Georgica* grundsätzlich anders bestellt sein als um die der *Aeneis*? Auch dieses Werk kann gleichzeitig den Ansprüchen literarisch gebildeter und naiver Leser genügen.[375] (So ungern wir Philologen das hören: Dichter schreiben keineswegs nur für Gelehrte, denen eine Universitätsbibliothek zur Verfügung steht; den wahrhaft Großen gelingt es immer wieder, sowohl die wenigen Kenner als auch ein breites Publikum zu überzeugen).

Selbst wenn mancher heute an einer umfassenden „augusteischen Landwirtschaftspolitik" zweifelt, bleibt es klar, daß Vergils Gedanke eines gebildeten, denkenden und fühlenden Landwirts in eine Zeit des Wiederaufbaus fällt, als man sich auf die Traditionen des republikanischen Rom zu besinnen begann. Die grundlegende Bedeutung der Landwirtschaft für das allgemeine kulturelle Leben wird heute vielfach verkannt; diese moderne Perspektive versperrt den Zugang zum Literalsinn der *Georgica*. Geht es doch nicht um eine Allegorie der Kultur, sondern um ihr Grundmuster. Landwirtschaft ist nicht nur ein Vorwand, um Kultur zu lehren, auch nicht nur ein Exempel für Kultur, sondern der fundamentale Teil der Kultur.[376]

3. 7 ÜBERLIEFERUNG (s. S. 183-187).

3. 8 FORTWIRKEN[377]

    Geflügelte Worte aus den *Georgica*:
1, 30     *Ultima Thule* (vgl. Seneca, *Medea* 379).
1, 63     *Homines ... durum genus* (erläutert von Ovid, *Metamorphosen* 1, 414 f.).
1, 145 f.   *Labor omnia vicit / improbus* (von Macrobius, *Saturnalia* 5, 16, 7 verallgemeinert zu *vincit*).
1, 176 f.   *Possum multa tibi veterum praecepta referre, / ni refugis tenuisque piget cognoscere curas* (zitiert von Seneca, *Epist.* 124, 1).
1, 199 f.   *Sic omnia fatis / in peius ruere*.
1, 506 f.   *Non ullus aratro / dignus honos*.

---

10-11). Es handelt sich um ein echtes Problem der Landwirtschaftslehre, nicht um „komische Vermessenheit" (N. Holzberg [2006] 92), wenn Vergil (*G* 2, 42-44) den Hundert-Zungen-Topos bemüht (nach Hostius, s. Anm. 242; bei Homer, *Ilias* 2, 488-490 sind es zehn Zungen).

[375] Treffend E. Christmann (1982) 57 nach V. Pöschl: „Bei der *Aeneis* ist ein naiver Leser ebenso impliziert wie ein komplizierter Leser".

[376] Daß Teile der *Georgica* den „Rang amtlicher Proklamationen" (M. Erren, Komm. [2003] S. vii) bekommen, vermag ich dennoch nicht zu erkennen. Tatsache bleibt, daß der spätere Augustus die beste Friedens-Chance für Italien und die Mittelmeerwelt verkörperte. Vergil verhehlt nicht die schlimmen Folgen von Bürgerkrieg und Landzuweisungen für die Landwirtschaft, schmeichelt dem Mächtigen in diesem Punkt also nicht. Seine Unterstützung des Princeps beruht auf einer nüchternen, realistischen Entscheidung (treffend N. Horsfall [1995] 94 gegen R.F. Thomas).

[377] Allgemeines zum Fortwirken Vergils steht am Ende des *Aeneis*-Kapitels. Hier folgt Spezielles zu den *Georgica*.

| | |
|---|---|
| 1, 511 | *Saevit toto Mars impius orbe.* |
| 2, 272 | *Adeo in teneris consuescere multum est* (von Quintilian, *Institutio* 1, 3, 13 auf Kindererziehung übertragen). |
| 2, 301 | *Tantus amor terrae* (von Prudentius, *Apotheosis* 1027 auf den Schöpfer und den Erlöser bezogen). |
| 2, 401 f. | *Redit agricolis labor actus in orbem / atque in se sua per vestigia volvitur annus.* |
| 2, 412 f. | *Laudato ingentia rura, / exiguum colito* (erläutert von Columella 1, 3, 8 f. und Palladius 1, 6, 8 *Fecundior est culta exiguitas quam magnitudo neglecta*). |
| 2, 433 | *Et dubitant homines serere atque impendere curam?* (vgl. *A* 6, 806: Der Parallelismus zwischen friedlicher und kriegerischer Tätigkeit ist beabsichtigt). |
| 2, 458 f. | *O fortunatos nimium, sua si bona norint, / agricolas!* |
| 2, 490 | *Felix, qui potuit rerum cognoscere causas* (nach der Besteigung des Mont Ventoux zitiert Petrarca die Verse 490-492 in seinem Brief vom 26. April 1336 an Dionysius de Burgo S. Sepulcri [F. Dionigi]). |
| 3, 4 | *Omnia iam vulgata.* |
| 3, 66-68 | *Optima quaeque dies miseris mortalibus aevi / prima fugit; subeunt morbi tristisque senectus / et labor, et durae rapit inclementia mortis* (von Seneca, *Epist.* 108, 24-29 auf den Menschen bezogen). |
| 3, 163 f. | *Tu quos ad studium atque usum formabis agrestem/ iam vitulos hortare viamque insiste domandi, / dum faciles animi iuvenum, dum mobilis aetas.* |
| 3, 244 | *Amor omnibus idem.* |
| 3, 284 | *Sed fugit interea, fugit inreparabile tempus* (von Seneca, *Epist.* 108, 24 zitiert, um den Unterschied im Textzugang des Philologen und Philosophen zu kennzeichnen). |
| 3, 291 f. | *Sed me Parnasi deserta per ardua dulcis / raptat amor* (Motto der Rede Petrarcas anläßlich seiner Dichterkrönung auf dem Kapitol). |
| 4, 176 | *Si parva licet componere magnis* (vgl. *B* 1, 23; Ovid, *Metamorphosen* 5, 416 f.). |
| 4, 184 | *Omnibus una quies operum, labor omnibus unus.* |
| 4, 212 | *Mens omnibus una est.* |
| 4, 221 f. | *Deum namque ire per omnis / terrasque tractusque maris caelumque profundum* (vgl. *A* 6, 724-727 (Zustimmend zitiert von Minucius Felix, *Octavius* 19, 2 und Laktanz, *Divinae institutiones* 1, 5, 11-12 ; Ambrosius, *De officiis ministrorum* 1, 13 liest *omnia* (von Sabbadini akzeptiert). |

Das Fortwirken der *Georgica*[378] setzt frühzeitig ein: Die Gleichnisse der *Aeneis* sind vielfach aus der Naturanschauung der *Georgica* gespeist. Der Schluß des achten Buches der *Aeneis* löst in veränderter Gestalt das Versprechen des Prooemiums des dritten *Georgica*-Buches ein, Augustus einen „Tempel" zu errichten. Ovid gestaltet sein liebesdidaktisches Corpus, das wohl nicht zufällig vier Bücher umfaßt (*Ars amatoria* und *Remedia amoris*), unter ständiger Bezugnahme auf die vergilische Bilderwelt der Landwirtschaft; in der Verbannung (z.B. *Tristia* 3, 10, bes. 23 f.) übernimmt er – entgegen dem eigenen Augenschein – die Topoi über Skythien (*G* 3, 349-383). In augusteischer Zeit ahmt Grattius in seinem Lehrgedicht über die Jagd Vergil nach. Für den astronomischen Didaktiker Manilius sind die *Georgica* als kosmische Dichtung, die vom Weltherrscher inspiriert ist, wegweisend. Vor allem die Buchanfänge und -schlüsse zeigen Berührungen mit Vergils Lehrgedicht. Wie Vergil verleiht Manilius seiner Lehre politische und allgemein menschliche Resonanz. Wie bei Vergil (und schon bei

---

[378] Zum Fortwirken der *Georgica* kenntnisreich *L.P. Wilkinson (1969) 270-313; M. Fuhrmann (1983); *Bibl.*: W. Suerbaum (1980) 491-499); allgemeine Literatur zum Fortwirken s. Anm. 202 ff. und Anm. 641 ff.

Arat) enthält das letzte Buch eine mythologische Einlage (Manilius 5, 538-618). Auch das Lehrgedicht des Germanicus verdankt den *Georgica* viel. Für Widmungen an den Kaiser setzen die *Georgica* ohnehin Maßstäbe.[379] Schon Vergil hatte – besonders deutlich im vierten Buch – mit Analogien zwischen Tier- und Menschenleben gearbeitet. Pädagogen übertragen Naturbeobachtungen auch der früheren Bücher auf die Menschenwelt: Aus einer Bemerkung Vergils zum Verhalten von Pflanzen leitet Quintilian ein psychologisch-erzieherisches Gesetz ab (s. S. 99 zu *G* 2, 272); nach Seneca passen Vergils Kriterien für ein tüchtiges Fohlen (*G* 3, 75-85) ebenso gut auf einen rechten Mann (*Epist.* 95, 68 f.); Vergils Beschreibung der Antipoden (für die es Abend werde, wenn bei uns die Sonne aufgehe: *G* 1, 250 f.) bezieht derselbe Philosoph geistreich auf Stadtmenschen, welche die Nacht zum Tag machen (*Epist.* 122, 2). Aus der Spätantike bildet Claudians *De raptu Proserpinae* nach Form und Gehalt ein lehrreiches Gegenstück zu den *Georgica*.

Roms landwirtschaftliche Autoren setzen sich ernsthaft mit Vergil auseinander – die verbreitete Meinung, Vergilreminiszenzen dienten nur der Dekoration, ist widerlegt.[380] Auch manche Versuche, Behauptungen Vergils durch Vergleich mit anderen Autoren zu diskreditieren, haben genauerer Prüfung nicht standgehalten. Columella folgt in beiden Fassungen seines Standardwerkes grundsätzlich dem Aufbau von Vergils *Georgica*[381] und hält Vergil für den größten Agrarschriftsteller; zwar ahmt er (10, 197-214) Vergils Lob des Frühlings nach (*G* 2, 323-345), aber seine Nachfolge erschöpft sich nicht im Literarischen; Plinius und Columella erkennen, daß Vergil sich an Bauern wendet, und halten sogar seine Forderung nach astronomischer Bildung für notwendig (wenn auch schwer durchsetzbar). In der Tat ist Vergil zuweilen einziger Zeuge für altrömisches Wissen.[382] Seine Zielgruppe ist der italische Kleinbauernstand.[383] Noch in den um 950 n.Chr. für Kaiser Konstantinos VII. Porphyrogennetos zusammengestellten *Geoponika* ist Vergil als Lehrer gegenwärtig.

In diesem Lichte muß man Senecas oft mißbrauchte Behauptung kritisch lesen, Vergil habe nicht nach dem wahrheitsgemäßen, sondern nach dem jeweils passendsten Ausdruck gesucht und nicht beabsichtigt, Bauern zu belehren, sondern Leser nur zu erfreuen (*Epist.* 86, 15 f.): *non quid verissime sed quid decentissime diceretur, aspexit, nec agricolas docere voluit, sed legentes delectare*. Nachweislich[384] hat Seneca in den beiden Punkten, in denen er Vergil „Irrtümer" vorwirft, seinerseits Vergils Text nicht genau gelesen.

Bei der Beschäftigung mit der Natur bleiben die *Georgica* auch für Kir-

---

[379] Vgl. etwa die Praefationes bei Germanicus und Valerius Maximus, dazu Velleius 2, 126, 3.
[380] E. Christmann (1982) 56-60.
[381] R. Martin (1971) 121.
[382] Columella (9, 2) beanstandet zwar, Vergil schmücke seinen Stoff mit Dichterblumen aus und behandle unter anderem auch Themen, die für den Landwirt belanglos seien, folgt aber danach (9, 3 ff.) getreulich den sehr genauen Angaben Vergils über Placierung und Umgebung des Bienenstockes. Es handelt sich also in 9, 2 (entgegen einer verbreiteten Meinung) nicht um eine grundsätzliche Diskreditierung Vergils, sondern um die in Prooemien übliche Teilkritik an Vorgängern (denen man sich im folgenden dennoch anschließt).
[383] Zum Fortwirken der *Georgica* im 2. und 3. Jh.: M. Horster (2005).
[384] E. Christmann (1982) 63-64.

chenväter ein Bezugspunkt. Minucius Felix (*Octavius* 19, 2) verwendet Vergil als Autorität bei religiösen Traditionsbeweisen. Dazu dienen ihm monotheistische (wenn auch pantheistisch gefärbte) Passagen aus den *Georgica* (4, 221 f.) und dem sechsten Buch der *Aeneis* (*A* 6, 724-729). In seine *Genesis*-Exegese fügt Ambrosius Bilder aus der Tierwelt als moralische Exempla ein; dabei fließen ihm Reminiszenzen aus Vergils Bienenbuch in die Feder.[385] Im *Exsultet* der Karsamstagsliturgie findet sich schon seit der Antike ein Passus zum Lob der Biene (vgl. Augustinus, *De civitate Dei* 15, 22; einige alte Fassungen klingen an die *Georgica* an, was Hieronymus rügt).[386] Der Anfang des zweiten Buches der *Georgica* (mit seinen „paradiesischen" Tönen) liegt dem Ölbaumgleichnis in Prudentius' *Apotheosis* (338-346) zugrunde: eine originelle Kreuzung mit dem *Römerbrief* (Kap. 9-11).[387]

In der Spätantike macht Fulgentius in seinem Werk *De continentia Vergiliana* krause Andeutungen zur Allegorese der *Georgica*: Das erste Buch handle von Astrologie, das zweite von Physiognomik und Medizin, das dritte von Auguralkunst, das vierte von Musik. Den Schluß des vierten Buches hält er für *apotelesmatisch* („zur Nativitätsstellung gehörig"). Die Ausarbeitung hat er sich geschenkt, und auch wir überlassen sie gerne den Allegoristen der Zukunft.

Boëthius gibt Vergils Orpheus-Erzählung eine geistliche Auslegung: Die Seele blickt vom höchsten Guten wieder herab in den Tartarus.[388] Hrabanus Maurus (8.-9. Jh.) deutet in *De universo* (14, 30 *De agris*) unter gelegentlichen Bezugnahmen auf die *Georgica* die Menschheit als „Acker", die Predigt als „Pflug" (22, 40). Die Grundlage solcher Bilder ist aber überwiegend biblisch. Aldhelm von Malmesbury (+709) vergleicht (*De virginitate*, Prosafassung, 4-6) die in Solidarität und Gehorsam lebenden Mönche mit Bienen – in deutlichem Anschluß an *G* 4, 149-218 (und Plinius, *Naturgeschichte* 11, 4, 11; 11, 16, 46).[389]

Von den *Georgica spiritualia* (frühes 13. Jh.), die man jetzt nicht mehr Walter von Châtillon, sondern Johannes von Garland zuschreibt, besitzen wir nur Auszüge. Vielleicht liegen hier die Wurzeln von Werken der frühen Neuzeit, die uns als Ausklang des Mittelalters erscheinen: Für den *Georgica*-Übersetzer Michel Guillaume de Tours (1519) repräsentieren die vier Bücher die vier Kardinaltugenden: Weisheit, Mäßigung, Tapferkeit und Gerechtigkeit. Der geopferte Stier stellt Christus dar, die Bienen die wiedergeborene Menschheit. Der Protestant Thomas Kirchmayer (Naogeorgus) geht noch weiter: Er verfaßt in lateinischen Hexametern eine *Agricultura sacra* (Basel 1550) als Anweisung für den Christen zur Pflege seiner Seele.

Neben solchen Deutungskünsten steht ein nicht zu verachtender „realistischer" Strang des Fortwirkens. Für das Mittelalter zählt Vergil – neben Cato, Varro, Columella, Plinius d. Ä., Palladius, Avicenna – zu den Vermittlern antiker Kenntnisse über Nutzpflanzen. Isidor von Sevilla (+636) zieht in seiner Enzyklopädie und in seinem Werk *De natura rerum* selbstverständlich auch

---

[385] L. Alfonsi (1965).
[386] Kritisch bemerkt Hieronymus, ein ganzes *Buch* der *Georgica* könne dafür ausgewalzt werden *Epist.* 18, *Ad Praesidium. De Cereo paschali* (*Patrologia Latina* 30, 182 ).
[387] C. Heinz (2006).
[388] K. Heitmann (1963).
[389] A. Casiday (2004).

Vergil heran. Ihm folgen Hrabanus Maurus (*De rerum naturis*) und weitere Autoren bis hin zu Konrad von Megenberg, der als erster auf deutsch ein „Buch der Natur" verfassen wird (um 1350).

Wohltuend nüchtern wetteifert auch Walahfrid Strabo (+849) in seinem hexametrischen Lehrgedicht *De cultu hortorum* (bekannter unter dem Titel *Hortulus*) mit Vergil, wählt aber mit dem Gartenbau ein Teilgebiet, das dieser ausgeklammert hat. Seine Beschreibung von 23 Pflanzen des Klostergartens ist das erste Lehrbuch der Botanik in Deutschland.[390] Wenn der Mönch seinen *hortus conclusus* als *locus amoenus* erlebt, so stimmt er mit Vergil (*G* 4, 116-148) überein. In demselben Jahrhundert verwertet Wandalbert von Prüm die *Georgica* in seiner Dichtung *De mensium XII nominibus, signis, culturis, aërisque qualitatibus*.

Der Verbreitung antiken Wissens über Pflanzen dienen Werke wie die *Geoponica* (10. Jh.) und die Sammlung *Circa instans*, die um 1150 an der berühmten Medizinschule von Salerno entstand. Hildegard von Bingen (+1179) und Albertus Magnus (+1280) durchdringen Tradiertes mit eigener Erfahrung auf hoher Ebene. Das einflußreiche *Opus ruralium commodorum* von Petrus de Crescentiis (um 1305) ist ein Bindeglied zwischen der Gartenkultur des Mittelalters und der Renaissance.

*In Italien* (und nicht nur dort) ist seit der Renaissance der Einfluß der *Georgica* erheblich.[391] Petrarca zitiert das Wort vom *labor improbus* im Brief über die Besteigung des Mont Ventoux und in seiner Rede zur Dichterkrönung auf dem Kapitol (weiteres s. „Geflügelte Worte" S. 99). Sannazaro verwendet die Aristaeus-Geschichte in seiner *Arcadia* (1504).

Lehrgedichte entstehen zunächst in lateinischer Sprache, so Polizianos (+1494) *Rusticus*, Fracastoros (+1553) *Syphilis* und Vidas (+1566) *De bombycum cura et usu*. Bald folgen muttersprachliche Werke: Giovanni Rucellai (+1525) schreibt über Bienen (*Le api*), Luigi Alamanni (+1556) über Landwirtschaft (*Della coltivazione*, König Franz I. gewidmet). Dieses für die Praxis bestimmte Werk wird bis weit ins 18. Jh. mehrfach neu aufgelegt. Noch im 20. Jh. begegnet Salvatore Quasimodo Vergil kurz vor seinem Übergang vom Hermetismus zu einer wirklichkeitsbezogenen Dichtung; er widmet den *Georgica* (die er in Auswahl übersetzt: Milano 1942) einen eigenen Aufsatz.[392] Treffend spricht er von „Vergil und seiner fortwährenden Erfindung der Natur", vom Dichter als Gesetzgeber der Sprachschöpfung und Bildner literarischer Kultur,

---

[390] Dazu F. Wagner (2004).
[391] L. P. Wilkinson (1969) 294 hebt hervor, daß Europas Dichter meist nur die berühmten (nicht didaktischen) Passagen der *Georgica* nachahmen: das Lob Italiens (2, 136-176), das Lob des Landlebens (2, 458-540), die Aristaeus- und Orpheus-Episode (4, 315-558), die Prodigien des Bürgerkriegs (1, 463-497), die Prooemien (1, 1-42; 3, 1-48), die Beschreibung der Brunstzeit (3, 242-283), die Sturmschilderungen (1, 311-392), den Weltenfrühling (2, 323-345), den Kampf der Stiere (3, 209-241), das Zwischenprooemium im dritten Buch (3, 289-294), den corycischen Gärtner (4, 125-146) und den Bienenstaat (4, passim, bes. 197-227). Dabei übersieht er die Menge der didaktischen Poesie, die sich inhaltlich und formal an den im engeren Sinne belehrenden Partien schult. Seine eigene Liste beweist übrigens, daß (entgegen seiner Auswahl-These) das vierte Buch als Ganzes gelesen wurde. Auch im dritten Buch hat er unmittelbar aufeinanderfolgende Stücke separat aufgelistet.
[392] „Virgilio e le *Georgiche*" (1941), in: S. Q., *Il poeta e il politico* (Milano 1960) 63-64.

von der inneren Notwendigkeit seines Wortes als „Inbegriff des Wortes der Menschen seiner Zeit", von Vergils modern anmutender Einsamkeit und – dies ein neuer Ton – von der schmerzlichen Berufung des Dichters, seine Stellung in der realen Gegenwart zu bestimmen. Eine Schlüsselposition hat dabei die Orpheus-Erzählung (vgl. sein Gedicht *Dialogo* [1949]).

*In Spanien* dienen die *Georgica* auch als Stilmuster für die Behandlung anderer Fachgebiete.[393] So sind z. B. Jägerei (*La Diana o el arte de la caza*) und Liebeskunst durch Nicolás Fernández de Moratín (+1780) vertreten,[394] Malerei und Musik durch Pablo de Céspedes (*Poema de la pintura* 1649) und Tomás de Iriarte (*La Música* 1780).[395] Im Eingang dieses seriösen Werkes, das technisches Detail nicht scheut, ruft der Autor anstelle des Caesar die personifizierte Natur an. Aus Vergils Seligpreisung der Bauern wird eine solche der Musikfreunde, „sofern sie um die Güter wissen, die diese Kunst einschließt". Der Autor hat offensichtlich Vergils Ruf nach dem gebildeten Landwirt verstanden und ihm den nicht weniger dringenden Wunsch nach dem sachkundigen Hörer an die Seite gestellt. Dem berühmten „Lob Italiens" entspricht ein „Exkurs" zum Lob der spanischen Musik.

*In Frankreich* verwandeln Du Bellay und Ronsard (ein gründlicher Leser der *Georgica*) Vergils „Lob Italiens" (*G* 2, 136-176) in ein Lob ihrer französischen Heimat.[396] Montaigne hält die *Georgica* für das vollendetste Werk der Poesie (*le plus accomply ouvrage de la poésie*). R. Rapin verfaßt seine *Hortorum libri IV* auf lateinisch (1665), was seiner Wirkung im Ausland (besonders England) zugute kommt. Ähnliches gilt von Santiago Vanières (+1730) *Praedium rusticum*. Andere wetteifern mit Vergil in der Muttersprache: so P. Fulcrand de Rosset (*L'Agriculture. Poème*, Paris 1774-1782) und J. Delille (*L'homme des champs. Les géorgiques françoises*). J. Delilles Übersetzung der *Georgica* (1769) gewinnt klassischen Rang. F. J. de Pierre de Bernis dichtet *Les quatre saisons ou les Gé-orgiques françoises*, Paris 1793. Gebrochener ist die Beziehung zu den *Georgica* in Michel Butors Roman *La modification* (1957), der u.a. *G* 2, 149 zitiert. Claude Simons vielschichtiger Roman *Les Géorgiques* (1981) sucht auf Vergils Spuren Antworten auf die moderne Zerstörung der Kultur – Schreiben erscheint gewissermaßen als sprachlicher Landbau.

*In England* erlebt der Einfluß der *Georgica* und ihrer neulateinischen, italienischen und französischen Nachahmer vor allem im 18. Jh. eine Hochblüte. Vorboten sind der bescheidene Erst-Übersetzer Abraham Fleming (1589), der poetische Didaktiker Thomas Moffat (*The Silkwormes and their Flies*: 1599) und der große Francis Bacon (+1626): *Virgil got as much glory of eloquence, wit and learning in the expression and observations of his husbandry as in the heroical acts of Aeneas.*[397] Auf Spuren der *Georgica* stoßen wir bei Spenser (*Shepheardes Calender* [sic]), Milton (z.B. im 10. Buch von *Paradise Lost* zur Auffassung der Arbeit), Ben Jonson, Chapman und Fletcher. An der Schwelle des 18. Jh. schafft

---

[393] Aus Frankreich sind prosaische Vorgänger zu nennen, darunter J.-B. Du Bos, *Réflexions critiques sur la poésie et la peinture* (2 Bände, Paris 1719, anonym).
[394] V. Cristóbal (1991) und (1986).
[395] E. Herreros (2005) mit Lit.
[396] England steht im Lob der heimischen Landschaft nicht zurück: L.P. Wilkinson (1969) 301 f.
[397] F. Bacon, *The Advancement of Learning* (1605), Book II, 20, 3.

John Dryden (+1700) die maßgebliche *Georgica*-Übersetzung; er nennt das Werk *the best poem of the best poet*[398] und *the divinest part of Virgil*. In einem einleitenden Essay (1693) beklagt Joseph Addison (+1719), der selbst als junger Mann das vierte Buch übersetzt hat, die bisherige Vernachlässigung der *Georgica*, unterscheidet zwischen Bukolik und Georgik, hebt die mehr deskriptiven als didaktischen Qualitäten des Werkes hervor und würdigt die künstlerische Geschlossenheit und den edlen Ton des Ganzen (*the most complete, elaborate, and finished piece in all antiquity*). Von da an entstehen zahlreiche Lehrgedichte,[399] angefangen mit John Philips' *Cyder* (1708 über Apfelanbau) und ausklingend mit James Grahames *The British Georgics* (1809). J. Swift folgt den *Georgica* in seiner *Description of a City Shower* (1710). James Thomsons (+1748) Meisterwerk *The Seasons* ist durch Joseph Haydns (+1809) *Jahreszeiten* allgemein bekannt. Mit Thomson und Vergil konkurriert im 20. Jh. Victoria Sackville-West. Ihre ungewöhnlich erfolgreiche Dichtung *The Land* (zwanzig Auflagen seit 1926) hat etwa den Umfang der *Georgica*[400] und gliedert sich in vier Bücher. Es spricht übrigens für Vergils Fachkompetenz, daß ihn diese anerkannte Spezialistin zu ihrem Vorbild wählt. Auch T.S. Eliot nimmt in diesem Punkt erfreulich klar Stellung: *It seems clear to me that Virgil desired to affirm the dignity of agricultural labour, and the importance of good cultivation of the soil for the well-being of the state.*[401] In gleichem Sinne äußert sich der treffliche Übersetzer C. Day Lewis.[402]

*In Deutschland* steht Johann Fischarts (+1590) *Lob deß Landlustes* in einer europäischen Tradition, die den Schlußteil des zweiten *Georgica*-Buches mit Horazens zweiter *Epode* verbindet. M. von Opitz lobt die *Georgica* wiederholt in seinem *Buch von der Deutschen Poeterey* (1624). Sogar in der Epoche des Philhellenismus in Deutschland wissen Autoren, denen man sonst keine Vergilfreundlichkeit nachsagen kann – etwa Goethe und Niebuhr – die *Georgica* zu schätzen (s. S. 194). Der große Wilamowitz[403] bedauert ausdrücklich, daß Vergil sich nach den *Georgica* (die offenbar seinen Beifall finden) der *Aeneis* (einer „Kunstfigur") zuwandte.

Im 20. Jh. wandelt Bertolt Brecht[404] als Didaktiker entschieden auf Vergils und Lukrezens Spuren, nimmt die *Georgica* als landwirtschaftliches Lehrgedicht ernst (vgl. auch seine Kantate „Die Erziehung der Hirse") und empfiehlt es für den Lehrplan der Oberschulen: „Wie Virgil hat auch der Übersetzer den Versbau zusammen mit dem Landbau zu lehren ... Der große Kunstverstand der Alten entwickelt sich an großen Inhalten". Die *Georgica* liegen auf einem

---

[398] Dazu T. Ziolkowski (1993) 109.

[399] Zu den *Georgica* in England: J. Chalker (1969). Ein Vorbote ist John Denham mit seiner beschreibenden Dichtung *Cooper's Hill* (1642); zu nennen sind: A. Pope, *Windsor Forest* (1713); J. Gay, *Rural Sports* (1713); W. Sommerville, *The Chase* (1735); Chr. Smart, *The Hop-Garden* (1742).

[400] 2500 Verse (Blankverse mit lyrischen Einlagen) gegenüber 2188 Hexametern.

[401] „Virgil and the Christian World" (1951) 125.

[402] „No poem yet written has touched these subjects with more expert knowledge or more tenderness than the *Georgics*", dazu T. Ziolkowski (1993) 110.

[403] U. v. Wilamowitz-Moellendorff (1924), Bd. 2, 224.

[404] I. Hohenwallner (2004) 183; 206-213, bes. Anm. 287. Brecht bewundert das Deutsch der Übersetzung von Voß.

Beistelltisch im Schlafzimmer seiner Berliner Wohnung. Von Vergil (und zugleich von der klassischen Moderne) distanziert sich, wie zu erwarten, Thomas Bernhard (*Ave Vergil*, verfaßt 1959-1960, gedruckt 1981). Dagegen ist in Peter Handkes Roman *Der Chinese des Schmerzes* (1983) der Dichter der *Georgica* ständig präsent. Der Held liest täglich in diesem Werk, das ihm ein intensives Leben mit der Wirklichkeit der Natur und ihren Wetterzeichen erschließt und ihn letzten Endes (auf dem Weg über Vergils Geburtsort und den Fluß Mincio) in die zivilisierte Gesellschaft zurückführt.

*Vergils Orpheus-Episode* hat ein eigenes Fortwirken (*G* 4, 453-527). Als selbständige antike Nachfolger sind hier besonders Ovid (*Metamorphosen* 10, 1-77; 11, 1-84), Seneca (*Hercules furens* 569-591, der den Sieg und die „wahre Liebe" betont, aber auch die Ungeduld anprangert) und Boëthius zu nennen (*Consolatio* 3, 12, 76-78), der zusätzlich Vergils Lob des Philosophen (*G* 2, 490) heranzieht. Aus der verhängnisvollen Leidenschaft (bei Vergil) macht Ovid zarte wechselseitige Rücksicht beider Liebenden – Ethos statt Pathos – , so daß die Götter der Unterwelt bei ihm besonders grausam erscheinen. Boëthius (+524) betont dagegen wieder die Eigenwilligkeit bzw. Gesetzlosigkeit der Liebe und stellt das Verbot, zurückzublicken (das Vergil zunächst übergeht und nur nachträglich erwähnt) in den Mittelpunkt einer platonisierenden Deutung: Man verliert sein Kostbarstes, wenn man den Blick hinab auf die Schattenwelt lenkt. Parallelen zwischen Christus und Orpheus, wie sie auch die frühchristliche Kunst bezeugt, zieht Clemens von Alexandria (+um 215 n. Chr.; *Mahnrede an die Heiden* 1, 3; 2, 21, 1; 7, 74, 4). Für Dante ist Orpheus einer der Weisen (neben Linus, Cicero und Seneca: *Inferno* 4), und die Macht der Musik entspricht der Macht der Vernunft (*Convivio* 2, 1). Petrarca und Boccaccio zeigen an Orpheus den Zauber der Beredsamkeit auf. Auch die mythologische und emblematische Literatur der Spätrenaissance (z.B. N. Comes/Conti +1582) und die Musiktraktate bis hin zu Athanasius Kircher (*Musurgia universalis*, Rom 1650) verwenden Orpheus als Symbolfigur.

Polizianos (+1494) *La festa di Orfeo*, das erste weltliche Theaterstück in italienischer Sprache,[405] strahlt stark auf die bildende Kunst aus, wobei die mit Vorliebe dargestellten Szenen auf Vergil (und Ovid) zurückgehen (Luca Della Robbia, Mantegna, Luca Signorelli, Dürer, Tintoretto, Rubens, Tiepolo).[406] Fast noch bedeutender ist das Echo dieses Dramas in der Musik: Erinnert sei nur an die Opern von Monteverdi bis Gluck (übrigens hat auch Offenbachs scherzhafte Behandlung [1868] eine Vorgeschichte, die bis ins 17. Jh. zurückreicht). Charakteristisch für das frühe zwanzigste Jahrhundert ist die Konzentration auf Orpheus als Künstlergestalt[407] und auf die Wechselwirkung zwischen den Künsten (so läßt sich Rilke von Rodins *Orphée et Eurydice* anregen, und der Maler O. Kokoschka verfaßt zusammen mit dem Musiker E. Krenek ein Orpheus-Drama). Hierher gehören Bühnenwerke und Ballette von D. Milhaud, A. Casella, I. Stravinskij, H.W. Henze und – nicht zuletzt – Filme wie der von J. Cocteau.

---

[405] Formbildend wirkt auch A. Tebaldeo, [+1538] *Orphei tragedia*.
[406] Vergil in der Kunst: M.J.H. Liversidge (1997); in der Musik: A. Becker u. a. (1997) mit Bibl.
[407] H. Jung (2005), dort auch zu Berlioz' Kantate *La mort d'Orphée* (1827), deren Text von Ovid beeinflußt ist, und zu Liszts symphonischer Dichtung *Orpheus* (1854), die von einem Vasenbild angeregt sein soll.

Im Grenzgebiet zwischen bildenden und musischen Künsten ist Orpheus überhaupt eine Schlüsselfigur, setzt er doch Ruhendes (Bäume) in Bewegung und bringt Strömendes (Flüsse) zum Stillstand.[408] Ausschnitte aus den *Georgica* vertonen G.F. Malipiero (*La terra* für Chor und kleines Orchester: 1946) und J. Novák (*Orpheus et Eurydice* für Solisten, Viola d'amore und Klavier: 1972). G. Trakl („Passion")[409] und R.M. Rilke (*Die Sonette an Orpheus*)[410] gewinnen der Orpheus-Thematik tiefe lyrische Resonanz ab. H. Broch, dessen Roman *Der Tod des Vergil* 1945 erscheint, schreibt in seinem Gedicht „Vergil in des Orpheus Nachfolge", die Gestaltung des Irdischen sei „jenen aufgetragen, die im Dunkel gewesen sind und dennoch sich losgerissen haben / orphisch zu schmerzlicher Rückkehr".[411]

---

[408] Verf. ($^2$1998) 517-568.
[409] W. Killy (1957).
[410] P. Pfaff (1983).
[411] Spuren des vergilischen Orpheus finden sich noch bei Arno Schmidt (*Caliban über Setebos* [1964]): P. Grossardt (2004) 251-252.

# 4 AENEIS

Zur *Aeneis* immer noch grundlegend und unübertroffen *R. Heinze (³1914; ⁴1957) engl. London 1993) sowie *E. Nordens Kommentar zum sechsten Buch (³1927; ⁴1957). Als Einführung empfehlenswert die kommentierte zweisprachige Ausgabe von G. und E. Binder (1994-2005), (Lit.); *N. Horsfall (1995) 101-255; W. Clausen (2002 mit Bibl.); K.W. Gransden, S.J. Harrison (²2004); A. La Penna (2005) 115-495; erfrischend R. Jenkyns (1998); Komm. zu den Einzelbüchern s. „Zitierte Literatur"; zum Überblick nützlich K. Quinn (1968); innovativer Gesamtkommentar: R. Niehl (2002).

## 4. 1. WERKÜBERSICHT

## 4. 1. 1 ERSTES BUCH

Zum Prooemium: Verf. (1999) 75-90; Zum ersten Buch: N. Horsfall (1995) 101-108 (Lit.). Zum Gastmahl bei Dido: A. Bettenworth (2004), bes. 177.

*Prooemium* (1-33): Das Werk stellt sich durch das erste[412] Wort *arma* („Waffen", „Waffentaten") als epische Dichtung in der römischen Tradition des Ennius[413] vor. Wie in der *Ilias* umfaßt der erste Absatz sieben Verse,[414] und der zweite beginnt mit der Frage nach der Ursache. Doch ist das Ziel nicht der Untergang, sondern die Geburt einer Stadt. Noch bedeutungsvoller sind die Beziehungen zum *Odyssee*-Prooemium. Die Ankündigung *virum* („den Mann") greift das erste Wort der *Odyssee* auf. Wie dort schließen sich Relativsätze an, die auf die Leiden des Helden zu Land und Meer eingehen; aber bei Vergil haben diese Leiden eine finale Ursache: *dum conderet urbem*. Der Konjunktiv besagt, daß das Geschehen auf ein Ziel ausgerichtet ist. Das bedeutet mehr als bloße „Heimkehr". Der Rahmen der *Aeneis* ist historisch weiter gespannt als derjenige der *Odyssee*: Troia (Vers 1) ist wie bei Odysseus der Ausgangspunkt der Irrfahrten, aber Rom, dessen Name betont am Ende des ersten Abschnitts steht (Vers 7), das in der Zukunft liegende Fernziel. Schon der zweite Vers nennt das nähere Ziel, das Aeneas erreichen wird: Lavinium. Vergil stellt dadurch eine noch tiefere Beziehung zur *Odyssee* her, daß er Italien zur Urheimat des Stammes des Aeneas macht: So ist die Entdeckung des historischen Endzieles identisch mit dem

---

[412] Der vier Verse umfassende Vorspann *Ille ego qui ...* ist nach fast einhelligem Urteil Vergils unwürdig; Lit. bei J. Y. Maleuvre (2003); seine Annahme, Augustus sei der Fälscher, ist nicht zwingend; M. Fontaine (2004) glaubt, daß Properz in 1, 1, 13 (*ille*); 23 (*ego*) und 25 (*qui*) auf den Vorspann anspielt; überzeugend wäre solches nur, wenn die Vokabeln beisammen stünden.

[413] Man beschrieb den Inhalt der Dichtungen des Ennius pauschal mit *arma* (z. B. Horaz, *Epistulae* 1, 19, 7; vgl. auch Ovid, *Amores* 1, 1) oder *bella*: Cicero, *Brutus* 76: *omnia bella persequens*; Vergil selbst verwendet das Synonym *bella* im siebten Buch der *Aeneis*, am Anfang der „iliadischen" Werkhälfte (*A* 7, 41; vgl. 6, 86). Die Verbindung von *arma* und *virum* ist in der *Aeneis* keineswegs selten; an wichtigen Stellen kann sie die innere Beziehung zu Aeneas oder auch zur heroischen Dichtung betonen; vgl. E. Oliensis (2004).

[414] Daneben spielt – in eher versteckter Weise – Apollonios von Rhodos herein, dessen Prooemium ebenfalls 7 Verse umfaßt; Vergil beginnt wie Apollonios mit den Lauten *Ar-* und beendet den 7. Vers wie Homer und Apollonios mit einem für sein Werk wichtigen Namen (N. Holzberg [2006] 28).

Finden der eigenen Ursprünge. Der Lebensweg des Aeneas ist eine Reise durch die Jahrtausende, auf der Suche nach seiner ältesten und zugleich künftigen Identität (1-7).

Die Frage nach den Ursachen für die Leiden des Aeneas führt in das Reich der Götter und überdies in die Ferne der Vergangenheit. Dazu bedarf der Dichter der höheren Einsicht und des übermenschlichen Gedächtnisses[415] der Muse, deren Anrufung also mit Bedacht erst jetzt erfolgt. Der Götterzorn ist freilich ein Rätsel, das dahingestellt bleibt (8-11). So verklingt der kurze Mittelteil des Prooemiums mit einer bangen Frage.

Was folgt, könnte man poetisch als Antwort der Muse bezeichnen oder prosaisch – im Sinne der antiken Geschichtsschreibung – als „Archäologie": Geht es doch um die Vorgeschichte und die darin verborgenen Ursachen für das zu berichtende Geschehen. Da einst Paris, Prinz von Troia, Venus für schöner erklärte als Iuno, ist Aeneas dieser Göttin doppelt verhaßt: als Troianer und als Sohn der Venus. Zugleich deutet Vergil aber auch den Zukunftsaspekt an: Iuno muß auf Grund alter Weissagungen befürchten, daß die Nachkommen des Aeneas Karthago zerstören werden. So steht das Geschehen um Aeneas in der Spannung zwischen einer fernen Vorzeit und einem künftigen Geschichtspanorama. Dieser dritte und längste Teil des Prooemiums ist seinerseits von zwei Städte- und Völkernamen umrahmt: Karthago (12 f.) und Rom (33). Die Markierung der Eckpfeiler des gesamten Prooemiums durch geographische und historische Namen (erst Troia-Rom, dann Karthago-Rom)[416] macht von vornherein klar: Es geht nicht um erfundene Dinge, sondern um die Begründung und Identität der *Romana gens* in Zeit und Raum (12-33). Vergil bleibt also seiner in den *Georgica* ausgesprochenen Intention treu, den Leser nicht durch „Gesang von Erdachtem" (*carmine ficto*: *G* 2, 45) aufhalten zu wollen.

Der Seesturm (34-222): Die Erzählung setzt mitten im Geschehen ein. Kaum haben die Troianer Sizilien verlassen (dies wird der Endpunkt des dritten Buches sein: 3, 715), so beginnt schon Iuno mit ihrem Monolog des Hasses (37-49). Dann wendet sie sich an den Windgott Aeolus (50-64) und bittet ihn mit schmeichelnden Worten, die Troianerflotte in einen Sturm geraten zu lassen (65-75). Aeolus gehorcht (76-80).

Auf dem vom Unwetter gepeitschten Schiff preist Aeneas die vor Troia Gefallenen glücklich (81-101). Der Held wird dem Leser von Anbeginn als Leidender vorgestellt; das Hin- und Her-Geworfenwerden beleuchtet die prinzipielle Unsicherheit seiner Existenz (vgl. *incerti quo fata ferant* „ungewiß, wohin sie das Schicksal trage" 3, 7). Drei Schiffe fahren auf Klippen auf, drei stranden im Sand der Syrten, eines geht unter (102-123).

Indessen bemerkt Neptun den Sturm, erhebt sein Haupt aus den Fluten, weist drohend die Winde zurecht und beschwichtigt die Wogen. Das erste Gleichnis des Werkes spiegelt das Naturgeschehen in einem Bild aus dem politi-

---

[415] Die Vorstellung, die Musen seien Töchter der Mnemosyne (des „Gedächtnisses"), ist zwar erst nachhomerisch, aber sie ist Vergil geläufig; die Verben *meminisse* („sich erinnern") und *memorare* („in Erinnerung rufen, verkünden") bezeichnen das Wirken der Musen (*A* 7, 645): *et meministis enim, divae, et memorare potestis.*

[416] Nach Eratosthenes lagen Rom und Karthago auf demselben Meridian: M. Korenjak (2004). Vergil gewinnt dieser Position symbolische Bedeutung ab.

schen Leben (dieses Verhältnis zwischen Erzählung und Bildsphäre entspricht demjenigen im vierten *Georgica*-Buch – ein Zeichen der Kontinuität in Vergils Werk): Ein ernsthafter Mann[417] besänftigt eine Menschenmenge. Im weiteren Verlauf der *Aeneis* wird in der Regel das Umgekehrte zu beobachten sein: Naturvorgänge spiegeln das Menschenleben (124-156). Am Anfang der zweiten *Aeneis*-Hälfte (Buch 7, einem Gegenstück zum ersten Buch) wird Iuno nicht Wind und Meer, sondern die Furien der Unterwelt gegen Aeneas aufhetzen. In jenem Buch wird sich die Handlung im politischen und militärischen Bereich abspielen, während die Gleichnisse dem Reich der Natur entnommen sind. Im Rückblick erweist sich die Seesturm-Szene als symbolisches Vorspiel zum Ganzen unter verändertem Vorzeichen (und so noch im Einklang mit den *Georgica*).

Aeneas landet mit sieben Schiffen in einem natürlichen Hafen. Er begibt sich auf die Jagd, verteilt die Beute und tröstet seine Gefährten mit der Hoffnung, in Latium eine dauerhafte Wohnstatt zu finden. Nach dem Mahl bleibt die quälende Sorge um die Vermißten (157-222).

*Iuppiter-Prophetie und Entsendung Mercurs* (223-304): Venus bittet Iuppiter für Aeneas, und der Gott entwirft in einer Prophezeiung ein Panorama der römischen Geschichte bis zu Augustus. Nach der Vorschau auf den Konflikt zwischen Rom und Karthago im Prooemium ist dies der zweite „historische" Durchblick im Werk. Weitere derartige Passagen sind der Fluch Didos im vierten, die „Heldenschau" im sechsten und die Schildbeschreibung im achten Buch. Im älteren römischen Epos war die Haupthandlung historisch und – wie man für Naevius angenommen hat – die Einschaltung mythisch. Vergil kehrt das Verhältnis um. Das Besondere an dieser literarischen Technik ist der prophetische Charakter solcher Einschübe. Die historische Prophetie ist ein literarisches Vorgehen, das uns aus hellenistischer Zeit in Lykophrons *Alexandra* und im alttestamentlichen Buch *Daniel* belegt ist. Die ungewöhnliche Perspektive ermöglicht es, die Ereignisse gleichsam *in statu nascendi* und in ihrer archetypischen Bedeutung sichtbar zu machen (223-296). Der Göttervater entsendet Mercur, um die Karthager gegenüber den Troianern freundlich zu stimmen (297-304).

*Doppelte Begegnung mit der Vergangenheit* (305-440): Aeneas und Achates begegnen auf einem Erkundungszug Venus in Gestalt einer Jägerin, eine Szene, die den Horizont des Aeneas in zwei Richtungen erweitert: Vergangenheit und Zukunft. Einerseits berichtet Venus nämlich von Didos früheren Schicksalen, andererseits gibt sie einem Vogelzeichen eine günstige Deutung (305-417). Dies ist das erste einer ganzen Reihe solcher Zeichen, die Aeneas, den *homo religiosus*, auf seinem Wege begleiten. Das Erkennen und Deuten göttlicher Willensbekundungen ist Teil der Existenz dieses Helden. Dieser Ansatz verbindet übrigens die *Aeneis* mit den *Georgica*. Dort galt es, die Wetter- und Himmelszeichen richtig zu verstehen und danach zu handeln.

---

[417] Das Gleichnis stammt aus der römischen Vorstellungswelt, vgl. z. B. Plutarch, *Cato minor* 94; dazu V. Pöschl ($^3$1977) 20 f. ; doch liegt auch hier (R. Heinze [$^3$1914; $^4$1957] 206, Anm. 1) letzten Endes eine Homerszene zugrunde (*Ilias* 2, 144-210). Freilich spielt dort die Handlung in der Menschenwelt, und der Seesturm (144-151; 209 f.) ist nur Gleichnis (bildet aber zugleich den Rahmen). Bei Vergil ist hier das Verhältnis von Erzählsphäre und Bildsphäre umgekehrt (nämlich so wie im vierten Buch der *Georgica*): ein Gleichnis aus dem Menschenleben erläutert ein Geschehen in der Natur.

Die beiden Helden nähern sich im Schutze einer Wolke Karthago und sehen das Volk die Stadt erbauen (418-440). – in dem Bienengleichnis (430-436) wirken Selbstzitate aus den *Georgica* (4, 153-169) zusammen mit Homerischem (*Ilias* 2, 87-90 und öfter). Während im Mittelpunkt des ersten Gleichnisses der ernste Politiker (*vir gravis*) stand, gilt also das zweite Gleichnis dem Staatsvolk. Aeneas verweilt freilich nicht beim Tun der Karthager, sondern fühlt sich sofort an seine Pflicht erinnert, eigene Mauern zu gründen (437). Später wird ein Bienengleichnis die künftigen römischen Helden bezeichnen (*A* 6, 707-709); verwandt ist das Prodigium *A* 7, 64-67. In den *Georgica* erläutern Bilder aus dem Menschenleben den Bienenstaat, in der *Aeneis* dient dieser dazu, die menschliche Gesellschaft zu beschreiben. Erzähl- und Bildebene sind also vertauscht; die Technik hat sich jetzt (im Unterschied zu dem ersten Gleichnis *A* 1, 148-156) dem „Normalzustand" im Epos angepaßt. Wenn Aeneas hier dem äußerlich Wahrgenommenen einen intendierten, prophetischen Sinn unterlegt, so hängt dies mit der „zukunftsorientierten" Erfindung der *Aeneis* zusammen.

In der Stadt sieht Aeneas am Iunotempel Darstellungen aus dem Troianischen Krieg (441-493). So gelingt es, die Vergangenheit des Aeneas[418] mit einzubeziehen – eine verwandte Funktion hatte der Lobpreis der für Troia Gefallenen: 94-101). Doch ist auch hier das Erinnern an Vergangenes eng mit der Zukunft verbunden: Der Anblick ermutigt Aeneas; hier fällt das berühmte Wort: *sunt lacrimae rerum* („Die Dinge finden ihre Beweinung": 462). Aeneas kann somit auf teilnehmendes Verständnis in Karthago hoffen. Dies ist der unmittelbar vorausweisende Sinn der Reminiszenzen aus dem Troianischen Krieg. Doch gibt es einen weiteren, der Aeneas noch verborgen ist. Die einzelnen Episoden aus dem Troianischen Krieg lassen sich auch als Vorausblick auf die „iliadischen" Bücher der *Aeneis* lesen.[419] Beschreibungen von Kunstwerken kommt in der *Aeneis* besonderes Gewicht zu.[420] Schon diese erste spiegelt zugleich Vergangenheit und Zukunft. Aeneas erweitert sein Bewußtsein in zwei Richtungen: Seine Erkenntnis des Vergangenen ist auch hoffnungsvolle Ahnung des Künftigen.

*Dido nimmt Ilioneus und Aeneas in Karthago auf* (494-656): Während Aeneas die Kunstwerke bestaunt, zieht Dido mit ihrem Gefolge ein. Das dritte Gleichnis (498-504) stellt die Königin vor: Sie gleicht Diana im Kreise ihrer Nymphen. Damit ist eine Parallele zu Nausikaa (*Odyssee* 6, 101-109) gezogen. Nach dem Seesturm und der Landung ist dies eine weitere Bestätigung dafür, daß Aeneas als neuer Odysseus zu gelten hat. Doch auch Unterschiede werden deutlich: Dido ist keine Prinzessin, sondern eine Königin, sie spricht Recht und befehligt die Arbeiten. Dann erscheinen die vermißten Freunde des Aeneas (der mit Achates immer noch in der Wolke verborgen ist). Ilioneus stellt der Königin seine Troianer vor, erbittet und erhält Asyl (494-578).

Auf Zureden des Achates gibt sich Aeneas zu erkennen. Die Wolke teilt

---

[418] Didos frühere Schicksale erfahren wir aus dem Munde der „Jägerin" Venus (*A* 1, 340-368).
[419] 1, 468 Achilles: Turnus (Buch 10-11); 1, 469-474 Rhesus, Diomedes: Nisus und Euryalus (Buch 10); 1, 474-478 Troilus: Pallas bzw. Lausus (Buch 10); 1, 479-482 Bittgang der Frauen: 11, 477-480; 1, 486 *spolia*: Leitmotiv der Bücher 10-12; 1, 487 Priamus: 2, 506-558; 1, 490-493 Penthesilea: Camilla (Buch 11).
[420] Man denke an die Schildbeschreibung (*A* 8, 626-728), aber auch an die Tempeltüren in Cumae (*A* 6, 20-33). Hinzu kommen kleinere Beschreibungen wie die kostbarer Geschenke (z. B. 1, 650-652).

sich, und Aeneas erscheint, herrlich wie eine Götterstatue (579-593). Dieses vierte Gleichnis (592 f.) bildet hier – wie im Nausikaa-Buch (*Odyssee* 6, 230-235) – das Gegenstück zu dem Diana- (Artemis-) Gleichnis. Die beiden Hauptpersonen erscheinen gleichrangig, in geradezu göttlicher Würde.

Aeneas dankt Dido feierlich und begrüßt dann die verloren geglaubten Freunde (594-612). Dido spricht warme Grußworte: „Im Leid nicht unerfahren, lern ich Unglücklichen zu helfen" (630). Hierauf bittet sie Aeneas in den Palast und läßt auch seine Gefährten bewirten (613-636). Künstlerische Darstellungen der punischen Vorfahren auf Stoffen und in Edelmetall werden nur erwähnt, nicht beschrieben (639-642). Dagegen betont Vergil, daß sich unter den Geschenken für Dido ein Gewand der ehebrecherischen Helena befindet. Dieser Gabe wohnt – ohne daß Aeneas dies ahnt – eine böse Vorbedeutung inne. Der viersilbige Versschluß mit *hymenaeos* (651) tritt hier erstmals in der *Aeneis* auf. Er wird in Didos verzweifelten Bitten – *per inceptos hymenaeos* (4, 316) – ein schmerzliches Echo finden. Der Fluch abgelegter Gewänder und Waffen, die oft gleichsam zu Mithandelnden werden, ist ein Thema, das die *Aeneis* durchzieht[421]. Achates soll inzwischen Ascanius in den Palast geleiten (643-656).

*Venus verstrickt Dido* (657-756): Indessen überredet Venus ihren Sohn Amor, die Gestalt des Ascanius anzunehmen, um Dido Liebe zu Aeneas einzuhauchen (657-694). In dieser Szene (frei nach Apollonios, *Argonautica* 3, 111-166) ersetzt Vergil die bürgerliche Götterburleske durch zart andeutenden Humor: Amor „macht mit Vergnügen die Gangart des Iulus nach" (690).

Bei dem anschließenden Gastmahl umarmt Amor erst Aeneas, dann Dido und flößt ihr Liebe zu dem Helden ein (695-722). Nach dem Mahl eröffnet die Königin den feierlichen Umtrunk durch ein Gebet zu Iuppiter, Bacchus und Iuno (723-740). Hierauf singt Iopas einen kosmologischen Gesang (740-747), der das Lob des Naturphilosophen aus dem zweiten *Georgica*-Buch zitiert (*G* 2, bes. 481 f.). Der universale Rahmen ist für die *Aeneis* nicht weniger wichtig als für die *Georgica*. Das Zitat unterstreicht den inneren Zusammenhang mit dem vorhergehenden Werk: Vergil geht es auch jetzt darum, ein Weltgedicht zu schreiben. Dazu gehört die äußere Natur nicht weniger als die Innenwelt und der geschichtliche Kosmos. Die Verbindung zwischen Kosmos und Menschenschicksal wird schon in der Einleitung sinnfällig: Aeneas erscheint zum ersten Mal, während ein Sturm wütet. Die Liebesbegegnung mit Dido (Buch 4) findet während eines Gewitters statt. Naturerscheinungen offenbaren die Absichten der Himmlischen (man denke an das Vogelzeichen der Venus im ersten Buch). Im sorgfältigen Ablesen des Götterwillens aus dem Buch der Natur gleicht Aeneas dem Landwirt der *Georgica*. Auch in den Gleichnissen kehren Beobachtungen aus den *Georgica* in verwandelter Form wieder.

Zum Schluß schlägt Didos drängendes Fragen nach den Schicksalen des

---

[421] Dido tötet sich mit dem Schwert des Aeneas und auf seinen Kleidern; ein erbeuteter Helm verrät Euryalus; Camilla fällt, während sie blindlings der goldenen Rüstung eines Feindes nachjagt; der Anblick von Pallas' Wehrgehenk, das Turnus sich angeeignet hat, erinnert Aeneas an seine Rachepflicht.

Aeneas (748-756) die Brücke zum zweiten Buch. Insgesamt dient das erste Buch als Ouverture und Exposition zur *Aeneis*. Bei der Besprechung des siebten Buches, einem Seitenstück zum ersten, wird dies noch klarer hervortreten.

*Rückblick:* Prooemium (33 Verse), Seesturm (189 V.) und Iuppiter-Prophetie (81 V.) bilden die Einleitung; im ersten Hauptteil (188 V.) begegnet Aeneas zweifach der Vergangenheit – erst derjenigen Didos (durch die Erzählung der Venus), dann seiner eigenen (bei Betrachtung der Türflügel); im zweiten Hauptteil nimmt Dido zuerst Ilioneus, dann Aeneas bei sich auf (82 + 81 V.). Im Schlußteil verstrickt Venus Dido in Liebe zu Aeneas (100 V.). Die Proportionen im Buch sind kalkuliert: Der Seesturm ist gleich lang wie der erste Hauptteil. Didos Begrüßung des Ilioneus und ihre erste Begegnung mit Aeneas umfassen 82 und 81 Verse. 81 Verse hat auch die Iuppiter-Prophetie. Das Gespräch zwischen Venus und Amor füllt 33 Verse wie das Prooemium. Die Bedeutung der Dreizahl (die Iuppiter *A* 1, 265-272 hervorhebt) wirkt sich auf das ganze Buch aus. Die Zahl 11 entspricht (ebenso wie die 7) der Gliederung des Prooemiums der *Ilias*.

Besonderes Forschungsinteresse erregten das Prooemium als Vorbereitung des Gesamtwerkes, der Seesturm als einleitende Szene, Iunos Wirken (im Vergleich mit dem siebten Buch), die Iuppiter-Prophetie als historischer Vorblick (im Vergleich mit dem sechsten und achten Buch), die Reliefs am Iunotempel als Rück- und Vorschau, die Gleichnisse bei der ersten Begegnung zwischen Dido und Aeneas (im Vergleich mit dem vierten Buch). Vergils Erzählkunst läßt die jeweilige Szene auf den gesamten historischen Prozeß hin transparent werden; außerdem erhellen konkrete Erscheinungen aus der Natur Ereignisse aus dem Menschenleben und umgekehrt. Alle Aktivität geht von den Göttern aus. Daher bereiten Götterszenen alle Ereignisse vor. Gleichnisse unterstreichen die Beziehungen zwischen Makrokosmos (Natur), Mikrokosmos (Individuum) und dem mittleren Kosmos der Politik. Ermutigende oder prophetische Reden, Vorzeichen (z. B. Vogelflug), Beschreibungen von Kunstwerken stellen Beziehungen zur Vergangenheit oder Zukunft her). Intertextuelle Verbindungen zu Homer (Seesturm: *Odyssee* 5, Kirke: *Odyssee* 10, Nausikaa, Arete; ferner Kalypso) sind ebenso wichtig wie intratextuelle – etwa zu den *Georgica*.

## 4. 1. 2 ZWEITES BUCH

Zum zweiten Buch insgesamt: N. Horsfall (1995) 109-117; Verf. (1999) 90-98; zur Laokoon-Episode (mit griechischen Paralleltexten): C. Zintzen (1979).

Die Bücher 2 und 3 umfassen die Erzählungen des Aeneas am karthagischen Hof, sind also formal dem Irrfahrtenbericht (den sogenannten ἀπόλογοι, „Erzählungen") des Odysseus bei den Phäaken (*Odyssee* 9-12) vergleichbar. Freilich gestaltet Vergil das zweite Buch, das die Zerstörung Trojas umfaßt, weitgehend unabhängig von Homer; gibt doch das Lied gleichen Inhalts, das Demodokos singt (*Odyssee* 8, 499-520), kaum mehr als Andeutungen. Immerhin bildet dieser (den Helden zutiefst bewegende) Gesang auch in der *Odyssee* ein Vorspiel zu den Irrfahrtenbüchern. Alles verstummt, und Aeneas hebt an (1-2).

*Erster Hauptteil: Das Troianische Pferd* (3-249). Didos Wißbegierde (die er – ohne das Gewicht dieses Wortes zu ahnen – als *amor* bezeichnet: 10; vgl. B 6, 10) will er befriedigen, obwohl für ihn die Erinnerung an Troias Fall schmerzlich ist (3-13); auch im folgenden wird der Erzähler seine innere Anteilnahme in subjektiven Bemerkungen[422] äußern. Die Erzählweise dieses Buches nimmt in vielem den emotionalen Erzählstil eines Lucan vorweg. Die Griechen erbauen das hölzerne Pferd und füllen es mit Kriegern (13-20). Dann ziehen sie zum Schein ab und verstecken sich auf der Insel Tenedos; die Troianer bestaunen das zurückgelassene hölzerne Pferd; einer rät, es in die Stadt zu ziehen, andere, es zu zerstören (21-39). Laocoons Speerwurf und seine Warnungen fruchten nichts (40-56). Zweimal verweist der Erzähler auf das Verhängnis (*fata*) und die Verblendung der Troianer (34 und 54, hier mit pathetischer Anrede an die Burg des Priamus: 56). Da erscheint der Verräter Sinon, der mit gleisnerischen Reden erst Mitleid, dann Neugier erregt und schließlich das Vertrauen der Troianer gewinnt (57-198). Am Anfang (65 f.) und am Ende dieser Episode kann der Erzähler einen schmerzerfüllten Kommentar nicht zurückhalten (195-198).

Als zwei Riesenschlangen Laocoon und seine beiden Söhne töten – der Opferpriester wird im ersten Gleichnis des Buches zum Opferstier (223 f.) – , entschließen sich die Troianer, in ihre Mauern eine Bresche zu schlagen und das Pferd in die Stadt zu ziehen (199-249). Der Erzähler begleitet dieses Geschehen mit einem leidenschaftlichen Ausruf, zweimal erscheint die Interjektion *o*, die im Lateinischen seltener ist und daher kostbarer wirkt als im Griechischen. Auch die Anrede an das Vaterland ist hochpathetisch (man kennt sie in gleichem Zusammenhang aus der römischen Tragödie).[423] Vor diesem düsteren Hintergrund, zu dem Cassandras vergebliche Warnungen hinzukommen, steht die ahnungslose Festesfreude der Troianer.

*Zweiter Hauptteil: Kampf um Troia* (250-633). Indessen wird es Nacht. Auf ein Feuerzeichen der zurückkehrenden Schiffe öffnet Sinon das Troianische Pferd. Die Griechen machen schlafende Troer nieder (250-267). Der tote Hektor erscheint Aeneas im Traum,[424] vertraut ihm die Stadtgötter an und ermahnt ihn zur Flucht (268-297). Dies ist die erste einer ganzen Reihe von Offenbarungen, die Aeneas durch das zweite Buch begleiten. Wenn eine Autorität wie Hektor die Verteidigung der Stadt für aussichtslos erklärt, so besagt dies: Aeneas hat das Recht, Troia zu verlassen, ja, als Träger der Götter sogar die Pflicht, zu fliehen. Eine solche – für einen antiken Helden kaum vorstellbare – Verpflichtung kann es aber nur geben, wenn der Auftrag von berufenster Stelle erfolgt. Betrachtet man die Erzählung des Aeneas als Rede, durch die er sich Dido vorstellt, so muß man die Geschicklichkeit bewundern, mit der hier der naheliegende Vorwurf der Fahnenflucht systematisch widerlegt wird. Was die Horizonterweiterung des Aeneas betrifft, so erteilt also Hektor als größter Repräsentant der troianischen Vergangenheit Aeneas den Zukunftsauftrag, „neue Mauern" jenseits des Meeres

---

[422] Vgl. z.B. 2, 745 f. *Quem non incusavi amens ...*
[423] Ennius, *Andromacha* 87 (H. D. Jocelyn, Hg., *The Tragedies of Ennius*, Cambridge 1987, p. 86): *O pater, o patria, o Priami domus.*
[424] Zu den Traumdarstellungen: Ch. Walde (2001); dazu Ch. Hartmann, *Gnomon* 75 (2003) 316-320.

zu suchen. Im Wandel – dem Untergang der Vaterstadt – leuchtet hier das Weitertragen einer Identität als Auftrag auf.

Aeneas freilich bleibt vorerst seiner Heimat treu (298-317). Er kämpft, obwohl ihm der Traum die Aussichtslosigkeit eines Verbleibens in Troia offenbart hat. Diese Tatsache sollte man nicht als Torheit auslegen. Sie trägt vielmehr – betrachtet man das zweite Buch als Rede – erheblich zum „Ethos" des Sprechers bei: Sein Pflichtbewußtsein und seine Vaterlandsliebe erscheinen in noch strahlenderem Lichte. Ein Gleichnis – das zweite des Buches – kennzeichnet seine Lage nach dem Erwachen: Er ähnelt einem noch ahnungslosen Hirten, der von einem hohen Felsen beobachtet, wie ein Brand oder ein Wildbach Felder und Wälder verheert.[425] Die Landwirtschaft liefert die Bildsphäre, wie dies im Bienengleichnis des ersten Buches der Fall war. Schon brennt das Nachbarhaus, da greift Aeneas besinnungslos zu den Waffen (*nec sat rationis in armis* 314). Rasender Zorn (*furor iraque* 316) treibt ihn, den Heldentod[426] zu suchen (der Ausdruck erinnert an die aufopfernde Vaterlandsliebe und Königstreue der Bienen (*G* 4, 218): „und sie suchen einen edlen Tod durch Verwundung."

Der Apollonpriester Panthus bestätigt das Ende des alten Troia. Dies ist die zweite Offenbarung, die Aeneas zur Flucht mahnen könnte, in Wahrheit aber zum Widerstand herausfordert (318-335). Der Wahrsager der untergehenden Stadt spricht es aus: Nicht mehr gilt der Satz „Einst wird kommen der Tag, da die heilige Ilios hinsinkt" (*Ilias* 4, 164; 6, 448). Nun heißt es vielmehr (324): *venit summa dies* („Gekommen ist der letzte Tag"). Was einst Zukunft war, ist Gegenwart geworden. Die logische Folge dieser Zeitverschiebung ist, daß die Gegenwart schon Vergangenheit ist: *fuimus Troes, fuit Ilium* (325): „wir Troianer sind ein Stück Vergangenheit", „uns gibt es nicht mehr", „es ist vorbei mit uns".[427]

Doch die Worte des Sehers entmutigen Aeneas nicht. Er ermahnt seine Gefährten und stürzt sich rasend in den Kampf (336-369). Hier steht das erschütternde Hysteron proteron: „Sterben wollen wir, uns mitten in die Waffen stürzen" (353) und das Paradox: „einzige Rettung für Besiegte: nicht auf Rettung hoffen" (*una salus victis nullam sperare salutem* 354). Gleich hungrigen Wölfen, die für ihre Jungen[428] sorgen müssen – so das dritte Gleichnis –, eilen die Helden mitten in die Stadt, in der beide Parteien erbittert kämpfen. Eine rhetorische Frage unterstreicht das Unsägliche und Beweinenswerte jenes nächtlichen Mordens (361 f.) – im Ausdruck greift Aeneas hier in der Mitte des Buches auf den Anfang (6-8) zurück. Der Abschnitt endet mit Tod in tausend Gestalten – *plurima mortis imago* (369) –, Worten, die auf das zweite Buch als Ganzes zutreffen: schildert es doch die Todeserfahrung, die nicht nur den Charakter des Aeneas prägt, sondern auch die Voraussetzung für Roms künftige Geburt bildet.

Ein Mißverständnis regt die Troianer zu einem Täuschungsmanöver an

---

[425] Aeneas ist ein Völkerhirte. Er ist „ahnungslos" wie der Hirte, der im vierten Buch eine Hindin zu Tode verwundet hat.

[426] Vgl. *A* 2, 655; 9, 401; 11, 647.

[427] Man vermeide die abschwächende Übersetzung: „Troer waren wir einmal"; *Troes* ist Subjekt, nicht Prädikatsnomen. Nur so hat das Verb seine volle Prägnanz; vgl. Cicero, *Verr. II* 5, 18, 45 *fuit ista respublica quondam, fuit ista severitas in iudiciis* (Cicero unterstellt Verres die Ansicht, die republikanische Strenge sei unwiederbringlich ein Stück Vergangenheit).

[428] Die Fürsorge für die Welpen (*pietas*) ist ein Zug, der Vergils Wolf-Gleichnis von den homerischen unterscheidet.

(370-430): Der Grieche Androgeos hält sie für Landsleute, erschrickt dann aber, als wäre er einer Schlange begegnet (das vierte Gleichnis: 379-382). Auf Anraten des Coroebus legen die Troianer griechische Beutewaffen an – zunächst mit Erfolg: Einige Feinde flüchten sogar zurück ins Troianische Pferd. Doch als Coroebus der geraubten Cassandra zu Hilfe eilt, werden die Leute des Aeneas wegen ihrer Verkleidung auch von Troianern angegriffen. Das Kampfgewühl gleicht dem Wüten aller Winde (das fünfte Gleichnis [416-419] erinnert an den Seesturm des Anfangs), und viele Gefährten fallen.[429]

In einer pathetischen Apostrophe ruft Aeneas die Reste Troias als Zeugen dafür an, daß er den Tod im Kampf nicht gemieden habe (431-434). Während des Ringens um die Burg des Priamus läßt Aeneas einen Turm auf die Feinde stürzen (434-468). Pyrrhus, der seinem Vater Achilles ähnelt wie eine frisch gehäutete Schlange ihrer früheren Haut (sechstes Gleichnis: 471-475), stürmt gleich einem reißenden Strom in den Palast (siebtes Gleichnis: 496-499). Hecuba und ihre Töchter drängen sich um den Altar wie Tauben im Sturm (achtes Gleichnis: 516); die Königin hält den greisen Priamus davon ab, sich in den Kampf zu stürzen und zwingt ihn, sich am Altar niederzulassen. Da stürzt Priamus' Sohn Polites herein und bricht, von Pyrrhus zu Tode verwundet, vor den Augen seiner Eltern zusammen. Priamus weist Pyrrhus zurecht, wirft mit kraftloser Hand den Speer nach ihm und wird am Altar ermordet.

Aeneas sieht sich von allen verlassen und denkt an Vater, Gattin und Sohn (559-566). Nach dem Tod des Königs darf er sich der Rettung der Seinen widmen. Hier schließt sich die Helena-Episode an, deren Echtheit umstritten ist (567-588). Es handelt sich wohl um eine Skizze Vergils.[430] Die von den Herausgebern Varius und Tucca gestrichenen Verse sind in Servius' *Vergilvita* erhalten. Aeneas erblickt Helena und hat den rasenden Wunsch, sie zu töten.

Da erscheint ihm Venus (589-633) und mahnt ihn, an seine eigenen Angehörigen zu denken. Dann öffnet sie ihm die Augen des Geistes, und er gewahrt, daß Neptun, Iuno, Pallas und sogar Iuppiter auf Seiten der Griechen stehen: Troias Zerstörung ist nicht Schuld Helenas, sondern ein Werk der Götter. So erlebt er den Untergang seiner Stadt wie das Stürzen einer gefällten Esche (neuntes Gleichnis: 626-631). Endlich gibt Aeneas den Kampf auf und macht sich auf den Heimweg.

*Dritter Hauptteil: Aeneas und die Seinen* (634-804): Weil sich der Vater Anchises weigert, mit ihm zu fliehen, rüstet sich Aeneas aufs neue zum Kampf; die Gattin Crëusa versucht, ihn zurückzuhalten. Erst als ein heiliger Feuerschein auf dem Haupt des Iulus erstrahlt und ein Stern den Aeneaden den Weg weist, stimmt Anchises der Flucht zu. Der Vertreter der Vergangenheit verkörpert zugleich die klare Orientierung auf die Zukunft. Aeneas nimmt den Vater auf die Schultern und den Sohn bei der Hand, ein Sinnbild seiner Stellung zwischen

---

[429] Coroebus ist ein Beispiel des Fluches, der bei Vergil mit dem Anlegen von Beutewaffen verbunden ist (s. S. 136; 139; 142; 153).
[430] Solche „vorläufigen" Verse nannte man *tibicines* („Stützpfeiler"), vgl. *Vita Donati* 24, 86-89. Zur Helena-Szene (vgl. *Ilias* 9, 458-461: Phoinix erwägt Vatermord; Aristarch athetierte die Szene wegen Anstößigkeit) treffend K. Galinsky, *Gnomon* 74 (2002) 686; für die Echtheit H. Erbse (2001); J. Fish (2002) mit Hinweis auf Philodems Lehren vom Zorn und vom „guten König" (Lit.). Siehe ferner: G.B. Conte (1978).

Vergangenheit und Zukunft. Unterwegs treibt ihn Anchises zur Eile; dabei verliert er Crëusa aus den Augen (632-744).

Auf der Suche nach ihr durchwandert er nochmals die Stadt. Da erscheint ihm Crëusa als Geist – eine der ergreifendsten Visionen der Weltliteratur – und offenbart ihm, er werde nach langen Irrfahrten in Hesperien (Italien) am Tiber ein Königreich und eine Braut finden. Sie selbst aber sei zu einer Dienerin der Großen Mutter geworden.[431] Als wäre sie Luft oder ein Traumbild, entzieht sie sich seiner Umarmung (745-794). Diese bisher klarste Zukunftsoffenbarung erhält Aeneas in dem Augenblick, da seine troianische Vergangenheit abgeschlossen ist. Crëusa ist wie Hektor und Panthus eine Verkörperung des Vergangenen, aber als Dienerin der Großen Mutter weiß sie zugleich um die Zukunft des Aeneas. Die Große Mutter (von deren Berg die Schiffe des Aeneas stammen) wird später das Symbol für die Stadt Rom sein (6, 784). Aeneas, dem sich inzwischen zahlreiche Begleiter angeschlossen haben, nimmt im Morgengrauen den Vater auf die Schultern und zieht in die Berge[432] (795-804).

*Rückblick:* Das zweite Buch (das als Ganzes kein homerisches Vorbild hat) gliedert sich klar in drei Hauptteile: Der erste ist von trügerischer Freude erfüllt, der zweite düster. Der dritte scheint etwas heller, bringt aber mit Crëusas Ende für Aeneas den wohl schwersten Verlust.

Faßt man das Buch als Rede auf, so beweist es, daß Aeneas sich in Troia korrekt verhalten hat. Zunächst verdrängt er aus Treue zu König und Vaterland den Gedanken an die Aussichtslosigkeit des Kampfes und stürzt sich immer wieder ins Getümmel. Erst nach wiederholten menschlichen und göttlichen Winken – der Traumerscheinung Hektors, der Rede des Panthus, den Worten der Venus, dem göttlichen Zeichen an Ascanius, der Entscheidung des Vaters – entschließt er sich zur Flucht. Das zweite Buch ist die gründlichste Widerlegung des Vorwurfs, den der Feind Turnus erheben wird, Aeneas sei ein „Deserteur Asiens" (*A* 12, 15). Die Fülle der göttlichen Zeichen entspricht dem Wesen des Aeneas, wie es sich auch im dritten Buch offenbaren wird: Er ist sich göttlicher Führung bewußt, hat aber Mühe, den Götterwillen zu erkennen. Die Offenbarungen gliedern die Erzählung: Am Anfang des Mittelteils steht Hektor, am Ende Venus. Ebenso ist der Schlußteil umrahmt von dem Feuerzeichen an Ascanius und der wundersamen Crëusa-Vision.

Was die poetische Technik betrifft, so markieren epische Gleichnisse Kernstellen oder sie heben wichtige Gestalten hervor: Das untergehende Troia als stürzende Esche, Aeneas als Hirte, Androgeos als Mann, der einer Schlange begegnet, Pyrrhus als verjüngte Schlange und als reißender Strom, Hecuba und ihre Töchter als Tauben im Sturm, Crëusa als Windhauch und Traumbild: Die Bilder beziehen sich auf alle vier Elemente: Feuer (Stern, Brand), Wasser (Strom), Luft (Sturm und Tauben) und Erde (Baum und Schlangen). In der Summe spiegelt sich menschliches Verhalten in der gesamten Natur (eigens sei

---

[431] D. Gall (1993) zieht lehrreiche Verbindungslinien, z. B. zu Eurydice in *G* 4 (vor Vergil hieß Aeneas' Gattin Eurydice), zu Helena (Glück der untreuen und Unglück der treuen Gattin) und zu Hektor (erste und letzte Prophetie des Troia-Buches). Zu Crëusa, Dido und Lavinia s. auch unten Anm. 682.

[432] Das war schon 2, 636 der Plan des Aeneas.

erwähnt, daß das Bild der Wölfe nicht etwa nur Wut, sondern auch *pietas* bei der Verteidigung von Heim und Kindern symbolisiert). In diesem Bild verbindet sich Zorn über das verräterische Handeln der Griechen mit *pietas* gegenüber den eigenen Angehörigen: Diese Kombination zweier Motive weist voraus auf die zweite Hälfte der *Aeneis*. Beides erklärt sich wechselseitig.

Einleitend und abschließend stehen einprägsame Bilder: Der Erzähler Aeneas auf dem erhabenen Pfühl (2, 2); der verstümmelte Rumpf des Priamus am Strande (2, 557 f.), Aeneas, der den Vater bergan trägt (2, 804). Dieses Schlußbild des zweiten Buches korrespondiert mit dem Ende des achten, wo auf Aeneas' Schultern (in Gestalt des Schildes) „Ruhm und Schicksal der Enkel" ruhen.

Für sich selbst spricht die Symbolik der Tageszeiten. Aeneas erzählt während der Nacht. Auch der Hauptteil der berichteten Ereignisse spielt in der Nacht; am Ende bricht innerhalb der Erzählung der Morgen an. Aeneas steigt zu den Bergen empor. Auf Dunkel folgt Licht, auf Verzweiflung Hoffnung.[433]

Im zweiten Buch haben bestimmte Aspekte von Vergils Metaphorik Beachtung gefunden; viele bewundern seine Fähigkeit, Vokabeln ihren ursprünglichen Anschauungsgehalt zurückzugewinnen (oder neuen zu verleihen); andere bestehen auf der Konventionalität seiner Sprache: Beides trifft zu; der Dichter vermag selbst geläufige Wörter wieder zum Leuchten zu bringen. Darüber sollte man nicht Vergils dramatische Erzählkunst in diesem Buch übersehen. Ein wenig beachteter rhetorischer Aspekt des Buches ist die sorgfältige Motivation, die Aeneas seiner „Flucht" aus Troia gibt. Viel öfter als der epische Erzähler Vergil unterbricht sich der Erzähler Aeneas durch emotionale Stellungnahmen. Dieser narrative Stil weist auf Lucan voraus.

## 4. 1. 3 DRITTES BUCH

Zum dritten Buch insgesamt: N. Horsfall (1995) 118-122; zur Rolle Siziliens: G. Aricò (2005), (Lit.).

*Prooemium* (1-12): Aeneas baut eine Flotte und verläßt zu Beginn der warmen Jahreszeit – mit Vater und Sohn, Gefährten und Göttern – die Heimat als Flüchtling (1-12). Er handelt auf göttliche Weisung: *Auguria* sind Götterzeichen und ihre maßgebliche Deutung durch den *augur*, der die Gegenwart der göttlichen Vollkraft feststellt.[434] Hinzu tritt der Befehl des Vaters, „die Segel dem Schicksal (den Götterprüchen, *fata*) anzuvertrauen" (9). Charakteristisch ist die Situation der Ungewißheit über den Zielpunkt (*incerti quo fata ferant* 7), diese grundsätzli-

---

[433] Anders sind die Tageszeiten in den *Bucolica* behandelt: Im Ausgang der ersten Ekloge folgt die Nacht als Ruhepause auf die Mühen und Sorgen des Tages; gegen Ende der zweiten bestreitet Corydon zunächst, daß die hereinbrechende Nacht seine Leidenschaft dämpfen könne, dann aber erklingt doch die Stimme der Vernunft.
[434] G. Dumézil (1966) 125 f. betont diese überwiegend „rezeptive" Rolle des Augurs (im Einklang mit der römischen Religiosität, die sich um das „Lesen" der Zeichen des Götterwillens bemüht); etwas anders J. Bayet (1957) 103: *pouvoir d'accroissement, valorisation soit du présage ... soit du vouloir divin, reconnu et énoncé par l'augure*.
[435] *Heu fuge* (3, 44) nimmt den Ruf Hektors 2, 289 auf.

che Unsicherheit war schon beim ersten Auftritt des Aeneas (1, 92-102) auf dem Schiff im Sturm veranschaulicht worden. Die Tränen beim Abschied erinnern an den Anfang des zweiten Buches (2, 8). Die Feststellung *campos ubi Troia fuit* („die Felder, wo einst Troia war" 3, 11) greift zurück auf die Worte *fuimus Troes* („uns Troianer gibt es nicht mehr": 2, 325). Die Suche nach dem Ziel beginnt.

Erste Station seiner Irrfahrten ist das einst mit Troia durch Gastfreundschaft (15 und 61) verbundene Thrakien (13-68). Dort gründet Aeneas eine Stadt; doch ein Wunderzeichen und die Stimme des toten Polydorus offenbaren ihm, daß der dortige Herrscher den ihm anvertrauten Troianerprinzen aus Habgier ermordet hat. Die Troianer ehren den Toten durch eine Bestattungsfeier und verlassen – seinem Warnruf[435] gehorchend – das fluchbeladene Land.

Auf der nächsten Station, der Insel Delos (69-120), empfängt Aeneas von Apollon das Orakel, er müsse die Urheimat seines Stammes suchen. Dort erwarte diesen eine große Zukunft. Hier erklingt unüberhörbar ein Grundthema der Irrfahrten wie der ganzen *Aeneis*: Gewinnung der Zukunft durch Gewinnung der Vergangenheit. Anchises vermutet, die gesuchte Urheimat sei Kreta. Nach einem feierlichen Opfer schiffen sich die Aeneaden dorthin ein.

Auf Kreta (121-191) gründen die Troianer eine Stadt; doch eine schlimme Pest überfällt Pflanzen, Tiere und Menschen (man denkt an das Ende des dritten Buches der *Georgica*). In der Nacht erscheinen Aeneas die troianischen Hausgötter (*Penates*) und teilen ihm in Apollons Auftrag mit, das gesuchte Ziel seiner Fahrt und der Ort für die verheißene Weltstadt sei Hesperien, das Abendland (163). Darauf hatte übrigens schon Crëusa Aeneas hingewiesen (2, 781); aber offenbar glaubten der greise Anchises und sein folgsamer Sohn, es besser zu wissen. Als Aeneas dem Vater von der Vision erzählt, erinnert sich dieser, daß auch Cassandra von Italien gesprochen habe,[436] und gehorcht dem göttlichen Wink.

Nach einem Sturm (192-208) landen die Troianer auf einer der Strophaden (209-269), sie schlachten dort weidende Tiere, doch beschmutzen die Harpyien, vogelartige Ungeheuer, wiederholt die aufgetischten Speisen. Eine von ihnen, Celaeno, weissagt, die Aeneaden würden bei ihrer Landung in Italien vor Hunger die Tische verzehren. Nach einem Gebet des Anchises lichtet man die Anker.

Die Aeneaden meiden Ithaka und landen bei Apollons Actium (270-293); dort veranstalten sie Spiele und verbringen den Winter. Aeneas weiht einen Schild *de Danais victoribus*. In Buthrotum suchen sie das von Priamus' Sohn Helenus neugegründete Klein-Troia auf (294-505). Dort trifft Aeneas Hektors Gattin Andromache; der Seher Helenus gibt ihm weitere Aufschlüsse über Sizilien und das schwer erreichbare Italien und mahnt ihn, die Cumaeische Sibylle aufzusuchen. So stehen in dieser zentralen Episode die ehemalige und die künftige Heimat nebeneinander: ein Schnittpunkt von Vergangenheit und Zukunft. Aeneas stellt am Ende der Szene die abgeschlossene Existenz in Klein-Troia seinem eigenen, immer ungewissen Schicksal gegenüber: „Lebet glücklich, ist doch euer Los schon vollendet; wir aber werden von Schicksalsspruch zu Schicksalsspruch gerufen" (493 f.).

Nach nächtlicher Fahrt erscheint im Morgenrot Italien. Die Troer landen; doch ahnt Anchises beim Anblick von Pferden künftigen Krieg; so beten sie zu

---

[436] Anchises betont, damals habe niemand (genauer: kein Mann) etwas auf Cassandras Reden gegeben.

Pallas und Iuno und verlassen das von feindseligen Griechen bewohnte Land (506-547).

Die letzte Station des dritten Buches ist Sizilien (548-715). Vergil würdigt diese Insel besonders als kulturelle Brücke zwischen Griechenland und Italien. Auf der Fahrt dorthin entrinnen sie der gefährlichen Charybdis und landen in der Nähe des Aetna. Die Beschreibung dieses tätigen Vulkans zeigt Berührungen mit den *Georgica*.[437] Am Morgen nach einer angstvoll verbrachten Nacht begegnet den Troianern ein abgemagerter Grieche, Achaemenides, der sie um Rettung anfleht. Dieser verlorene Gefährte des Odysseus berichtet ihnen von dem Cyclopenabenteuer (vgl. *Odyssee*, Buch 9). Da erscheint auch schon der Cyclop, doch die Troianer und Achaemenides entkommen ihm auf dem Schiff. Drohend zeigt sich die ganze Schar der Cyclopen auf dem Berg – gleich Eichen oder Zypressen (das einzige Gleichnis dieses Buches! 679-681). Die Troianer fahren vorbei an der den Lesern der *Bucolica* wohlbekannten Quelle Arethusa, die unter dem Meer aus Griechenland nach Sizilien geflüchtet ist – ein Mythos, der zusätzlich die Verbindung zwischen Hellas und Hesperien unterstreicht. Dieser Schlußteil enthält auch weitere Anklänge an Hellenistisches. Endpunkt ist Drepanum, wo Anchises den Tod findet. Von dort aus sind die Troianer nach Karthago gelangt. So schließt sich der Ring.

Die drei Schlußverse (717-719) stellen durch Wiederholung und Variation die Verbindung zum Anfang des zweiten Buches her: Alle hören immer noch gespannt zu (2, 1; 3, 716); doch während zu Beginn die Zuhörer verstummten, verstummt nun Aeneas (2, 1; vgl. 3, 718).

*Rückblick:* Die Gliederung des dritten Buches entspricht den sieben Stationen der Fahrt der Troianer. Jede von ihnen (außer der letzten: Sizilien) ist mit einer Offenbarung verbunden: von der Rede des toten Polydorus (in Thrakien) über das Apollonorakel (auf Delos) zum Penaten-Traum auf Kreta, der Celaeno-Prophetie auf den Strophaden, der Helenus-Weissagung in Klein-Troia und dem Pferde-Prodigium in Italien. Der Aufenthalt in Buthrotum, dem kleinen Troia, bildet einen in sich geschlossenen Mittelteil, da sich nur hier der Schauplatz längere Zeit nicht ändert. So besteht das Buch aus drei Teilen: 1-293 (von Troia nach Klein-Troia; das Ende dieses Teils markiert die Weihung des Schildes in Actium); 294-505 (in Klein-Troia); 506-718 (von Klein-Troia nach Sizilien). Genau in der Mitte des Buches (359) befragt Aeneas den troianischen Propheten.

Was den epischen Hintergrund betrifft, so entspricht das dritte Buch den Erzählungen des Odysseus bei den Phäaken (wobei besonders das neunte Buch – das Kyklopenabenteuer – hervortritt). Das dritte Buch stellt einerseits Aeneas als neuen Odysseus dar, andererseits deutet es jedoch mit Entschiedenheit seine Existenz als die ständige Suche nach Götterzeichen, die ihn dem großen künftigen Ziel näherbringen. Es bietet also Anlaß, über Vergils Aeneasbild – eher noch *homo religiosus*[438] denn Held eines „Entwicklungsromans" – nachzudenken. Daneben ist der Ausgleich mit den ehedem feindlichen Griechen wichtig (ein Motiv, das später im Zusammenhang mit Euander und Diomedes wieder-

---

[437] Vgl. *G* 1, 471-473; auch *G* 2, 308 und 4, 170-175; zur Darstellung des Aetna in der epischen Dichtung V. Leroux (2004) 57-78.
[438] Man denkt am ehesten an Iason – etwa in der Deutung Pindars.

kehrt): Die Weihung des Schildes *de Danais victoribus* (288) am Ende des ersten Teils bezeichnet das Ende der Feindseligkeiten; der dritte Teil des Buches bringt die Aufnahme des Griechen Achaemenides durch die Troianer, zugleich ein positives Gegenstück zu dem lügnerischen Sinon (Vergil unterstreicht die Parallelen zum zweiten Buch). Die Begegnung mit Andromache und Helenus zeigt ebenso wie die Bewältigung des Konflikts mit den Griechen, daß Aeneas Vertreter eines nicht musealen, zukunftsträchtigen Troia ist.

## 4. 1. 4 VIERTES BUCH

Zum vierten Buch insgesamt: N. Horsfall (1995) 123-134; A. Wlosok (1976); M. Fernandelli (2002).

Das vierte Buch fand schon in augusteischer Zeit besonders eifrige Leser (Ovid, *Tristia* 2, 535 f.): „Keinen Teil aus dem Werk liest man so fleißig wie jenen, / der von Liebe erzählt ohne gesetzliches Band." Man hat das Buch oft mit einer Tragödie verglichen.[439] Szeneneinsätze sind durch klare Zeichen markiert, verbunden mit dem Wechsel von einer der beiden Hauptgestalten zur anderen: Es entsprechen sich *at regina* (4, 1; 296; 504; vgl. 12, 54) und *at vero Aeneas* (279); *at pius Aeneas* (393); *tum vero Aeneas* (571).

Der Buchanfang (1-5) nimmt durch *at* auf das vorhergehende Buch Bezug. Der Lebensbericht des Aeneas ist zu Ende. Jetzt wendet sich der Blick Dido zu. Am verwundeten Herzen der Königin zehrt ein heimliches Feuer. Das Heldentum, das Ansehen, die Erscheinung und nicht zuletzt die Worte des Aeneas rauben ihr die Ruhe: Seine Erzählungen (die Bücher 2 und 3) haben Didos Liebe verstärkt. Das Bild der Verwundung (*vulnus* 4, 2) ist ein Leitmotiv (vgl. 4, 69-73);[440] später wird *vulnus* die Todeswunde bezeichnen: 6, 450).

Am nächsten Morgen spricht Dido mit ihrer Schweser Anna (6-55). Dido selbst ist *male sana* („krank, von rasender Leidenschaft ergriffen": 8).[441] Ihre Worte klingen nicht zufällig an Nausikaas indirekte Liebeserklärung an: „Welch ein großer und schöner Fremdling folgt Nausikaa? Wo hat sie ihn gefunden? Der wird nun wohl ihr Mann werden" (*Odyssee* 6, 276 f.; vgl. 240-245). An die Nausikaa-Episode erinnerten schon im ersten Buch die Gleichnisse, die den Helden mit einem herrlichen Bildwerk (*A* 1, 589-593; *Odyssee* 6, 229-235) und die Königin mit Diana im Kreise der Nymphen verglichen (*A* 1, 498-502; *Odyssee* 6, 102-109). Durch die typologische Assoziation mit der mädchenhaften Nausikaa verleiht Vergil Didos neuer Liebe besondere Frische. Didos Glaube an die göttliche Abstammung des Aeneas (*A* 4, 12) bildet eine Parallele zu Nausikaas Eindruck, Odysseus sei nach dem Willen der Götter zu den Phäaken gekommen und sei selbst gottähnlich (*Odyssee* 6, 240-243). Doch anders als Nausikaa, die noch frei ist, also an eine Heirat mit dem Fremden denken darf, fühlt sich Dido

---

[439] A. Wlosok (1976); M. Fernandelli (2002-2003); E. Krummen (2004). Die antiken Erklärer erinnerte die Liebesintrige an eine Komödie (*paene comicus stilus est*: Servius zu *A* 4, 1).

[440] Aeneas war schon im zweiten Buch bei seinem ersten Auftreten mit einem ahnungslosen Hirten verglichen worden (2, 307 f.).

[441] Liebe erscheint nach antiker Theorie als Krankheit und Wahnsinn.

auf ewig an den toten Sychaeus gebunden.[442] Für sie ist die Liebe zu Aeneas schuldhaft (*culpa* 19). Ja, sie verflucht sich selbst in aller Form, falls sie ihre Ehre verletzen sollte. *Pudor* (27) ist nicht auf Sexuelles beschränkt,[443] es bezeichnet die „Selbstachtung". Didos (nicht immer genügend beachtete) Selbstverfluchung wird sich später gegen die Heldin kehren.

Anna freilich gießt Öl ins Feuer: Dido habe ein Recht auf Liebesglück und Kinder. Aeneas werde sie vor den Nachbarstämmen schützen, deren Führer Dido verschmäht habe. Aeneas sei (man denkt an Nausikaas Worte) dank der Gunst der Götter, besonders Iunos, hierher gekommen. Eine Ehe mit ihm werde Karthago groß machen. Vorerst gelte es, ihn während des Winters in Karthago zu halten. Tragische Ironie: Anna sagt, sie liebe die Schwester „mehr als das Licht" (31), ohne zu ahnen, in welches Dunkel ihre Ratschläge Dido stürzen werden.

Der folgende Abschnitt ist den Folgen von Annas Rede gewidmet (54-89). *Amor* gewinnt die Oberhand über *pudor* (54 f.). Damit ist die in der Selbstverfluchung angelegte Tragödie in Gang gesetzt. Didos Verhalten gleicht dem einer Kranken (vgl. *male sana*: 4, 8; dies bestätigt die Nähe von *pudor* zu *mens bona*, vgl. oben, Anm. 443). Die Schwestern bringen Opfer dar, um den „Frieden der Götter" (die *pax deorum*) herzustellen. Hier findet sich der berühmte Satz *heu vatum ignarae mentes* (65), der sich wie ein Orakelspruch in zwei Richtungen deuten läßt: „Wehe über den unverständigen Sinn der Seher!" (so wird der Text meist [miß-] verstanden; wobei feinere Geister die Unwissenheit der Seher nicht auf die Zukunft, sondern auf den Seelenzustand Didos beziehen, was aber letztlich ebenfalls einschließt, daß die Seher die Zukunft nicht richtig einschätzen) oder: „O daß der Menschen (Didos und Annas) Geist die Sprüche der Seher nicht versteht!".[444] Der Fortgang des Textes paßt zu der letzteren Lösung: Was nützen der Rasenden (Verblendeten) Gelübde und Riten? Jetzt offenbart sich ihre Liebe als Wahnsinn (vgl. *furentem* 65; *furens* 69). Das erste Gleichnis des Buches zeigt Dido als Hindin, die ein ahnungsloser Hirt zu Tode[445] verletzt hat (69-73). Oft stockt ihre Rede, Dido findet keinen Schlaf und versäumt die Aufsicht über die Bauarbeiten (74-89).

In der anschließenden Götterszene (90-128) schlägt Iuno Venus vor, das Bündnis zwischen Troianern und Karthagern durch den Liebesbund zwischen Aeneas und Dido zu besiegeln. Venus stimmt lächelnd zu – falls Iuppiter mit dieser Wendung des Schicksals einig sei. Iuno verspricht, sich selbst darum zu kümmern und die Liebenden durch ein Gewitter in einer Höhle zusammenzuführen.

Tags darauf (129-172) macht sich die Jagdgesellschaft früh auf den Weg. Purpur und Gold schmücken Didos Zelter wie auch die Königin selbst – bei Ver-

---

[442] Eine *spectatae pudicitiae matrona* war in Rom eine Frau, die nur mit einem Manne verheiratet war (vgl. Livius 10, 23, 9 *quae uni viro nupta fuisset*).
[443] *Pudore pro pudicitia abutimur* sagt Servius z. St. *Pudor* ist eine geistige Eigenschaft (vgl. G. Radke [1959]). Horaz nennt ihn neben *Fides, Iustitia* und *Veritas* (*Carmina* 1, 24, 6) und neben *Fides, Pax, Honos* und *Virtus* (*Carmen Saeculare* 57). Bei Ovid ist er neben *Mens Bona* (*Amores* 1, 2, 32) ein Gefangener in Amors Triumphzug, dies bestätigt den intellektuellen Charakter von *pudor*.
[444] So V. Pöschl ($^3$1977) 102 (vgl. *A* 8, 627 *haud vatum ignarus*) im Anschluß an J. Henry, der feststellt, Vergil verbinde *ignarus* nie mit dem Genetivus subiectivus.
[445] Daß Dido todgeweiht ist, betont Vergil mehrfach, z.B.: *moritura* 308; 415; 519; 604; *moribundam* 323; *mors* 385; 436; 451; *mori* 475.

gil ambivalente Farben, die Reichtum, aber auch Verblendung bedeuten. Aeneas ähnelt Apollon (143-150) – dieses zweite Gleichnis des Buches wetteifert mit Apollonios (1, 307-310). Wie die Wahl des Vorbildes zeigt, verschiebt sich spätestens jetzt (vgl. Anm. 438) der typologische Bezug von Odysseus auf Iason. Aeneas ist also nicht mehr der Durchreisende, sondern der aus der Fremde kommende Verführer (wenn auch vielleicht wider Willen). Ascanius macht sich auf seinem feurigen Roß selbständig und hofft, im einsamen Tal einen Keiler oder Löwen erlegen zu können. Indessen bricht das Gewitter aus; ein jeder sucht Unterschlupf, wo er ihn findet. Aeneas und Dido führt das Schicksal in ein und dieselbe Höhle. Den unter bösen Vorzeichen geschlossenen Bund nennt Dido eine Ehe. Das Stichwort *culpa* („Schuld"), das Dido selbst am Anfang des Buches aussprach (19), kehrt nun in gewichtiger Schlußstellung wieder (172).

Inzwischen trägt das Gerücht – Vergil malt Fama als allegorisches Wesen surrealistisch aus – die Nachricht durch Libyen (173-195). König Iarbas, den Dido einst verschmäht hat, betet zu Iuppiter, er möge dem Treiben des neuen asiatischen „Paris" Einhalt gebieten (196-218).

Daraufhin entsendet Iuppiter Mercur, um Aeneas an seinen Auftrag und seine Pflicht gegenüber Ascanius zu erinnern (219-295). Der Götterbote fliegt einem Seevogel gleich (254 f.; drittes Gleichnis) nach Karthago zu dem mit Purpur, Gold und Edelsteinen geschmückten „Weibersklaven" (*uxorius* 266) Aeneas – man erkennt im Rückblick die unheilvolle Vorbedeutung von Didos prächtiger Aufmachung vor der Jagd – und erinnert ihn an seine Berufung (*regnum Italiae Romanaque tellus* 275). Den literarischen Paradigmenwechsel macht als „Leitfossil" das Seevogel- (Möwen-) Gleichnis (aus *Odyssee* 5, 51-54) sichtbar: Da Aeneas nun auf Iuppiters Befehl Karthago verlassen muß, gemahnt die Situation an die Episode von Odysseus und Kalypso. Aeneas verstummt vor Entsetzen (279 f.) – ähnlich wie bei Crëusas Erscheinung (2, 774) und bei den Worten des toten Polydorus (3, 48).[446] Er scheut sich, Dido die Wahrheit zu sagen und läßt die Seinen heimlich die Flotte zur Abfahrt rüsten (281-295).

Dido (296-392), die dennoch alles errät, rast gleich einer Bacchantin durch die Stadt. Dieses vierte Gleichnis (301-303) verstärkt gegenüber Vers 69 das Element des „Wahnsinns";[447] zugleich beschwört es die Dionysien und unüberhörbar die Gattung „Tragödie" herauf. Die Königin stellt Aeneas zur Rede (erste Dido-Rede 305-330): Der Treulose habe gar noch gehofft, seine Abfahrt zu verheimlichen. Vergessen seien Liebe und Treuwort; und auch Didos bevorstehender Tod bedeute ihm nichts. Rücksichtslos rüste er mitten im Winter zur Abfahrt. Seinetwegen sei Dido bei den Nachbarfürsten und im eigenen Volke verhaßt. Seinetwegen habe sie ihre Ehre verloren. Ihr bleibe nur der Tod. Der vermeintliche Gemahl (*coniunx*)[448] habe sich sich als bloßer Gast (*hospes*) entpuppt. Hätte sie ein Kind von ihm empfangen, so wäre sie nicht völlig verlassen. Die Rede ist gefühlsgeladen; aber noch hofft Dido, Aeneas zu überzeugen.

Die Reaktion des Aeneas (331 f.) und seine Antwort (333-361) wirken demgegenüber erschreckend kalt. Schon im ersten Buch hatte der Held als Anführer seine Sorgen vor der Mannschaft zu verbergen gewußt (1, 209). Nun

---

[446] In 12, 867 f. erfaßt Turnus lähmendes Entsetzen angesichts der Dira.
[447] *Furens* schon 69; jetzt verstärkt: *saevit inops animi ... incensa ... bacchatur ... excita* 300 f.
[448] Zur römischen Ehe: S. Treggiari (1991).

blickt er gemäß Iuppiters Weisung starr vor sich hin und spricht nur wenige Worte: Nie werde er vergessen, was Dido für ihn getan habe. Weder habe er gehofft, seine Flucht vor ihr zu verbergen, noch habe er ihr jemals die Ehe versprochen. Hätte er selbst sein Schicksal gestalten dürfen ... (nein, er sagt nicht: dann wäre er bei Dido geblieben, – sondern:) dann hätte er Troia wieder aufgebaut. Dido ist also weder erste noch auch nur zweite Wahl für ihn. Ja, er wird noch deutlicher: Seine Liebe (*amor* 347) gelte nicht etwa ihr, sondern dem ihm von Apollo verheißenen Italien. Warum mißgönne sie, die ja in Karthago bleiben wolle, ihm die Suche nach einem eigenen Reich? Im Traum mahne ihn der Vater; auch dürfe er Ascanius nicht um seine Zukunft betrügen. Jetzt sei ein Bote von Iuppiter zu ihm gekommen. Erst am Ende stehen Worte, die einen Rest von Empfindung ahnen lassen: „Laß ab, dich und mich durch Klagen zu entflammen: Nicht aus freiem Willen gehe ich nach Italien..." (360 f.).

Dido, die ihn schweigend von der Seite beobachtet hat, erwidert zornig, der Treulose (*perfide* 366; vgl. 305) sei nicht Sohn einer Göttin, sondern eine Ausgeburt der Felsen des Kaukasus; Tigerinnen hätten ihn gesäugt. Dann spricht sie – als führe sie ein Selbstgespräch – weiter in der dritten Person von ihm – er ist für sie nicht mehr anwesend: „Hat ihm mein Weinen einen Seufzer entlockt? Hat er auch nur den Blick gewandt? Hat er Tränen vergossen? Jammerte es ihn der liebenden Frau?" Und diesen Gefühllosen und seine Gefährten hat sie großmütig gerettet! Seiner Berufung auf Göttersprüche hält sie den (epikureisch klingenden) Gedanken entgegen, die Götter kümmerten sich nicht um die Irdischen. Nun wendet sie sich ihm zu, erklärt stolz, sie halte ihn nicht auf, und verflucht ihn. Während er nach Worten ringt, läßt sie ihn stehen. Dann bricht sie ohnmächtig zusammen.

Der Troianer, von dessen „großer Liebe" (395) wir erst nachträglich erfahren, treibt seine Gefährten dennoch zur Eile an (393-407); sie sind fleißig wie Ameisen (fünftes Gleichnis: 402-407, nach Apollonios 4, 1452 f.). Dies ist ein Gegenstück zu dem Bienengleichnis im ersten Buch; dort beobachtet Aeneas die arbeitenden Karthager, so wie jetzt Dido die Troianer.

Der Erzähler redet die Königin teilnehmend an (408) und versucht, sich in ihre Empfindungen zu versetzen. Nun entsendet Dido – so weit bringt der ruchlose Amor Menschenherzen![449] (412) – ihre Schwester Anna, Aeneas um kurzen Aufschub zu bitten (416-440). Doch ihm verstopft ein Gott die „gütigen Ohren" (440), und er bleibt unerschütterlich wie eine Bergeiche im Sturm (441-449). Dieses sechste Gleichnis erinnert an die „gefällte Bergesche" bei Troias Untergang (2, 626-631; vgl. *G* 2, 291-297). Immerhin dürften die „vergeblich rinnenden Tränen" (449) die des Aeneas sein (was *A* 10, 465 bestätigt).

Nun wünscht sich Dido den Tod (450-503). Böse Vorzeichen, die Stimme des toten Sychaeus, Angstträume von einem grausamen Aeneas, ja Rachegeister[450] quälen sie wie einen Pentheus oder Orest (siebtes Gleichnis: 469-473): Die explizite Tragödienreminiszenz enthüllt den Grundcharakter des vierten Buches.

Unter dem Vorwand eines magischen Ritus weist Dido die ahnungslose Anna an, in einem Innenhof des Palastes einen Scheiterhaufen zu errichten, um

---

[449] Die Anrede an Amor erinnert an den Ausruf bei Apollonios vor Medeas Brudermord (4, 445-451).

[450] *Dirae* verbinden Dido mit Turnus (12, 845; 869) und Actium (8, 701); W. Hübner (1970).

darauf das gemeinsame Lager und alle Andenken, die Aeneas hinterließ, zu verbrennen (474-503). Zusammen mit einer Magierin vollzieht sie Rituale; in schlafloser Nacht verwirft sie in einem Monolog die Alternativen, einen der von ihr verschmähten Nomadenfürsten zu heiraten oder Aeneas zu begleiten, und verurteilt sich selbst, weil sie Sychaeus die Treue brach, zum Tode (504-553).

Aeneas aber schläft auf dem zur Abfahrt bereiten Schiff. Da erscheint ihm Mercur im Traum und mahnt ihn – unter Hinweis auf die Unberechenbarkeit der Frauen (*varium et mutabile semper / femina* 569 f.) – zu rascher Flucht. Unverzüglich kappt Aeneas die Haltetaue mit dem Schwert (554-583).

Im Morgenrot entdeckt Dido die Flucht der Troianer. Allzu spät sinnt sie auf Strafe und Rache. Dann verflucht sie Aeneas (der nach ihrer Meinung seine *pietas* durch *facta impia* [596] Lügen straft) zu vorzeitigem Tod und beide Völker zu ewiger Feindschaft (584-629). Hier steht die Anrede an den künftigen Rächer – wohl Hannibal (*exoriare aliquis nostris ex ossibus ultor* 625). Das historische Panorama reicht jetzt bis in die Zeit der Punischen Kriege (584-629).

Nun setzt die Königin ihren Selbstmord (630-705) ins Werk. Durch die Amme des Sychaeus läßt sie Anna „zur Opferhandlung" herbeirufen. Sie besteigt den Scheiterhaufen, blickt in einem großartigen Schlußwort auf ihr Leben zurück und tötet sich auf dem gemeinsamen Lager mit dem Schwert des Aeneas. Die Begleiterinnen klagen, als gehe Karthago unter (so liefert das achte Gleichnis des Buches indirekt einen historischen Vorblick: 669-671). Die zu spät eintreffende Anna klagt über Didos List und darüber, daß die Königin ihre Stadt mit ins Verderben gerissen habe, und nimmt die Sterbende in ihre Arme. Aus der „Liebeswunde" ist nun eine Todeswunde geworden (689; vgl. Vers 2 und 73). Iuno entsendet die Götterbotin Iris, um den schweren Todeskampf zu beenden.

*Rückblick:* Das Buch hat einen bestechend klaren Aufbau: Es lösen sich Szenen in unterschiedlicher Konstellation ab: Gespräche zwischen Dido und Anna (6-55 und 416-449) umrahmen die beiden Begegnungen zwischen Aeneas und Dido (den Liebesbund 129-172 und den Streit 296-392). Abwechselnd erscheinen außerdem Aeneas (260-294; 393-407; 554-583) und Dido (408-553; 584-705) jeweils getrennt. Der Liebesszene geht eine Intrige weiblicher Gottheiten voraus, der Trennung eine Initiative männlicher Götter.

Was epische Vorbilder betrifft, so erinnert die Entstehung der Liebesleidenschaft natürlich an Medea im dritten Buch des Apollonios Rhodios; doch während bei Medea jungmädchenhafte Züge mit denen der gefährlichen Magierin kontrastieren, ist die Königin Dido eine Gestalt aus einem Guß. Reminiszenzen an homerische Frauen (etwa Nausikaa, Kalypso[451]) und an Apollonios' Hypsipyle spielen ebenfalls herein. Gleichnisse akzentuieren subtil den Wechsel der epischen und dramatischen Paradigmen und sogar die historische Dimenison. Die Nähe des Dido-Buches zur Tragödie gibt Anlaß zu formalen und inhaltlichen Überlegungen. Der erste Akt umfaßt die Exposition: vom Gespräch der Schwestern bis zur Vereinigung der Liebenden (1-172). Im zweiten Akt setzt die Gegenhandlung ein (vom Auftritt der Fama zur Botschaft Mercurs und der Vorbereitung der Abfahrt (173-295). Der dritte Akt bringt die Krisis (den dramatischen Höhepunkt mit der „äußeren Peripetie"): Auf den Rede-Agon zwischen

---

[451] G.N. Knauer (1964) 209-218.

Dido und Aeneas folgen Didos letzte Versuche, Aeneas zu halten (296-449); wie schon in der Anfangsszene denkt man an Phaidra. Der vierte Akt (450-583) führt auf die Katastrophe zu: Äußerlich gilt dies für Didos Trugrede zu Anna, innerlich für den nächtlichen Monolog, der Didos Entschluß, zu sterben, durch Einsicht untermauert: Sie läßt die Illusion der „Ehe" fallen und erkennt ihre Verfehlung gegenüber Sychaeus („innere Peripetie"). Der fünfte Akt (584-705) umfaßt die Katastrophe: Didos Tod.[452] Dabei ist der Vergleich mit Szenentypen (wie Exposition, Redekampf, Monolog, Trugrede) fruchtbarer als Vermutungen über die Zahl der Akte des Dramas; sinnvoll sind auch Untersuchungen zu Dido als tragischer Gestalt, zur Schuldfrage im Vergleich zu Turnus oder auch zum römischen Ideal der *univira*. (Die gelehrtenhafte Frage, ob eine Ehe zwischen Aeneas und Dido bestand, ist im Sinne des römischen Rechtes negativ zu beantworten – was Aeneas juristisch, aber nicht moralisch entlastet). Aufeinander stoßen inkompatible Verhaltensmuster: das erotisch-elegische zwischen Privatpersonen (daher Ovids Kritik an Aeneas in der 7. *Heroide*) und das politische zwischen Königen, die jeweils für ihr Volk verantwortlich sind. Obwohl im ganzen Buch alle Aufmerksamkeit Dido gilt, ist bemerkenswert, daß die Namen Anchises und Ascanius – das stärkste Argument für Aeneas – genau in der Mitte des Buches (351-354) genannt werden. Vergil betont den Tod des Anchises an der Schwelle zum vierten Buch (*A* 3, 710), und sorgt für Abwesenheit des Ascanius beim Gastmahl und bei der Liebesbegegnung. Die Nennung an zentraler Stelle zeigt: Wie öfter bei Vergil sind Abwesende in besonderer Weise gegenwärtig.

## 4. 1. 5 FÜNFTES BUCH

Zum fünften Buch insgesamt: N. Horsfall (1995) 135-143 (Lit.); zum Sportgeschichtlichen: E Mehl (1958).

*Et le cinquièsme livre en l'Æneïde me semble le plus parfaict.*
Michel de Montaigne, *Pensées* II 10.

Das fünfte Buch bildet einen Ruhepunkt nach der Dido-Tragödie und vor der Unterweltsschilderung.

Nach der Abfahrt von Karthago sehen die Troianer den Feuerschein von Didos Scheiterhaufen aus der Ferne. Da ein Sturm heraufzieht, folgt Aeneas dem Rat des Steuermanns Palinurus, auf Sizilien bei Acestes Halt zu machen, wo Anchises begraben ist. (Dieser Einleitung entspricht die Schlußszene des Buches: der Tod des Palinurus). Acestes nimmt die Aeneaden freundlich auf (1-41).

Zum Jahrestag von Anchises' Tod veranstaltet Aeneas Opfer und Spiele (42-603). Dabei erscheint eine heilige Schlange, die wie ein Regenbogen schimmert (erstes Gleichnis: 88 f.). Am neunten Tag beginnen die Spiele (104-113). An erster Stelle findet ein Bootsrennen (114-285) statt. Eine Klippe dient als Wendemarke. Nach dem Trompetensignal setzen sich die vier Schiffe in Bewegung (zweites Gleichnis: Wagenrennen: 144-147 [die traditionelle homerische Sportart, die durch das Bootsrennen ersetzt ist]; vgl. *G* 3, 103-112; drittes

---

[452] A. Wlosok (1976); E. Krummen (2004) 25-69; zu Sophokles (bes. *Aias*): E. Lefèvre (1978).

Gleichnis: Taubenflug 213-219; viertes Gleichnis: verletzte Schlange 273-280). Nach einem spannenden Rennen verleiht Aeneas Preise – sogar an den Verlierer.

Es folgt der Wettlauf (286-361). Der schnellste Teilnehmer, Nisus, gleitet aus und stürzt. Doch stellt er dem Zweitbesten ein Bein, so daß sein Freund Euryalus gewinnt. Aeneas disqualifiziert niemanden, sondern beschenkt alle Teilnehmer. Die dritte Disziplin ist der Faustkampf (362-484). Dem hochmütigen Herausforderer Dares stellt sich zunächst niemand, bis Acestes den alten Entellus dazu überredet. Aeneas sorgt dafür, daß beide gleiche Boxriemen erhalten. Der Kampf liest sich wie Epenparodie (fünftes Gleichnis: Belagerung 439-442). Entellus stürzt wie eine gefällte Pinie (sechstes Gleichnis: 448 f.), aber erholt sich wieder; seine Faustschläge prasseln wie Hagel (siebtes Gleichnis: 458 f.) auf Dares nieder, den nur das Eingreifen des Aeneas rettet. Entellus erhält einen Stier als Siegespreis und streckt diesen (anstelle des Gegners) mit einem Faustschlag zu Boden (expressiv der einsilbige Versschluß: *procumbit humi bos* 481).

Beim Bogenschießen (485-544) trifft der erste den Mast, an dem die als Ziel vorgesehene Taube angebunden ist, der zweite die Schnur, der dritte die davonfliegende Taube. Der vierte, Acestes, schießt notgedrungen ins Leere, doch – o Wunder – sein Pfeil entzündet sich und verglüht wie ein Komet (achtes Gleichnis: 527 f.). Aeneas sieht darin ein Götterzeichen; Acestes erhält den ersten Preis.

An letzter Stelle steht das Troia-Spiel (545-603) der jugendlichen Reiter unter Ascanius; die Bewegungen sind labyrinthisch (neuntes Gleichnis: 588-591) und erinnern an Delphine, die sich tummeln (zehntes Gleichnis: 594 f.).

Über diesem Hauptteil des Buches liegt eine wohltuend entspannte Heiterkeit und Weisheit. Die Beschreibung der Spiele stellt eine Distanz zum Geschehen her. Ähnlich wie im Bienenbuch (*Georgica* 4) spielt der Autor mit dem Kontrast zwischen dem unbedeutenden Gegenstand und der epischen Sprache, wie sich insbesondere an den zahlreichen Gleichnissen zeigt. Dennoch spannen sich Fäden zur Haupthandlung: Generell ist die Darstellung der Wettkämpfe ein Vorspiel zu den Kampfschilderungen der zweiten Hälfte des Werkes; Nisus und Euryalus, die Helden des neunten Buches, treten schon hier hervor.[453] Der harmlose Sturz des Steuermanns ins Wasser (172-182) präfiguriert den Tod des Palinurus, der am Ende des Buches berichtet wird. Der sich wundersam entzündende Pfeil des Acestes (525-528) weist voraus auf den Brand der Schiffe und auf Acestes' Rolle als Anführer der sizilischen Troianer.[454]

Der nächste Hauptteil handelt vom Brand der Schiffe (604-761). Auf Iunos Geheiß hetzt Iris die troianischen Frauen auf, die Schiffe anzuzünden, um die langen Irrfahrten zu beenden (604-663). Aeneas betet, und Iuppiter sendet Regen, der das Feuer löscht (664-699). Auf den Rat des alten Nautes und des toten Anchises, der ihm im Traum Kämpfe in Italien und seine Unterweltswanderung prophezeit, läßt Aeneas Frauen und Kampfunfähige unter Acestes als König

---

[453] R. Niehl (2002) 136 f.
[454] Es gibt auch Fernbezüge: Auf einer Chlamys, die als erster Preis vergeben wird, ist der Raub des Ganymedes dargestellt (250-257), eine der Ursachen von Iunos Haß auf Troia (vgl. *A* 1, 28). Das Bootsrennen berührt sich mit der Seeschlacht bei Actium (142; vgl. 8, 689 f.); der Boxkampf mit der Aristie des Turnus (z.B. 432; 9, 814). Bei der „chthonischen" Erscheinung der Schlange des Anchises häufen sich Anklänge an die *Georgica*.

auf Sizilien zurück. Nach Gründung der Stadt Acesta und des Tempels der Venus Erycina (700-761) nehmen Aeneas und die Seinen Abschied (762-778).

Der Schlußteil des Buches – der Tod des Palinurus (779-871) – bildet ein Seitenstück zum Bucheingang, der uns die Umsicht dieses Steuermanns vor Augen führt (1-34). Venus bittet Neptun um sichere Fahrt für seine Schiffe. Dieser fordert ein stellvertretendes Opfer („Ein Haupt wird für viele gegeben werden" 815).[455] Der Gott des Schlafes überwältigt den Steuermann Palinurus und stürzt ihn ins Meer. Zu spät entdeckt Aeneas das Unglück und nimmt das Steuerruder selbst in die Hand. So endet das auf weite Strecken entspannt wirkende Buch mit einer ernsten Note. Der Weg des Aeneas ist mit schweren Verlusten, ja mit Menschenopfern gesäumt: der Ehefrau (Buch 2), dem Vater (Buch 3), der Geliebten (Buch 4) und nun dem getreuen Steuermann (Buch 5).[456] Schon das erste Buch schlägt das Thema an: man denke an den Untergang von Orontes' Schiff und den Sturz des Steuermanns ($A$ 1, 113-117).

*Rückblick:* Das Buch ist umrahmt von Szenen, die sich auf Palinurus beziehen (1-34 und 779-871); ferner entspricht dem an zweiter Stelle berichteten Auftritt des Acestes (35-41) und dem Opferritus für Anchises (43-103) an vorletzter Stelle die Gründung der Stadt Acesta und des Venustempels (700-761; letztes Wort: *Anchiseo*). Die beiden Hauptteile des Buches haben unterschiedliche Länge und unterschiedliche Stimmung: mit der Heiterkeit der Spiele (104-603) kontrastiert der Ernst des Schiffsbrandes (604-778). In den früheren Teilen des Buches greifen die Götter nur zeichenhaft ein (etwa durch das Erscheinen der Schlange oder das Sichentzünden des Pfeiles), in den späteren üben erst Iuno, dann auch Venus durch untergeordnete Gottheiten Einfluß auf die Handlung. Regt also der Brand der Schiffe an, über den Götterapparat nachzudenken, so stellt der Tod des Palinurus – abgesehen von den philologischen Problemen der Unterschiede zu Buch 6 – auch weitreichende theologische Fragen. So heiter die Kampfspiele, so düster ist das Thema des Opfertodes, mit dem das Buch ausklingt.

Die Spiele haben nicht nur sportgeschichtliches Interesse erweckt – sie fesseln die Forschung auch wegen der Nennung römischer Geschlechter und der Bezugnahmen auf die augusteische Zeit. Selbständig konkurriert Vergil hier mit dem 23. Buch der *Ilias* und dem achten (bes. 100-265) der *Odyssee*. Vor allem aber zeigt sich Vergil hier über längere Strecken spielerisch, heiter und entspannt: eine zu wenig beachtete Seite an dem Dichter der *Aeneis*. An diese Eigenart des fünften Buches (die man weder totschweigen noch überbetonen sollte) knüpfen sich Fragen der „epischen Stilisierung" eines unmilitärischen Stoffes (man denkt an die *Georgica*, besonders an das Bienenbuch) sowie Probleme der Gesamtstruktur der *Aeneis* (Abwechslung zwischen „helleren" und „dunkleren" Büchern; engere Zusammengehörigkeit von 1-6 oder 5-8) .

---

[455] Vgl. *Iohannes* 11, 50; 18, 14; *2. Korinther* 5, 14; zur Problematik: F.E. Brenk (1984).
[456] Misenus ($A$ 6, 149-235) und die Amme Caieta ($A$ 6, 900-7, 4) werden die nächsten Toten sein. Des Marcellus wird zu Ende des sechsten Buches gedacht. Im letzten Werkdrittel handelt es sich bei den Todesopfern nicht mehr um Einzelfälle. Die Schlüsse der letzten Bücher sind wieder durch den Tod bedeutender Personen geprägt (Buch 10: Mezentius; Buch 11: Camilla; Buch 12: Turnus).

## 4. 1. 6 SECHSTES BUCH

> Zum sechsten Buch immer noch grundlegend *E. Norden (Komm. ³1927; ⁴1957); *N. Horsfall (1995) 144-154. Zur „Heldenschau": Verf. (1999) 99-119.

Am Strand von Cumae angelangt, sucht Aeneas die von Apollon inspirierte Sibylle auf (1-13). Daedalus, der hier nach seiner Flucht aus Kreta seine Flügel Apollon weihte und einen Tempel errichtete, präfiguriert das Schicksal des Aeneas, der nun nach langen Irrfahrten auf italischem Boden steht. Doch anders als Daedalus konnte er seinen Sohn lebend nach Italien bringen. Auf den Türflügeln (20-33) ist die Ermordung von Minos' Sohn Androgeos nach seinem Sieg bei den Panathenäen dargestellt. Man sieht auch die Losurne, die zur Strafe jährlich sieben athenische Kinder in den Tod schickte. Die andere Seite zeigt Kreta, den Minotaurus und das von Daedalus erbaute Labyrinth.[457] Überraschend verbindet Vergil den die Rückkehr ermöglichenden Faden nicht mit Ariadnes Namen, sondern mit dem des Daedalus. Dies bereitet symbolisch die Rückkehr des Aeneas aus der Unterwelt vor. Den Tod des Icarus vermochte Daedalus nicht zu verewigen, weil ihm die Hände den Dienst versagten; doch auch alle übrigen Abbildungen haben das Sterben von Kindern oder Jünglingen zum Gegenstand, ein Thema, das im folgenden für die *Aeneis* immer wichtiger wird: Gegen Ende des sechsten Buches wird Vergil dem frühvollendeten Marcellus ein Denkmal setzen. Eine Hauptgestalt ist Euryalus im neunten Buch; im zehnten folgen Lausus und vor allem Pallas, der bis zum letzten Vers des Werkes seine Bedeutung behält. Sogar Aeneas wird (wie Dido prophezeite: *A* 4, 620) allzu früh sterben. Hierher gehört auch die fünfte Ekloge als Klage um den jung verstorbenen Daphnis. Das Versagen des Künstlers Daedalus angesichts von Icarus' Tod[458] spiegelt das ständige Ringen Vergils mit diesem Thema wider (s. S. 169). Wie im ersten Buch verbinden die Bilder auf den Türflügeln Vor- und Rückschau.

Die Sibylle gibt Anweisungen für Opfer, ruft die Troianer in den Tempel (14-41) und fällt nach Betreten der Grotte in Ekstase. Aeneas betet zu Phoebus und erfährt von der Seherin, daß ihn nach überstandener Gefahr zur See zu Lande noch Schwereres erwartet: ein zweiter Krieg (wieder um eine Frau: Lavinia), ein neuer Achilles (Turnus), Iunos ständige Gegenwart, aber auch Hilfe aus einer Griechenstadt (Euanders Pallanteum, das Ur-Rom): Typologie als Methode poetischer Erfindung! Die Sibylle ermahnt Aeneas zu Beharrlichkeit und Wagemut (42-101). Dieser Abschnitt ist eine Vorankündigung der zweiten, „iliadischen" Hälfte der *Aeneis*. Hierauf bittet Aeneas die Sibylle, ihm den Weg zu seinem Vater zu weisen (102-123). Sie betont, nicht der Abstieg dorthin, sondern die Rückkehr sei schwierig; zuvor jedoch müsse er den „goldenen Zweig" pflücken, den verstorbenen Gefährten (Misenus) bestatten und Opfer darbringen (124-155). Aeneas entdeckt, von zwei Tauben (den Vögeln der Venus) geführt, den goldenen Zweig, der wie eine Mistel auf einer Steineiche

---

[457] Die Worte *magnum reginae ... miseratus amorem* (*A* 6, 28) sind nicht auf Dido bezogen, zählen aber zu den Anklängen an andere *Aeneis*-Bücher, die das sechste als Schlußstein der ersten Werkhälfte und als Vorankündigung der zweiten erscheinen lassen.
[458] Die Anrede an Icarus (*A* 6, 31) bereitet die Anreden an Marcellus (*A* 6, 882 f.), Euryalus (*A* 9, 390; vgl. 9, 446-449) und Lausus vor (10, 791-793); vgl. Aeneas' Worte 10, 825-830 (Lausus) und 11, 97 f. (Pallas).

(erstes Gleichnis: 205-209) wächst. Den Freund, um dessen Tod er nicht wußte, läßt er bestatten (156-235). Dann vollzieht er in einer Höhle voller Pesthauch (epische Ortsbeschreibung 237-242) das vorgeschriebene Opfer. Die Sibylle gebietet ihm, ihr mit gezücktem Schwert in die Tiefe zu folgen (236-263).

In einem feierlichen Zwischenprooemium bittet der Dichter die Götter der Unterwelt, ihre Geheimnisse aussprechen zu dürfen (264-267). Den Weg ins Totenreich begleitet das zweite Gleichnis (nächtliche Wanderung durch den Wald 270-272). Auf einen Schwarm allegorischer Gestalten (Sorge, Krankheit, Tod, Zwietracht, Rachegeister) folgen Traum- und Phantasiebilder (wie die Centauren). Aeneas will mit dem Schwert zuschlagen, doch die Sibylle erinnert ihn daran, daß es nur Schatten sind (268-294).

Am Unterweltsstrom sieht er zahllose Totengeister (drittes Gleichnis: Blätter und Zugvögel im Herbst 309-312) und den Fergen Charon, der nur Bestattete ins Jenseits übersetzen darf (295-330). Dieses Gleichnis vermittelt Herbststimmung. Vergil wird im folgenden in der Auswahl der Bilder entgegen der uns vertrauten Reihenfolge den Sommer auf den Herbst folgen lassen. Das entspricht dem Weg des Aeneas durch die Todeserfahrung zu neuem Leben. Ähnlich bereitet Troias Untergang (Buch 2) die Geburt Roms vor (Buch 8).

Es folgen nun die drei zentralen Szenen des Buches, die in umgekehrter Chronologie frühere Teile der *Aeneis* rekapitulieren: die Begegnungen mit Palinurus (Buch 5), Dido (Buch 4) und Deïphobus (Buch 2).[459]

Palinurus ist einer der Unbestatteten. In seinem Bericht, der vom fünften Buch der *Aeneis* abweicht,[460] entlastet der edel denkende Tote die Götter von der Schuld an seinem Untergang. Der Leser hat es anders im Gedächtnis – vielleicht ließ Vergil die beiden Versionen bewußt stehen. Der Mensch kann durch sein Bewußtsein auch ein ungerechtes Schicksal mit Sinn erfüllen ... Seine Bitte um Bestattung werden Fremde erfüllen – so die Sibylle, die dem überforderten Aeneas beispringt –, und das Kap Palinurus wird seinen Namen tragen (331-383).

Charon setzt Aeneas und die Sibylle über, doch erst nachdem sie ihm diesen vorgestellt und der Held ihm den goldenen Zweig gezeigt hat (384-416). Ein Honigkuchen schläfert den Cerberus ein (417-425). Nun begegnet Aeneas früh Verstorbenen, zu Unrecht Verurteilten (ihr gerechter Richter ist Minos), Selbstmördern und unglücklich Liebenden. Unter ihnen ist Dido (sie erscheint undeutlich wie die zarte Mondsichel am Monatsbeginn, so das vierte Gleichnis: 452-454). Diese zweite wichtige Begegnung in der Unterwelt steht genau in der Mitte des Buches. Aeneas versucht, Dido anzusprechen, sie aber schweigt unerbittlich (wie Aias in der berühmten Szene [*Odyssee* 11, 543-567]) und entflieht. Das fünfte Gleichnis (Kiesel und Marmor: 470 f.) betont die Unbeugsamkeit. Gegenüber dem vierten Buch sind nicht nur die Rollen (Reden und Schweigen) vertauscht; auch die Chronologie wird umgekehrt: Geschehnisse der Vergangen-

---

[459] Dazu zuletzt: G. Scafoglio (2003) 80-89 (Lit.).
[460] Ein bekanntes Problem der Aeneis-Forschung; Lösungswege sind die Annahme der Nichtvollendung (die verbreitetste Erklärung), Harmonisierungsversuche (T. E. Kinsey [1985]), oder aber (sehr bedenkenswert) der absichtliche Entwurf eines komplexen und vielschichtigen Zugangs zur Literatur und zum Leben (F. E. Brenk [1984]; ferner G. Scafoglio (2003).

heit erscheinen in rückläufiger Reihenfolge. Zitate aus dem vierten Buch unterstreichen die doppelte Inversion (426-476).[461]

Die dritte Hauptszene führt noch weiter zurück in die Vergangenheit: in das zweite Buch. Aeneas sieht inmitten anderer Helden den schwerverwundeten Priamussohn Deïphobus,[462] der ihm von Helenas Verrat berichtet, bis der Morgen anbricht und die Sibylle ihn zur Eile mahnt (477-547). Sie beschreibt die Büßer im Tartarus (548-627) und befiehlt Aeneas weiterzugehen und den goldenen Zweig an der Schwelle des unterirdischen Palastes niederzulegen (628-636).

Nun gelangen die Wanderer ins Elysium (637-892). Zwischen zwei Dichtern – Orpheus und Musaeus – sieht Aeneas seine troischen Ahnherren. Musaeus weist der Sibylle den Weg zu Anchises (637-678). Vom Vater herzlich begrüßt, erblickt Aeneas die Seelen, die künftig geboren werden sollen; sie gleichen einem Bienenschwarm (sechstes Gleichnis: 707-709). Auf seine Frage erklärt ihm Anchises das Prinzip der Läuterung und der Wiederverkörperung (724-751). Dann stellt er ihm in der sogenannten „Heldenschau" die großen Männer der Zukunft vor: zuerst die Herrscher von Alba Longa und Rom; zwischen Romulus und Numa ist Augustus eingeschaltet (als „Stadtgründer" und Friedensherrscher verbindet er die Qualitäten beider). Dabei wird Rom mit der Göttermutter verglichen (siebtes Gleichnis: 784-787) und Augustus mit Hercules und Dionysos (achtes Gleichnis: 801-805). Auf die weiteren Könige folgen der Befreier Brutus, die opferwilligen Decii, die Drusi, Torquatus und Camillus. Hierauf mahnt Anchises Caesar und Pompeius wie zwei ungezogene Jungen (*pueri*) zur Eintracht.[463] Die Überwinder Griechenlands und Karthagos sind zugleich glänzende Vertreter der großen römischen Geschlechter, etwa der Scipionen und der Fabier. Das Schlußwort stellt den bildnerischen, rhetorischen und wissenschaftlichen Leistungen der Griechen die politische Berufung der Römer gegenüber (847-853). Diese von Imperialisten und ihren Gegnern viel mißbrauchten Verse betonen nicht die Macht, sondern Frieden, Recht, Gesittung und Verantwortung sowie die typisch römische Kunst der Menschenführung. Zusammen mit den berühmten Marcelli tritt der gleichnamige frühverstorbene Schwiegersohn des Augustus auf. Abschließend eröffnet Anchises seinem Sohn, was diesen in Latium erwartet (854-892). Aeneas verläßt die Unterwelt durch eines der Tore des Schlafes – merkwürdigerweise durch das der falschen[464] Träume – und segelt weiter nach Caieta (893-901). Wie im vorhergehenden Buch steht auch hier der trügerische Gott Somnus am Ende. Ist Aeneas wie Palinurus ein Steuermann, der das Schiff wird vorzeitig verlassen müssen? Ist er bei seiner Rückkehr ins Reich der Illusionen selbst nicht frei von Illusionen – vor allem, was seinen eigenen frühzeitigen Tod (*A* 4, 620) betrifft? Um hoffnungsvoll handeln zu können, bedarf es einer gewissen Unbefangenheit, die aus Nichtwissen entspringt.

---

[461] Verf. (1999) 123-129.
[462] Die Deïphobus-Szene weist Parallelen zum Hektor-Traum auf: G. Scafoglio (2004).
[463] *A* 6, 832-835; vgl. *Ilias* 7, 279.
[464] Eine mögliche Erklärung: Falsche Träume kommen vor Mitternacht; es handelt sich also um eine Zeitangabe: Aeneas verläßt die Unterwelt vor Mitternacht (E. Norden, Komm. [³1927; ⁴1957] 348 mit Lit.). Die Alternative wäre, daß Vergil zwar nicht die ganze Unterweltwanderung, aber doch die auf Aeneas' persönliche Zukunft (seinen Tod) bezüglichen Teile als trügerisch oder unvollständig bezeichnen wollte: E. Christmann (1976).

*Rückblick*: Das sechste Buch läßt sich in drei Teile gliedern. Der erste endet mit der Gewinnung des goldenen Zweiges und der Bestattung des Misenus (235); der zweite gipfelt in den Begegnungen mit Palinurus, Dido und Deïphobus (547); der dritte umfaßt Tartarus, Elysium und die „Heldenschau". Die Begegnung mit Dido steht nicht zufällig genau in der Mitte des Buches.

Mit Recht verweilt die Forschung besonders auf Vergils Verwendung religiöser und philosophischer Traditionen im Dienste seiner künstlerischen Absichten. Innerhalb der reichen griechischen Literatur zur Totenbeschwörung (*Nekyia*) und Unterweltswanderung (*Katabasis*) nimmt hier das elfte Buch der *Odyssee* einen Ehrenplatz ein. Die Parallelen – angefangen mit dem unbestatteten Gefährten – sind zahlreich; um so bezeichnender die Abweichungen: Aus der Totenbeschwörung wird eine Jenseitswanderung; die Begegnung mit dem Vater ersetzt die Gespräche mit der Mutter und dem Seher Teiresias; die Prophetie hat nicht nur persönliche, sondern weltgeschichtliche Bedeutung. Fesselnd die literarische Spiegelung früherer Bücher der *Aeneis* in den Episoden des sechsten. Die letzte Begegnung mit Dido ist zwar der Szene zwischen Odysseus und Aias nachgebildet; doch ist Dido im Unterschied zu Aias eine Hauptperson des Werkes, und die ganze Szene ist zugleich eine doppelte Inversion des vierten Buches der *Aeneis*: ein Testfall für Vergils Kunst der Innenverankerung. Diskussionsstoff liefern die Unterschiede gegenüber der Palinurus-Erzählung des fünften Buches. Ein Kernthema ist Vergils Geschichtsauffassung in der „Heldenschau".

## 4. 1. 7 SIEBTES BUCH

Zum siebten Buch insgesamt: N. Horsfall (1995) 155-161; zum Katalog grundsätzlich: J.E.G. Zetzel (1997).

Aeneas begräbt seine Amme in dem (seitdem nach ihr benannten) Caieta: eine Verbindung zum Ende des vorhergehenden Buches (1-4). Die Aeneaden segeln weiter, vorbei an Kirkes Reich, Circei an der Westküste Mittelitaliens (5-24). Im Morgenlicht landet Aeneas an der Tibermündung (25-36). In einem Zwischenprooemium ruft Vergil die Muse Erato[465] an (auch Apollonios hatte dies [3, 1] in der Mitte des Werkes getan). Die zweite, „kriegerische" (*bella* 41) Werkhälfte wetteifert mit der *Ilias*, die auf Grund ihres Stoffes in der Antike höheres Ansehen genoß als die *Odyssee*. Daher kündigt Vergil jetzt ein „größeres Werk" an (*maius opus* 44). Es wird sich freilich zeigen, daß die eigentliche Kriegshandlung erst viel später beginnt und daß die *Odyssee* auch in der zweiten Werkhälfte als Vorbild keineswegs ausgedient hat.

Das Zwischenprooemium leitet zugleich die „latinische Archäologie" ein (45-106, ein Seitenstück zu den „Archäologien" des ersten Buches 1, 12-33; 1, 338-368): König Latinus (ein Urenkel Saturns) hatte eine Tochter Lavinia. Um sie warb Turnus, doch Wunderzeichen (ein Bienenschwarm und ein Feuerschein um Lavinias Haupt) kündigten die Ankunft von Fremden und einen Krieg an,

---

[465] Die Muse der Liebesdichtung ruft Apollonios passend vor der Liebesgeschichte zwischen Iason und Medea an. Vergil denkt an die Braut Lavinia zwischen Aeneas und Turnus.

und ein Orakel seines Vaters Faunus gebot Latinus, auf einen auswärtigen Bräutigam zu warten, dem eine große Zukunft beschieden sei.

Nach der Landung verwenden die Troianer Emmer-Fladen als Unterlage für weitere Speisen. An diesem von Iulus erkannten „Tischprodigium" sieht Aeneas, daß sie am Ziel ihrer Irrfahrten angelangt sind.[466] Er betet, und Iuppiter gibt ihm ein Donnerzeichen (107-147).

Am nächsten Tag entsenden die Troianer Ilioneus – er war auch bei Dido der Sprecher gewesen (A 1, 521) mit einer Gesandtschaft an Latinus. Dieser erinnert sich an das Faunusorakel und bietet Aeneas seine Tochter zur Ehe an. Die Gesandtschaft kehrt auf mit Teppichen bedeckten Pferden zurück: ein Sinnbild des trügerischen Friedens und des bevorstehenden Krieges (148-285).

Mit Iunos Monolog des Hasses (286-322; vgl. 1, 37-49) beginnt eine Handlungskette, die der Entfesselung des Seesturms im ersten Buch vergleichbar ist. Wie dort wendet sich die Himmelskönigin einer untergeordneten Gottheit zu, um eine Katastrophe auszulösen: Allecto soll einen Krieg anzetteln (323-340). Von der Furie aufgestachelt, macht die Königin Amata ihrem Mann (erfolglos) Vorhaltungen und verfällt dann in bacchischen Taumel (Kreisel-Gleichnis, das erste des Buches: 378-383), der die latinischen Frauen ansteckt (341-405). Schlüsselwörter sind *furere* (377) und *furor* (406). In Gestalt einer greisen Iuno-Priesterin ermahnt Allecto ihr zweites Opfer, Turnus, um Lavinia zu kämpfen. Dieser verspottet die Alte, worauf sie ihn in Raserei versetzt (zweites Gleichnis: siedendes Wasser 462-466). Er hetzt die Rutuler gegen Latinus auf (406-474). An dritter Stelle begibt sich die Furie ins Lager der Troianer und reizt die Hunde des Iulus, einen zahmen Hirsch zu jagen; Ascanius verwundet das Tier. Die Eigentümer greifen die Troianer an, und unter Allectos Regie entspinnt sich ein Gefecht (drittes Gleichnis: beginnender Seesturm (528-530); die ersten Latiner fallen, darunter ein Friedensstifter (475-539). Die Parallele zum Seesturm des ersten Buches ist beabsichtigt (hier sind Erzähl- und Bildebene vertauscht).

Die Furie meldet Iuno ihre Erfolge. *Discordia* (545) ist seit Ennius[467] ein Schlüsselwort für die Eröffnung eines großen Krieges. Hierauf pfeift Iuno die Furie zurück, um nicht Iuppiters Verdacht zu erregen (540-571). Angesichts der allgemeinen Empörung schließt sich Latinus, unerschüttert gleich einem Felsen in der Brandung (viertes Gleichnis: 586-590) unter Protest in seinem Palast ein – ahnt er doch Unheil (572-600). Da sich der König weigert, die rituelle Öffnung des Kriegstores zu vollziehen (man denkt an das Tor des Ianus in Rom), stößt Iuno höchstselbst die Pforten auf (601-622).

Die Latiner rüsten sich (623-640). Auf eine Musenanrufung (641-646) folgt der Katalog der Latiner (647-817). Dieses Seitenstück zu Homers Schiffskatalog und Troerkatalog (*Ilias* 2, 484-877) dokumentiert die Präsenz Italiens in der *Aeneis*. Drei Gleichnisse schmücken die Liste (fünftes Gleichnis: Centauren 674-677; sechstes Gleichnis: Schwäne 699-702; siebtes Gleichnis: Fluten und Ähren 718-721; so erinnert noch das letzte Gleichnis an den Seesturm des ersten Buches). Die Reihe der Krieger eröffnen Mezentius und sein Sohn Lausus, wichtige Gestalten des zehnten Buches. Die Krönung bilden drei Einzelhelden: an

---

[466] Er hat recht, sich dafür nicht auf die Harpyie Celaeno, sondern auf Anchises zu berufen. Es wäre ein böses Omen gewesen, das Scheusal hier zu nennen.

[467] *Annales* 266 f. Vahlen = 225 f. O. Skutsch (Ausg. Oxford 1985).

erster Stelle Virbius (der auferstandene Hippolytos, der später nicht mehr erscheint, hier aber als Metamorphose der feindseligen Griechen von Bedeutung ist), dann Turnus, der große Gegenspieler des Aeneas in der zweiten Werkhälfte, und zuletzt die Volskerin Camilla, die Heldin des elften Buches.

*Rückblick:* Das Buch gliedert sich in drei Teile. Der erste (1-285) umfaßt die Landung am Tiber, das Zwischenprooemium zur zweiten Werkhälfte, die Vorgeschichte, das Tischprodigium sowie die Gesandtschaft zu Latinus. Der zentrale zweite Teil (286-640) bringt das erste Gespräch Iunos mit Allecto, die daraufhin Amata, Turnus und die Landleute in Wut versetzt; nach dem zweiten Gespräch der Göttinnen bricht vollends Kriegshysterie aus, und Iuno stößt das Kriegstor auf. Strukturelle Parallelen zum ersten Buch lassen die Verlagerung des Sturmes von der Außen- in die Innenwelt plastisch hervortreten. Den dritten Teil des Buches (641-817) bildet – nach einer erneuten Musenanrufung – der beachtenswerte Katalog, der die physische Präsenz Italiens dokumentiert. Genau in der Mitte des Buches setzt die Szene ein, in der Allecto Turnus zum Kampf aufstachelt. Diskussionsstoff liefert die Frage, inwieweit Turnus für sein Handeln verantwortlich ist.[468]

Der Ankündigung einer neuen *Ilias* (vgl. 41-45) entsprechen die Traumszene und der Katalog, die (freilich mehr generell als im einzelnen) an das zweite Buch der *Ilias* anknüpfen. Davor (und danach) behält die *Odyssee* ihre Bedeutung. Das Vorbeifahren an Kirke (10-24) spielt auf das zwölfte Buch der *Odyssee* an (und damit indirekt auf Dido), die Landung an der Tibermündung (25-36) auf die Ankunft in Ithaka (*Odyssee* 13, 78-119). Aeneas ist nun wie Odysseus am Ziel seiner Irrfahrten, aber die *Odyssee* bleibt auch für das achte Buch ein wichtiger Bezugspunkt (s. S. 135).

## 4. 1. 8 ACHTES BUCH

Zum achten Buch: G. Binder (1971); *N. Horsfall (1995) 162-169; zum „arkadischen Rom": W. Wimmel (1973); zu Euander: S. Papaioannou (2003).

Die Latiner, denen sich Mezentius anschließt, rüsten sich zum Krieg und senden Boten nach Arpi (Argyripa) zu Diomedes mit der Bitte um Waffenhilfe (1-17).

Aeneas aber ist in Sorge und überlegt hin und her: Das erste Gleichnis (22-25) evoziert die Bewegung von Lichtreflexen, die von der unruhigen Wasserfläche in einem Kessel an die Zimmerdecke geworfen werden. Im Traum erscheint ihm der Gott Tiberinus, begrüßt ihn als Träger des ewigen Troia und erklärt, ein Prodigium (eine weiße Sau mit dreißig Frischlingen) werde ihm den Ort der von Ascanius zu gründenden Stadt Alba (Longa) weisen. Wenn Aeneas flußaufwärts fahre, werde er in Pallanteum Euander als Verbündeten finden. Am Tiber solle dereinst eine Metropole entstehen (26-65). Aeneas erwacht, betet zu den Nymphen (Vers 71 klingt an *B* 6, 55 f. und 7, 21 an) und zum Tiber. Da erblickt er das ihm angekündigte Sauprodigium und opfert die Tiere Iuno. Der

---

[468] Forschungsdiskussion bei N. Horsfall (1995) 155-161.

Tiber schwillt ab und trägt Aeneas und seine Ruderer nach Pallanteum, dem künftigen Ort Roms (66-101).

Der Königssohn Pallas empfängt die Troianer und führt sie zu Euander. Aeneas stellt sich vor und bittet um Waffenbrüderschaft. Euander erinnert sich an seine Gastfreundschaft mit Anchises, dessen Geschenke jetzt sein Sohn Pailas besitzt, und lädt die Gäste zum Essen ein (102-183). Der König, der an diesem Tag das Gedächtnis von Hercules' Sieg über Cacus feiert, erzählt die aitiologische Kultlegende (184-279). Das zweite Gleichnis parallelisiert den Einblick in den Erdspalt des Cacus mit einem Blick in die Unterwelt (243-246). Am Abend (die Zeitangabe 280 erinnert an *B* 6, 86) erklingt bei der Feier für Hercules ein Hymnus zu seinen Ehren (280-305).[469] Dann führt Euander Aeneas durch Pallanteum (das künftige Rom, vormals Sitz des Ahnherrn Saturnus) und bietet ihm ein Lager in seiner bescheidenen Hütte an (306-369).

Venus verführt ihren Ehemann Vulcan, damit er für Aeneas Waffen schmiede (370-406). Vulcans erwachende Begierde gleicht einem Blitz (drittes Gleichnis: 391 f.). Tags darauf erhebt sich der Gott zu früher Stunde wie eine fleißige Hausfrau (viertes Gleichnis: 407-415) und treibt die Cyclopen zur Arbeit an (407-453).

Am selben Morgen verspricht Euander Aeneas die mächtige Hilfe der Etrusker und vierhundert arkadische Reiter unter der Führung des jungen Pallas (454-519). Da sendet Venus ein Zeichen – unter Donner und Blitz erscheinen Waffen – , Aeneas liefert die Deutung, und ein Opfer bestätigt das Bündnis (520-553). Aeneas, der sich im Löwenfell wie ein zweiter Hercules ausnimmt (552 f.), bricht auf, um die Etrusker um Beistand zu bitten. Beim Abschied ahnt Euander den bevorstehenden Tod des Pallas. Im fünften Gleichnis ähnelt Pallas dem Morgenstern (589-591). Kurz vor dem Ziel machen die Troianer halt (554-584). Da übergibt Venus Aeneas die neuen Waffen (im sechsten Gleichnis gemahnt der Brustpanzer an eine sonnendurchglühte Wolke: 622 f.). Aeneas bewundert den ihm geschenkten Schild, ohne die Bilder zu verstehen. Sie schildern die Geschichte seiner Nachkommen: von Romulus (mit der Wölfin) über die Helden der Frühzeit, den Galliersturm, die Unterwelt mit Catilina und den Ort der Frommen unter Cato, bis hin zur Seeschlacht bei Actium. Vergil stellt diese hyperbolisch als Kampf der Inseln und Berge (siebtes Gleichnis: 691 f.), ja als Krieg der Götter dar. Dies ist nach der Iuppiter-Prophetie im ersten, dem Fluch Didos im vierten und der „Heldenschau" im sechsten Buch einer der großen historischen Ausblicke der *Aeneis*. Aeneas schultert den Schild und mit ihm das Schicksal seiner Enkel (585-731).

*Rückblick:* Gleich nach der Buchmitte beginnt die Götterhandlung mit Venus und Vulcan (370-453). Sie ist umgeben von zwei Euander-Szenen (102-369; 454-607). Den äußeren Rahmen bilden einerseits (1-101) die Einleitung (mit der Tiber-Vision und der Fahrt des Aeneas), andererseits die Schildbeschreibung (608-731) Wie das erste Buch motivisch und thematisch mit dem siebten verbun-

---

[469] Dieser Hercules-Hymnus berührt sich mit der vierten Ekloge (zu 301 vgl. *B* 4, 49. Heidnische Parallelen zu christlichen Vorstellungen führen Kirchenväter seit Iustinus Martyr, (*Cohortatio ad Graecos* 34) auf Abhängigkeit von der Bibel oder (*Apologie* 1, 26 und 56) auf das Wirken von Dämonen zurück.

den ist, so das zweite mit dem achten. Am Ende des zweiten Buches trägt Aeneas den Vater auf den Schultern, am Ende des achten in Gestalt des Schildes „Ruhm und Schicksal der Enkel". Auf die Zerstörung der alten Stadt im zweiten Buch antwortet im achten die Geburt der neuen. Wie dem Seesturm im ersten Buch die Wind- und Wasser-Gleichnisse im siebten entsprechen, so dem Brand Troias im zweiten Buch die Feuer-Gleichnisse des achten.

Am achten Buch fesselt die Forschung die komplexe typologische Beziehung zwischen Hercules, Aeneas und Augustus – im einzelnen gibt es neben Kongruenzen auch signifikante Unterschiede. Die Schildbeschreibung stellt als historischer Durchblick eine Beziehung zur „Heldenschau" des sechsten Buches und zur Iuppiter-Prophetie des ersten her. Der Geburtsmythos Roms in diesem zweiten Buch der zweiten Werkhälfte tritt dem Untergang Troias (Buch 2!) gegenüber; das Thema „Geburt" und der arkadische Ursprung Euanders schlagen auch geheime Brücken zur Welt der *Bucolica*. Symbolträchtig steht die Einkehr des Aeneas in der bescheidenen Hütte an der künftigen Stätte Roms im Zentrum des Buches (366 f.). Das Thema der griechisch-römischen kulturellen Einheit verbindet das achte mit dem dritten Buch.

Der literarische Hintergrund hilft auch hier, Vergils Eigenart schärfer einzugrenzen: Das gilt einmal allgemein vom Weltverständnis: Während Homers Schild ein zeitloses in sich ruhendes Bild der Welt und des menschlichen Lebens vermittelt (*Ilias* 18), enthält Vergils Schild eine historische Prophetie mit individuellen Namen. Zum andern ist im einzelnen der Grad des Realismus unterschiedlich: Beim Empfang des Schildes (*Ilias* 19, 25 f.) spricht Achill von Fliegen und Maden am Leichnam des Freundes – ein Detail, das Vergil gewiß auch dann übergangen hätte, wenn Pallas schon tot gewesen wäre. Dafür betont Vergil – da bei ihm die Bittstellerin nicht Thetis, sondern Venus ist – die sinnliche Liebe als Überredungsmittel (*A* 8, 404-406). Bestimmend ist für den Römer das Kriterium des „Angemessenen" (*aptum*). Noch aufschlußreicher sind die *Odyssee*-Parallelen: Die Reise des Aeneas nach dem künftigen Rom entspricht der Fahrt Telemachs nach Pylos und Sparta (*Odyssee* Buch 2-4, besonders 3), die Ankunft bei Euander derjenigen des Odysseus bei Eumaios (*Odyssee* 14). Doch handelt es sich bei Aeneas um eine Reise in die ferne Zukunft. Die Heimkehr des Odysseus ist überboten durch die Ankunft in der künftigen Heimat Rom. Wieder geht es weniger um epische Technik, als um die exakte Beschreibung der eigenen Intention vor der Folie der kontrastierenden Homerszenen. Zugleich leuchtet dank Reminiszenzen an die Hirtenwelt (Eumaios) und die schlichte Gastfreundschaft von Kallimachos' *Hekale* die Idee eines Goldenen Zeitalters auf. Die literarischen Reminiszenzen tragen somit dazu bei, das Thema „Gastfreundschaft" – zentral für Aeneas, Euander und Pallas – schon hier gebührend hervorzuheben.

## 4. 1. 9 NEUNTES BUCH

Zum neunten Buch, besonders zu Nisus und Euryalus, *N. Horsfall (1995) 170-178; F. Klingner (1967) 543-565 (unter anderem zum Vergleich mit Homer); S. Casali (2004).

*It (the Ninth Book) deserves a high place among the twelve.*
K. Quinn (1968) 212.

In Iunos Auftrag teilt Iris Turnus mit, daß Aeneas abwesend ist, und fordert ihn auf, die Troianer unverzüglich anzugreifen (1-24). Die Rutuler marschieren auf (25-32), in ihrer Mitte Turnus (erstes Gleichnis: Ganges und Nil als breite Ströme: 30-32). Die Troianer rüsten sich zur Verteidigung des Lagers (33-46). Turnus streift um die Schanzen wie ein Wolf um den Schafstall (zweites Gleichnis: 59-64) und greift die Schiffe mit Feuer an (47-76).

Eine Musenanrufung (77-79) leitet den Bericht von der wunderbaren Rettung der Schiffe des Aeneas ein (80-122). Einst hatte Iuppiter der Göttermutter versprochen, die Schiffe in Meernymphen zu verwandeln (Rückblende: 80-106). Jetzt hören Troianer und Rutuler die Stimme der Göttin: die Schiffe tauchen Delphinen gleich (drittes Gleichnis: 119) in die Tiefe und werden zu Wassergottheiten (107-122). Von dem Wunder unbeeindruckt, erklärt Turnus, für die Troianer gebe es nun kein Entrinnen; auch er habe seine Schicksalssprüche (*fata* 136 f.). Da der Abend naht, verschiebt er den Angriff. Die Rutuler rasten und tun sich am Wein gütlich (123-167); die Troianer aber sind wachsam (168-175).

Es folgt als „Nachtstück" die dem zehnten Buch der *Ilias* nachgebildete Episode von Nisus und Euryalus (176-449). Nisus weiht seinen jungen Freund Euryalus in seinen Plan ein, durch das feindliche Lager nach Pallanteum zu schleichen, um Aeneas herbeizurufen (176-196). Euryalus besteht darauf, ihn zu begleiten (197-223). Sie unterbreiten ihren Plan dem troianischen Kriegsrat. Erst stimmt der alte Aletes zu, dann Ascanius, der den jungen Helden herrlichen Lohn verheißt und Euryalus auf dessen Bitte zusagt, sich seiner Mutter anzunehmen (224-313). Schon jetzt deutet Vergil die Erfolglosigkeit des Unternehmens an (312 f.). Wie ein Löwe im Schafstall (viertes Gleichnis: 339-341) wütet Nisus im feindlichen Lager (314-341); Euryalus beteiligt sich am Morden und eignet sich Beutestücke an, bis Nisus zum Weitergehen mahnt (342-366). Ein blitzender Beutehelm[470] verrät Euryalus an eine Reiterabteilung, die von der Latinerstadt zum Feldlager zieht. Nisus, der sich retten konnte, kehrt um und eilt dem Freund zu Hilfe. Doch Euryalus fällt wie eine vom Pflug abgemähte Blume (fünftes Gleichnis: 435-437; vgl. Catull 11, 23-25; 62, 39-44).[471] Auch Nisus findet den Tod (367-445). Der Dichter widmet beiden einen Nachruf (446-449). Die Rutuler entdecken das nächtliche Blutbad (450-458). Am nächsten Morgen greifen sie an

---

[470] Zum korrekten Umgang mit Beutewaffen instruktiv N. Horsfall (1995) 176; zum Anlegen feindlicher Waffen zum Zweck der Täuschung vgl. *A* 2, 386-430 und Frontinus, *Strategemata* 3, 2, 3; Livius 27, 28, 9-13 (die Punier fallen ihrer eigenen List zum Opfer).
[471] Derartige lyrische Gleichnisse aus dem Bereich der sapphischen Epithalamien deuten bei Frühverstorbenen auf die ausgebliebene Hochzeit hin; die Stimmung erinnert auch an den *Epitaphios für Adonis* von Bion von Smyrna: J.D. Reed (2004).

und präsentieren die Köpfe von Nisus und Euryalus auf Lanzenspitzen; die Mutter des Euryalus stimmt eine Totenklage an (459-502).

Mit einem Trompetenstoß beginnt der Kampf um das troianische Lager (503-524). Eine Musenanrufung eröffnet die Aristie des Turnus (der erste Teil reicht von 525-589), die anfangs an Agamemnons Aristie erinnert (*Ilias* Buch 11). Sie ist mit Gleichnissen geschmückt: Helenor gleicht einem wilden Tier (sechstes Gleichnis: 551-553), Turnus einem Adler (siebtes Gleichnis: 563-566).

Die Aristie des Turnus wird unterbrochen durch die erste Heldentat des Ascanius (590-671): den Sieg über einen prahlerischen Rutuler. Apollo lobt den Jüngling zwar (*sic itur ad astra* 641), mahnt ihn dann aber in Gestalt eines erfahrenen Kriegers, sich keinen weiteren Gefahren auszusetzen. Den Abschnitt schließt das achte Gleichnis ab, das den Geschoßhagel illustriert (668-671).

Hierauf setzt sich die Aristie des Turnus fort. Die Troianer Pandarus und Bitias, stark wie ihre heimatlichen Tannen und Berge, ja wie zwei Eichen (neuntes Gleichnis: 674-682), öffnen das Tor und töten jeden, der eindringt (672-690). Da bahnt sich Turnus einen Weg ins troianische Lager (691-818). Die einem Blitz ähnelnde *phalarica* (zehntes Gleichnis: 706) fällt den Bitias; er stürzt schwer wie ein Brückenpfeiler (elftes Gleichnis: 710-716). Mars unterstützt die Latiner; Turnus wütet gleich einem Tiger (zwölftes Gleichnis: 730), er tötet den Pandarus und viele andere, darunter den epischen Dichter Cretheus (717-777). Schließlich bringt ein Gegenangriff der Troianer Turnus in Bedrängnis (dreizehntes Gleichnis: Löwe 792-798), bis dieser sich in den Fluß rettet.

*Rückblick:* Das (Turnus gewidmete) Buch gliedert sich in drei Teile: Der erste handelt von dem Angriff der Latiner auf das troianische Lager und von der Verwandlung der Schiffe (1-175). An zweiter Stelle steht das packende Nocturno von Nisus und Euryalus (176-502). Der dritte Teil zeigt Turnus als Angreifer – zuletzt inmitten des feindlichen Lagers (503-818).

Das zehnte Buch der *Ilias* dient als Hintergrund für das – in den Details und in der Stimmung ganz vergilische – Nachtstück; die Trauer von Euryalus' Mutter gemahnt an die der Eltern Hektors (*Ilias* 22, 405-436) – das erhöht die Bedeutung des Euryalus; ebenso gewinnt Turnus dadurch an Rang, daß sein Angriff auf das Lager dem Kampf Hektors um die Mauer entspricht (*Ilias* 12-14).

Besondere Aufmerksamkeit erregte die Episode von Nisus und Euryalus. Ebenso hat der persönliche Nachruf des Dichters wegen seiner ungewöhnlich lyrischen Klänge Beachtung gefunden[472] – zusammen mit weiteren Durchbrechungen der Objektivität des Epikers. Die Verwandlung der Schiffe ist schon seit der Antike als märchenhaftes Element kritisiert worden. Doch möchte man diesen Zug in dem besonders lebhaften und fesselnden Buch ungern missen.

---

[472] Immer noch lesenswert F. Klingner (1967) 561-565.

## 4. 1. 10 ZEHNTES BUCH

Zum zehnten Buch: N. Horsfall (1995) 179-185; A. La Penna (2005) 353-356; zu den Kampfszenen: P. Mazzocchini (2000); zu den Todesszenen: M. Rivoltella (2005); zur Gestalt des Mezentius: G. Thome (1979).

In einer Götterversammlung (1-117) ermahnt Iuppiter die Götter, erst im Kampf mit Karthago werde ein Krieg erlaubt sein. Venus beklagt sich über die Erfolge der Rutuler und bittet darum, wenigstens ihren Enkel Ascanius überleben zu lassen; Iuno verteidigt sich und weist (nicht ganz ohne Grund) darauf hin, daß Venus durch den Raub der Helena alles Unglück der Troianer selbst verschuldet habe. Die Götter stimmen teils der einen, teils der anderen zu (erstes Gleichnis: Sturmbeginn 97-99). Iuppiter erklärt, er wolle an diesem Tage (*hodie* 107) dem Schicksal seinen Lauf lassen. Daß jeder sich sein eigenes Schicksal bereitet (111 f.), wird im folgenden besonders an der Gestalt des Turnus entwickelt werden.

In dem anschließenden Troerkatalog (118-145) vergleicht Vergil den soeben schon von Venus hervorgehobenen Ascanius mit einem Schmuckstück aus edlem Material (zweites Gleichnis: 134-138).

Inzwischen naht Aeneas mit seinen neuen Verbündeten auf Schiffen und läßt sich von dem jungen Pallas über Gestirne und Kriege ausfragen (146-162). So wird der junge Held, der in diesem Buch fallen soll, schon früh eingeführt. Auf eine Musenanrufung folgt der Katalog der Etrusker, die Aeneas unterstützen (163-214). Genannt ist Vergils Heimat Mantua als Stadt der Seherin Manto. Hier deutet sich der prophetische Anspruch des Dichters an. Im Mondschein erblickt Aeneas die Nymphe Cymodocea, die ihm von der Verwandlung seiner Flotte (vgl. *A* 9, 107-122) berichtet, den Sieg verheißt und das Schiff beschleunigt (drittes Gleichnis: Wurfspieß und Pfeil: 248). Aeneas richtet ein Dankgebet an die Göttermutter (215-259). In Sichtweite des Lagers angelangt, erhebt er seinen neuen Schild, der die Sonne widerspiegelt. Die Troianer jubeln (viertes Gleichnis: Kraniche 264-266), den Rutulern aber erscheint der Glanz von Aeneas' Waffen bedrohlich wie ein Komet oder der Hundsstern (fünftes Gleichnis: 272-275, unüberhörbar an Achill erinnernd: *Ilias* 22, 25-32).

Turnus richtet an die Seinen eine Feldherrnrede (276-286). König Tarchon erbittet eine glückliche Landung für alle und opfert dafür sein Schiff (*devotio*: 287-307). Aeneas erringt erste Erfolge; doch der Kampf am Strand wogt lange unentschieden hin und her (sechstes Gleichnis: Kampf der Winde 356-361).

Es folgt die Aristie des Pallas (362-425). Er ermahnt die Gefährten standzuhalten und überwindet mehrere Feinde. Die Freunde scharen sich um ihn (siebtes Gleichnis: Feuer 405-411). Pallas tötet Halaesus, nachdem er gelobt hat, dessen Spolien dem Tibergott zu weihen. Auf der Gegenseite kämpft Lausus, ohne daß er und Pallas sich begegnen. Vergil kündigt an, sie würden von der Hand größerer Helden fallen (426-438).

Der nächste Abschnitt handelt vom Tod des Pallas (439-509). Auf den Rat seiner Schwester Iuturna kommt Turnus dem Lausus zu Hilfe. Er sucht nur Pallas, wünscht ihn zu töten – grausamerweise möglichst vor den Augen des greisen Vaters Euander. Pallas hofft seinerseits, die Rüstung des Turnus zu gewinnen (als *spolia opima*, die Waffen des feindlichen Königs, die man feierlich den Göttern weihte). Wie ein Löwe (achtes Gleichnis: 454-456) greift Turnus den jungen

Helden an. Pallas betet zu Hercules, der weint, weil er ihm nicht zu helfen vermag. Iuppiter versucht Hercules zu trösten, indem er ihn an Sarpedons Tod erinnert (*Ilias* 16, 431-505) und voraussagt, auch Turnus werde bald sterben (471 f.). Turnus tötet Pallas und eignet sich dessen Wehrgehenk an, auf dem der Mord der Danaiden an ihren Ehemännern dargestellt ist: ein düsteres Vorzeichen![473] Eine Sentenz beklagt das Unvermögen des Siegers, Maß zu halten (501 f.). Vergil fügt hinzu, daß Turnus diese Spoliierung bereuen wird (503-505), und ehrt Pallas (wie schon Nisus und Euryalus) durch eine letzte Anrede (507-509).

Der nächste Abschnitt handelt vom Zorn[474] des Aeneas (510-605). Um des Gastrechts willen, das ihn schon von Anchises her mit Euander verbindet, muß der Held an Turnus Rache üben. Die Reminiszenzen an den Rache-Zorn des homerischen Achilleus gehen erstaunlich weit: Aeneas nimmt Gefangene, um sie später zu opfern; er akzeptiert kein Lösegeld, da Turnus durch sein Verhalten gegenüber Pallas jede Verhandlung vereitelt habe, und tötet sogar einen Priester. Aeneas wütet (*contra furit:*[475] 545) wie der hundertarmige Aegaeon (neuntes Gleichnis: 565-568), er tötet ein Brüderpaar und tobt wie ein Wildbach oder ein Wirbelsturm (zehntes Gleichnis: 603 f.). Doch anders als Turnus wird er erbeutete Waffen dem Mars weihen (541 f.). Endlich brechen Ascanius und die Seinen aus dem Lager aus.

Iuppiter erlaubt Iuno, Turnus ein letztes Mal dem sicheren Tode zu entziehen (606-632). Sie läßt ihn ein Trugbild des Aeneas verfolgen (elftes Gleichnis [641 f.]: Schatten oder Traum) und lockt ihn schließlich auf ein Boot, das den Widerstrebenden in seine Vaterstadt trägt (633-688).

Indessen übernimmt Mezentius die Rolle des Anführers. Seine Aristie (689-768) enthält mehrere Gleichnisse (zwölftes Gleichnis: Fels im Meer 693-696; dreizehntes Gleichnis: Eber 707-713; vierzehntes Gleichnis: Löwe 723-728; fünfzehntes Gleichnis: Orion 763-767). Beutewaffen schenkt er seinem Sohn Lausus (700 f.), eine freundliche Geste, aber in der *Aeneis* haftet ihr eine böse Vorbedeutung an. Auf die Prophezeiung seines eigenen Todes antwortet er einem sterbenden Gegner, er überlasse sein eigenes Schicksal Iuppiter (743 f.). Die Götter sehen dem gegenseitigen Morden vom Himmel zu (755-760).

Mezentius tritt Aeneas furchtlos entgegen (769-790); er vertraut auf seine Hand und seine Waffe – das sind seine Götter. Verhängnisvoll ist seine doppeldeutige Rede, er weihe seinen Sohn Lausus, dem er Beutewaffen angelegt hat, als Trophäe für Aeneas. Während der von dem Troianerführer verwundete Mezentius sich aus der Schlacht entfernt, deckt Lausus seinen Rückzug (794-830). Vergil ehrt den jungen Helden durch eine feierliche Anrede (791-793); dies verbindet Lausus mit Pallas, Nisus und Euryalus. Aeneas, auf den Geschosse niederprasseln (dreizehntes Gleichnis: Regen und Hagel 803-810), warnt den todgeweihten Jüngling vor dem ungleichen Kampf für den geliebten Vater (*pietas* 812) – doch dieser läßt nicht ab und fällt von Aeneas' Hand. Mitleidig verzichtet der Sieger auf Waffenraub und hilft den Feinden, den Gefallenen aufzuheben.

---

[473] Die Römer verstanden diesen entsetzlichen Mord als Akt des Gehorsams (*pietas*) dem Vater gegenüber; daher deutet das Bild vielleicht auf den pietätvollen Racheakt des Aeneas voraus.
[474] Vgl. auch *furor iraque* (A 2, 316) angesichts des verräterischen (ebd. 309 f.) Vorgehens der Griechen gegen Troia. Zum Zorn des Aeneas s. S. 142, Anm. 479; S. 175, Anm. 595 und 598.
[475] Zur Bedeutung von *furor* und besonders *furiae* s. unten Anm. 487.

Der Schlußteil handelt vom Tod des Mezentius (833-908). Beim Anblick des toten Sohnes schwingt sich der Verwundete, zum letzten Kampf entschlossen, auf sein treues Pferd, dem seine Abschiedsworte gelten. Aeneas tötet Roß und Reiter.

*Rückblick*: Die einleitende Götterversammlung steht für sich (1-117). Es folgen drei klar umrissene Blöcke: Vorbereitung (Kataloge, Landung des Aeneas, Beginn der Schlacht) 118-361; Pallas 362-688; Mezentius 689-908. Im zehnten Buch hat die Gestalt des Mezentius mit Recht die Forschung gefesselt.[476] Noch wichtiger ist das bis ins zwölfte Buch reichende komplexe Geflecht von Bezügen zwischen Aeneas und Lausus, Turnus und Pallas. Dabei sind homerische Parallelen (Aeneas und Pallas im Vergleich mit Achill und Patroklos), aber auch prosaische Vorlagen und römische Traditionen (*hospitium* „Gastfreundschaft") von Bedeutung.[477] Nicht zufällig konkurriert das zehnte Buch auf weite Strecken mit Homers Patroklie (*Ilias* 16), ergänzt durch Szenen aus Götterschlacht und Flußkampf (*Ilias* 20 und 21). Diese Typologie ist wichtig für das Verständnis der *Aeneis*: Die Parallele zwischen Pallas und Patroklos unterstreicht das zentrale epische Motiv der letzten *Aeneis*-Bücher: den Rachezorn des Haupthelden.[478]

## 4. 1. 11 ELFTES BUCH

Zum elften Buch: N. Horsfall (1995) 186-191 (auch zu den Reden; dazu ferner M. Erdmann [2000]); A. La Penna (2005) 356-360; vgl. auch L.M. Fratantuono (2005).

Aeneas weiht die Waffen des Mezentius als Siegesmal, ordnet die Bestattung der Gefallenen an und nimmt feierlich Abschied von Pallas (erstes Gleichnis: gepflückte Blume 67-71); der Leichnam wird nach Pallanteum überführt (1-99). Freundlich empfängt Aeneas eine latinische Gesandtschaft, die um Herausgabe der Toten zur Bestattung bittet; Drances äußert daraufhin den Wunsch nach einem Bündnis zwischen Latinus und Aeneas. Man fällt Bäume für die Leichenverbrennung (100-138). Zwölf Tage ruhen die Waffen. In Pallanteum stimmt Euander die Totenklage um Pallas an und verlangt, Aeneas müsse Turnus töten (139-181). Troianer (182-202) und Latiner verbrennen ihre Toten (203-209). Die trauernden Latinerfrauen – und auch Drances – fordern einen Zweikampf zwischen Turnus und Aeneas (210-224). Da kehren die latinischen Abgesandten von Diomedes zurück; Venulus berichtet, Diomedes rate dringend zum Frieden, stehe doch das Schicksal auf Seiten der Troianer. Darauf geht ein Raunen durch die Menge (zweites Gleichnis: Steine im reißenden Strom 297-299). Latinus erbietet sich, den Troianern Land zu geben und sie zu Mitherrschern zu machen oder aber, sie mit neuen Schiffen auszurüsten (300-335). Drances verlangt überdies, Aeneas solle Lavinia zur Frau bekommen und Turnus möge auf sie verzichten oder sich zum Einzelkampf stellen (336-375). Turnus verspottet die Feigheit des

---

[476] G. Thome (1979).
[477] Kommentar von S.J. Harrison (1991) zu *A* 10, 494 f.; N. Horsfall (1995) 179-185 (Lit.) und natürlich G.N. Knauer (1964).
[478] Nicht zufällig erscheint *ira* in den letzten Versen der *Aeneis*.

Drances und verweist auf die noch vorhandene Kriegsmacht, vor allem auf Camilla. Er erbietet sich, „für die Latiner und Latinus" zu sterben (376-444): eine Selbstweihung (*devovi* 442), die an Didos Selbstverfluchung erinnert (4, 24-27).

Während die Rutuler verhandeln, schreitet Aeneas zur Tat. Troianer und Etrusker marschieren gegen die Stadt. Turnus nutzt die allgemeine Verwirrung (drittes Gleichnis: schnatternde Schwäne 456-458), um zu den Waffen zu rufen und den Anführern Weisungen zu erteilen (445-467). Latinus zieht sich zurück; sogar Frauen und Kinder machen sich am Mauerring nützlich. Amata und Lavinia führen den Bittgang der Mütter (vgl. *Ilias* 6, 87-101) zum Minervatempel (477-485). Turnus rüstet sich zum Kampf. Wie ein Hengst, der aus dem Stall entwichen ist (viertes Gleichnis: 492-497), eilt er von der Burg herab (486-497).

Ihm kommt Camilla mit den berittenen Volskern entgegen. Sie will der etruskischen Reiterei die Stirn bieten. Turnus teilt ihr auch seine übrigen Reiter zu und möchte selbst den Troianern einen Hinterhalt legen (498-531).

Indessen entsendet Diana ihre Begleiterin Opis, um Camilla, sollte sie sterben, zu rächen. Die Jagdgöttin erzählt, wie Camillas Vater auf der Flucht sein Kind Diana weihte, falls es gerettet würde, und es dann an seinen Speer band und über einen Fluß warf (532-596).

Der Reiterkampf (597-915) beginnt: Speere fliegen dicht wie Schnee (fünftes Gleichnis: 611), der Latiner Aconteus stürzt wie vom Blitz getroffen (sechstes Gleichnis: 616); die Schlacht wogt hin und her wie die Meeresflut (siebtes Gleichnis: 624-628); mehrere Helden fallen (597-647). Camilla und ihre Mädchen (648-658) gleichen Amazonen (achtes Gleichnis: 659-663). Camillas Aristie (664-724) gipfelt in dem Bild von Habicht und Taube (neuntes Gleichnis: 721-724). Bei einem Gegenangriff (725-767) reißt Tarchon Venulus vom Pferd (zehntes Gleichnis: Adler und Schlange 751-756), und Arruns setzt Camilla ständig nach. Zu Camillas Untergang (768-835) führt ihr Wunsch, die goldene Rüstung des Chloreus zu erbeuten. Arruns hingegen gelobt dem Phoebus, der Heldin keine Waffen abzunehmen, falls es ihm vergönnt sei, sie zu töten. Camilla fällt, Arruns verkriecht sich wie ein schuldbewußter Wolf (elftes Gleichnis: 809-815). Sterbend sendet Camilla ihre Gefährtin Acca zu Turnus, um ihn als Anführer in die Schlacht zu rufen (816-835). Ein Nachspiel ist die Tötung des feigen Arruns durch Opis (836-867). Wie die anderen jungen Protagonisten erhält auch Camilla ihren rühmenden Nachruf, doch nicht aus dem Munde des Autors, sondern aus dem der Opis (841-849), die jedoch nachdenklich hinzufügt, der Tod des Arruns sei zwar verdient, aber ein Pfeil Dianas sei eigentlich zu schade für diesen Wicht (856 f.).

Amazonen und Rutuler wenden sich zur Flucht (868-915), stehen aber bald vor verschlossenen Toren. Beherzte Frauen schleudern von den Mauern Geschosse auf die Feinde. Auf die Nachricht von Camillas Tod eilt Turnus zur Stadt, von Aeneas verfolgt. Der Einbruch der Nacht verhindert den Zweikampf.

*Rückblick*: Von den Teilen, in die das Buch sich gliedert (Totenbestattung 1-224; Kriegsrat der Latiner 225-444; die Schlacht: Camilla 445-915), ist der dritte so lang wie die beiden anderen zusammen; besonders großer Umfang des Schlußteiles war schon in früheren Büchern zu beobachten. Statt dies als „Asymmetrie" zu beklagen, sollte man beim elften Buch wohl eher mit Zweiteiligkeit rechnen, wie sie uns schon in den *Georgica* begegnet, zumal die kleineren Teile (1 und 2) nicht scharf voneinander getrennt sind. In der Mitte des Buches (459) wird Turnus hervorgehoben, der aufs Ganze gesehen in diesem Buch durch Abwesenheit glänzt (eine ähnliche Technik hatten wir im vierten Buch beobachtet, s. S. 125).

Homer liefert vor allem den Hintergrund für den Kriegsrat der Latiner (*Ilias* 7, 345-380) und für Camillas Tod (*Ilias* 16, 783 - 17, 60); Homerreminiszenzen unterstreichen somit zwei vergilische Kernthemen: die Fragwürdigkeit des Redens und die aktive Rolle der Beutewaffen, die fast zu Mithandelnden werden (der Leser kennt das Thema; vgl. die Bücher 2; 9; 10; 12). Die selbständige Übertragung von Patroklos' Untergang ins Weibliche ist ein Meisterstück; überhaupt ist Camilla eine großartige Schöpfung Vergils (Einfluß von Arktinos' *Aithiopis* ist unbeweisbar).

## 4. 1. 12 ZWÖLFTES BUCH

> Zum zwölften Buch insgesamt: N. Horsfall (1995) 192-216; A. La Penna (2005) 360-364; zur Schlußszene außerdem: P.R. Hardie (1986); F. Cairns (1989); H.-P. Stahl (1998); Verf. (1999) 120-122. Zur Präsenz der *Bucolica* in *A* 12: N. Carlucci (2005).

Turnus erkennt, daß nach der verlorenen Schlacht der Zweikampf unausweichlich ist (erstes Gleichnis: verwundeter Löwe 5-8; vgl. Dido als verwundete Hirschkuh *A* 4, 69-73) und fordert Latinus auf, den dafür notwendigen Vertrag zu schließen (1-17). Latinus rät ihm, sich freiwillig zurückzuziehen, was Turnus ablehnt (18-53). Auch die Königin (zu *at regina* [54] vgl. 4, 1 und öfter) Amata bittet ihn, vom Kampf abzustehen. Doch da sieht er Lavinia erröten (zweites Gleichnis: Elfenbein und Purpur 67-69) und befiehlt, Aeneas für den nächsten Morgen zum Zweikampf herauszufordern (54-80). Er selbst begibt sich zu seinen edlen Pferden, wirft sich in seine prächtige Rüstung, betet zu dem Speer, den er dem Aurunker Actor als Beutestück abgenommen hat, und peitscht sich selbst auf, um den rechten Kampfgeist zu entwickeln (drittes Gleichnis: Stier 103-106). Ähnliches gilt von Aeneas,[479] der eine Zusage mit seinen Bedingungen sendet (107-112).

Am nächsten Morgen wird der Kampfplatz abgesteckt. Die Truppen marschieren auf, als stünde eine Schlacht bevor (viertes Gleichnis: 124 f.). Auch die Stadtbevölkerung erwartet das Schauspiel des Zweikampfes (113-133).

Iuno ermuntert die Nymphe Iuturna, Turnus' Schwester, ihren Bruder zu retten, indem sie einen Vertragsbruch herbeiführt und so den Krieg erneuert. (134-160).

Die Könige beider Parteien erscheinen zur Opferhandlung. Aeneas und Latinus beschwören den Vertrag: Falls Turnus siegt, wird Aeneas nach Pallanteum abziehen; im umgekehrten Falle sollen Troianer und Latiner gleichberechtigt sein, Latinus bleibt König, und Aeneas gründet eine neue Stadt (161-215).

---

[479] Zum Krieger gehört der Zorn (*se suscitat ira A* 12, 108); diese uralte und weit verbreitete Ansicht vertraten z. B. die Peripatetiker, gegen die bei Cicero, *Tusculanen* 4, 49-55 stoische Argumente vorgebracht werden; natürlich genügt Aeneas stoischen Maßstäben so wenig wie irgend ein anderer Sterblicher. Grundsätzlich s. S. 175 mit Anm. 595 und 598.

Tragische Ironie liegt im fünften Gleichnis: Latinus leistet einen Eid, so wahr sein Zepter nie wieder grünen werde 206-211).

Den Rutulern scheint der Kampf ungleich; Iuturna hetzt sie in Gestalt des tapferen Camertus auf, den Vertrag zu brechen, und sendet ein Vogelzeichen: Schwäne, die einen Adler verjagen (247-256). Der Seher Tolumnius glaubt an einen Wink der Götter und wirft den ersten Speer. Ein Kampfgewühl beginnt (257-310). Beim Versuch, die Streitenden zu trennen, wird Aeneas von unbekannter Hand verletzt (311-323).

Turnus stürzt sich wie der Kriegsgott Mars (sechstes Gleichnis: 331-336) in die Schlacht und überwindet viele Gegner, die vor ihm fliehen wie Meer und Wolken vor dem Nordwind (siebtes Gleichnis: 365-367); auch Phegeus fällt (324-382).

Der Arzt Iapyx versucht ohne Erfolg, dem verwundeten Aeneas zu helfen; doch Venus[480] ist mit dem Kraut *dictamnum* zur Stelle (383-429). Der Geheilte wappnet sich, richtet väterliche Worte an Ascanius (383-440), die an Sophokles' *Aias* (550 f.; Accius, *Armorum iudicium* 156) erinnern, und kehrt in die Schlacht zurück, furchterregend wie ein Platzregen (achtes Gleichnis: 451-455). Iuturna nimmt am Streitwagen des Turnus den Platz des Lenkers Metiscus ein und entzieht den Bruder ständig dem Zugriff des Aeneas (neuntes Gleichnis: Schwalbenflug 473-477). Dieser weicht einem Speerwurf des Messapus gerade noch aus und stürzt sich wütend in den Kampf (441-499).

Eine in epischer Tradition stehende Frage (*quis ... deus?* 500) leitet die Doppelaristie des Aeneas und Turnus (500-553) ein: Gleich zwei Feuern oder zwei Strömen (zehntes Gleichnis: 521-525) kämpft jeder von ihnen erfolgreich an unterschiedlichen Fronten. Da gibt Venus Aeneas den Gedanken ein, die eidbrüchige Latinerstadt mit Feuer anzugreifen (554-592). Die Einwohner sind erregt wie Bienen (elftes Gleichnis: 587-590). Amata glaubt, Turnus sei gefallen, und erhängt sich (593-613). Turnus erkennt die Not der Stadt und ist bereit zu sterben; Iuturna versucht, ihn weiterhin von Aeneas fernzuhalten; doch Saces überbringt ihm den Hilferuf der Seinen. Nach innerem Ringen (666-668) springt er vom Wagen, eilt zur Stadt (zwölftes Gleichnis: Rollstein 684-689)[481] und stellt sich zum Zweikampf (614-696).

Aeneas tritt ihm in stolzer Freude entgegen (dreizehntes Gleichnis: hohe Berge 701-703). Freund und Feind lassen die Waffen sinken. Der Zweikampf beginnt (vierzehntes Gleichnis: zwei Stiere 715-722),[482] und Iuppiter wägt die Lebenslose der beiden gegeneinander ab.[483] In der ersten Phase des Kampfes erlebt Turnus einen Unglücksfall:[484] Sein Schwert – das ihm Metiscus geliehen hat – zerspringt wie Eis (fünfzehntes Gleichnis: 740). Aeneas verfolgt den Gegner wie ein Jagdhund (sechzehntes Gleichnis: 749-755),[485] doch bleibt seine Lanze in einem dem Faunus heiligen wilden Ölbaum stecken, und auf ein Gebet des

---

[480] Zu Venus als Heilerin: J. Hawkins (2004).
[481] Vgl. *Ilias* 13, 137-142.
[482] Vgl. Apollonios 2, 88 f.
[483] Vgl. *Ilias* 22, 209-213.
[484] Zur Abfolge „Unglücksfall – Fehler – Vergehen" s. unten S. 169.
[485] Vgl. *Ilias* 22, 189-192.

Turnus hin hält der Gott die Waffe fest. Iuturna verschafft ihrem Bruder ein Schwert. Hierauf befreit Venus die Lanze des Aeneas (728-790).

Iuppiter erklärt Iuno, Aeneas sei zur Apotheose bestimmt; weiterer Widerstand sei zwecklos. Iuno gibt unter der Bedingung nach, daß der Name Troia nicht wieder auflebe. Iuppiter sagt dies zu und verspricht, die Römer würden Iuno besonders ehren (791-842). Dann entsendet der Göttervater eine Dira, eine Tochter der Nacht, die gleich einem Giftpfeil (siebzehntes Gleichnis: 856-859) entfliegt und als todverkündender Uhu erst Turnus, dann Iuturna in Schrecken versetzt. Verzweifelt verläßt die Schwester den Bruder (843-886).

Aeneas bedroht Turnus, der erkennt, daß die Götter und Iuppiter selbst ihm feindlich gesonnen sind. Er versucht, einen gewaltigen Felsblock auf Aeneas zu schleudern, doch seine Kräfte versagen (achtzehntes Gleichnis: Traum 908-912).[486] Der Troianer wirft den Speer (neunzehntes Gleichnis: Geschütz 921-923), und Turnus stürzt, in den Oberschenkel getroffen. Auf ein Schuldbekenntnis – Turnus erkennt seinen Fehler – und die Bitte um Schonung ist Aeneas zunächst bereit, dem Besiegten das Leben zu schenken. Doch da erblickt er das Wehrgehenk, das Turnus dem Pallas geraubt und selbst angelegt hat, und erfüllt die Rachepflicht[487] gegenüber dem Gastfreund Euander. Vergil unterscheidet in dieser Szenenfolge klar zwischen Unglück (dem zerspringenden Schwert), verzeihlichem Fehler (dem verblendeten Kampf des Turnus) und Unrecht, das der Sühne bedarf. Nur der mittlere der drei Gesichtspunkte kann als „tragisch" gelten.[488] Darüber hinaus macht das zwölfte Buch deutlich, daß die Latiner vertrags- und eidbrüchig sind (also gegen die *fides* verstoßen), während andererseits Aeneas versucht, sich zwischen die Kämpfenden zu stellen und den Zweikampf mit Turnus allein zu führen.

*Rückblick:* Das Buch gleicht einem spannenden Drama. Ähnlich wie beim vierten Buch liegt es nahe, versuchsweise eine Aufgliederung in Teile – oder Akte – vorzunehmen. Der erste Teil (1-215) dient der Vorbereitung des Duells. Er reicht von der Entscheidung des Turnus für den Zweikampf bis zum Vertragsabschluß mit den feierlichen Reden der beiden Könige (161-215).

Der zweite Teil (216-382) beginnt mit dem durch ein falsches Götterzei-

---

[486] Vgl. *Ilias* 22, 199 f.
[487] Die hier erwähnten *furiae* sind Rachegeister, die der Gerechtigkeit dienen; der daraus entspringende Zorn (*ira*) ist der Wunsch nach Wiederherstellung des moralischen Gleichgewichts. Daß dieser Affekt grundsätzlich negativ sei, ist ein der Neuzeit naheliegendes Mißverständnis. Nicht negativ bewertet Vergil z.B. die *furiae* (*A* 8, 219) und die *ira* des Hercules (*A* 8, 230), die *furiae iustae* der Etrusker (8, 494) und die Empörung des Aeneas über das verräterische Vorgehen der Griechen (*furor iraque A* 2, 316). All dies bildet zu *A* 12, 946 (*furiis accensus et ira*) eine lehrreiche Parallele. Richtig N. Horsfall (1995) 214: "The general condemnation of anger found in many modern studies of bk. 12 is 'ideologically correct' in its proponents' moral environment but runs foul of too many difficulties in too many ancient texts and theories." Zur engen Verbindung von *pietas* und Rache auf spätrepublikanischen Münzen und anderen Denkmälern: M. Spannagel (2000), bes. 260-266 (auf *pietas* berufen sich Augustus als Rächer Caesars, Sextus Pompeius als Rächer seines Vaters, L. Antonius als Rächer seines Bruders Marcus).
[488] Turnus, der für römisches Gefühl eine verdiente Strafe empfängt, ist also im aristotelischen Sinne kein tragischer Held, Verf. (1999) 120-122.

chen provozierten Speerwurf des Tolumnius und der Verwundung des Aeneas und umfaßt die Aristie des Turnus (324-382).

Den dritten Teil (383-553), der mit der Rückkehr des Aeneas in die Schlacht einsetzt, bildet die Doppelaristie beider Haupthelden: Aeneas und Turnus.

Der vierte Teil (554-696) bringt die Peripetie; nach dem Angriff des Aeneas auf die Stadt und nach Amatas Selbstmord faßt Turnus den Entschluß, sich Aeneas zum Einzelkampf zu stellen (614-696).

Der fünfte Teil (697-952) bringt endlich den Zweikampf, unterbrochen durch das den Krieg abschließende Göttergespräch (791-842). (Ähnlich war in den ersten Teil ein Göttergespräch eingeschaltet worden, das den Vertragsbruch vorbereitete). Wichtiger als die Zahl der „Akte" ist der dramatische Gesamtcharakter des Buches, besonders aber die dem Ganzen zugrunde liegende subtile Reflexion des Dichters über Wesen und Grenzen des Tragischen – in stetem Hinblick auf das – parallele und doch so andersartige vierte Buch. So beleuchtet der Vergleich des zwölften Buches mit dem vierten[489] Vergils dramatische Erzähltechnik, aber auch Unterschiede zwischen Turnus und Dido.

Nicht weniger wichtig als die Dramatik ist die Verankerung in der epischen Tradition: Der Ruf des Iapyx: „Waffen her für den Mann!" (425) spielt deutlich auf den Anfang des Werkes an (*Arma virumque*). Zugleich beschwört die Erwähnung des Zorns im Schlußabschnitt (*furiis accensus et ira* 946) – was nach langen philosophischen Diskussionen einmal gesagt zu werden verdient – natürlich die Erinnerung an den programmatischen Anfang der *Ilias* herauf (Μῆνιν ἄειδε, θεά - "Singe den Zorn, o Göttin!"). Es geht darum, Aeneas als Helden einer neuen, modernen *Ilias* zu legitimieren. Die abschließende Nennung des Rachezorns vergegenwärtigt zugleich nochmals die tiefe Beziehung der zweiten *Aeneis*-Hälfte zur homerischen Patroklie.

Im Mittelpunkt der Forschung zum zwölften Buch steht die komplexe Frage nach der Rechtmäßigkeit von Aeneas' Verhalten gegenüber Turnus (s. S. 174-177). Den engeren homerischen Hintergrund des Buches bildet der Kampf zwischen Achilleus und Hektor (*Ilias*, Buch 22). Durch die innige Verbindung mit dem Abschluß und Bruch des Vertrages (*Ilias*, Bücher 3 und 4) unterstreicht Vergil, daß die Latiner theologisch und moralisch im Unrecht sind. Zum Gesamtüberblick über die *Aeneis* – auch im Vergleich mit *Ilias* und *Odyssee* - s. S. 150 f.

So wichtig die gründliche Auseinandersetzung mit der Tragödie und mit Homer auch sein mag, so wenig sollte man doch in ihr einen Selbstzweck sehen. Weit entfernt, mit Gelehrsamkeit zu prunken, verwendet Vergil die Tradition als Folie, um seine eigenen Vorstellungen zu verdeutlichen. Literarisches dient als „Sprache", um dem kundigen Leser auf dem Wege der Typologie und der Anspielung die eigenen Intentionen möglichst präzise und differenziert mitzuteilen. Es geht ihm nicht darum, aus drei Werken – *Ilias*, *Odyssee* und *Argonautica* – ein viertes zu entwickeln, sondern das lebendige Wissen, das er aus ihnen schöpft, für die Deutung der römischen Existenz fruchtbar zu machen.

---

[489] Zum Beispiel K. Quinn (1968) 252 f.

## 4. 2 GATTUNG UND VORGÄNGER

Zu Homer: G.N. Knauer (1964); zu Apollonios: D. Nelis (2001) und (immer noch interessant) F. Mehmel (1940); zur Tragödie: P. Hardie (1997). Für Einzelheiten s. die Anmerkungen. Hilfreich die Kommentare.

*Gattung (Epos)*: Die Antike unterschied in der Regel Poesiegattungen äußerlich auf Grund des Versmaßes. Insofern war für viele antike Leser das Gesamtwerk Vergils allein schon wegen der hexametrischen Form eine in sich geschlossene Einheit, und die Gemeinsamkeiten waren stärker im Bewußtsein als die Unterschiede. Daß auch Vergil selbst die Kontinuität von Werk zu Werk empfunden hat, zeigen Parallelen zwischen *Bucolica, Georgica* und *Aeneis*.

Daneben kannte man jedoch auch eine Gattungsdifferenzierung nach Art und Bedeutung des Inhalts. Wohl im Anschluß an Theophrast definiert Sueton[490] das Epos als *carmine hexametro divinarum rerum et heroicarum humanarumque comprehensio*. Es soll ein umfassendes Bild der Welt vermitteln. Über Homer sagt Silius (13, 788): *carmine complexus terram mare sidera manes*. Damit skizziert er das dreigeschossige Weltbild des Mythos und definiert das Epos als Weltgedicht. Wie für den jungen Griechen Homer zugleich Fibel und Bibel war, so wuchs der Römer mit Livius Andronicus und Ennius heran, bis Vergil an ihre Stelle trat. Da die Schule trotz der Entfaltung der Wissenschaften an der Verbindlichkeit des Homertextes festhielt, entstanden schon früh allegorische Deutungen. Man interpretierte den Text im Sinne der sich damals entwickelnden Physik oder gab ihm – was noch näher lag – moralische Auslegungen. Vergil hat als Schüler beide Arten der Allegorese kennengelernt; Spuren finden sich in seiner Aneignung Homers wie auch in seiner Erfindung der *Aeneis*. In augusteischer Zeit schreibt Strabon (*Geographica* 1, 2, 3 c 15 f.) im Anschluß an stoische Theorien von der Nützlichkeit der Literatur (und im Gegensatz zu den kritischen Alexandrinern) Homer umfassende geographische und politische Sachkenntnis zu. Er hält dessen Werke sogar für „elementare Philosophie" (πρώτη τις φιλοσοφία 1, 1, 10 c 7). Schon Herodot (2, 53) spricht Homer und Hesiod theogonische Kraft zu. Als reflektierender Dichter in nachphilosophischer Zeit richtet sich Vergil nach solchen Erwartungen. Da die Welt des Römers die *res publica* ist, wird für ihn Epos zugleich ein politisches und religiöses Phänomen (zwei Aspekte, die sich in der europäischen Nachwirkung Vergils verselbständigen werden). Die Spätantike sieht in Vergil (wie zuvor die Griechen in Homer) einen Meister aller Wissenschaften. Man vergleicht seine farbenreiche Dichtung mit der Natur und den Epiker mit dem Schöpfergott.[491] Das spiegelt die paradigmatische Rolle Vergils für die antike wie für die neuere Poetik: Die Idee der Gelehrsamkeit ist antik, die der menschlichen Kreativität zukunftweisend.

Demgegenüber erscheinen manche neuzeitlichen Versuche, das Wesen des Epos zu beschreiben, unzulänglich. Begriffe wie „Sachfreude" und „epische Breite" verkennen die Knappheit und dramatische Darstellungsweise, die gerade

---

[490] Sueton, Ausgabe der Fragmente von A. Reifferscheid (Leipzig 1860), p. 17.
[491] Macrobius, *Saturnalien* 5, 1, 18 – 5, 2, 2.

die größten antiken Epiker – Homer und Vergil – auszeichnet. Der Epiker, der große Stoffmassen zu bewältigen hat, muß ein Meister des Weglassens sein.

Kennzeichnend für die Gattung ist eine gewisse Objektivität des Erzählers – nur selten nimmt der Epiker persönlich zu den berichteten Ereignissen Stellung. Indessen entwickelt Vergil hier Ansätze, die sich schon bei Homer finden, weiter. Zu den Gattungsmerkmalen gehört natürlich der Götterapparat – Vergil übernimmt die Technik und spielt auch zuweilen mit der physikalischen Deutung der Olympier, doch romanisiert er die Sozialstruktur der Götterwelt. Der nachphilosophischen Situation des Autors entsprechend wächst die Zahl der allegorischen Wesen. Gemäß dem ethischen Zug des römischen Denkens handelt es sich dabei oft um Tugenden oder Affekte. Die Neigung zur Allegorie leistet Vorarbeit für die Kunst des Mittelalters. Im Vergleich mit Homer tritt bei Vergil das psychologische Interesse stärker hervor (vorbereitet durch das Drama und die hellenistische Epik). Die Innenwelt ist ihm manchmal wichtiger als die Außenwelt. Im Unterschied zur hellenistischen Epik läßt Vergil bloßes Faktenwissen zurücktreten, greift stärker wertend und auswählend ein. Dennoch ist bei ihm die Bindung an die Wirklichkeit, an Raum und Zeit, Geschichte und Geographie erheblich stärker als in der allegorischen Epik der Spätantike.

*Quellen:* Für die Aeneas-Sage konnte Vergil auf italische Traditionen (zum Teil in griechischer Überformung) zurückgreifen; vieles hat er selbst maßgeblich gestaltet, etwa die Gestalten des Latinus und Mezentius.[492] Prosaquellen dürfte er auch zur Ethik (S. 175 f., Anm. 598 f.), Eschatologie (Texte wie Platons *Gorgias, Phaidon* und *Politeia* sowie Ciceros *Traum des Scipio*) und Literaturtheorie (S. 168 f.) herangezogen haben. Da die *Aeneis* Historisches einschließt, kommt die *Geschichtsschreibung* hinzu, nicht nur als Quelle, sondern auch als Stilmuster, z. B. für die Technik des „Rückblicks", der „Archäologie", im Zusammenhang mit den Prooemien des ersten und siebten Buches. Zum Einfluß der ciceronischen *Kunstprosa* s. S. 168.

*Vorbilder: Homer:* Was die künstlerischen Vorlagen[493] betrifft, so verbindet Vergil in einem ungewöhnlichen Akt zugleich akribischer und organischer Assimilation Homers *Ilias* und *Odyssee*[494] mit den *Argonautica* des Apollonios von Rhodos. Die typologischen Beziehungen zwischen einzelnen Gestalten und Szenen hat G.N. Knauer[495] erschöpfend dargestellt (zu Vergils intertextueller Kunst s. S. 150 f.). Als *poeta doctus* liest Vergil – ähnlich wie sein Vorgänger Ennius – Homer mit Kommentaren, berücksichtigt also die antike Homerkritik und -exegese.[496]

---

[492] K. Galinsky (1969); zu Ascanius-Iulus: J. Dingel (2002).
[493] Zu Vergils Umgang mit seinen Vorgängern N. Horsfall (1991).
[494] *Vita Donati* 21, 75: *Novissime Aeneida incohavit, argumentum varium ac multiplex et quasi amborum Homeri carminum instar.* Dazu Macrobius, *Saturnalia* 5, 2, 6: *Iam vero Aeneis ipsa nonne ab Homero sibi mutuata est errorem primum ex Odyssea, deinde ex Iliade pugnas?* Im kleinen kann man diese Gliederung in den Erzählungen des Aeneas gespiegelt sehen: Buch 2 wäre „iliadisch", Buch 3 „odysseisch" (A. Deremetz [2000]); allerdings ist für die Iliupersis nicht Homer das unmittelbare Vorbild.
[495] G. Knauer (1964); ferner: G. Manzoni (2002).
[496] T. Schmit-Neuerburg (1999); R.R. Schlunk (1974).

*Tragödie:* Einfluß des griechischen[497] wie des lateinischen Dramas ist in der *Aeneis* durchweg zu beobachten. Auch das Fortwirken in der Oper wirft Licht auf Vergils dramatische Kunst.[498] Den Schlußteil des fünften Buches hat man mit Euripides' *Troerinnen, Hekabe* und *Andromache* verglichen.[499] Im zweiten Buch ist die Anrede an die *patria* beim Einzug des Troianischen Pferdes in die Stadt Zitat aus einer altrömischen Tragödie (S. 113). Im vierten Buch vergleicht Vergil Didos rasende Liebe ausdrücklich mit dem Wahnsinn von Tragödienhelden wie Pentheus und Orest (S. 123). Typische Dramen-Szenen sind das Gespräch der beiden Schwestern als „Prolog" und der Rede-Agon zwischen Dido und Aeneas in der Mitte des Buches, ferner die Trugrede (vgl. z.B. Sophokles, *Aias* 646-692) und sämtliche Monologe der Protagonistin. Die Gliederung des vierten Buches hat man mit den Akten einer Tragödie verglichen (S. 124 f.). Die Psychologie legt den Vergleich mit Euripides' *Medea* nahe, obwohl der Tragiker eine andere Lebensphase dieser Heldin behandelt als Vergils Vorbild Apollonios. Die Situation Didos erinnert stellenweise an die der euripideischen Phaidra, die Rolle Annas an die von Phaidras Amme, der Selbstmord gemahnt an Aias. Auch das zwölfte Buch ist dramatisch aufgebaut (S. 144 f.; zur Tragik s. S. 168 f.; 181).

*Peisandros u.a.:* Die Zerstörung Troias soll laut Macrobius (*Saturnalia*) in engem Anschluß an einen Peisandros gestaltet sein, dessen (verlorenes) Werk von der Hochzeit des Zeus und der Hera bis in seine eigene Zeit reichte. Wir haben Nachrichten über zwei Epiker dieses Namens; man nimmt heute an, daß als Autor nur der spätere der beiden in Frage kommt; dieser aber lebte unter Alexander Severus, wäre also von Vergil abhängig. Die griechischen Paralleltexte zur Laokoon-Episode zitiert und untersucht C. Zintzen (1979).

*Apollonios:* Neben dem Einfluß Homers ist der des hellenistischen Epos,[500] besonders des Apollonios von Rhodos, zu beachten.[501] Denn zwar tritt Vergil jetzt mit homerischem Anspruch auf, aber die literarische Feile und die feine Psychologie bleiben hellenistisch. Der Einfluß erstreckt sich auf das Einzelne wie auf die Strukturierung des Ganzen. Zu Beginn der zweiten Werkhälfte ruft Vergil wie Apollonios die Muse Erato an. Das dritte Buch der *Aeneis* ist zwar der *Odyssee* verwandt; der Raffung dient aber die Technik des Periplous („Umsegelung": Beschreibung der Küstenorte im Vorbeisegeln),[502] die Vergil Apollonios von Rhodos verdankt. Die Liebe zwischen Aeneas und Dido (Bücher 1 und 4) ist, was ihre zentrale Rolle im Werk betrifft, eher der Medea-Geschichte (und der Hypsipyle-Erzählung) bei Apollonios vergleichbar als den entsprechenden Episoden der Odyssee (Kalypso, Kirke, Nausikaa), die natürlich ebenfalls stark einwirken; zum Überfluß verdeutlichen analoge Szenen in den karthagischen Partien die Beziehung zu Apollonios: so Iunos Besuch bei Venus und

---

[497] Einfluß der Tragödie: P. Hardie (1997); Euripides bei Vergil: G. Burzacchini (2002).

[498] Immer noch lesenswert V. Pöschl (³1977) 13-14 (zur Oper); vgl. unten S. 196.

[499] L.B. Hughes (2003); Tragödienhaftes im zweiten Buch: S. Laigneau (2001); zur Tragödie: P. Hardie (1997).

[500] K. Ziegler (1934); W.W. Briggs (1981).

[501] Neben G.N. Knauer (1964; dort ältere Lit.: 34, 1) vgl. besonders F. Mehmel (1940), der vorzüglich Vergils Kunst der Schwerpunktsetzung herausarbeitet, und D. Nelis (2001).

[502] Die Aufzählung (und Erläuterung) von Hafenstädten und anderen Orten, die für die Küstenschiffahrt von Bedeutung sind, ist eine aus Aufzeichnungen von Seefahrern (Lotsenbüchern) entwickelte Technik, die Apollonios als Mittel epischer Darstellung verwendet.

deren Gespräch mit Amor (*A* 4, 90-128 und 1, 657-690; vgl. Apollonios 3, 6-155); auf Apollonios weist auch seltener Ornat wie das Ameisen-Gleichnis (*A* 4, 402-407, vgl. Apollonios 4, 1452 f.) und überhaupt das stärkere Gewicht des Ästhetischen und Psychologischen im epischen Gleichnis. Darüber hinaus macht das Lied des Iopas, das im ersten Buch (*A* 1, 740-746) den Gesang des Orpheus aus den *Argonautika* (Apollonios 1, 496-511) aufnimmt, zugleich den universalen Rahmen von Vergils Weltgedicht deutlich – und seine Absicht, den hellenistischen Qualitätsanspruch zu wahren. Mit der Anspielung auf Apollonios verbindet sich eine Reminiszenz an die *Georgica* (2, 478-482).

*Kallimachos und Catull:* Vergil verdankt Catull z.B. das subtile Gleichnis der abgemähten Blume beim Tod eines jungen Helden (S. 136; 140), vor allem aber die einfühlsame Darstellung der verlassenen Frau (Catulls Ariadne in *carmen* 64 ist ein Vorbild für Dido). Catull vermittelt sogar das Kallimachos-Zitat für die verspätete Liebeserklärung des Aeneas (S. 181). Natürlich verleugnet Vergil das Kallimacheertum seiner früheren Werke auch in der *Aeneis* nicht: Es genügt, an den aitiologischen Charakter dieses Epos, besonders im achten Buch, zu erinnern; auch gegen Ende des dritten Buches dürfte Kallimachos hereinspielen.[503]

Für die Technik der historischen Prophetie – *vaticinium ex eventu* – ist vor allem an zwei hellenistische Vorgänger zu erinnern: die *Alexandra* (=Cassandra) des Lykophron und das Vergil wohl nicht bekannte, aber in dieser Beziehung mit der *Aeneis* vergleichbare Buch *Daniel* des Alten Testaments.

*Naevius:* Den Seesturm und das Gespräch zwischen Venus und Iuppiter dürfte Vergil von Naevius übernommen haben (*frg.* 13 Morel = 14 Büchner). Möglicherweise hat Naevius auch die Technik der Rahmenerzählung angewandt, wie wir sie aus der *Odyssee* und dem zweiten und dritten Buch der *Aeneis* kennen. Nicht zuletzt konnte Vergil dank Naevius den „strengen Stil", den der Virtuose Ennius in den Schatten gestellt hatte, auf neuer Stufe wiederfinden: ein sparsames, faktenbezogenes Sprechen. Treffend vergleicht Cicero (*Brutus* 19, 75) die Schreibart des Naevius mit der Kunst des Bildhauers Myron.

*Ennius*, der bedeutendste lateinische Epiker vor Vergil, hat den Hexameter als epischen Vers in Rom eingeführt und dessen Form im ganzen und im einzelnen geprägt. Punktuelle Stilvergleiche (S. 161), wie sie die Fragmente erlauben, zeigen: Vergil setzt den *color Ennianus* mit feiner Distinktion ein und dämpft allzu grelle Wirkungen.

*Lukrez:* Die Einwirkung des Lukrez auf Vergil,[504] die wir im Zusammenmenhang der *Georgica* gewürdigt haben, bleibt auch in der *Aeneis* spürbar; besonders offenkundig ist der Anschluß an diesen Dichter in den didaktischen Abschnitten des sechsten Buches. In erzählenden Partien dürfte manches für uns lukrezisch Klingende auf Ennius zurückgehen.

---

[503] C. Nappa (2004).
[504] V.J. Cleary (1970); zu Lukrez zwischen Ennius und Vergil: E. Norden, Komm. [4]1957, 469 Register unter „Ennius, nachgeahmt von L." und 470 unter „Vergil, Vorbilder"). Zum Methodischen grundsätzlich: Norden ebd. 371.

## 4. 3 LITERARISCHE TECHNIK

R. Heinze ($^3$1914; $^4$1957); G.N. Knauer (1964); F. Klingner (1967); V. Pöschl ($^3$1977); N. Horsfall (1995), (Lit.); D. Fowler (1997), (Lit.); A. La Penna (2005). Zu den Beschreibungen: A. Barchiesi (1997). Zu einzelnen Techniken s. die Anmerkungen.

*Intertextuelle und intratextuelle Bezüge:* Eine Beschreibung der Struktur der *Aeneis* läßt sich nicht von der Beziehung des Dichters zu seinen Hauptvorbildern Homer und Apollonios trennen. Dabei ist die Einschmelzung so vollkommen, daß man nicht von Epigonentum, sondern von Neuschöpfung sprechen muß; die Bezugnahme auf Vorgänger dient der Verständigung mit dem kundigen Leser.

Die *Aeneis* besteht aus zweimal sechs Büchern. Aufs Ganze gesehen entsprechen die ersten sechs Bücher der *Odyssee*, die zweiten sechs der *Ilias*. In der Regel dominiert in der ersten *Aeneis*-Hälfte die *Odyssee*-, in der zweiten die *Ilias*-Nachfolge. Doch gibt es bedeutsame Ausnahmen.[505]

Überhaupt ist die *Odyssee* auch für die Gesamtstruktur der *Aeneis* bestimmend: insbesondere für die Abfolge von Irrfahrten auf dem Meer und Kämpfen auf dem Festland. Sie dient sogar als Subtext für die Kontinuität von Vergils Lebenswerk: Nimmt doch das letzte Buch der *Georgica* auf das vierte Buch der *Odyssee* Bezug, das erste der *Aeneis* auf das fünfte, so daß sich ein roter Faden von Werk zu Werk spannt. Das zweite und das dritte Buch zusammen entsprechen als eingelegte Erzählung den Berichten des Odysseus bei den Phäaken (*Odyssee* Bücher 9-12, bes. 9); doch steht das zweite Buch – bis auf die Einleitung – der *Odyssee* fern, und im dritten Buch tauchen keineswegs alle Stationen der Fahrt des Odysseus auf.

Da man die von Kriegen handelnde *Ilias* in der Antike höher schätzte als die *Odyssee*, erklärt Vergil am Anfang der zweiten („iliadischen") Werkhälfte, er mache sich nun an einen Stoff und ein Werk höherer Ordnung: *maior rerum mihi nascitur ordo, maius opus moveo* (7, 44 f.). Die Bücher 10-12 entsprechen im ganzen den Büchern 16-22 der *Ilias*; in das letzte Buch der *Aeneis* spielen außerdem das dritte und vierte der *Ilias* herein (Vertrag und Vertragsbruch). Dennoch läßt sich die zweite Hälfte der *Aeneis* auch mit der zweiten Hälfte der *Odyssee* (Buch 13-24) vergleichen, die zu Lande spielt und vom Kampf mit den Freiern handelt. Doch zeigt sich gerade hier, daß Vergil „iliadisch" stilisiert, indem er den Kampf mit dem Freier Turnus als regelrechten Krieg, nicht als private Aktion gestaltet. Im Vergleich wird ablesbar, worin die Originalität der Erfindung der *Aeneis* liegt. Der Aspekt des *bellum iustum* im Unterschied zum archaischen (letzlich ebenfalls im Zeichen der Gerechtigkeit verübten) Freiermord macht das Werk zur Anti-*Odyssee*, die Umorientierung von der Zerstörung auf die Geburt einer Polis macht die *Aeneis* zur Anti-*Ilias*. Ferner zeigt die Stellung des Unter-

---

[505] Odysseisches in der zweiten *Aeneis*-Hälfte: Die Reise des Aeneas zu Euander ist vergleichbar mit den Reisen Telemachs. Iliadisches in der ersten: Einen Rückblick auf die *Ilias* bietet die Beschreibung der Kunstwerke am Iuno-Tempel im ersten Buch; Im zweiten Buch finden sich viele iliadische Einzelheiten (wenn auch nicht die Zerstörung Trojas, die bekanntlich außerhalb der *Ilias* liegt). Aus dem dritten Buch ist der Besuch im neuen Klein-Troia zu nennen, aus dem sechsten die Begegnung mit Deïphobus. Zur Überlagerung von *Ilias* und *Odyssee* in der *Aeneis* trefflich E.G. Schmidt (1982/1983).

welt-Buches jeweils vor der Mitte des Werkes, daß Vergil die Gesamtstruktur der *Odyssee* vorschwebt. Alle Teile der *Aeneis* stehen in einem sinnvollen Verhältnis zu beiden homerischen Epen. Als weitere intertextuelle Verbindung sei erwähnt: Wie Apollonios gliedert Vergil sein Werk in zwei Hälften und fleht im Eingang der zweiten Werkhälfte zur Muse Erato – geht es doch um Liebe (hier: Lavinia).

*Intratextuelle Bezüge:* Intratextuell – d.h. werkimmanent – bestehen klare Parallelen zwischen den beiden Werkhälften. Im ersten Buch erregt Iuno einen Seesturm durch Aeolus, im siebten einen Krieg durch Allecto. Die Ereignisse des siebten Buches veranschaulichen Bilder, die den Bereichen „Meer" und „Sturm" entstammen. Am Ende des zweiten Buches nimmt Aeneas den Vater auf die Schultern, am Ende des achten (in Gestalt des Schildes) „Ruhm und Schicksal der Enkel". Dem Untergang der Stadt Troia im zweiten Buch entspricht im achten die Geburt der Stadt Rom. Die Gleichnisse im achten Buch entstammen vielfach der Sphäre des Feuers – so findet auch vom zweiten zum achten Buch eine Motivverlagerung von der Erzählebene (Troias Brand) in die Bildebene statt. Außerdem läßt sich in einzelnen Büchern – etwa dem dritten oder dem fünften – der Verlauf des ganzen Epos im kleinen wiedergespiegelt finden.

*„Dreiteilung" des Werkes:* Neben der Zweiteilung der *Aeneis* hat man eine Dreiteilung vorgeschlagen: Die Bücher 1 und 4 haben denselben Schauplatz – Karthago – und sie umrahmen die eingelegte Erzählung des Aeneas (Buch 2 und 3). Die Bücher 9 bis 12 umfassen die eigentlichen Kampfhandlungen in Latium. Die Bücher 5 bis 8 bilden eine Übergangsphase. Diese inhomogene mittlere Gruppe ist der Schwachpunkt der angenommenen Dreiteilung.

*Zwischen Vergangenheit und Zukunft:* Die ständige Bezugnahme auf Vergangenheit und Zukunft in unterschiedlichen Formen verleiht der Erzählung Transparenz in zwei entgegengesetzten Richtungen. Die Vorgeschichte des Aeneas kommt schon in der ersten Rede des Helden zur Sprache, besonders aber in der Beschreibung des Bildschmucks am Iuno-Tempel; die Vorgeschichte Didos erfahren wir aus dem Bericht der „Jägerin" Venus. Die ausführlichste Rekapitulation des Vergangenen bilden die Bücher 2 und 3 mit den Erzählungen des Aeneas, der zugleich mit der Vergangenheit seine Zukunft entdeckt.

*Vorzeichen (prodigia) und Träume:* Dem allmählichen Vergegenwärtigen des Zurückliegenden entspricht eine graduelle Offenbarung des Künftigen. Vorzeichen[506] und Träume stellen Beziehungen zur Zukunft her. In größerem Maßstab gilt dies für historische Prophetien (S. 109; 172). Dabei gibt die Iuppiter-Prophetie dem Leser einen weiten Vorsprung vor Aeneas: Dieser erfährt Ermutigung zunächst nur im Hinblick auf die nähere Zukunft – etwa durch das Vogelzeichen der Venus und (indirekt) durch die Bilder am Iunotempel. „Heldenschau" und Schildbeschreibung bilden weitere Etappen seiner Begegnung mit Bevorstehendem; notgedrungen erscheint es nur verschwommen und stückweise.

*Vorverweise:* Auch in kleinerem Rahmen liefert der Erzähler Vorausblicke. Das gilt nicht nur von Aeneas in seinem Bericht von Troias Zerstörung (man denke an Ausrufe wie *o patria ...*: *A* 2, 241 f.), sondern auch von dem epischen Erzähler Vergil, der z.B. die Erfolglosigkeit des Unterfangens von Nisus und Euryalus schon frühzeitig andeutet (*A* 9, 312 f.).

---

[506] Zu den Prodigien: B. Grassmann-Fischer (1966); dazu A. Wlosok, *Gnomon* 45 (1973) 245-249.

*Beschreibungen von Kunstwerken:* Ins erste Buch ist die Erinnerung an die *Ilias* hineingespiegelt, doch deuten die Darstellungen aus dem Troianischen Krieg zugleich indirekt voraus auf die bevorstehenden Kämpfe in Italien. Die Reliefs am Iunotempel geben Aeneas durch die Vergewisserung des Vergangenen Mut für die Zukunft. Auch andere Beschreibungen von Kunstwerken – vor allem die Schildbeschreibung im achten Buch – weisen über den momentanen Zusammenhang hinaus.[507]

*Eingelegte Erzählungen:* Wichtige Mittel der künstlerischen Darstellung in der *Aeneis* sind eingelegte Erzählungen. In größerem Umfang gilt dies von den Rahmenerzählungen der Bücher 2 und 3 nach dem Vorbild der *Apologoi* („Erzählungen") des Odysseus. Hier stellt Aeneas sich selbst und seine Mission dar; Dido könnte erraten, daß er nicht bleiben wird, läßt sich aber von seiner Erzählkunst bezaubern. Auf Historikertradition stützen sich Rückblicke[508] auf die Vorgeschichte (z.B. im Anschluß an die Prooemien der ersten und der zweiten Werkhälfte). Mit epischer Technik (in Anknüpfung an Nausikaas Worte zu Odysseus) verbindet sich der Bericht der Venus über die Vorgeschichte Karthagos im ersten Buch.

*Erzähltechnik: Ortsbeschreibungen* können den Anfang eines neuen Abschnitts markieren.[509] Zur Kennzeichnung neuer Handlungsphasen durch bestimmte Tempora oder Partikeln s. S. 163 f.

*Retardierende Momente:* Ein wichtiges Element der Erzähltechnik ist die Erwähnung des Zögerns vor entscheidenden Schritten: Dido „zögert in ihrem Schlafgemach" (*A* 4, 133) am Morgen vor der Jagd (und dem verhängnisvollen Liebesbund). Ähnliches gilt von Turnus (*A* 7, 449; 12, 916; 919) und Aeneas (*A* 12, 940).

*Umgekehrte Chronologie*: Ein besonders raffiniertes Kunstmittel (aufbauend auf der Arbeitsweise des menschlichen Gedächtnisses) ist die rückläufige Reihenfolge der drei Hauptszenen in *Aeneis* 6 und die völlige Inversion des chronologischen Verlaufs in der mittleren dieser Szenen (S. 129 f.). Es handelt sich nicht um bloße Artistik, sondern um die Spiegelung und Aufarbeitung der Vergangenheit im Bewußtsein des Aeneas. Hierher gehört auch die Umkehrung der Reihenfolge von Herbst und Sommer in den Gleichnissen desselben sechsten Buches (S. 129): Die anti-realistische Reihenfolge der Jahreszeiten macht den Weg durch den Tod zu neuem Leben sinnfällig. Kühn kehrt Vergil im Dialog

---

[507] Den Helm des Turnus schmückt eine Chimaera, die Aetna-Feuer speit (*A* 7, 785-788), seinen Schild die in eine Kuh verwandelte Io (*A* 7, 789-792). Seine Rüstung zeigt ihn also einerseits von einer infernalischen Macht inspiriert, andererseits als ein Opfer Iunos. Auf dem Schiff des Aeneas sind der Berg Ida und die Löwen der Göttermutter abgebildet (10, 156-158): zugleich eine Erinnerung an seine von dieser Gottheit beschützte Heimat und eine Vorausdeutung auf Roma, die mit der Mauerkrone der Göttermutter dargestellt wird (vgl. *A* 6, 784). Zu diesem Typus der Personifikation W. Messerschmidt (2003).

[508] Für solche Rückblicke ist das Plusquamperfekt charakteristisch, vgl. *A* 1, 20; 3, 50; natürlich kann auch das Imperfekt als Hintergrundtempus dienen (*A* 7, 46-62).

[509] Sie können in homerischer Tradition mit *est* (ἔστι „es gibt") beginnen (1, 159; 2, 21; vgl. z.B. *Ilias* 2, 811; *Odyssee* 3, 293). Im dritten Buch, in dem der Schauplatz oft wechselt, finden sich Ortsbeschreibungen in unterschiedlichen Formen (vgl. 3, 13; 73; 210). Verkürzt und gehäuft erscheinen sie während des Vorbeifahrens auf dem Schiff (3, 124-127; .270-275; 551-557; 688-708). Vor Vergil hatte besonders Apollonios von Rhodos hellenistische Beschreibungen von Routen für die Küstenschiffahrt (περίπλους, „Umsegelung") in seinem Epos poetisiert.

zwischen Venus und Vulcan die traditionellen Geschlechterrollen um: Venus erscheint als die Werbende, und Vulcan im Gleichnis als „fleißige Hausfrau". Auch die offene Erotik der Szene überrascht. Vergil ist experimentierfreudiger, als unsere Schulweisheit sich träumen läßt.

*Gegenstände als Mitspieler. Arma* – das erste Wort der *Aeneis* – übersetzt man meist mit „Waffentaten". Das ist korrekt, aber es nimmt Vergils Text ein Stück seiner typisch römischen Erdenschwere und Gegenständlichkeit. Sind doch in diesem Werk die Waffen vielfach an der Handlung beteiligt, sei es als Werkzeug oder als schicksalhafte Mahner (*monimenta* „Mittel des Erinnerns": *A* 12, 945; vgl. 5, 538; 572), oder als Mittel der indirekten Charakterisierung. Dido ersticht sich mit dem Schwert des Aeneas. Ein Beutehelm verrät Euryalus an die Feinde. Camilla fällt, weil die goldene Rüstung eines Gegners sie vom Kampfgeschehen ablenkt. Der unterschiedliche Umgang mit Beutewaffen wirft auch Licht auf die Personen: Aeneas weiht Mezentius' Rüstung den Göttern und verzichtet bei Lausus völlig auf Spoliierung. Turnus aber raubt dem getöteten Pallas das Wehrgehenk, und dieses wird Aeneas an seine Rachepflicht erinnern.

*Epische Gleichnisse*: Gleichnisse unterstreichen die Beziehungen zwischen Makrokosmos (Natur), Mikrokosmos (Individuum) und dem mittleren Kosmos der Politik. Darüber hinaus bestehen aber auch zwischen den Gleichnissen subtile Bezüge: ein Geflecht, auf das wir bei der Darstellung von Inhalt und Aufbau ständig eingegangen sind. Hier spielen mindestens drei Bedeutungsebenen ineinander: der äußere Vorgang, der psychologische Hintergrund und die Herstellung gedanklicher Zusammenhänge, die manchmal weit über die Einzelstelle hinausgreifen. Gleichnisse verbinden die natürliche Welt, wie sie Gegenstand der *Georgica* ist, mit dem historisch-politischen Kosmos der *Aeneis*. Insofern sind die zahlreichen Rückgriffe auf die *Georgica* für die Erfindung der *Aeneis* nicht weniger wichtig als die Vergil ebenfalls im Detail gegenwärtigen Gleichnisse von Homer, Apollonios und Ennius. In den *Georgica* können politisch-militärische Bilder das Leben von Pflanzen und Tieren erläutern. Dieses Verhältnis von Sach- und Bildebene ist in der *Aeneis* naturgemäß seltener vertreten; Ausnahmen sind begründet: Wie die *Georgica* das Leben der Bienen durch kriegerische Bilder verklären, so erhöht das fünfte Buch der *Aeneis* die sportlichen Spiele durch Vergleiche aus der Welt von Krieg und Politik. Der Boxer Dares greift Entellus von allen Seiten an, als gehe es um die Bestürmung einer befestigten Stadt (*A* 5, 439-442). Das erste Gleichnis der *Aeneis*, das einen Naturvorgang – die Beschwichtigung des Seesturms – durch ein Bild aus dem politischen Leben illustriert (*A* 1, 148-156), kann in dieser Beziehung als Nachklang der in den *Georgica* geübten Praxis gelten und unterstreicht so den inneren Zusammenhang mit dem vorhergehenden Werk. Die literarische Herkunft der Gleichnisse wird für Vergil zum Präzisionsinstrument (S.120-125): Ein Wechsel von homerischen zu apollonianischen Bildern kann einen typologischen Paradigmenwechsel spiegeln (etwa: von Odysseus zu Iason); ein Übergang zu Bildern aus der Tragödie beleuchtet Didos tragisches Schicksal; zum Schluß verankert ein historischer Vergleich (Karthagos Brand) den Mythos in der Realität.

*Reden:* Menschliche Reden haben oft keine oder unerwünschte Folgen, während die Reden der Götter umgekehrt zugleich Taten sind (S. 169) Der Monolog des Mezentius beim Tod des Lausus (*A* 10, 846-856) motiviert den Entschluß des Helden, sich Aeneas zum letzten Kampf zu stellen. Trauer und Scham verbinden sich als Antrieb zum Handeln. Ein verwandter Mischaffekt[510] (*miseretque pudetque A* 9, 787) beflügelt Mnestheus, die von Turnus bedrängten Troianer zum Widerstand aufzurufen. Über die Einzelstelle hinaus weisen ermutigende oder prophetische Reden in die Zukunft. Trugreden im Stil der Tragödie halten Sinon (der sich völlig auf die Doppelbödigkeit der Sprache stützt) und Dido bei der Ankündigung des „magischen Ritus" (vgl. z.B. Sophokles, *Aias* 646-692). Daß die Troianer, obwohl Sinon sie betrogen hat, Achaemenides Glauben schenken, beleuchtet ihr Ethos (diese beiden antithetischen Szenen umrahmen den Bericht des Aeneas). Das sechste Buch bringt Adeptenfragen und Offenbarungsreden der eschatologischen Literatur in die Dichtung ein.

*Schlachtenschilderungen:* In den Schlachtenschilderungen können sich unterschiedliche Gattungstraditionen kreuzen.[511] Dem modernen Leser, dem solche Darstellungen Schwierigkeiten bereiten, versuchen Interpreten Brücken zu bauen, etwa: der Dichter wolle durch Herausarbeitung des Grausamen und Gräßlichen Abscheu gegenüber dem Krieg erregen.[512] Beachtung verdient, daß erzähltechnisch vielfach Dialoge vorherrschen; der Rückblick auf das Leben des jeweiligen Helden ist wichtiger als die äußeren Einzelheiten seines Sterbens.

*Personencharakteristik:* Aeneas[513] ist kein traditioneller Heros, Vergil hat diese Gestalt neu geschaffen. Charakteristisch für ihn ist, daß er aus Pflichtgefühl handelt: kein Anti-Held, sondern ein typisch römischer Held. In dialektischer Spannung zu der sukzessiven Erkenntnis der Zukunft durch Aeneas steht die Tatsache, daß er vieles von dem, was ihm bereits offenbart worden ist, immer wieder zu vergessen scheint. Als eine Erklärung hierfür mag gelten, daß nicht nur die *Aeneis* als Ganzes, sondern auch jedes Buch für sich als Erkenntnisprozeß konzipiert ist. (Nach antikem Usus bildet ein Buch zugleich eine Lese-Einheit). Hat doch in antiker Literatur die Handlung den Vorrang vor der Charakterzeichnung. Eine weitere Erklärung liefert vielleicht die neuerdings bei Apollonios von Rhodos beobachtete Technik der unvollständigen bzw. widersprüchlichen Information („Poetik der Ungewißheit").[514] Grundsätzlich gönnt Vergil dem Leser einen Informationsvorsprung vor dem Helden; doch liegt gerade in der Fehlbarkeit der Erinnerung des Aeneas immer wieder ein neues Element der Spannung.[515] Auch als Handelnder ist Aeneas nicht unfehlbar, kein stoischer Weiser, vielleicht ein „Fortschreitender" (προκόπτων)? (Doch besagt dieses Wort nicht viel, ge-

---

[510] Dazu: M. Fusillo (1999).

[511] A. Rossi (2004). Für eine Beurteilung der Kampfschilderungen und ihrer Traditionen müßten weitere Untersuchungen eine Grundlage schaffen. Einen detaillierten homerischen Hintergrund und eine Typologie vermittelt M. Stoevesandt (2004). Zu Vergils Abneigung gegenüber dem Krieg: R. Glei (1991).

[512] Einen differenzierten neuen Zugang bietet J. Tatum im Zeichen der Stiftung von Gedächtnis durch den Vergleich mit Berichten und Mahnmalen zum Vietnam-Krieg: J. Tatum, *The Mourner's Song. War and Remembrance from the Iliad to Vietnam* (Chicago 2003).

[513] Zur Charakteristik des Aeneas: C.J. Mackie 1988 mit der erheblich weiter führenden Besprechung von W. Kißel, *Gnomon* 65 (1993) 673-677.

[514] C. S. Byre (2002).

[515] "Aeneas is an unfulfilled hero, clutching at phantoms, pursuing receding shores, issuing from the Gate of Illusions (*A* 6, 898), fated to wander but not quite to arrive, not to found his city, but to fall before his time on the barren sand (4, 620), in Stoic terms sometimes *proficiens*, but never *perfectus*" R.G.M. Nisbet (1995) 143 (=1980, 59).

schaffen wie es ist, um möglichst vielen die Identifikation zu ermöglichen). Eine Entwicklung des *Aeneas* ist nicht auszuschließen; Rückfälle und „Konversionen" hat man auch bei Turnus, Mezentius und vor allem bei Diomedes zu sehen geglaubt.[516] Dennoch ist die *Aeneis* kein „Entwicklungsroman". Aeneas' Charakter ist von *pietas* und *fides* geprägt; daher läßt sich sein Wesen genauer nur im Zusammenhang mit Vergils Wertewelt beschreiben (S. 173-177).

*Turnus:*[517] Auch Turnus ist eine Schöpfung Vergils: ein Held mit archetypischen Zügen.[518] Diesen Einzelhelden „alten Schlages" stellt der Dichter dem gemeinschaftsbezogenen Aeneas gegenüber. Eine ähnliche Polarität bestand in der *Ilias* zwischen Achilleus und Hektor; dort siegte der Einzelheld. Turnus, eine in ihrer düsteren Männlichkeit fesselnde Gestalt, vereinigt unterschiedliche Züge. Einerseits ist er der Staatsfeind, der aus Verblendung handelt,[519] andererseits – zusammen mit Camilla – einer der hervorragenden Vertreter Italiens, wie V. Pöschl[520] erkannt hat, der ihn jedoch zugleich mit dem *furor impius* in Verbindung bringt. Hier war Heinze maßvoller, der Turnus nur *consili expers* nannte. Die Beschreibung eines aus mehreren Komponenten gemischten, starken Affekts bildet eine sprechende Parallele zwischen Mezentius und Turnus vor ihrem jeweils letzten Kampf: Mezentius (A 10, 870 f.): *aestuat ingens / uno in corde pudor mixtoque insania luctu.*[521] Bei Turnus fügt Vergil noch eine Zeile hinzu (A 12, 666-668): *et furiis agitatus amor et conscia virtus* (zur heftigen Liebe vergleiche man 12, 70). Es handelt sich dabei jeweils um den Mut der Verzweiflung.[522] Turnus vollzieht eine *devotio* (A 11, 442; vgl. 12, 234); im Falle einer Niederlage will er den Götterzorn durch seinen Tod bereinigen. Vergil hat Turnus in gewisser Weise Größe zuerkannt – es ist ehrenvoller für Aeneas, einen bedeutenden Feind zu besiegen als einen Schurken. Die notorische Vertragsbrüchigkeit der Latiner und die Ichbezogenheit und Grausamkeit des Turnus stellen trotzdem die Unterschiede zwischen den Parteien klar.

Mit knappen Strichen zeichnet Vergil weitere Helden – etwa den treuen Achates[523] und den trotzig gottlosen Krieger, aber liebenden Vater Mezentius.[524] Unverkennbar und unvergeßlich auch die „milde, aber ohnmächtige Hoheit"[525] des greisen Latinus im Kontrast zum Ungestüm des Turnus. Das künstlerische Prinzip des Angemessenen (*decorum*)[526] erlaubt Vergil feine Differenzierungen nach Alter, Geschlecht oder Rang. Das Sensorium des Römers für Zwischen-

---

[516] P.V. Cova (2004); doch darf man nicht selten an der Echtheit der "Konversionen" zweifeln.
[517] Fesselnde Plädoyers für Turnus: V. Pöschl (³1977); R. Thomas, in: H.-P. Stahl (Hg.), (1998) 271-302 (dort auch Belege für andere, gemäßigtere Ansichten).
[518] Es überrascht nicht, daß G. B. Duckworth (1961) Parallelen zum Mahābhārata feststellt.
[519] R. Heinzes (³1914 [⁴1957]) Turnusbild ist nicht so negativ, wie vielfach behauptet wird, s. z.B. 280: „in allem das Ideal kraftvoller, entschlossener Männlichkeit, nur ... *consili expers*".
[520] V. Pöschl (³1977) 126; 128!
[521] A 10, 872 fehlt in der besten Überlieferung (MPR) und bei Ti. Claudius Donatus und ist unecht (aus 12, 668, wo *amor* am rechten Ort ist).
[522] Daher paßt der Mischaffekt auf die Situation der Troianer in höchster Bedrängnis (A 9, 787) oder auf den Boxer Entellus (A 5, 454 f.). Zur *devotio* des Turnus vgl. A. Wlosok (1983) 201.
[523] Dazu: T. Weber (1988).
[524] Dazu: G. Thome (1979).
[525] E. Zinn (1994) 190.
[526] Zum *decorum*: W. Clausen (München 2002).

menschliches äußert sich hier in anmutigen, ja anrührenden Einzelzügen: Dem Knaben Amor macht es Spaß, die Gangart des Iulus nachzuahmen; dieser hinwiederum träumt als stolzer Reiter davon, einen Keiler oder Löwen zu erlegen. Der jugendliche Euryalus ist feuriger als der reifere, aber dem Freund nicht weniger ergebene Nisus; Lausus opfert sich in blindem Edelmut für seinen Vater auf; Pallas und Ascanius beweisen ihr Format schon früh durch Tapferkeit, aber auch durch Lernbereitschaft. Erschütternd Vergils poetische Nachrufe auf Marcellus, Nisus und Euryalus. Anchises ist für Aeneas als Vaterfigur ständig gegenwärtig, trotz Abwesenheit und Tod. Euander ist eine weitere Verkörperung der *pietas*. Die betonte Gastfreundschaft zwischen beiden Vätern bereitet die griechisch-römische kulturelle Synthese vor.

*Frauengestalten: Dido:* Wie das Bild der männlichen Helden reich an Facetten und bleibenden Prägungen ist, so umfaßt das der Frauen eine breite Palette: von verzehrender Leidenschaft bis zu stummer Zurückhaltung. Didos[527] Charakter gibt Anlaß, nach der Tragik in der *Aeneis* zu fragen. Wie es die Tragödientheorie erwartet, ist die Königin eine herausragende Heldin von edlem Charakter, aber nicht unfehlbar. Die von außen kommende Konfliktsituation entsteht durch die Begegnung mit Aeneas. Der tragische Fehler beruht auf einem Mangel an Einsicht: Dido begreift nicht die Sendung des Aeneas. Der Verlauf des tragischen Geschehens ist bestimmt durch die Peripetie, das Umschlagen von Glück in Unglück. Der vor der Peripetie liegende Teil der Handlung entspricht der Schürzung, der darauf folgende der Lösung des Knotens. Zu Beginn des Buches verflucht Dido sich selbst, falls sie ihrem toten Gemahl Sychaeus die Treue brechen sollte (4, 24-29). Ihre Liebe zu Aeneas erscheint ihr von vornherein (4, 19) als *culpa* und wird auch vom Autor so bezeichnet (4, 172). Selbst erlegt sie sich die Sühne auf („stirb, wie du es verdient hast" 4, 547) und vollzieht die Strafe in Gestalt einer Opferhandlung (4, 638). Doch besteht ein Mißverhältnis zwischen ihrem Unglück und ihrer tragischen Verfehlung, und darum spricht der Autor von „unverdientem Tod" (4, 696). Die Liebe erscheint als dämonischer, gottgesandter Wahnsinn, der zum Verhängnis wird. Um so gewichtiger ist das Ausbleiben der Versöhnung in der jenseitigen Begegnung mit Dido, die in ihrem Zorn unerbittlich bleibt. Aeneas muß damit leben, daß er an Dido schuldig geworden ist.

*Andere Frauengestalten:* Doch hat auch in der *Aeneis* (wie schon in der zehnten Ekloge) die trauernde Liebe eine versöhnende Seite: Man denke an Crëusa am Ende des zweiten Buches – in aller Kürze entwirft Vergil hier eines der unvergeßlichen Frauenporträts der Weltliteratur. Auch Lavinia wird nur mit wenigen Strichen gezeichnet. Das ändert nichts daran, daß sie die Ursache des Krieges und – als Mutter der Nachkommen des Aeneas – eine Schlüsselfigur des Ganzen ist. Immerhin widmet ihr Vergil ein erlesenes Gleichnis. Wie Aeneas sie nur aus weiter Ferne kennt, so auch der Leser: als einen Traum, wundersam gemischt aus Weiß und Rot (*A* 12, 67-69). In aller Stille beherrscht diese

---

[527] Zu den Frauengestalten insgesamt: S.G. Nugent (1999); zur Dido-Tragödie: A. Wlosok (1976); E. Krummen (2004). In der historischen Überlieferung traf Dido nicht mit Aeneas zusammen, sondern tötete sich, um keine zweite Ehe eingehen zu müssen: Timaios, *Fragmente der griechischen Historiker* Nr. 566 F. 82 (hg. F. Jacoby, Leiden 1950, 624; ders., Komm. [1955] 574 f.); Pompeius Trogus bei Iustin 18, 4, 3 – 18, 6, 12.

Mädchengestalt die gesamte zweite Hälfte der *Aeneis*, die ja im Zeichen der Muse der Liebe, Erato, steht. Vergils Meisterschaft zeigt sich weniger im Ausmalen als im Andeuten: Er vermittelt mit wenigen Worten das Wesentliche.

*Die Kunst des Aussparens* kann sogar noch weiter gehen. Abwesenheit wichtiger Personen (zuweilen der wichtigsten) ist ein subtiles Kunstmittel nicht nur in den Eklogen. In der Mitte des vierten Buches – das im Prinzip ganz auf Dido zentriert ist – werden der tote Anchises und der von der Liebesgeschichte sonst ferngehaltene Ascanius namentlich genannt. Sie sind Didos eigentliche Gegenspieler; diesen Abwesenden zuliebe trennt sich Aeneas von ihr. Entsprechend vollzieht in der letzten Szene der *Aeneis* der ferne und doch so nahe Pallas den Todesstoß.

*Götter:* Alle Aktivität geht von den Göttern[528] aus. Daher bereiten Götterszenen alle Ereignisse vor. Doch sind die Götter nicht etwa nur Mittel auktorialer Kontrolle oder naturphilosophische Symbole – obwohl sie natürlich dies *auch* sind –, sondern lebendig gezeichnete Charaktere: Königin Iuno verliert über all ihren Gekränktheiten das große Ganze aus dem Blick; ihre Ichbezogenheit spricht schon aus ihrem ersten Wort (*me*: *A* 1, 37). Bei allem Stolz auf ihren Stamm denkt Mutter Venus im Ernstfall doch mehr an das leibliche Wohl von Sohn und Enkel als an Politik; scharf beobachtet Vergil auch ihre kaum verhohlene Freude an der Intrige (*A* 4, 128). Ein hübsches Detail ist auch ihr betonter Verzicht darauf, die Gegnerin namentlich zu nennen (*quae te ... sententia vertit? A* 1, 237). Im ganzen ist die Gestalt der Venus (trotz der Verführungsszene *A* 8, 370-406) weniger von der sinnlichen Liebe geprägt als man erwarten würde. Gelegentlich muß sie gar Härte zeigen, über die sich ihr Sohn (*A* 1, 407) mit einem Eklogenzitat beklagt. Das liegt daran, daß sie im ganzen Gedicht die Mutterrolle nicht für Aeneas allein, sondern für das römische Volk spielt. Für Ascanius ist sie sogar die Großmutter. Sie kämpft denn auch für ihre Nachkommen mit allen Mitteln der Rhetorik und auch mit den Waffen der Frau. Menschlich-allzumenschliche Schwächen dämpft dennoch ein römischer Sinn für Würde. Vergils Venus ist nicht die von ihrem verzogenen Sprößling unterjochte Aphrodite des Apollonios, und Iuppiter ist majestätischer und zeigt weniger menschliche Schwächen als der homerische Zeus;[529] er vereinigt Züge des abstrakten Gottes der Naturphilosophie mit römisch-magistratischer Würde. So verbindet Vergils Dichtung das mythische, physikalische und politische Gottesbild (der drei varronischen „Theologien" bei Augustinus, *Gottesstaat* 6, 5) im Zeichen der römischen Vateridee.

*Der Erzählerstandpunkt* ist zwar aufs Ganze gesehen objektiv, wie es dem Stil des Epos entspricht. Doch die für Vergil bezeichnende Beseelung der Erzählung bedingt ein Mehr an persönlichen Stellungnahmen im Vergleich mit Homer. Das gilt nicht nur für den Binnenerzähler Aeneas, dessen leidenschaftliche Kommentare stellenweise den affektiven Stil Lucans vorzubereiten scheinen, sondern auch für den epischen Dichter selbst. Nachrufe wie der auf Nisus und Euryalus haben zwar Anhalt im homerischen Vorbild, sind aber stärker persönlich gefärbt. Der Dichter läßt uns an den Überlegungen des Aeneas teilnehmen (*A* 4, 283-286), und beim Versuch, sich in Didos Seelenzustand zu

---

[528] Grundlegend D.C. Feeney (1993).
[529] Vgl. R. Heinze ([3]1914; [4]1957) 293-297; A. Wlosok (1983).

versetzen, redet er seine Heldin an (*A* 4, 408-411). Auch eingeschobene Sentenzen – die Abschnitte markieren – können als Stellungnahmen des Autors gelten (z.B. *A* 4, 412; vgl. 65). Die Einfühlung kann sich in einem einzelnen Adjektiv konkretisieren: Aeneas trachtet, das „süße", geliebte Land zu verlassen (*A* 4, 281). Es spricht zwar der Autor, aber das Attribut drückt das Unterbewußte des Aeneas aus. Neben solch ausgeprägter Empathie, die Vergils Erzählen den Stempel aufdrückt, steht – nicht weniger bedeutsam – das Streben nach Herstellung größerer Zusammenhänge. Durch die in dem vorliegenden Kapitel genannten Mittel gelingt es dem Autor, die jeweilige Szene auf das Ganze der *Aeneis* und darüber hinaus auf den gesamten historischen Prozeß hin transparent zu machen; zugleich erhellen konkrete Erscheinungen aus der Natur Ereignisse aus dem Menschenleben und umgekehrt. So entspricht Vergils literarische Kunst der Eigenart der *Aeneis* als Weltgedicht in Raum und Zeit.

## 4. 4 SPRACHE UND STIL

Grundlegend W. Görler (1982) und *(1985); *N. Horsfall (1995) 217-248 (mit Rücksicht auf diese besonders gründlichen Darstellungen können wir uns hier auf einiges künstlerisch Relevante beschränken); zum Einfluß der Prosa und zu Metaphern: R.O.A.M. Lyne (1989), dazu kritisch und ergänzend: M.L. Delvigo, Gnomon 67 (1995) 211-217; wertvoll Kommentare wie der von S. J. Harrison zu A 10; zu Vergils Stil: J.J. O'Hara (1997); zum Stil des ersten Buches: G. Romagnoli (2004); eine wahre Fundgrube zur Stilistik und Metrik ist *E. Norden, Komm. ($^3$1927; $^4$1957).

*In jedem einzelnen Ausdruck, in den Epitheta, im Kolorit ist Vergil nicht nur ein Dichter, sondern der kühnste Neuerer.*
Turgenev, *Briefe*, Bd. 10 (1872-1874; Moskva 1965) 152.

*Sprache:* Die Etikettierung Vergils als „Klassiker" verstellt zuweilen den Blick auf die ursprüngliche Kühnheit seines Zugriffs zur Sprache. Mit der großen Lyrik des 19. Jh. konkurrieren Wendungen wie *per amica silentia lunae* (*A* 2, 155). Auf Paul Celan voraus weist eine Metapher wie *nigri cum lacte veneri* (*A* 4, 514). Vor allem erstaunt immer wieder die Kraft und Frische im Quellgebiet des lateinischen Stils, dem Tätigkeitswort: *spem fronte serenat* (*A* 4, 477). In diesem Fall läßt sich verfolgen, wie Vergil durch Verdichtung zu dem neuen, besonders farbigen Ausdruck gelangt.[530] Arbeit und Ursprünglichkeit, Natur und Kunst schließen sich bei diesem Dichter nicht aus. Wie der Weg des Aeneas ist auch der Pfad des Dichters gleichzeitig ein Fortschreiten zu Neuem und eine Suche nach den Wurzeln. Wagemutig ist auch die Verbindung *tantum sperare dolorem* (*A* 4, 419). Normalerweise bezieht sich *sperare* auf Gutes[531], aber Vergil deckt – wohl angeregt durch das griechische ἐλπίζω – eine ambivalente Bedeutung des

---

[530] Die Steigerung gegenüber *A* 1, 209 (*spem vultu simulat*) beruht darauf, daß der Anschauungsgehalt von *A* 1, 255 mitschwingt: *vultu quo caelum tempestatesque serenat*.
[531] Vgl. auch Servius zur Stelle; Quintilian (*Institutio* 8, 2, 3 f.) hatte hier „uneigentlichen Gebrauch" (ἄκυρον) festgestellt. Wenn *sperare* sich auf Schlechtes bezieht, ist das Verb oft negiert, oder die Negation ergibt sich aus dem Zusammenhang. Ein Stilkenner wie G. I. Vossius, *Commentariorum rhetoricorum, oratoriarum institutionum libri VI* (1606 und öfter) 4, 12, 3 bestreitet hier Katachrese und nimmt für *sperare* eine neutrale Bedeutung (*opinari*) an.

Zeitworts auf. Auch in diesem Fall führt poetische Sprachreflexion nicht zu Verstiegenem, sondern in Tiefenschichten. Dafür konnte er in der Umgangssprache Anhalt finden: Quintus Metellus schreibt an Cicero (*Ad Familiares* 5, 1, 2): *Te tam mobili in me meosque esse animo non sperabam*. Vergil beutet die Ressourcen der lateinischen Sprache voll aus. Daß Vergils Wendung nicht aus Nachlässigkeit entsprang, beweisen Belege wie (*A* 1, 543): *At sperate deos*[532] *memores fandi atque nefandi* (die normalerweise positive Bedeutung „auf gnädige Götter hoffen" wendet Vergil kraftvoll um; vgl. auch *A* 11, 275); immer wieder erzielt er mit geläufigen Wörtern außergewöhnliche Wirkungen. Daß man diese Prägung als poetische Entdeckung empfand, zeigen spätere Nachahmungen.[533]

Ganz alltägliche Verben wie *audire* und *videre* können überraschende Strahlkraft gewinnen, wenn sie ihrem ursprünglichen situativen Zusammenhang entfremdet sind und zu reinen Stimmungsträgern werden. Folgendes Beispiel vergeistigt Hören und Sehen durch zwei zwischengeschaltete Partizipien, die körperliche Nähe und sinnenhafte Wahrnehmung völlig ausschließen: *illum absens absentem auditque videtque* (*A* 4, 83). So entsteht mit einfachsten sprachlichen Mitteln eine „freischwebende", atmosphärische Wirkung. In epischem Kontext kann ein umgangssprachliches Wort wie *uxorius* (etwa: „Pantoffelheld") einen kühnen Kontrast bilden (*A* 4, 266). Dieses Wort – hier trefflich am Platze, da es Aeneas aufrütteln soll – erinnert seinem Stilwert nach an die Komödie, ein erfrischender Einzelzug, den der Leser weder in dem tragischen Dido-Buch noch bei dem stilistisch so wählerischen Vergil erwartet. Subtiler sind die Wirkungen der sogenannten Vertauschung (Enallage) von Adjektiven: *ibant obscuri sola sub nocte per umbram* (*A* 6, 268). Solch unerwartete Wortkombinationen scheinen die Gesetze der Schwerkraft aufzuheben; sie passen vorzüglich in das geheimnisvolle sechste Buch.

*Lautliches:*[534] *Alliteration:* Alliterierendes *m*[535] malt leises Murren, aus dem am Versende das Wort *murmur* gleichsam geboren wird: *iam magis atque magis, serpitque per agmina murmur* (*A* 12, 239). Es kennzeichnet auch Verweichlichung: *Maeonia mentum mitra crinemque madentem* (*A* 4, 216). In chiastischer Alliteration begleiten Verschlußlaute die Ermutigung der Pferde durch Klopfen und Kämmen: *manibusque lacessunt / pectora plausa cavis et colla comantia pectunt* (*A* 12, 85 f.). Bei der Beschreibung gewaltsamer Verletzungen können sich Verschlußlaute mit *r* verbinden: *crudum / transadigit costas et cratis pectoris ensem* (*A* 12, 507 f.). Noch eindringlicher häufen sich spröde Konsonanten bei der schweren Verwundung des Turnus: *stridens transit* (*A* 12, 926);[536] das Zusammenbrechen des Helden malt dreifache Alliteration von *i* : *incidit ictus / ingens* (*A* 12, 926 f.).[537] Die wiederholte Liquida *n* hinwiederum vergegenwärtigt bei Amatas Tod den würgenden Knoten: *nodum .. nectit* (*A* 12,

---

[532] Zu *sperare deos* vgl. Plautus, *Miles* 1209; *Casina* 346.
[533] Valerius Flaccus 3, 294 f.; Statius, *Thebais* 6, 138 f.
[534] Die original vergilische Orthographie und Lautgestalt läßt sich nicht immer genau feststellen (s. S. 183-187).
[535] Im Wechsel mit flüsterndem *s*.
[536] Konsonantenhäufung in verwandter Funktion: *A* 6, 558 *stridor ferri tractaeque catenae*.
[537] Dreifache Alliteration z. B. auch *A* 12, 893 *clausumque cava te condere terra*; *A* 12, 529 f. *Murranum hic atavos et avorum antiqua sonantem / nomina*.

603). Man kann wahrlich nicht behaupten, der Sprache der *Aeneis* fehle es an sinnenhafter Eindringlichkeit.

Über den punktuellen Ausdruckswert hinaus kann Alliteration als Bindeglied das Fortschreiten des Textes von Vers zu Vers begleiten, ja ganze Absätze zusammenhalten. So der anlautende Halbvokal *v* in dem alptraumartigen letzten Gleichnis (*A* 12, 908-918): *Ac velut...velle videmur... valet...vires...vox ...verba ... viam virtute...vertuntur varii...vi...videt.* Die Dichte der *v*-Alliterationen steigert sich langsam zur Mitte des Abschnitts und nimmt gegen Ende wieder ab. Dies ist eine der Komponenten, die zur inneren Geschlossenheit und zur organischen Gesamtwirkung des vergilischen Textes beitragen. Alliterierendes *v* hat auch an anderen Stellen hochpathetischen Charakter.[538] Geradezu magisch beschwörend klingt die Verbindung von Alliteration und Assonanz im Gebet des Turnus, Faunus und die Erde mögen die Speerspitze des Aeneas festhalten: *Faune ... tuque ... ferrum, / Terra, tene* (*A* 12, 777 f.). Das Eisen (*ferrum*) ist durch Alliteration mit Faunus, durch Assonanz (*-err-*) mit *Terra* verbunden. Die Bitte selbst (*tene*) hat die erste Silbe von *Terra*, die zweite von *Faune*. Wenig achtet man auf solche Wortmagie; dafür hat man den etymologischen Untertönen in vergilischen Eigennamen und Redewendungen ganze Bücher gewidmet.[539]

*Echowirkung:* Den Nachhall malen Liquidae, besonders *m* und *n*, in Verbindung mit dunklen Vokalen im Longum: *gemitu nemus omne remugit* (*A* 12, 722). Noch voller instrumentiert sind Aufschrei und Widerhall beim Zusammenbruch des Turnus: *Consurgunt gemitu Rutuli totusque remugit / mons circum et vocem late nemora alta remittunt* (*A* 12, 928 f.). Die Schilderung des Widerhalls vervollständigt die Palette der Liquidae wie auch die Reihe der Vokale.

*Reim:* Reim innerhalb eines Verses kann an das Ohr (*Aethera mulcebant cantu lucoque volabant: A* 7, 34), an das Auge und den Bewegungssinn appellieren (*Illum indignanti similem similemque minanti: A* 8, 649), besonders wenn es sich um mehrere Lebewesen – etwa dahineilende Delphine oder Pferde – handelt (*Aequora verrebant caudis aestumque secabant: A* 8, 674; vgl. *A* 12, 373). Zwei durch Reim verknüpfte Zeilen unterstreichen die Verbundenheit von Nisus und Euryalus: *His amor unus erat pariterque in bella ruebant: / tum quoque communi portam statione tenebant* (9, 182 f.). Doch geht Vergil mit diesem Kunstmittel sparsamer um als Ovid.

*Kakophonien* verwendet der Dichter – wie schon in den *Bucolica* – selten, aber gezielt: Die von der Rhetorik verpönten plärrenden Genitive auf *-arum* erscheinen jeweils doppelt nur an zwei Stellen; an beiden ist von abstoßenden Wesen die Rede: *variarum monstra ferarum* (*A* 6, 285; vgl. 7, 324).[540]

*Archaismen* findet man in der *Aeneis* häufiger als in Vergils anderen Werken; doch auch hier hält sich der Dichter zurück: Genitive auf *–ai* sind selten[541]); neben dem regulären Dativ *illi* kennt Vergil in der *Aeneis* (und nur in dieser)

---

[538] So bei der Warnung des Anchises vor Bürgerkrieg: *neu patriae validas in viscera vertite viris* (*A* 6, 833). Auch in Iunos flehender Bitte an Iuppiter häufen sich die *v*-Alliterationen (*A* 12, 825): *aut vocem mutare viros aut vertere vestem.*
[539] Wortspiele: J.J. O'Hara (1996); Eigennamen: Paschalis (1997). Vieles bleibt Vermutung.
[540] N. Adkin (2005) mit Belegen und Lit.
[541] *Aulai* (nur *A* 3, 354); *aurai* (nur *A* 6, 747); *pictai* (nur *A* 9, 26); *aquai* (nur 7, 464). Servius und Servius Danielis (zur letztgenannten Stelle) behaupten, Vergil habe hier *aquae* geschrieben;

gelegentlich auch die archaische Form *olli*.[542] Zwar wandten sich in augusteischer Zeit Gelehrte wie Varro und Verrius Flaccus liebevoll dem Alten zu; aber wie maßvoll Vergil archaisiert, sehen wir an seiner vorsichtigen Verwendung ennianischer Spurenelemente Der Naturalismus des ennianischen Trompetenschalls (*At tuba terribili sonitu taratantara dixit: Annalen* 140 Vahlen = 451 Skutsch) hat in der *Aeneis* keinen Raum. Aber die Übernahme des Versbeginns genügt, um im Leser die Vorstellung zu wecken (*A* 9, 503 f.): *At tuba terribilem sonitum procul aere canoro / increpuit.* Die beiden langen *o* am Versende vermitteln den vollen Ton; das Mitschwingen der zahlreichen Liquidae ergibt in Verbindung mit Verschlußlauten das charakteristische Schmettern (*pr-*; *cr-*). *Increpuit* ist ausdrucksvoller als das matte *dixit* der Vorlage. Vergils Lautmalerei ist dezenter, aber nicht weniger sachgerecht.

Zu den unaufdringlichen „Archaismen" kann man ferner die poetische Bevorzugung des Simplex gegenüber dem Compositum rechnen. Schon in den ersten 30 Versen der *Aeneis* finden sich vier Belege.[543] Diese Technik verleiht der Sprache – allein schon durch Kürze – urtümliche Kraft. Hierher gehört auch das sinnreiche Spiel mit alten Wortbedeutungen bei gebräuchlichen Vokabeln: Wenn die verzweifelte Dido (*A* 4, 424) ihre Schwester Anna zu dem stolzen *hostis* entsendet, so fühlt der Leser: *noch* ist Aeneas im Sinne des alten Sprachgebrauchs[544] „Gast", aber bald kann er zum Feind werden. (Umgekehrt werten schon die *Bucolica* im Zeichen der augusteischen Dichteridee ein Wort wie *vates* auf, das bei Ennius und Lukrez negative Konnotationen hatte).

*Partizipien* der Gleichzeitigkeit und der Vergangenheit gestatten eine zeitliche Raffung komplexen Geschehens: *diu luctans lentoque in stirpe moratus* (*A* 12, 781); besonders verwickelt (ganz der Handlung entsprechend): *rursus*[545] *perplexum iter omne revolvens / ... vestigia retro / observata legit dumisque silentibus errat. / audit ... signa sequentum* (*A* 9, 391-394). Oft ermöglicht das Partizip (das in unterschiedlichen Kasus stehen kann) den raschen Wechsel der Perspektive von einer Person zur anderen: *caput orantis nequiquam et multa parantis / dicere deturbat* (*A* 10, 554 f.; vgl. 2, 771-773; 9, 397 f.). Beiden Protagonisten sind Partizipien zugeordnet, als Dido den nach Worten ringenden

---

die Schreibung *aquai* gehe auf die Herausgeber Tucca und Varius zurück. In der Tat muß der Diphthong hier zwei lange Silben füllen; die Korrektur war also hilfreich, ja notwendig. Falls Vergil hier tatsächlich *aquae* schrieb, beweist dies übrigens, daß er auch *-ae* diphthongisch aussprach!); *aquai* las schon Quintilian 1, 7, 18. (Die laut Servius im Autograph stehende Dittographie *aquae amnis* und *exuberat amnis* ist textkritisch inakzeptabel).

[542] *A* 1, 254; 4, 105; 5, 10; 284; 6, 321; 7, 458 (v.l. *illi*); 9, 740; 10, 745; 12, 18; 300 (v. l. *illi*); 537; 829; 867 (v.l. *illi*). Die eindeutigen Belege für das klassische *illi* sind zahlreicher. Archaisch sind auch Formen wie *faxo*, Perfekta auf *-ere* und Infinitive des Passivs auf *–ier*.

[543] O. Panagl (2005) 54: *tenere* für *obtinere*; (in)*colere*; (con)*tendere*; (e)*vertere*; zum folgenden ebenfalls lesenswert.

[544] Vgl. Cicero, *De officiis* 1, 12, 37 *hostis apud maiores nostros is dicebatur, quem nunc peregrinum dicimus.*

[545] Mit Mynors (und anders als Sabbadini) lasse ich die direkte Rede nach „*... sequar?*" enden. Die Parallelstelle im zweiten Buch (vgl. besonders *vestigia retro / observata*: *A* 2, 753 f.) ist arm an Partizipien. Dort will Aeneas die Erzählung nicht raffen, sondern die Gründlichkeit seiner vergeblichen Suche nach Crëusa hervorheben.

Aeneas im Zorn verläßt: *linquens multa metu cunctantem et multa parantem*[546] / *dicere* (*A* 4, 390 f.).[547]

*Beschreibende ("historische") Infinitive* häufen sich (im Wechsel mit narrativen Tempora) bei einer aufregenden Massenszene[548] wie der Landung des Aeneas und der Etrusker: Die Rutuler wundern sich (*mira videri* 10, 267) über die Rufe der Troianer, bis sie die Ankunft der Flotte wahrnehmen. Viele warten den Rücklauf der Wellen ab und springen mutig in die Untiefen (*servare; se credere* 10, 288 f.); die Etrusker rudern eifrig und unablässig (*consurgere; inferre*: *A* 10, 299 f.), bis die Schiffe gelandet sind. Es überrascht nicht, dieses Kunstmittel in Sinons spannender Lügengeschichte gleich mehrfach zu finden: *hinc semper Ulixes / criminibus terrere novis ... spargere ... quaerere* (*A* 2, 97-99); *mihi sacra parari* (*A* 2, 132). Bei der Beschreibung der Ekstase der Sibylle vermittelt der Infinitiv einen subjektiven Eindruck, der sich einem gedachten Zuschauer aufdrängt: *maiorque videri* (*A* 6, 49; vgl. 10, 267; 12, 216 f.). Geradezu visionären Schimmer gewinnt der „freischwebende" historische Infinitiv in einem Vers, der übernatürlichen Erscheinungen vorbehalten ist: *tum sic adfari et curas his demere dictis* (2, 775 Crëusa; 3, 153 die Penaten; 8, 35 Tiberinus).[549]

*Parenthesen:* Die Durchbrechung der Syntax übt auf den Leser besonderen Reiz aus. Schon die *Bucolica* zeigen Vergil als Meister der Parenthese (*B* 6, 6 f.), und im *Georgica*-Prooemium finden sich gleich zwei davon in einem Satz (*G* 1, 34-39). Der Leser mag erwarten, Parenthesen enthielten Unwichtiges. Tatsächlich aber gebrauchen Dichter diese Form, um den Inhalt besonders hervorzuheben. Das gilt etwa von der unvergeßlichen Beschreibung des todgeweihten Marcellus, die parenthetisch zwischen Anführungssatz und Rede eingeschaltet ist (*A* 6, 860-863): *Atque hic Aeneas – una namque ire videbat / egregium forma iuvenem et fulgentibus armis,/ sed frons laeta parum et deiecto lumina voltu – :/ "Quis...* Ähnlich betont eine Parenthese die ungewöhnliche Stärke des Bitias (in dem Augenblick, bevor er fällt): *non iaculo – neque enim iaculo vitam ille dedisset – sed ... phalarica* (*A* 9, 704 f.). Ungewöhnlich lang ist in manchen Ausgaben die Parenthese *A* 12, 161-169. Die Herausgeber beziehen das Prädikat *procedunt* (169) auf das Subjekt *reges* (161). Doch geht die Rechnung nicht auf. Latinus erhält ein eigenes Verb (*vehitur* 162), ebenso Turnus (*it* 164). Dagegen haben Aeneas und Ascanius als gemeinsames Verb *procedunt*. Dieses *procedunt* ist mit *castris* verbunden, paßt also streng genommen nur auf

---

[546] So die Handschrift *P* und die meisten Herausgeber. Dagegen bevorzugt Sabbadini *volentem* (*M*).

[547] Zwei Partizipien können den Vers umrahmen: So heißt es von der Schlange: *nexan-tem nodis seque in sua membra plicantem* (*A* 5, 279); von Catilina: *pendentem scopulo Furiarumque ora trementem* (*A* 8, 669). Ähnlich können zwei Imperfekta stehen: *lenibat dictis animum lacrimasque ciebat* (*A* 6, 468).

[548] Solche Infinitive stehen „in affektvoller Schilderung, um schnell wechselnde, sich drängende und durchkreuzende Handlungen und Zustände der Vergangenheit als gegenwärtig vorzuführen" (treffend H. Menge [[12]1955] § 322).

[549] Quintilian 9, 3, 58 nimmt bei historischen Infinitiven Ellipse von *coepit* an; er empfindet richtig den oft konativen Aspekt mancher beschreibenden Infinitive; an den drei oben genannten Stellen liegt es jedoch viel näher (wenn überhaupt etwas zu „ergänzen" ist), an *visus (-a) est, visi sunt* zu denken (überzeugend Servius Danielis zu *A* 8, 35). Die Erklärung als „Nominalsatz" beseitigt das Problem auf terminologischem Wege (J. B. Hofmann / A. Szantyr [1965] 368).

die Troianer, nicht auf Latinus und Turnus, die doch wohl aus der Stadt kommen. Es handelt sich somit nicht um eine Parenthese. *Interea reges* ist Nominalsatz, wenn man nicht an ein Anakoluth denken will.[550]

*Signalwörter der Erzähltechnik:* Bestimmte Vokabeln dienen als erzähltechnische Markierungspunkte: *Ecce autem* leitet eine neue Handlungsphase ein, es bezeichnet insbesondere das Auftreten einer Person (*A* 2, 526; vgl. *ecce* 2, 57). *Tum vero*[551] markiert einen entscheidenden Fortschritt in der Handlung oder im Erkenntnisprozeß, z. B. *A* 2, 309 f.: *tum vero manifesta fides Danaumque patescunt / insidiae* „Jetzt aber lag die ganze Wahrheit offen da:[552] Die Schliche der Danaer treten ans Licht". Ähnlich ist die Funktion von *tum vero* in *A* 3, 47: Dort ist Aeneas über das Prodigium von tiefem Entsetzen ergriffen. Es handelt sich um den Wendepunkt, der zur Abreise von Thrakien führt.

*Hauptereignis im Nebensatz:* Die Spannung der Erzählung erhöht sich, wenn das Hauptereignis im Nebensatz berichtet wird. Es kann sich dabei um einen Temporalsatz – etwa mit *donec* handeln ( *A* 10, 268): Die Rutuler wundern sich über die Rufe der Troianer, bis (*donec*) sie endlich die ankommende Flotte (das Hauptereignis) wahrnehmen (vgl. *A* 9, 442; 10, 301). Noch spannender sind irreale Kondizionalsätze mit *si* : *A* 9, 757: Hätte Turnus die Seinen eingelassen, wäre dies das Ende der Troianer gewesen. Fazit: Turnus versäumte es, das Tor zu öffnen (die entscheidende Tatsache). An Reportagen erinnert *ni(si)* (*A* 10, 328).

*Erzähltempora:* Da Vergil mit sprachlichen Mitteln nie willkürlich umgeht, haben auch die Erzähltempora in der *Aeneis* eine gewisse hierarchische Rangfolge (die freilich dennoch reiche künstlerische Variation gestattet). Das Prinzipielle kann folgendes Beispiel erläutern: Gehäufte Imperfekta[553] malen den Hintergrund, so z.B. die Krankheit der Troianer auf Kreta (*A* 3, 140-142): *linquebant ... trahebant ... arebant ... negabat.*[554] Aus dem durch Imperfekta geschilderten Zustand entspringt eine menschliche Handlung, die im historischen Präsens berichtet wird: hier der Befehl des Anchises, das Orakel zu befragen (*hortatur* 144). Auf einen weiteren durch Imperfekt und Plusquamperfekt skizzierten Hintergrund folgt schließlich die entscheidende göttliche Offenbarung im historischen Perfekt (*visi* 150; scilicet: *sunt*). Grundsätzlich verwendet Vergil in epischer Erzählung öfter das Präsens als das Perfekt. Das liegt nicht nur an der metrischen Sperrigkeit mancher Perfektformen, sondern vor allem auch an seiner Absicht, das historische Perfekt wichtigen Vorgängen vorzubehalten: Dazu zählen insbesondere Handlungen der Götter und geistige Wahrnehmungen der

---

[550] Ein weiterer schwieriger Vers ist *A* 12, 218: *Tum magis ut propius cernunt non viribus aequis.* Vielleicht ist nach dem Vers eine Lücke anzunehmen (Ribbeck), wenn man nicht mit Heyne aus dem vorhergehenden Satz *pugnam* ergänzen will. Es ist aber auch möglich, daß *non viribus aequis* aus 230 eingedrungen ist. Dann wäre der Vers von Vergil nur bis *cernunt* vollendet worden. Schraders Konjektur *aequos* ergibt einen befriedigenden Sinn.
[551] Z. B. *A* 2, 105; 624; 9, 424; 10, 647.
[552] Dies ist die phraseologisch korrekte Übersetzung von *manifesta fides*. Es ist aber auch möglich, *fides* in ironische Anführungszeichen zu setzen und auf die (Un-)Zuverlässigkeit der Danaer im allgemeinen und Sinons im besonderen zu beziehen. Vergils Kunst zeigt sich immer wieder darin, daß er auch geläufigen Phrasen einen mehrschichtigen Sinn zu entlocken versteht.
[553] Zum Imperfekt in der *Aeneis* jetzt S. Adema (2004).
[554] *Negabat* ist die bessere Lesart (*negare* steht in F).

Menschen.[555] Bezeichnend ist z.B. folgende Reihenfolge: Ortsbeschreibung (allgemeines Präsens: 3, 13: *Terra ... colitur*). Anschluß der Erzählung durch ein Demonstrativum (*huc* 16) mit historischem Präsens, das sich auf die Verhältnisse im allgemeinen bezieht. Dann schaffen Imperfekta (*ferebam* 19; *mactabam* 21) den Hintergrund für die Erzählung von einem Einzelfall. Eine erneute Ortsangabe steht im Perfekt (*fuit* 22); das gleiche Tempus bezeichnet auch den Auftritt des Aeneas (*accessi* 24). Die wundersamen Ereignisse, die folgen, erscheinen anschaulich im historischen Präsens (unterbrochen nur durch einen vergeblichen Versuch des Aeneas, die Götter zu versöhnen, natürlich im konativen Imperfekt: *venerabar* 34). Nach den unerhörten Worten des Polydorus steht die emotionale Reaktion des Aeneas – gebührend durch *tum vero* (47) hervorgehoben, im historischen Perfekt (*obstipui steteruntque comae et vox faucibus haesit*). Daran schließt sich die Vorgeschichte, deren Anfang durch das Plusquamperfekt deutlich als Vorvergangenheit markiert wird (*mandarat* 50). Alles Weitere wird im historischen Präsens berichtet, auch die Katastrophe selbst. Vergil hebt diese jedoch dadurch hervor, daß er sie in einer anschließenden Sentenz nachschwingen läßt: *quid non mortalia pectora cogis, / auri sacra fames?* „Wozu zwingst du sterbliche Herzen nicht, heilloser Hunger nach Gold?" 56 f.).

*Anreden:* O patria ... (*A* 2, 241); *Priamique arx alta maneres*[556] (*A* 2, 56): Beim Bericht vom Einzug des Troianischen Pferdes in die Stadt erlaubt sich der Erzähler Aeneas – auf den Spuren der altlateinischen Tragödie – ausführliche, affektgetragene Anreden an Troia. Anchises ruft in der „Heldenschau" Caesar und Pompeius wie Knaben zur Ordnung (*A* 6, 832-835) und zeichnet hierauf Cato, Cossus, Fabius und Marcellus durch Anreden aus. Anrede hebt auch die korrekte Weihung der Beutewaffen an Mars hervor: *Tibi, rex Gradive, tropaeum* (*A* 10, 542). Der auktoriale Erzähler redet gefallene Troianer kollektiv an (*A* 10, 430), aber auch einzelne junge Helden (*A* 9, 446-449; 10, 507-509; 791-793). Anreden finden sich aber auch in rügender Absicht: *at tu dictis, Albane, maneres* (*A* 8, 643). Durch Apostrophe adelt der Sprecher Anchises das berühmte Ennius-Zitat über Fabius Cunctator (*A* 6, 846).

*Wortwiederholungen* können Ausdruck höchster Erregung sein, so bei dem von der Furie erregten Turnus: *Arma amens furit, arma* (*A* 7, 460; vgl. 9, 462) – daher unser Wort „Alarm"! Dasselbe sprachliche Mittel spiegelt die innere Unruhe des Nisus auf der Suche nach Euryalus: *Audit equos, audit strepitus et signa sequentum* (*A* 9, 394). Anaphorische Häufung hinweisender (deiktischer) Partikeln (etwa Formen von *hic*) dient besonders in hochdramatischen Zusammenhängen der Intensivierung; sie kann auch einen Wechsel des Standpunktes bzw. einen Kommentar der Beteiligten oder des Autors begleiten.[557]

*Rhetorik:* Die Rhetorik ist als strukturierendes Element der sprachlichen Ge-

---

[555] Anders ist die Funktion der Perfekta in direkter Rede. Hier haben sie überwiegend nicht erzählenden, sondern besprechenden, konstatierenden Charakter. Der letztere Typus der Perfekta muß von dem narrativen unterschieden werden; zu Vergils Tempusgebrauch grundsätzlich Verf. (1999) 134-141.
[556] So die Lesart von M; -*et* ist erheblich matter.
[557] M.L. La Fico Guzzo (2005).

staltung nicht zu übersehen.[558] Doch hat Vergil ernste Vorbehalte gegen allzu große Wortgewandtheit (s. S. 169 f.).

*Metrisches*[559]: Mit Ennius teilt Vergil die Vorliebe der Lateiner für die sogenannte „männliche" Mittelzäsur (Penthemimeres) im Unterschied zum Griechischen, wo die „weibliche" Zäsur (nach dem dritten Trochäus) zumindest gleichberechtigt ist. Wie Ennius gebraucht er auch weit mehr *Spondeen* als Homer. Das liegt nicht nur an der Eigenart der lateinischen Sprache, sondern an künstlerischer Absicht, denn von den *Bucolica* zu den *Georgica* und sogar innerhalb der *Aeneis* nimmt der Prozentsatz der Spondeen stetig zu. Sie erscheinen gehäuft als Ausdruck der *gravitas: Illi inter sese multa vi bracchia tollunt* (*A* 8, 452; vgl. *A* 12, 720); *infelix, nati funus crudele videbis* (*A* 11, 53); vgl. auch (*A* 12, 80; 240 und besonders 323). Bei einem Ennius-Zitat vermehrt Vergil im Interesse des Nachdrucks noch die Spondeen: *Unus qui* (Ennius: *unus homo*) *nobis cunctando restituis* (Ennius: *-t*) *rem* (*A* 6, 846); gleichzeitig belebt er das Zitat durch Anrede.[560] Im fünften Fuß des Hexameters erscheint der Spondeus bekanntlich selten (vgl. S. 87; 90) und meist in charakterisierender Absicht: so bei der unfreiwilligen Abkehr von Italien (*antemnarum A* 3, 549) oder in der Beschreibung des Plagedämons, der Turnus bedrängt (*desertis A* 12, 863) und schließlich auch zur Kennzeichnung eines Sprechers, des hinkenden Schmiedegottes (*electro A* 8, 402).

*Hiat* kann bei Sinnespause eintreten: *quid struit aut qua spe // inimica in gente moratur?* (*A* 4, 235). Da *inimica* nicht zu dem unmittelbar davorstehenden *spe*, sondern zu *gente* gehört, ist hier eine Sprechpause notwendig und der Hiat daher ganz natürlich. Synaloephe würde hier nur Verwirrung stiften. Hiat ist ferner sinnvoll vor lautmalenden Wörtern oder vor Eigennamen, die durch vorherige Pause klarer hervortreten sollen. Dabei können weitere metrische Unregelmäßigkeiten hinzukommen, etwa viersilbiges Wort am Versende: *femineo // ululatu* (*A* 9, 477) oder Längung von *–que* in Aufzählung: *Fadumque // Hebesumque* (*A* 9, 344).[561]

*Verse mit „weiblicher" Zäsur* (nach dem dritten Trochäus) sind bei Vergil relativ selten. Sie treten in Verbindung mit Eigennamen auf: *Infandi Cyclopes et altis montibus errant* (*A* 3, 644). Auch Catull- oder Ennius-Nachfolge spielt dabei mit (*A* 4, 316 *per conubia nostra, per inceptos hymenaeos* nach Catull 64, 141; zu Ennius scharfsinnig E. Norden, Komm. [³1927; ⁴1957], S. 432 f.). Doch ist hinzuzufügen, daß Vergil gerade bei Ennius-Reminiszenzen die „weibliche" Zäsur vielfach meidet. Ennius malte das sanfte Strömen des Flusses durch die schon bei ihm eher seltene „weibliche" Zäsur (*Annalen* 54 Vahlen = 26 Skutsch): *teque pater Tiberine tuo cum flumine sancto*. Vergil übernimmt den Vers und verleiht ihm mehr innere Spannung, indem er durch eine kleine Umstellung eine „männliche" Mittelzäsur erzielt: *tuque o Thybri tuo genitor cum flumine sancto*

---

[558] W. Görler (2002).
[559] Zur Metrik: T. Halter (1963); A. La Penna (2005) 473-495; G. Punelle (2005).
[560] Vergils angeblicher Ausspruch, er „sammle Gold vom Mist des Ennius" ist nicht sicher verbürgt; eine Parallele: *Anthologia Palatina* 7, 377 (dazu H. Prinzen [1998] 240-243); Zweifel an der Echtheit: O. Skutsch, *The Annals of Ennius* (Oxford 1985) zu *Ann.* 13-14; S. Timpanaro, *Gnomon* 74 (2002) 677.
[561] *Vokalkürzung vor Vokal: te, amice, nequivi* (*A* 6, 507). Dies ist der gesprochenen Sprache abgelauscht und gibt den Worten des Aeneas zu Deïphobus eine persönliche Note.

(*A* 8, 72). Verse mit der Zäsur nach dem dritten Trochäus konnte man als allzu locker, als kraftlos empfinden. So ändert Vergil folgende Zeile des Ennius (*Annalen* 478 Vahlen = 505 Skutsch): *labitur uncta carina per aequora cana celocis* (vgl. 386 V. = 376 Sk.). Der Klassiker bevorzugt auch hier die „männliche" Mittelzäsur, die dem Vers mehr inneren Halt verleiht: *Labitur uncta vadis abies* (*A* 8, 91). Das Kunstwollen ist verschieden. Ennius hatte in diesen Fällen die ungewöhnliche Glätte des Versbaus als dem Gegenstand angemessen und als besonders ausdrucksvoll empfunden. Das Pendel der stilistischen Möglichkeiten schlägt bei dem Altlateiner in beiden Richtungen weiter aus: von der Härte bis zur Spannungslosigkeit. Vergil dagegen versucht, mit geringeren Mitteln größere Wirkungen zu erzielen. Das bedeutet alles andere als einen Verlust an Intensität, im Gegenteil! Vergil selbst verwendet die „weibliche" Zäsur vorzugsweise in Verbindung mit anderen, gebräuchlicheren Zäsuren: *infandum, regina, iubes...* (*A* 2, 3).

*Überspielen der Zäsur:* In Versen mit Hephthemimeres kann ein Präfix oder eine Präposition die Penthemimeres verschleiern: besonders anschaulich der Sturz des Steuermanns (*A* 1, 115): *In puppim ferit: ex-cutitur* (vgl. auch *A* 10, 771 und 900). Beim plötzlichen Verschwinden Mercurs werden die ersten beiden Zäsuren des Verses durch *in* und *ex* überspielt (Präpositionen, die jeweils ganz eng zum folgenden Wort gehören): *Et procul in tenuem ex oculis evanuit auram* (*A* 4, 278). So tritt atemlose Beschleunigung ein. Erst im vierten Fuß folgt – absichtlich verspätet – eine Zäsur.

Die Verwendung von Bindewörtern vor der Mittelzäsur (oft mit Synaloephe) ist eine vergilische Spezialität: Der Cerberus stürzt sich auf den Kuchen und sinkt alsbald in Schlaf: *corripit obiectam atque immania terga resolvit* (*A* 6, 422). Dieses Stilmittel unterstreicht die enge Verbindung zweier Vorgänge.

*Viersilbiges Wort am Versende* beschwört hellenistisch-griechische Assoziationen herauf: Das gilt von Wörtern wie *hymenaeus* (nach Catull 64, 141),[562] *hyacinthus, cyparissus*. Damit verbunden sind Vorstellungen von Weichlichkeit und Klage: *Cum semiviro comitatu* (*A* 4, 215); *femineo ululatu* (4, 667; 9, 477); *gemitu lacrimisque* (*A* 10, 505).

*Monosyllabon am Versende:* Die entsprechenden Verse sind großenteils durch griechische oder ennianische Muster sanktioniert; Vergil verwendet den Typus sparsam – und fast immer zum Zweck der Hervorhebung.[563] Bei der – relativ seltenen – *Doppelung eines Monosyllabons* in Endposition ist der af-

---

[562] In Schlußstellung im Hexameter *G* 3, 60; 4, 516; *A* 1, 651; 3, 328; 4, 99; 4, 316; 6, 625; 7, 344; 7, 358; 7, 398; 7,555; 10, 720; 11, 217; 12, 805; in anderer Stellung im Vers nur *A* 4, 127.
[563] *Praeruptus aquae mons* (*A* 1, 105); *ruit oceano nox* (*A* 2, 250); *divom pater atque hominum rex* (*A* 1, 65; 2, 648; vgl. Ennius, *Annalen* 175; 580 Vahlen = 203; 591 Skutsch); *odora canum vis* (*A* 4, 132 ; ähnlich bei Lukrez, also wohl ennianisch); *procumbit humi bos* (*A* 5, 481); *restituis rem* (*A* 6, 846); nach Ennius, *Annales* 370 V. = 363 Sk.; *conspicitur sus* (*A* 8, 83); Schlußstellung von σῦς schon *Odyssee* 19, 439; 449; *aperit si nulla viam vis* (*A* 10, 864); zur Endposition von *vis* oder *vi* vgl. Ennius, *Annalen* 161 V. = 151 Sk.; 412 V. = 405 Sk.; 273 V. = 253 Sk.; 276 V. = 229 Sk.; 379 V. = 482 Sk.; *densusque viro vir* (*A* 10, 361); vgl. M. Furius Bibaculus, *frg.* 10 in : *Fragmenta Poetarum Latinorum*, ed. W. Morel (Lipsiae ²1927) = *frg.* 34, ed. J. Blänsdorf (Stuttgart 1995); zur Schlußstellung von *stat: et mole sua stat* (*A* 10, 771); Ennius, *Annalen* 258 Vahlen = 232 Skutsch. Weit weniger auffällig ist Endposition von *est* (*A* 6, 346; vgl. Lucilius 116 Marx) oder *se* (*A* 10, 802; vgl. Lucilius 1193; 121 Marx).

fektive Ausdruckswert stark: *nunc, nunc / fluctuat ira intus* (*A* 12, 526 f.). Metrisch wirken jedoch zwei aufeinander folgende Monosyllaba weniger hart als ein einzelnes.

*Wortzahl im Vers.* Da ein lateinischer Hexameter in der Regel mindestens fünf Wörter enthält, lassen *Verse mit nur vier Wörtern* die wenigen Vokabeln gleichsam „gesperrt" erscheinen: *nimborumque facis tempestatumque potentem* (*A* 1, 80): Gewichtig schließt dieser Vers die Rede des Aeolus ab. *Fortunatorum nemorum sedesque beatas* (*A* 6, 639): Auch diesem Vers kommt besondere Bedeutung zu. Aeneas ist am Ziel seiner Unterweltsfahrt angelangt. *Degeneremque Neoptolemum narrare memento* (*A* 2, 549): Neoptolemus zitiert sarkastisch die Worte des Priamus, während er diesen tötet. *Laomedonteae sentis periuria gentis* (*A* 4, 542; vgl. *G* 1, 502): Dido hebt den Verrat des Aeneas hervor, indem sie den umfangreichen Namen des meineidigen Stammvaters mit bitterer Ironie voll ausbuchstabiert. Anders Euander, der das gleiche voller Bewunderung tut: *Laomedontiaden Priamum, Salamina petentem* (*A* 8, 158). Ähnliches gilt von dem langen Patronymikon des Hercules, das trefflich zur Körpergröße des Helden paßt: *Amphitryoniadae magno divisque ferebat* (*A* 8, 103; vgl. 214); *Cornua velatarum obvertimus antemnarum A* 3, 549 (hapax legomenon): bei der erzwungenen Abkehr von Italien.

*Stilebenen:* Vergil beherrscht eine ganze Skala von Stilen. Die traditionellen drei Stilebenen der antiken Rhetorik können nur eine erste, grobe Orientierung bieten: Iulius Caesar Scaliger (*Poetices libri septem* [Lyon 1561], p.175) ordnet die *Bucolica* im ganzen dem niederen, die *Georgica* dem mittleren, die *Aeneis* dem hohen Stil zu. Innerhalb der Werke erkennt er jedoch mit Recht weitere Abstufungen: Den der Alltagsrede nahestehenden Anfang der neunten Ekloge rechnet er der niederen, die schmuckreichen Widmungen an Gallus der mittleren, den geheimnisvoll erhabenen Silensgesang der hohen Schreibart zu. In den *Georgica* gehören seiner Meinung nach die Abschnitte über Pflügen und Säen dem niederen, die Aristaeusgeschichte dem mittleren, die Pestschilderung dem erhabenen Genos an. (Doch wird man nicht verkennen, daß die visionäre und orakelhafte Orpheus-Erzählung des Proteus sich dem *genus grande* nähert). In der *Aeneis* bringt Scaliger das zweite und sechste Buch mit dem hohen Stil in Verbindung (das beleuchtet gut die leidenschaftlich bewegte Erzählweise des Aeneas und den Offenbarungscharakter der Katabasis), das erste Buch mit der mittleren Schreibart (die wegen ihres anziehenden Charakters für Einleitungen empfohlen wurde), das fünfte (in der Beschreibung der Spiele) mit der niederen. Doch verkennt er auch nicht, daß zwischen den Stilebenen innerhalb der *Aeneis* nur ein Unterschied des Grades, nicht der Spezies besteht (zudem sind gerade in dem angeblich „schlichten" fünften Buch die Anleihen beim hohen Stil besonders reizvoll!).

*Mehrdeutigkeit:* Poesie lebt vielfach von Mehrdeutigkeit. Oft liegt ihr besonderer Reiz darin, daß sie sich nicht festlegen läßt. Trotzdem sollte niemand glauben, dieses Prinzip sei ein bequemes Ruhekissen und könne ihm die unablässige Suche nach der genauen vom Dichter beabsichtigten Nuance ersparen. Manches scheint nur doppeldeutig, ist es aber bei genauem Zusehen nicht: *Dido // dux et Troianus* (*A* 4, 165) kann nicht heißen „Dido als Führerin und der Troianer", denn die Zäsur nach Dido bildet eine Sinnespause, und die

Nachstellung des Bindeworts zwischen Substantiv und Attribut (*dux et Troianus* statt *et dux Troianus*) ist gängige poetische Praxis. Lautes Lesen (unter Beachtung der Zäsur) und Kenntnis dieses Wortstellungstyps bewahrt den Leser auch vor dem Mißverstehen folgender Worte Annas zu Dido: *nec dulcis natos // Veneris nec praemia noris* (*A* 4, 34). Es geht natürlich nicht um „die süßen Söhne der Venus" (Amor und Aeneas?), sondern um den Wunsch nach eigenen Kindern und Liebesfreuden. Auch ohne derartige von außen herangetragene, schielende Pointen bleibt die *Aeneis* geheimnisvoll und spannend genug. Für seinen strengen Geschmack könnte sich Vergil hier auf Paul Verlaines *Art poétique* berufen: *Fuis au plus loin la Pointe assassine / L'Esprit cruel et le rire impur, / Qui font pleurer les yeux de l'Azur, / Et tout cet ail de basse cuisine!* („Flieh der Pointe mörderische Stiche, / des Witzes Grausamkeit, unreines Lachen, / die Himmels Augen weinen machen, / – all diesen Knoblauch einer niedern Küche").

*Schluß:* Vergil verwendet eine klare und scheinbar einfache Sprache; er meidet Gesuchtes und Entlegenes. Gerade das Streben nach einfachem Ausdruck führt aber oft zu neuen, kühnen Wendungen. Der Blütezeit der lateinischen Dichtung ist diejenige der Prosa vorausgegangen. Der Einfluß Ciceros auf Vergils Sprache ist noch nicht genügend erforscht. Beide Autoren verbindet ihr strenger Geschmack und ihr sprachlicher Purismus.[564] Doch im Unterschied zur urbanen Prosa seiner Zeit gebraucht Vergil auch farbige Wörter, die stilistisch teils „über", teils „unter" dem mittleren Niveau der Kunstprosa angesiedelt sind. Auch der Einfluß der Fachsprachen ist nicht zu unterschätzen.[565] Vergil wagt in der Nachfolge Homers syntaktische Gräzismen, die aber nie dem lateinischen Sprachgefühl Gewalt antun. Archaismen in der Nachfolge des Ennius verleihen seiner Diktion epischen Klang, doch verwendet Vergil solche Elemente sparsam. Unterschiedliche Stilebenen können jeweils nach dem Sprecher, dem Adressaten und der Situation wechseln oder sich durchdringen. Trotz der Vielfalt der Einflüsse und Nuancen bleibt der Stilcharakter einheitlich im Bemühen um Faßlichkeit und Angemessenheit. Würde entsteht nicht durch Erweiterung, sondern durch Reduktion.

## 4. 5 LITERATURTHEORETISCHES[566]

Grundsätzlich soll der epische Dichter hinter seiner Erzählung zurücktreten, höchstens als *deus absconditus* am Werke sein. Dennoch greift Vergil als Autor öfter mit subjektiven Äußerungen[567] ins Geschehen ein; darüber hinaus gibt es Stellen, die Rückschlüsse auf Vergils dichterisches Selbstverständnis nahelegen.

Beginnen wir mit weniger beachteten Spuren literaturtheoretischer Reflexion, die sich eindeutig im Text verankern lassen. Die Gestaltung der Schicksale Didos und des Turnus verrät Kenntnis der antiken Tragödientheorie. Das Schick-

---

[564] Der Vergleich bezieht sich auf Ciceros Prosastil. In Ciceros Dichtungen sind auffällige („poetische") Wörter viel häufiger als bei Vergil: W. Görler (1985) 263 (Lit.).
[565] N. Horsfall (1991) 146-151.
[566] W. Kofler (2003).
[567] R. Heinze ([3]1914; [4]1957) 370-374: „Subjektivität" und emotionale Einbeziehung des Lesers durch Fragen ( *quid agat?* 4, 283 u. a.) oder Imperative.

sal Didos erfüllt die Voraussetzungen für Tragik; dagegen nimmt Vergil in seiner Darstellung des Turnus auf aristotelische Kriterien Bezug, die es erlauben, in diesem Falle Tragik auszuschließen. Von den Begriffen ἀτύχημα („Unglücksfall"), ἁμάρτημα („Fehler", „Fahrlässigkeit") und ἀδίκημα („rechtswidriges Verhalten", „Verbrechen") kann nur der mittlere tragische Qualität haben. Alle drei Möglichkeiten exerziert Vergil im letzten Buch geradezu schulmäßig durch: Erst zerspringt das Schwert des Turnus (im aristotelischen Sinne ein „Unglücksfall"), dann erkennt Turnus, daß die Götter gegen ihn stehen, er begreift also seine grundsätzliche Fehleinschätzung seiner Möglichkeiten (nur hier wäre ein gewisser Anhaltspunkt für Tragik), und nach dieser Erkenntnis legt er auch ein Bekenntnis ab, dem Aeneas zunächst bereit ist stattzugeben. Dann aber erscheint an dritter Stelle das Wehrgehenk des Pallas und erinnert an sein ἀδίκημα. Turnus muß dafür büßen, und gerechte Strafe für begangenes Unrecht ist nach antiker Auffassung keine Kategorie für Tragik. Im Unterschied zu Didos Schicksal ist also das des Turnus im aristotelischen Sinne nicht als tragisch zu bezeichnen, und Vergil zeigt seinen Lesern, daß er die Leitbegriffe kennt und bewußt anwendet. Während bei Dido ein „Fehler", eine *culpa,* vorliegt, handelt es sich bei Turnus um vorsätzlich begangenes Unrecht.[568] Vergil gibt also zu verstehen, daß es zwar möglich ist, die Verblendung des Turnus als tragischen Fehler zu deuten, nicht aber dessen Verhalten gegenüber Pallas. Diese genaue Kenntnis und kreative Anwendung der aristotelischen Begrifflichkeit zeugt von einem hohen Grad literarischer Reflexion bei unserem Dichter, die man nicht länger totschweigen sollte.

Was die Auseinandersetzung mit Homer betrifft, so erläutert Vergil seine typologischen Bezugnahmen auf den Vorgänger explizit in den Worten der Sibylle, die einen neuen troianischen Krieg und einen neuen Achilles (Turnus) ankündigt (*A* 6, 86-90). Hier wird klar, was die szenischen Reminiszenzen ohnehin nahelegen: Vergil kehrt die „typologische Interpretation" in ihrer Richtung um: aus einer Methode der Auslegung wird eine solche der Erfindung (s. S. 128).

Anderes ist weniger offenkundig: Der grausame Tod des Barden Cretheus in *A* 9, 774-777 hat zu der Vermutung Anlaß gegeben, Vergil wolle andeuten, die traditionelle heroische Epik sei am Ende. Man könnte sogar noch weiter gehen – pflegte doch der Poet, der hier stirbt, von *arma virum* (777) zu singen. Der Anfang der *Aeneis* klingt hier an. Wird hier ein Zweifel Vergils an seinem Unterfangen laut? Auch sonst verschweigt Vergil nicht die Last, die auf den Schultern des Dichters ruht. Schon die *Bucolica* (besonders *B* 1 und 9) kannten das Verstummen des Sängers angesichts schwerer Erfahrungen. Aus der Tatsache, daß am Anfang des sechsten Buches Daedalus sich außerstande sieht, den Tod des Icarus zu gestalten, schließt A. Mauriz,[569] Vergil habe auch hier an ein Versagen der Dichtung bei persönlicher Betroffenheit gedacht. Er beobachtet auch folgenden Unterschied: Das Wort der Götter wird sogleich zur Tat, während Menschenworte oft keine oder keine guten Folgen haben. M. Erdmann[570] kommt bei einer Untersuchung der Reden in der *Aeneis* zu dem Ergebnis, daß Eloquenz bei Vergil die den Troianern feindliche Partei bestimmt, also vielfach negativ

---

[568] Verf. (1999) 120-122.
[569] A. Mauriz (2003) 266-268; 331.
[570] M. Erdmann (2000).

besetzt ist. Eine illusionslose Bilanz! Dennoch verweist die Erbauung eines Tempels durch Daedalus zurück auf Vergils Versprechen (*G* 3, 16).[571]

Neben Cretheus verdient als Dichterfigur auch Iopas (*A* 1, 740) Aufmerksamkeit. Ob darüber hinaus Vergils kriegerische Helden Projektionen seiner eigenen poetologischen Überlegungen sind,[572] ist eine reizvolle Frage, wenn sich auch schwerlich schlüssige Antworten finden lassen (vgl. z. B. *templum de marmore ponam G* 3, 13 und *A* 6, 69 *de marmore templum / instituam*). Die Nähe zwischen Aeneas und Orpheus[573] überzeugt allein schon wegen der Katabasis. Doch wurzelt die Ähnlichkeit weniger im Poetologischen als im Existentiellen, denn Orpheus ist hier nicht nur der Dichter, sondern auch der Mensch, der durch den Tod hindurchgegangen und ins (schmerzliche) Leben zurückgekehrt ist. Anderes klingt weit hergeholt, z. B.: Anchises repräsentiere Homer (Vergils poetischen „Vater") oder: Messapus stehe für Ennius (Servius zu *A* 7, 691).[574] Wieder anderes liegt so nahe, daß man sich fast scheut, es auszusprechen, etwa: die Reise des Aeneas von Troia nach Rom symbolisiere Vergils Weg von der homerischen zur römischen Epik oder: Der zögernde Charakter des Aeneas spiegle eine Unsicherheit Vergils angesichts seiner schweren poetischen Aufgabe. Vom Sublimen zum Trivialen ist nur ein Schritt.

Indessen braucht man nicht bei den negativen Feststellungen über Kriegsdichtung und Menschenwort stehen zu bleiben. Für Vergil ist der Dichter auch Prophet – Sprachrohr göttlichen Wortes. Im sechsten Buch reiht Vergil die *pii vates et Phoebo digna locuti* (*A* 6, 662) unter die Seligen ein – zusammen mit den fürs Vaterland Gefallenen, Priestern, die untadelig lebten, Kulturstiftern und Erfindern. In diesem Kreise ragt Musaeus (ebd. 667) hervor, der mythische Ahnherr der Dichter,[575] eng verbunden mit Orpheus und den Mysterien. Der Hinweis auf seine überragende Größe (von vielen Kommentatoren als unpassend beanstandet) bezieht sich offensichtlich nicht darauf, daß Musaeus bedeutender wäre als andere Poeten (von denen hier noch gar nicht die Rede sein kann, da er der früheste ist), sondern daß unter den übrigen Seligen (Kämpfern, Priestern, Erfindern) dem Dichter besonderer Rang zukommt (was einmal ausgesprochen zu werden verdient). Die Sibylle fragt Musaeus nach dem Weg. Den Dichter versteht Vergil als Seher und als wegweisenden Lehrer. Mag die Zeit der heroischen Epik abgelaufen sein – Vergil setzt an die Stelle des Alten ein Neues, er stiftet ein zukunftweisendes Sakralgedicht. Dabei geht es – trotz der Kühnheit des Entwurfs – nicht um bloß Erdachtes. Nicht weniger einseitig als ein nur politisches wäre hier ein rein „fiktionales" Poesieverständnis. Vergil steht auch in der *Aeneis* zu seiner in den *Georgica* (2, 45 f.) geäußerten Meinung, er wolle den Leser nicht durch ein „erfundenes Gedicht" langweilen. Die *Aeneis* lebt von ihrem Bezug zu dem Faktum des römischen Imperiums und zu dessen Geschichte und Identität. Jedoch begnügt sie sich nicht mit der oft grausamen

---

[571] Augustus Caesar wird (wie im zentralen „Tempel" der *Georgica*) auch in der *Aeneis* etwa in der Mitte stehen (*A* 6, 792).

[572] Grundlegend P. Hardie (1993) 99-101; weiterführend A. Deremetz (1995); W. Kofler (2003; Lit.).

[573] L. Bocciolini Palagi (1990).

[574] A. Barchiesi (1995).

[575] Homer wird nicht genannt, weil er zur Zeit des Aeneas noch nicht geboren war.

Realität. Vergil hat entscheidend zur Schöpfung einer wirkmächtigen römischen Identität beigetragen, die sich nicht mehr auf Gewalt, sondern auf Geist gründet.

Im Zusammenhang mit der poetischen Reflexion stehen zwei weitere Aspekte, die heute weniger beachtet werden. Vergil ist in doppelter Weise ein Ahnherr der Dichter der Neuzeit. Einerseits gleicht er – trotz aller Bildung, oder vielmehr gerade weil er sie bis ins Innerste durchdrungen hat – nach dem Urteil des Macrobius (der als Muttersprachler hierüber kompetent urteilen konnte) in seiner Kreativität der schaffenden Natur, bereitet also den Geniebegriff des 18. und 19. Jh. und den modernen Gedanken menschlicher Kreativität vor, ein Sachverhalt, der viel zu wenig bekannt ist. – Ein Weiteres gilt es heute – nach dem Verschleiß überzogener romantischer und moderner Originalitätsvorstellungen – wieder zu entdecken: Er ist der Prototyp des reflektierenden Dichters, der für seine Gegenwart und für die Zukunft schreibt, indem er sich mit einer reichen geistigen Tradition auseinandersetzt und diese als „Sprache" benutzt.

Seine besondere Größe besteht nun darin, daß er beides – Ursprünglichkeit und Bildung, Kreativität und Rezeptivität – in gleichem Maße besitzt und miteinander verbindet. In unserer Zeit, die des gedankenlosen Geniekults wie auch des inhaltslosen *l'art pour l'art* gleichermaßen müde ist, sollte man daher das von der Antike bis zum Barock gültige Urteil, das in Vergil den Prototyp des Dichters sah, aufs neue ernstnehmen und in gründlicher Textlektüre prüfen.

## 4. 6 GEDANKENWELT

P.R. Hardie (1986); F. Cairns (1989); R.J. Tarrant (1997), (Lit.); D.C. Feeney (1993); N. Horsfall (1995) 192-216 (Lit.); S.M. Braund (1997); A. La Penna (2005) 294-320.

> *Majestic in thy sadness at the doubtful doom of human kind.*
> Tennyson

*Mensch und Natur: Makro- und Mikrokosmos.* Der physikalische Kosmos ist für die *Aeneis* nicht minder wichtig als für die *Georgica*. Vergil geht es auch jetzt darum, ein Weltgedicht zu schreiben. Dazu gehört die äußere Natur nicht weniger als die Innenwelt und der geschichtliche Kosmos.[576]

*Geschichtsbild – Geschichtstheologie.* Vergil hat den ihm vorliegenden Stoff sehr selbständig geformt. Statt wie seine römischen Vorgänger historische Ereignisse zu berichten (und – so vermutlich Naevius – Mythisches einzublenden) wählt Vergil die umgekehrte Technik: einen Mythos zu erzählen und Historisches immer wieder als Verheißung einzuschalten. Das gibt ihm die Möglichkeit, sich nicht in Einzelheiten zu verlieren, sondern sich auf das Wesentliche zu konzentrieren. Wäre er umgekehrt vorgegangen und hätte er ein panegyrisches Augustus-Epos geschrieben, so wäre der Journalismus um eine literarische Eintagsfliege reicher und die Weltliteratur um ein fundamentales

---

[576] R. Heinze ($^3$1914; $^4$1957) 298 f. zur *ratio physica* und umfassend P.R. Hardie (1986), auch zur historischen Ausdeutung der Gigantomachie und des Seesturms; vgl. auch N. Holzberg (2006) 37; zur Kosmologie immer noch bedenkenswert A. Wlosok (1983, II); A. Thornton (1976).

Werk ärmer. Er hat den Grundgedanken des Aristoteles (*Poetik* 9, 1450 f.) bedacht, Geschichte handle von den Einzelheiten, die sich wirklich ereignet haben, Dichtung aber von dem Allgemeinen (wie es sich ereignen könnte) und sei dadurch „philosophischer" als die Historie. Doch vernachlässigt er das Historische nicht – ist doch dessen Faktizität die letztendliche Bestätigung für die Wahrheit seines Mythos –, sondern er fügt es als Prophetie ein. Dadurch gewinnen die Ereignisse an Frische. Sie erscheinen als lebendige Gedanken der Gottheit, noch nicht in der notgedrungen unvollkommenen Realisation. Bei der Erfindung geht der Dichter originell und kühn vor. Mit der Verlegung der Herrschaft Saturns an den Ort des späteren Rom[577] „romanisiert" er die Vorstellung des Goldenen Zeitalters und stellt dieses zugleich als Ursprung und Ziel der römischen Geschichte dar: Dabei erinnert die Gleichsetzung von Herkunft und Endpunkt an die Suche des Aeneas nach seiner „Urheimat" Italien. Vergils idealtypische Sicht[578] unterscheidet sich vom Diskurs des Historikers durch ständige Zusammenschau von Vergangenheit, Gegenwart und Zukunft. Archetypisch ist die Präsenz Italiens (z.B. im Italikerkatalog) und der römischen Geschlechter (etwa in den Leichenspielen und besonders in der „Heldenschau" – hier vielfach verbunden mit der Verkörperung bestimmter Werte).[579] Ähnliches gilt von der typologischen Überlagerung unterschiedlicher zeitlicher Ebenen in Beschreibungen von Kunstwerken.[580] All dies mag den Eindruck erwecken, Vergils Zugang sei nicht spezifisch geschichtsphilosophisch. Andererseits steht Vergils Sicht der des Historikers insofern nahe, als sie zutiefst faktenorientiert ist: Beharrt sie doch auf ganz bestimmten Augenblicken der Realisation ethischer Werte,[581] die ja in römischer Sicht nie *in abstracto*, sondern nur in tätiger Verwirklichung durch handelnde Menschen existieren. Nicht zufällig wird die *Aeneis* von dem eigentlichen Begründer der Geschichtsphilosophie, Augustinus, ernstgenommen. Die Idee der historischen Sendung Roms ist ein geschichtsphilosophischer Gedanke.[582] Die Einmaligkeit des geschichtlichen Prozesses und seine Linearität unterscheidet Vergil von Platon, dessen Geschichtsbild zyklisch ist.[583] Zwar ist es nicht unwichtig, daß Vergil durch Formeln wie *A* 9, 642 *dis genite et geniture*

---

[577] M. Wifstrand Schiebe (1997).
[578] Ähnlich filtert die römische bildende Kunst die realen historischen Vorgänge im Hinblick auf die Exemplifizierung bestimmter Leitvorstellungen; dazu zuletzt B.E. Borg (2005) 69 mit archäologischer Lit.
[579] A. Alvar Ezquerra (1983) entfernt sich von der traditionellen Identifikation von Sergestus mit Catilina.
[580] Besonders der Schildbeschreibung im achten und der Türflügel im ersten Buch.
[581] Treffend beobachtet I. Tar (1983) 12 die Umwandlung der „intensiven Totalität" (der 4. Ekloge) in „extensive Totalität" (in der Iuppiter-Prophetie). Zu Zeit und Raum und ihrer paradigmatischen Raffung bei Vergil J.P. Schwindt (2005) 13-15 mit Literatur. Moderne Begriffsgeschichte analysiert geschichtliche Bewegung, wie sie sich in Begriffen spiegelt und interpretiert Geschichte durch ihre jeweiligen Begriffe (S. Rebenich [2005] mit historischer Lit.). Zu Vergils Verhältnis zur Geschichte immer noch R. Rieks (1981) und der bedeutende Aufsatz von V. Ivanov (1954); Zum Geschichtsverständnis in der „Heldenschau" Verf. (1999) 99-119.
[582] Der Gedanke einer Universalgeschichte ist durch das Alexanderreich möglich geworden und hat sich bei hellenistischen Historikern u.a. in Wechselwirkung mit der Stoa entwickelt; zu Vergil bei Augustinus: S. MacCormack (1998); G.A. Müller (2003); G. Clark (2004).
[583] Dazu K. Gaiser (1961).

*deos* für die spätere Entwicklung des Kaiserkults den Ton angibt,[584] doch sollte man die *Aeneis* weniger unter machtpolitischem als unter zivilisatorischem Vorzeichen lesen.[585] Überhaupt läßt sich die *Aeneis* mit den Kategorien „politischer Propaganda" nicht adäquat erfassen.[586] Das Vorhandensein des Römerreichs förderte entschieden das spätestens seit Alexander wachsende Bewußtsein, die zivilisierte Menschheit (und auch ihre Geschichte) bilde eine Einheit; dieses Bewußtsein sowie das römische Recht (in seiner humanen Prägung durch die Kaiser des 2. Jh.) gehören (unabhängig von politischer Macht und oft genug im Widerstand gegen sie) zu den Fundamenten unserer Kultur.[587]

*Mores maiorum:* Als Grundlage dient dabei der *mos,*[588] der Konsensus der Gemeinschaft hinsichtlich bestimmter Werte; doch können im historischen Wandel auch neue Werte entstehen, denen man in Rom freilich – in einem bezeichnenden Prozeß der „Ahnenschöpfung" – gern den Nimbus des Althergebrachten verleiht, um sie für die Gesellschaft akzeptabel zu machen.

*Virtus, labor, parsimonia:* Aeneas gibt Ascanius ein Beispiel der Tapferkeit und Ausdauer: *Disce puer virtutem ex me verumque laborem, / fortunam ex aliis* (*A* 12, 435 f.). Taten zählen mehr als Worte.[589] Wie schon in den *Georgica* ist auch in der *Aeneis* der aktive *labor* ein tragender Begriff.[590] Euanders bescheidenes Haus, das bedeutende Besucher wie Aeneas und Hercules aufnimmt, deutet voraus auf Augustus, der vom orientalischen Luxus des Antonius zur altrömischen Schlichtheit und Sparsamkeit zurückkehren will.[591]

*Pietas:*[592] Vergil nennt seinen Helden *pius Aeneas* (*A* 1, 305 u. ö.) und *insignem pietate virum* (*A* 1, 10). Aeneas selbst ist sich dieser Grundeigenschaft bewußt (*A* 1, 378). Die Zahl der Gebete und rituellen Handlungen, die Aeneas vollzieht, ist erheblich (die *Aeneis* ist ein Sakralgedicht – ein Aspekt, den man heute leicht unterschätzt). Die Verankerung in den Riten der römischen Religion unterstreicht Vergil bei jeder Gelegenheit. Aeneas ist als Gründerheros Sakralkönig. Gegenüber Latinus beansprucht er lediglich diese Rolle für sich – die militärische Führung soll bei Latinus, dem Heerkönig, verbleiben. Hier ist an die altertümliche Zweiteilung der Königsgewalt (Priester- und Heerkönig)

---

[584] U. Huttner (2004).
[585] Trotz seines Untertitels (*A Study in Civilized Poetry*) denkt B. Otis (1964) zuweilen machtpolitisch; vgl. auch den Buchtitel *The Cost of Power* (J.H.Bishop 1988).
[586] K.A.E. Enenkel (2005).
[587] Modewörter wie „Phallokratie" werden dem römischen Imperium nicht gerecht; bekanntlich haben in vom römisch-romanischen Recht bestimmten Gebieten (z.B. Texas) Frauen mehr Rechte als in solchen, deren Rechtssystem auf dem englischen basiert.
[588] M. Bettini (2000).
[589] Schon das dritte Buch der *Ilias* stellt in den ersten Versen (1-9) dem Geschrei der Troianer das stumme Vorrücken der Griechen gegenüber. Während die Gegner ihre Zeit mit internen Diskussionen zubringen, schreitet Aeneas zur Tat (*A* 11, 445 f.). Ähnliches gilt vom Einzelkampf: Auf die herausfordernde Rede des Liger antwortet Aeneas mit einem Speerwurf (*A* 10, 580-585). Ascanius schließt einem Prahlhans mit einem Pfeilschuß den Mund (*A* 9, 590-663).
[590] S. Bruck (1993).
[591] C. Klodt (2001).
[592] Zur *pietas* als Grundzug des Aeneas: C. J. Mackie (1988); die beste Gesamtcharakteristik des Aeneas gibt W. Kißel, *Gnomon* 65 (1993) 673-677. Ein Kontrapunkt dazu (*impius Aeneas*): S. Casali (2003).

gedacht (*A* 12, 192 f.): *sacra deosque dabo, socer arma Latinus habeto, / imperium sollemne socer*. Der Etruskerkönig Tarchon vollzieht einen Ritus, den man mit der altrömischen *devotio* vergleichen kann: Wenn nur der Sieg errungen wird, mag das eigene Schiff bei der Landung zerschellen[593] (*A* 10, 297). Aeneas ist ein *homo religiosus*, der keinen Schritt unternimmt, ohne auf die Stimme der Götter zu hören oder auf ihre Zeichen zu achten.[594] Diese Haltung entspricht derjenigen des römischen Landwirts in den *Georgica*, der ständig den Himmel beobachten muß. Im Verhältnis zu den Menschen bewährt sich *pietas* als Treue gegenüber Vergangenheit und Zukunft. Aeneas trägt den Vater auf den Schultern und führt den Sohn an der Hand (*A* 2, 707-711; 721-724). Am Ende des achten Buches schultert Aeneas den Schild, auf dem das Schicksal der Nachkommen dargestellt ist (*A* 8, 731; vgl. 2, 804). Er lehrt Jüngere (10, 160-162; 12, 435-440) und fühlt sich für sie verantwortlich. Die *pietas* des Aeneas geht für antike Verhältnisse ungewöhnlich weit: Einen tollkühnen jungen Gegner warnt er ausdrücklich vor einem Zweikampf (*A* 10, 811 f.) und hilft dessen Gefährten, seinen Leichnam zu bergen (*A* 10, 830-832). Das Verhalten des Aeneas ist hier deutlich milder und korrekter als das des Turnus, der seinen jugendlichen Gegner Pallas nicht vor dem ungleichen Zweikampf warnt, ja den Wunsch äußert, dessen greiser Vater möge das Sterben des Knaben mit ansehen, und den Besiegten entehrt, indem er sich dessen Wehrgehenk aneignet, was bei Königsspolien ein Verstoß ist. Aeneas weiht Beutewaffen den Göttern (*A* 11, 7 f.; vgl. 10, 542) oder verzichtet auf Spoliierung (*A* 10, 827).

*Gastfreundschaft:* Ausdruck der *pietas* ist auch die Treue des Aeneas gegenüber Gastfreunden – Euander – und Kriegskameraden – Pallas. Aus der Sicht römischer Leser (z. B. Servius zu *Aeneis* 12, 940) „war gerechter Zorn, Empörung über den Frevler, der wie Turnus menschliche und göttliche Rechte verletzt hatte, eine angemessene Regung und der Vollzug der Bestrafung eine soziale und religiöse Pflicht: *pietatis officium*".[595] Aeneas' Zorn nach Pallas' Tod hat seinen Grund in der heiligen Verpflichtung des *contubernium* („Zeltgenossenschaft").[596] Vergil betont dies gerade in den Augenblicken, in denen Aeneas Härte gegenüber Feinden zeigt: *Pallas, Euander, in ipsis / omnia sunt oculis, mensae, quas advena primas / tunc adiit, dextraeque datae* (*A* 10, 515-517; vgl. 12, 943-949).

---

[593] Das richtige *puppim* hat die Handschrift M bewahrt (eine Bestätigung liefert Vers 302); *-es* (PR) ist eine Trivialisierung. In Aeneas als Königsgestalt verbinden sich mythische Vorstellungen mit homerischen Elementen und Gedanken, die Philodem in augusteischer Zeit entwickelte („Über den guten König nach Homer"), vgl F. Cairns (1989).
[594] In dieser Hinsicht gleicht seine Existenz der Iasons – etwa in Pindars Darstellung.
[595] A. Wlosok (1984) 49-51; auch nach S. M. Braund und G. Gilbert (2003) erhält die *ira* durch den Kontext ihren moralischen Aspekt; die epischen Werte bleiben wichtig, sind aber nicht mehr die einzigen: *pietas* kann das Morden entschuldigen, das als solches nicht mehr respektabel ist; von „moralisation progressive" spricht S. Franchet d'Espèrey (2004) 27-43.
[596] Vgl. Cicero, *Pro Sulla* 34; *Pro Plancio* 27; *Pro Caelio* 73; *Brutus* 105; Servius zu *A* 5, 546: *Ad militiam euntibus dari solitos esse custodes, a quibus primo anno regantur; unde ait de Pallante* (*A* 8, 515) *sub te tolerare magistro / militiam et grave Martis opus*. R.G.M. Nisbet (1995) 141 (=1980, 57) erkennt zutreffend römische Züge an dem *imperator* Aeneas; nur bei der Interpretation der Schlußszene scheint der Gelehrte seine eigenen Einsichten zu vergessen.

*Fides:* Neben *pietas* steht *fides* („Vertragstreue"); sie wird seit frühester Zeit in Rom als Gottheit verehrt. Die Römer, Schöpfer des Rechts für Europa, waren stolz auf ihre Vertragstreue (*fides*). In dieser Beziehung stimmt Vergil übrigens inhaltlich mit Homer überein. Die Homerforschung weiß längst, daß in der *Ilias* die griechische Seite wegen des Eidbruchs der Troianer „theologisch im Vorteil"[597] ist. Die Parallele ist sprechend, ja das Rechtsgefühl der Römer ist in dieser Beziehung vielleicht noch empfindlicher. Im zwölften Buch schlägt Aeneas ein *aequum foedus* vor (*A* 12, 189-191); die Tatsache, daß die Latiner und Turnus wiederholt Verträge brechen und daß Turnus zu Lasten seiner Landsleute den Krieg verlängert, indem er dem Zweikampf mit Aeneas immer wieder ausweicht, ist eine moralische Rechtfertigung für die troianische Seite. Aeneas tut ein Übriges: Unbewaffnet versucht er, die vertragswidrig Kämpfenden zu trennen – und wird dabei verwundet (*A* 12, 311-323). Sein heiliger Zorn[598] in der Schlacht ist also mehr als begründet.[599]

*Parcere subiectis:* Wie gewissenhaft Aeneas und Vergil die juristische und moralische Seite der Bestrafung des Turnus durchdachten, zeigt folgende zu wenig beachtete Feinheit von Vergils Motivation: Oft wird behauptet, Aeneas halte sich nicht an die Regel, die Besiegten zu schonen (*parcere subiectis*, *A* 6, 853). Doch, wie Cornelia Renger[600] gezeigt hat, läßt Vergil in der Schlußszene feine Distinktion walten. Turnus bittet um sein Leben. Wie Vergil ausdücklich sagt, ist Aeneas daraufhin schon im Begriffe, sich umstimmen zu lassen (*A* 12, 940 f.): Als Kriegsfeind würde er den Gegner also begnadigen. Doch da erblickt er das Wehrgehenk des Pallas, das Turnus sich angeeignet hat. Dies erinnert den Helden daran, daß er dem Gastfreund Euander versprochen hat, für Pallas Sorge zu tragen. Wie der Leser weiß, erwartet Euander, daß Turnus für den Tod und die Entehrung des Pallas büßt. In römischer Sicht war Rache (*ultio*) eine heilige Pflicht – man denke an Augustus, der zur Sühne für Caesars Tod den Tempel des Mars Ultor errichtet – , und Aeneas kann sich ihr nicht entziehen. Die Furien, von denen in der *Aeneis* wiederholt die Rede ist – zuletzt beim Tod des Turnus (*A* 12, 946) – sind keine Göttinnen der Raserei, nicht etwa nur etwas Negatives, sondern Rachegeister, die durch Akte heiligen Zornes das gestörte Gleichgewicht in der Welt wieder herstellen. Somit erfolgt die Tötung des Feindes nicht aus Staatsräson (fernzuhalten ist der Vergleich mit dem Tierreich, in dem der

---

[597] Treffend Ø. Andersen, *Die Diomedesgestalt in der Ilias* (Oslo 1978) 145.
[598] Vgl. 10, 532 f. *Belli commercia Turnus / sustulit ista prior.* Grundlegend C. Renger (1985); zuletzt P. Gagliardi (2003, II) Zorn als gerechte Reaktion (aristotelisch) im Unterschied zum (stoischen) Gleichmutsideal: Ch. Gill (2003). Dem (Berserker-) Zorn des archaischen Kriegers überläßt sich Aeneas nur, wenn der Feind gegen Verträge oder die *pietas* verstößt; für den bewußten Umgang mit dem Zorn bezeichnend die Formulierung *se suscitat ira* (*A* 12, 108). Zur moralischen Beleuchtung des Zornes durch den Kontext S. Braund und G. Gilbert (2003) und immer noch N. Horsfall (1995) 214; zu Philodems Lehre vom Zorn (wie auch vom guten König) in ihrer Bedeutung für das Aeneas-Bild F. Cairns (1989) und zuletzt J. Fish (2002) und D. Armstrong u. a. (Hg.), (2004) mit Lit. Somit trifft die sogenannte „Tradition der Zornbeherrschung" (W.V. Harris [2001]) nur *eine* Seite der antiken Auffassung vom Zorn.
[599] Es kommt hinzu, daß sich sein *furor* zwar zunächst in homerischen Dimensionen bewegt, dann aber zunehmend mit *temperantia* verbindet, die auch einen philosophischen Hintergrund hat. Zu Homer (*Ilias* 5, 4-7; 18, 207-213; 22, 26-31) E. Kyriakidi (2003); zu aristotelischen und epikureischen Lehren vom Zorn s. die vorhergehende Anm.
[600] C. Renger (1985).

schwächere Konkurrent sterben muß).⁶⁰¹ Letztlich ist es Pallas, der die Strafe⁶⁰² (*poena A* 12, 949) einfordert – und sogar vollzieht; er ist in diesem Falle – im Sinne römischer Vorstellungen – der Zuständige. Aeneas leiht dem toten, aber geistig anwesenden Helden nur seinen Arm.⁶⁰³ Vergil hat also alles getan, um die Korrektheit des Aeneas ins rechte Licht zu setzen.⁶⁰⁴

*Pflichtenkonflikte:* Zwar verhält sich Aeneas in der Schlußszene korrekt, aber in anderen Fällen wird er an Menschen, die ihm nahestehen, schuldig (Crëusa, Dido, Euander, Pallas). Die Klage des Aeneas beim Tod des Pallas ist vom Gedanken an sein Versäumnis, den Jüngling zu schützen, bestimmt: *Haec mea magna fides* (*A* 11, 55). Wenn Dido ihn mit *perfide* anredet (*A* 4, 305) und seine Taten *impia* (*A* 4, 596) nennt, so trifft dies von ihrem Standpunkt aus zu. Doch römisches Denken kennt eine Rangordnung der Pflichten: An erster Stelle steht das Wohl des Vaterlandes, an zweiter das der Eltern, erst an dritter das eigene (Lucilius 1338 f. Marx). So erklärt sich, wieso Aeneas im zweiten Buch erst spät – nach dem Tod des Königs – an seine Familie denkt. Der Konflikt besteht nicht zwischen *pietas* und *impietas,* sondern zwischen konkurrierenden *pietates.* Ähnliches gilt für sein Verhalten in Karthago.⁶⁰⁵ Die *pietas* gegenüber Dido stößt dort an ihre Grenzen, wo das Schicksal der Troianer und die Zukunft des Ascanius in Gefahr sind. Dido darf von ihrem Standpunkt aus Aeneas als eidbrüchig (*A* 4, 542) und treulos (*A* 4, 597-599) bezeichnen. Aeneas kann sich dagegen auf das Gebot der *fata* („Göttersprüche") berufen. Vergil gibt diesem Wort im Unterschied zur sonst überwiegend negativen Bedeutung (meist: Tod) einen positiven Inhalt, beläßt ihm aber die Nuance der Unabwendbarkeit. Auch Iuppiter selbst ist an seine Willensäußerungen gebunden, wenn er sie einmal ausgesprochen hat (damit ein episches Geschehen zustande kommt, sind dennoch gewisse Gegenbewegungen und Retardierungen möglich). Zwar ist das Handeln des Aeneas jeweils durch die *fata* gerechtfertigt, doch schließt dies nicht aus, daß er dabei an anderen schuldig wird und dies auch selbst so empfindet. Vergil verschweigt nicht, daß die Gründung des römischen Reiches nur unter schweren Opfern möglich war. „Die *Aeneis* ist zugleich die tiefste Darstellung der Romidee und ihre tiefste Problematisierung".⁶⁰⁶ Fern allem Triumphalismus sieht Vergil die Menschheit in einer Solidarität von Schmerz und Trauer. Rings um Aeneas sterben viele junge Menschen: an seiner Seite Palinurus, Misenus, Nisus,

---

⁶⁰¹ So bei den Bienen *G* 4, 88-90. In gefährliche Nähe dieser machtpolitischen Argumentation, die Vergil sorgfältig vermeidet, gerät (nach anderen) N. Holzberg (2006) 207: „Einer von mehreren Gründen ist, daß man Turnus nicht trauen kann." Weitere Gründe seien die Überheblichkeit des Turnus und die Rache für Pallas. Die Neuordnung „wäre durch einen überlebenden Turnus ganz sicherlich ernsthaft gefährdet gewesen". Das klingt nur allzu plausibel, aber zum Glück hat Vergil die Akzente nicht so gesetzt, sondern nur den moralisch stärksten Punkt (*pietas*) betont.

⁶⁰² *Poena est noxae vindicta... poenam autem unusquisque inrogare potest, cui huius criminis sive delicti exsecutio* (Ahndung) *competit* (Ulpian, *Digesten* 50, 16, 131). *Noxa* ist schuldhaftes Handeln und steht der *fraus* nahe: *poena sine fraude esse non potest* (ebd.); indirekt ist das Verhalten des Turnus als *fraus* gekennzeichnet.

⁶⁰³ S. jetzt F. Wittchow (2005).

⁶⁰⁴ M.C.J. Putnams (1965) gegenteilige Auffassung läßt sich heute nicht mehr aufrecht halten.

⁶⁰⁵ Im vierten Buch soll nach Vergils Wunsch die volle Anteilnahme des Lesers Dido gelten; das erklärt die Farblosigkeit des Aeneas in dieser Episode.

⁶⁰⁶ E.A. Schmidt (2001) 86; vgl. A. Setaioli (2005); zum *fatum:* U. Bianchi (1985).

Euryalus und nicht zuletzt Pallas; auf seiten der Gegner die Protagonisten Dido und Turnus, Lausus und Camilla. Der Tod junger Menschen beschäftigt Vergil schon seit den *Bucolica*. Im Falle des Palinurus wird dabei der Gedanke des stellvertretenden Opfers laut: *unum pro multis dabitur caput* („Ein Haupt wird für viele gegeben werden" *A* 5, 815). Jedes einzelne dieser Schicksale ist unterschiedlich, unverwechselbar und von Vergil mit feinen Differenzierungen dargestellt.[607] In Augenblicken der Trauer findet die Stimme des Dichters ihre tiefsten und edelsten Klänge. Die Klage um Marcellus, den Schwiegersohn und präsumptiven Nachfolger des Augustus, ist deswegen besonders erschütternd, weil mit ihm eine große Hoffnung für das ganze römische Volk erlischt. Die düsteren Töne in der *Aeneis* sind ebenso ernstzunehmen wie sein Glaube an Rom, der sich notgedrungen vielfach (und das schon bei Aeneas selbst) nur auf ein „Dennoch" gründen kann. Treffend spricht L. Curtius von dem „Ernst, der die Welt erfüllt, seit sie römisch geworden ist".[608]

*Poetische Mythopoiie:* Vergil hat durch seine *Aeneis* den Mythos für die Römer maßgeblich gestaltet,[609] ähnlich wie die Griechen das von Homer und Hesiod behaupteten (Herodot 2, 53: „Diese aber sind es, die den Griechen einen Stammbaum der Götter machten und den Göttern die Beinamen gaben und ihre Ränge und Künste unterschieden und ihre Arten bezeichneten"). Eine wirkmächtige Schöpfung – im Zeichen von Varros dreifacher Theologie – ist Vergils Iuppiter. Äußerlich ähnelt er dem Zeus des homerischen Mythos, er vertritt aber auch den abstrakten Gott der Physiker und Philosophen und gleicht schließlich als römischer Staatsgott einem hohen Beamten und *pater familias*. Bei der Erfindung des Mythos kam es Vergil zustatten, daß die Homer-Erklärer – um den traditionellen Schultext mit den Fortschritten der Physik und der ethischen Reflexion in Einklang zu bringen – zu allegorischen Interpretationen gegriffen hatten. Die Methoden physikalischer und ethischer Allegorese hat Vergil gewissermaßen mit umgekehrtem Vorzeichen versehen, aus dem Bereich der Rezeption in den der Produktion versetzt. So kann er mit philosophisch aufgeklärten Lesern kommunizieren. Das bedeutet jedoch nicht, daß die *Aeneis* durchgehend als Allegorie zu lesen wäre. Dazu ist Vergil zu sehr Künstler; ist doch seine Mythenschöpfung nicht willkürlich. Zum Hintergrund der vergilischen Synthese gehören archetypische Elemente, z. B. kann man in dem Synoikismos aus Troianern (Priestertum), Etruskern (Heeresmacht) und Latinern (Braut und Land) eine Rückprojektion des Synoikismos von Römern, Etruskern und Sabinern[610] aus Roms sagenhafter

---

[607] Es ist zwecklos, eine Auswahl von „sieben Opfern" zu kanonisieren.
[608] Dazu B.E. Borg (2005) 57.
[609] Vgl. Y. Syed (2005); zu den Quellen der Aeneas-Sage: K. Galinsky (1969); zu Iuppiter A. Wlosok (1983, II); zur *theologia tripertita* Varro bei Augustinus, *Gottesstaat* 6, 5.
[610] Vergil nennt ausdrücklich die Sabiner, Romulus und die Etrusker als dreifachen Ursprung der Größe Roms (*G* 2, 532-535). Dieser alte Synoikismos-Mythos ist bei den Römern im Historischen angesiedelt; in anderen Kulturen hat er naturphilosophische Bedeutung. Eine weitere Mythenschöpfung Vergils ist die Feindschaft zwischen den Stämmen des Dardanus (Aeneas) und des Inachus (Turnus: *A* 7, 371 f.): B. Hannah (2004). Zur „Umstülpung" der allegorischen Interpretation: G.N. Knauer (1964) nach E. Zinn; A. Wlosok (1983, II) bes. 15: „Vergil hat, zwar gewiß nicht durchgängig, aber doch in wichtigen Punkten, bewußt einen Doppelsinn erzeugt und den empfänglichen Leser in die Richtung einer kosmischen Deutung gelenkt".

Frühzeit sehen. Die Lebendigkeit seiner Erfindung beruht darauf, daß die mythische Erzählform es gestattet, wichtige in der Geschichte wirksame Kräfte an der Wurzel aufzuspüren und gewissermaßen als Urformen darzustellen, noch nicht als aktuell Geschehenes, sondern als Potenz („wie es geschehen könnte", vgl. Aristoteles, *Poetik* 1450 b 37). Ein solcher Mythos hat den Vorteil, noch nicht in literarischen Konventionen erstarrt zu sein. Die Gestaltung des Geschehens um Aeneas ist eine mythopoetische Leistung Vergils.

*Präfiguration:* Über solche archetypischen Elemente hinaus lebt die *Aeneis* aber auch vom Bezug auf einzelne historische Gestalten und Ereignisse, die ausdrücklich genannt werden. Daß die von Vergil geformten mythischen Gestalten indirekt auf die römische Geschichte vorausweisen, ist eine naheliegende Annahme. G. Binder (1971) hat dies für das achte Buch im Hinblick auf Aeneas und Augustus nachgewiesen. Er hat auch erkannt, daß solche Beziehungen oft nur lokale Bedeutung haben – Aeneas ist nicht ständig Augustus, sondern in bestimmten Zusammenhängen.[611] Längst hat man Dido mit Cleopatra verglichen, aber auch diese Parallele gilt nicht durchweg. Für die Erfindung der *Aeneis* entscheidend ist Didos aitiologische Rolle für die Punischen Kriege (ihr Fluch [*A* 4, 607-629] hat gleichen Rang wie die übrigen historischen Prophetien des Werkes). Ist der hoffnungsvolle Knabe Iulus eine Präfiguration des Augustus, so wird sogar eine Beziehung zwischen Aeneas und Caesar denkbar (doch bleibt die Tatsache bestehen, daß die augusteischen Dichter keine begeisterten Caesarianer sind).[612] Ein ganzes Geflecht historischer Anspielungen hat man im elften Buch zu entdecken vermeint.[613] Vieles davon sind bestenfalls Assoziationen, die den damaligen Lesern nahelagen; solche allegorischen Interpretationen tragen jedoch wenig zum Verständnis des Werkes bei, machen sie doch die künstlerische Leistung des Dichters rückgängig, indem sie gewissermaßen die Skulptur auf den Lehm reduzieren, aus dem sie geformt ist. Vergil wußte, warum er kein Augustus-Epos, sondern eine *Aeneis* schrieb.

*Griechenland und Rom:* Im Unterschied zu Homer betont Vergil das Thema der Gründung der römischen Nation.[614] Es geht ihm um die Verbindung beider Kulturen im Zeichen einer Ursprungs- und Gründungsgeschichte (Aitiologie, Ktisis) des römischen Reiches und des Iuliergeschlechts. Vergil betont den Gegensatz wie auch die Kontinuität zwischen Griechenland und Rom: Einerseits erscheint Actium hier als eine verspätete Bestrafung der griechischen Welt für die Zerstörung Troias (vgl. *A* 3, 288), andererseits ist Sizilien historisch und geographisch die wichtigste Brücke zwischen Griechenland und Rom. Diese Insel ist der erste Ort einer sichtbaren Verbrüderung zwischen den ehemaligen Feinden. Vergil erfindet Achaemenides, einen Gefährten des Odysseus, den die Troianer freundlich aufnehmen (*A* 3, 588-691).[615] Ihrer Berufung nach – so sagt Anchises (*A* 6, 847-853) – gebührt den Griechen der Vorrang in der bildenden

---

[611] Ähnlich hatte sich schon Servius (zu *B* 1, 1) zur historisch-biographischen Allegorese der *Bucolica* geäußert.
[612] F. Wittchow (2005).
[613] M. Alessio (1993) mit der berechtigten Kritik von U. Gärtner, *Gnomon* 71 (1999) 13-17.
[614] H. Cancik (2004).
[615] Schon im zweiten Buch ist die extreme Gastfreundlichkeit der Troianer hervorgehoben: Priamus nimmt den Griechen Sinon bei sich auf.

Kunst, der Wissenschaft und der Rhetorik, den Römern aber in der Politik. Einsträngige imperialistische Deutungen dieser Verse greifen jedoch zu kurz. Ziel der Politik sind hier erklärtermaßen Frieden, Gesittung und Milde (ebd. 852 f.). In der sublimen friedlichen Kunst der Menschenführung soll der Römer nach Vergil sein Eigenstes verwirklichen; die Bewußtheit, mit der diese Kunst ausgeübt wird, setzt aber bereits eine Verbindung von Griechischem und Römischem voraus. Einerseits findet der zivilisierte Römer dank seiner gründlichen Auseinandersetzung mit griechischer Bildung zu sich selbst und vermag so seine politische Aufgabe mit Einsicht, Weisheit und Mäßigung zu erfüllen. Andererseits verzichtet sogar der erbittertste griechische Kämpfer, Diomedes, der einst Venus in der Schlacht verwundete, auf Krieg und erkennt die Sendung der Aeneaden an (A 11, 243-295). Für sich spricht die Tatsache, daß für Vergil der Ort des künftigen Rom von Griechen besiedelt ist. Im Hinblick auf die beabsichtigte griechisch-römische Synthese kann er also behaupten, Ur-Rom sei eine Griechenstadt. Euander ist schon vor der Zeit des Aeneas mit Anchises durch Gastfreundschaft verbunden (A 8, 155-168). Aeneas nennt Pallas am Ende den Seinen: *meorum!* (A 12, 947). Vergils kühne Vision von der Aufgabe des Römers zeigt, daß ein Herrschaftsanspruch gegenüber anderen nur gültig sein kann, wenn der Herrschende an sich selbst noch viel höhere, ja die höchsten intellektuellen und moralischen Ansprüche stellt. Eine Bestätigung dieser Ahnung des Dichters ist, daß das römische Recht – in der humanisierten Form, die es besonders seit dem philosophisch geprägten 2. Jh. nach Chr. erhielt – die Welt erobert hat und sich somit als viel dauerhafter erwiesen hat als das römische Imperium.

*Philosophie:* An *stoischen* Elementen fehlt es in der *Aeneis* nicht: Abgesehen von stoischer Sprachlehre, die durch Varro hereinwirkt, denke man an die staatstragenden Tugenden, an die Vorstellungen von Kosmos und Sympathie, an die Entwicklung des Römerreiches zur Kosmopolis und an den Gedanken einer Erziehung des Menschengeschlechts durch schwere Prüfungen; daß Aeneas kein stoischer Weiser ist, weiß man längst – eher vielleicht ein „Fortschreitender" – aber dieser Terminus der stoischen Propaganda ist (absichtlich) unscharf, und der „Fortschritt" des Aeneas hält sich in Grenzen.[616]

*Epikureisches*, das in *Bucolica* und *Georgica* spürbar war, wirkt auch in der *Aeneis* nach: Dido äußert den epikureischen Gedanken, die Götter nähmen keinen Anteil am Menschenschicksal (A 4, 379 f.). Die Tatsache, daß Priamus am Altar ermordet wird, entlockt Servius (zu A 2, 536) einen Kommentar, der eine epikureische Deutung nicht ausschließt; an anderer Stelle wird freilich betont, Vergil lege seinem Helden trotz aller Empörung „nichts Gotteslästerliches" in den Mund (zu 2, 428: *in ingenti indignatione Aeneae tamen nihil sacrilegum datur*). In der Erzählung des Aeneas fallen auch Ripheus – der gerechteste der Sterblichen[617] – und Panthus – der fromme Priester – wie alle anderen dem Tod anheim (A 2, 426-430): Man fühlt sich an Lukrez erinnert: „Sogar Epikur muß sterben" (3, 1042). Vergil klagt nicht an, er beschreibt illusionslos die schmerzliche *condition humaine*.

*Peripatetisches:* Seit den *Georgica* kennt der Dichter Aristoteles und The-

---

[616] A. Setaioli (2005).
[617] Dante, *Paradiso* 20, 67-69; 118-129.

ophrast. Er akzeptiert die *aristotelische* Lehre, wonach Zorn in bestimmten Situationen zulässig ist; zugleich aber hat er – wie die Stoiker und Epikureer – starke Vorbehalte gegenüber Emotionen und deren Auswirkungen auf menschliches Handeln. Beide Sehweisen können in einer *platonischen* Sicht koexistieren, die von der inneren Gespaltenheit der menschlichen Natur ausgeht (*A* 6, 730-734).[618] Dieses Menschenbild ist realistisch, doch nicht unbedingt pessimistisch. Siege sind oft teuer erkauft, aber nicht immer Pyrrhus-Siege. Kurz: Vergil befaßt sich ernsthaft mit Philosophie, ohne sich jedoch einer bestimmten Schule anzuschließen, und er verwendet Elemente unterschiedlicher Herkunft, um die römische Existenz darzustellen.

*Der Mensch als Schmied seines Schicksals.* Jeder bereitet sich durch seine Taten sein eigenes Los (*A* 6, 743 *quisque suos patimur manis*). In der Eingangsszene des zehnten Buches erklärt Iuppiter selbst (*A* 10, 111 f.): „Einem jeden wird sein eigenes Beginnen Leid und Glück bringen." Das trifft auf Turnus zu, der sich durch seine grausamen Reden und durch die Aneignung von Pallas' Wehrgehenk sein eigenes Grab schaufelt (vgl. *A* 10, 503-505). Gilt Gleiches für Pallas, der erklärt, Turnus die Rüstung abnehmen zu wollen (*A* 10, 449) und dann solches von Turnus erleidet? Vergil unterscheidet hier fein: Pallas erhofft sich *spolia opima*. Solche aber weihte man stets den Göttern; dem Wunsch des Pallas haftet also nichts Frevelhaftes an; darüber hinaus gelobt Pallas sogar bei einem gewöhnlichen Feind wie Halaesus, die Rüstung dem Tibergott zu weihen (*A* 10, 423). Eher mag man in dem leichtsinnigen Versprechen des Ascanius, dem Nisus Roß und Rüstung des (noch unbesiegten) Turnus zu schenken (*A* 9, 269-271), ein böses Omen sehen.

Turnus erkennt erst spät, daß die *fata*[619] nicht auf seiner Seite stehen (*A* 12, 676) und daß die Götter samt Iuppiter ihm feind sind (*A* 12, 895).[620] Am Ende wird ihm klar, daß sein Handeln aus *furor* entspringt (*A* 12, 680): *hunc, oro, sine me furere ante furorem.* Turnus wurzelt in der versinkenden Welt eines (oft an Homer gemahnenden) Einzelheldentums – so kann er keine Vorstellung von der weltgeschichtlichen Sendung des Aeneas haben. Auf Grund seiner Verblendung hat man versucht, ihm „Tragik" zuzusprechen, doch ist dies nur einer von drei Aspekten, die Vergil geradezu systematisch entwickelt (s. S. 169). Wir haben gesehen, daß er hinsichtlich der beiden anderen Aspekte im aristotelischen Sinne keine tragische Figur ist. Seine Bestrafung erkennt er als „verdient" an, und

---

[618] Dazu R.J. Tarrant (1997) 181.
[619] Zum *fatum* oben S. 176 f. mit Anm. 606.
[620] Ein positives Gegenbeispiel zur späten Selbsterkenntnis des Turnus ist Diomedes (in der *Ilias* der größte griechische Kämpfer neben Achilleus). Wenn er in der *Aeneis* die Latiner warnt, gegen den Willen der Götter anzugehen, so bildet solche Weisheit eine logische Fortsetzung seines geistigen Weges in der *Ilias*. Dort kämpft er zwar gegen Götter, doch als ein „gottesfürchtiger Streiter" (H. Erbse, „Betrachtungen über das fünfte Buch der *Ilias*", *Rheinisches Museum* 104 [1961] 186). Anders als Turnus steht er von Anbeginn auf der (damals) „gerechten" Seite. Als ein „frommer" Held, „gehorsam den Götterzeichen und der Hilfe des Zeus" (*Ilias* 4, 408), ist er ein exquisiter Zeuge, um Aeneas besondere *pietas* [*A* 11, 292] zu bescheinigen: Wie Aeneas wesenhaft *Anchisiades* ist, so wird Diomedes als „Tydeus' Sohn" (*Ilias* 4, 365) eingeführt, Träger des „väterlichen Mutes" (*Ilias* 5, 125). Wie Aeneas hält er die Gastfreundschaft heilig (in der Glaukos-Episode) und zeigt sich Prüfungen und Enttäuschungen intellektuell und moralisch gewachsen. Ein Vergleich zwischen Aeneas und Diomedes dürfte lohnend sein.

Vergil widerspricht dem nicht. Dagegen weicht bei einer wirklich tragischen Gestalt wie Dido Vergils Urteil von dem der Heldin ab: Zwar hat sich die Königin von vornherein selbst verflucht (4, 24-29) – ist also für ihr Schicksal verantwortlich – und sie erklärt auch, sie habe den Tod „verdient" (*quin morere ut merita es*: *A* 4, 547), aber der Dichter berichtigt dies ausdrücklich (*merita nec morte peribat*: *A* 4, 696).

*Gegenstimmen:* Bei allem Romglauben sorgt Vergil dennoch dafür, daß der Leser nicht durch allzuviel Affirmation verstimmt wird. Aeneas ist ein zweifelnder und zögernder Held. Seine Liebe zu Dido, die er nicht offen bekennen darf, deutet ein Kallimachos-Zitat an: *invitus, regina, tuo de litore cessi* (*A* 6, 460). Diese Worte sagen mehr als sie zu sagen scheinen. In der Vorlage spricht sie die Locke der Berenice, die entgegen ihrem Wunsch an den Himmel versetzt wurde (latinisiert von Catull 66, 39 *invita, o regina, tuo de vertice cessi*). Trotz dieser Ehre wollte sie lieber zurück zu ihrer Königin, – mag der Himmel zerbrechen!

Implizite Kritik an der Welt des Krieges klingt auf, wo sich die Gedanken mit solchen der *Georgica* kreuzen, so wenn Vergil nachdenklich beobachtet: *vomeris huc* (in die Waffen) *et falcis honos, huc omnis aratri / cessit amor* (*A* 7, 635 f.). Noch im letzten Buch fragt der Autor (*A* 12, 503 f.): *tanton placuit concurrere motu, / Iuppiter, aeterna gentis in pace futuras?* Unstreitig schlägt Vergils Herz nicht für den Krieg, sondern für die Landwirtschaft und für friedliche Künste. In solchem Zusammenhang gewinnt das Wort *inglorius* (*G* 2, 486) sogar in der *Aeneis* positiven Klang (*A* 12, 397).

Kritik findet sich auch an den mythischen Göttern. Iuno erklärt nicht zu Unrecht, Venus, die sich jetzt über die Leiden des Aeneas beschwere, habe ja durch den Raub der Helena die Katastrophe der Troianer selbst angezettelt (*A* 10, 88-95). Zur Entstehung von Didos Liebesleidenschaft bemerkt die Himmelskönigin treffend, es sei schließlich für zwei Götter ein Kinderspiel, eine Frau zu überlisten (*A* 4, 95). Doch muß sie sich selbst von Iuppiter fragen lassen, wie sich ihr glühender Zorn mit ihrem göttlichen Range vertrage: *Es germana Iovis Saturnique altera proles: irarum tantos volvis sub pectore fluctus* (*A* 12, 830 f.).[621] Grundsätzlich rührt der Dichter schon im Prooemium an das Problem (*A* 1, 11): *tantaene animis caelestibus irae?* Der Berufung des Aeneas auf göttlichen Auftrag setzt Dido – gut epikureisch – die Affektfreiheit der Götter entgegen: *Scilicet is superis labor est, ea cura quietos / sollicitat* (*A* 4, 379 f.). Unstreitig vertritt Dido hier eine erhabenere Gottesauffassung als Aeneas.

*Zeitgebundenes.* Nicht Weniges ist zeitgebunden, so der für uns durchaus erklärungsbedürftige Rachegedanke im Krieg. In sportlichen Dingen überrascht uns umgekehrt die Toleranz. Wie ein moderner Schiedsrichter rettet Aeneas den Boxer Dares vor seinem wütenden Gegner, indem er den Kampf für beendet erklärt (*A* 5, 461-467). Doch anderes befremdet uns: Wer einem Freund zuliebe einem Dritten ein Bein stellt, wird nicht disqualifiziert, sondern erhält ein Geschenk (*A* 5, 353-361). Überhaupt ist die Atmosphäre der Spiele entspannter als heute. Bei der Preisverteilung ist der Rang des Empfängers zuweilen wichtiger

---

[621] In diesem Anklang an Lukrez (3, 298 u.a.) schwingt epikureische Kritik an der landläufigen Vorstellung göttlichen Zornes mit.

als seine jeweilige Leistung (*A* 5, 533 f.). Der Leiter hat bei seiner Aufgabe, für Menschlichkeit zu sorgen, einen recht weiten Spielraum.

Bezeichnend für Kriegergesellschaften ist die Werteskala bei den Kampfpreisen: ein Pferd (*A* 5, 310), ein Stier (*A* 5, 477) oder ein Prunkmantel (*A* 5, 250-257) gelten als höchste Auszeichnung; an zweiter Stelle steht eine Rüstung (*A* 5, 258-265), der Drittbeste erhält Bronzekessel und Silbergerät mit Figurenschmuck (*A* 5, 266 f. ). Dagegen ist eine handarbeitskundige Sklavin mit zwei Kindern bestenfalls ein Trostpreis für den Verlierer (*A* 5, 284 f.): Sie entspricht im Wert ungefähr einem Helm und einem Schwert (vgl. *A* 5, 471).

*Humor* fehlt nicht einmal in der *Aeneis*. Zwar dämpft Vergil die bürgerliche Burleske des griechischen Vorbilds (Aphrodite hat dort alle Mühe, ihren wilden Sprößling zum Gehorsam zu überreden).[622] Dennoch fügt Vergil aus Eigenem ein Körnchen Salz hinzu: Dem zu Dido abgeordneten Knaben Amor macht es offensichtlich Spaß, die Gangart des Ascanius nachzuahmen (*A* 1, 690). Heiter ist die Atmosphäre im ersten Teil des fünften Buches, auch wenn manchmal der Humor an Schadenfreude streift, ja sich rauhen Boxerseelen anbequemen muß: Den Stier, seinen Siegespreis, streckt Entellus mit einem Faustschlag zu Boden (das malt der grotesk einsilbige Versschluß: *humi bos: A* 5, 481). Der Champion erläutert zartfühlend, er opfere diese „bessere Seele" anstelle seines Gegners (*A* 5, 483 f.).

Für das römische Publikum, das noch die antiorientalische Propaganda des Augustus im Kampf gegen Cleopatra im Ohr hat, ist es auch pikant, den Stammvater Aeneas und seine Truppen als „verweichlichte Orientalen" beschimpft zu hören: so *A* 4, 215-217: *ille Paris cum semiviro comitatu, / Maeonia mentum mitra crinemque madentem / subnexus* (ausführlicher *A* 9, 598-620). Solche Verse beschwören Catulls Gedicht über die Selbstentmannung des Attis (63) herauf. Noch im letzten Buch wiederholt Turnus das Klischee (*A* 12, 99 f.). Natürlich widerlegen die Troianer solche Reden tunlichst durch tapfere Taten.

*„Prophetisches":* Dennoch weist das Denken und Fühlen dieses Dichters über die Grenzen der eigenen Zeit hinaus: Anders als alle anderen Epen der Antike handelt die *Aeneis* von der Erfüllung einer großen weltgeschichtlichen Prophetie, die mit Rom verknüpft ist. Am Höhepunkt der *Aeneis* erscheint dieselbe Sibylle als Führerin, auf die sich die messianische vierte Ekloge berufen hatte; Vergil kannte wohl griechische, jüdische und orientalische Apokalyptik, und die italienische Folklore des Mittelalters sah in ihm den großen Magier. Stellt er die Seelenwanderungslehre in den Dienst der „Heldenschau", so geht es ihm nicht primär um eine philosophisch konsequente Eschatologie;[623] vielmehr dienen ihm platonische, stoische und pythagoreische Elemente als poetische Mittel, um die historische Zukunft Roms zu vergegenwärtigen.

Vergils Epos ist ein Ausdruck tiefer Friedenssehnsucht. Die Gedanken- und Gefühlswelt der Werke dieses Dichters legte es späteren Lesern nahe, ihn als *anima naturaliter christiana* zu sehen: Die Aufgabe, ein Heldengedicht zu

---

[622] Apollonios Rh. 3, 36-166. Zu gebärdenhafter Komik bei Vergil: M. Lobe (1999) 102-113.
[623] Daß Vergil in der Unterweltsbeschreibung geographisch und inhaltlich nicht miteinander vereinbare Elemente nebeneinander stellt, betont J.E.G. Zetzel (1989) 286-287. Trotzdem scheint Vergils Interesse an der Eschatologie über das rein Literarisch-Technische hinauszugehen.

schreiben, empfand er als schwere Bürde; er schrieb an Augustus (bei Macrobius, *Saturnalien* 1, 24, 11): „So eine große Sache habe ich in Angriff genommen, daß mir ist, als hätte ich mich geradezu in einem Anfall geistiger Umnachtung an ein so großes Werk gemacht" (*tanta incohata res est, ut paene vitio mentis tantum opus ingressus mihi videar*). Es würde zu kurz greifen, in diesem Stoßseufzer und in dem testamentarischen Publikationsverbot nur den Ausdruck technischer Schwierigkeiten zu sehen.[624] Dem *pius Aeneas* liegt der Frieden spürbar mehr am Herzen als so manchem homerischen Helden. Noch schmerzlicher wird der Krieg hier dadurch, daß die Gegenseite das geliebte Italien verkörpert – sogar eine Camilla muß fallen – , während die Friedensidee an die Troianer und das noch ungeborene Rom gebunden ist. Zwischen den kämpfenden Parteien – *mortales aegri* (12, 850) – besteht eine Leidensgemeinschaft. Im Bewußtsein des Dichters ringt trauernde Liebe zum Irdischen in seiner Vergänglichkeit ständig mit vertrauender Erwartung eines Ewigen. Diesen Aspekt der *condition humaine* spiegelt auch die Doppelnatur des Aeneas als Sohn einer Göttin und eines Sterblichen. Der *Ilias* – dem Epos vom Untergang einer Polis – setzt Vergil ein Epos von der Geburt einer Stadt entgegen, einer Geburt freilich, die den Tod des Früheren voraussetzt und sich nur unter Schmerzen vollziehen kann.

## 4. 7 ÜBERLIEFERUNG

> Zur Überlieferung s. die Praefationes der Ausgaben. Zusammenfassend (mit Lit.) M. Geymonat in: N. Horsfall (Hg.), (1995) 293-312 (seine Datierungen sind hier übernommen).

Die Herausgeber Varius und Tucca sind pietätvoll vorgegangen. Sie haben von Vergil unvollendete Verse ohne Ergänzungen stehen lassen. Manche dieser Versteile sind so gut gelungen, daß man versteht, daß es äußerst schwierig war, eine gleichrangige Fortsetzung zu finden (besonders vielsagend das Abbrechen *A* 2, 66; 3, 340; 4, 361; 4, 400; 5, 815; 6, 835; 10, 284[625]); andere der Halbverse deuten nur skizzenhaft an, was gemeint ist. Die Halbverse gaben Anlaß zu Vermutungen über die Entstehung der *Aeneis*: Nach H.-C. Günther (1996) bilden sie das Ende von Zusätzen Vergils, nach T. Berres (1982 und 1992) gehen sie umgekehrt den Zusätzen voraus. Einigkeit läßt sich in solchen Dingen nicht erzielen.

Die Überlieferung der Werke Vergils zeichnet sich durch Qualität aus; denn von Anbeginn bemühten sich die Grammatiker mit Erfolg, Vergil vor Interpolatoren und Imitatoren zu schützen.[626] Leider ist es nicht möglich, ein Stemma aufzustellen; dazu sind die erhaltenen antiken Handschriften nicht zahlreich genug und die späteren zu zahlreich.

---

[624] Dies ist nicht erst eine postmoderne Entdeckung; vorzüglich (auch im Gesamturteil über Vergil) G. Highet (1949) 72-78, bes. 74 mit Anm. 12 .
[625] Wohl unecht ist die Fortsetzung von *A* 10, 284 bei Seneca, *epist.* 94, 28 *piger ipse sibi obstat*. Zu Halbversen: M. Geymonat (1995) 296 mit Lit.; H.-C. Günther (1996); T. Berres (1982) und (1992). Daß Vergil Halbverse habe endgültig stehen lassen wollen, entspricht romantischem, nicht antikem Empfinden.
[626] M. Geymonat (1995) 301.

Aus der Antike stammen drei größere und einige fragmentarische Majukelhandschriften: Editoren stützen sich im wesentlichen auf die (weitgehend erhaltenen) Codices M, P und R (R ist zwar schön, aber weniger verläßlich als die anderen).[627]

M = Mediceus: Laurentianus, plut. 39, 1 (Ende 5. Jh.): enthält alles außer *Bucolica* 1 – 6, 47. Zweitkorrektor war Turcius Rufius Apronianus Asterius (Consul 494). M ist für uns die wichtigste antike Handschrift; für einige Passagen ist sie der einzige antike Zeuge (*G* 2, 1-91; 118-138; *A* 11, 757-782). Ein von Petrus Bembus entferntes Blatt wird im Vatikan am Ende der Handschrift F aufbewahrt.

P = Vaticanus Palatinus Latinus 1631 (Ende 5. Jh) enthält – mit Lücken – *Bucolica*, *Georgica* und *Aeneis*. Die Handschrift kam aus Lorsch nach Heidelberg und von dort mit der ganzen Bibliotheca Palatina 1622 nach Rom. P enthält 90% des Vergiltextes; wo P ausfällt, ist der von P stammende Guelferbytanus Gudianus Lat. 2° 70 = γ (Ende des 9. Jh. in Lyon geschrieben) ein guter Ersatz. P bietet interessante und überzeugende Lesarten; manche von diesen werden durch Zitate bei antiken Grammatikern und Scholiasten bestätigt. Ebenso bewahrt P zahlreiche altertümliche Schreibungen (die zweifellos sehr alte Vorlage war vielleicht in Halbkursive geschrieben).

R = Romanus: Vaticanus Latinus 3867 (späteres 6. Jh.) mit Illustrationen[628]; enthält (mit Lücken) *Bucolica*, *Georgica* und *Aeneis*, insgesamt etwa drei Viertel des Textes. Für *B* 3, 72 – 4, 51 ist R unser einziger antiker Zeuge. Wo R uns im Stich läßt, dient die von R abstammende karolingische Handschrift a als Ersatz (teils in Bern [172], teils in Paris [Lat. 7929]).

Nur fragmentarisch erhalten sind die Codices A, B, F, G und V: A = Augusteus: Vaticanus Latinus 3256 (4 Blätter) und Berolinensis Latinus 2° 416 (3 Blätter)[629] (1. Hälfte 6. Jh.) aus Saint Denis, mit Stücken aus den *Georgica* und der *Aeneis* (4, 302-305). B = Ambrosianus Mediolanensis (Palimpsest, 5.-6. Jh.): 81 Verse aus dem ersten Buch der *Aeneis* mit griechischer Übersetzung. F = Codex Fulvii Ursini: Vaticanus Latinus 3225 (Ende 4. Jh.) mit Illustrationen. Es handelt sich um die älteste und schönste Handschrift, die wohl noch aus dem Umkreis des Symmachus (Consul 391) stammt. Leider sind nur 75 Blätter erhalten; es fehlen unter anderem *Bucolica*, *Georgica 1 und 2* und *Aeneis 10* und *12*. G = Sangallensis: Codex miscellaneus 1394 (vielleicht frühes 6. Jh.): 11 Blätter mit Stücken aus *Georgica* und *Aeneis*; weitere Reste der Handschrift (die zur Reparatur von Einbänden verwendet wurden) brachten interessante Lesarten (*A* 6, 658 *lauris*). V = Veronensis XL 38 (Palimpsest, spätes 5. Jh.) 51 Blätter mit Stücken aus *Bucolica*, *Georgica* und *Aeneis* mit den Veroneser Scholien.

Auch die mittelalterlichen Handschriften sind nicht ohne Wert, vor allem erlauben uns karolingische Kopien, Lücken der antiken Handschriften auszufüllen (vgl. oben zu P und γ; R und a).

---

[627] Für einen gemeinsamen Archetypus der Kapitalhandschriften – gegen S. Timpanaro – zuletzt E. Courtney (2002-2003), (Lit.); eine sorgfältige Analyse der frühen Vergil-Überlieferung: J. Velaza (2001).

[628] Publikation: D.H. Wright (2001); zu illustrierten Handschriften: A. Geyer (1989); A. Wlosok (1992); (2002).

[629] Ein weiteres Blatt in Privatbesitz in Frankreich.

Kritische Beachtung verdient ferner die antike Sekundärüberlieferung,[630] da Grammatiker und Kommentatoren zuweilen bessere Texte verwendeten als die uns erhaltenen. Andererseits schleichen sich beim Zitieren aus dem Gedächtnis Fehler ein. Nachahmungen bei späteren Epikern sind für Vergil eine unsichere Textquelle; kann es sich doch um bewußte Variation handeln.

Verdächtig sind die bei Donat und Servius überlieferten zusätzlichen Textpartien: der Vorspruch zur *Aeneis* (1, A-D) und der Helena-Passus (*A* 2, 567-588). Sie fehlen in unseren antiken Handschriften. Die Helena-Episode[631] ist, falls überhaupt echt, bestenfalls eine Skizze Vergils. Selbst wenn der matte und ungeschickte Vorspann zur *Aeneis* tatsächlich in der von Vergil hinterlassenen Handschrift gestanden haben sollte, war er kein Teil des Werkes, sondern diente nur der Identifikation des Autors, und die ersten Herausgeber Varius und Tucca taten gut daran, die Verse zu streichen. Am ehesten handelt es sich um den Versuch eines Buchhändlers, aus dem berühmten Namen Kapital zu schlagen.[632]

Die antiken Handschriften, die wir besitzen, gestatten es uns, relativ nahe an Vergils Zeit heranzukommen. Hinzu treten Zitate bei Autoren, die älter sind als unsere Codices oder die ältere Zeugnisse zur Verfügung hatten. So können wir im ganzen hoffen, den vom Dichter gewünschten Wortlaut herstellen zu können. Zu Otto Zwierleins[633] Annahme weitgehender Interpolationen aus tiberianischer Zeit im Vergiltext hat Karl Galinsky[634] das Notwendige gesagt.

Nur bedingt erlauben die erhaltenen Handschriften Rückschlüsse auf original vergilische Schreibungen und Lautungen. Wenige Beispiele müssen hier genügen: Die altertümliche Schreibung *moerorum* ist in der guten Handschrift P für 10, 24 bezeugt und für 10, 144 sicher zu erschließen („*meorum*"). Quintilian (*Institutio oratoria* 1, 7, 20) berichtet, daß Cicero und Vergil nach Ausweis der Autographe zwischen oder nach langen Vokalen den Konsonanten *s* verdoppelten: *caussae, cassus, divissiones*. Reste solcher Schreibungen sind in der Tat vereinzelt erhalten, so G 2, 508 *plaussus* (in der Handschrift M). Zuweilen sind solch altertümliche Graphien mißverständlich, so *B* 2, 59 *immissi*, wo es sich eindeutig um die erste Person (*immisi*), nicht um ein Partizip handelt. Was man aus dieser Schreibweise lernen kann, ist, daß -s- auch zwischen Vokalen scharf gesprochen wurde (wie heute zum Beispiel in Spanien, aber auch in Teilen Italiens). Bei der bekannten Unsicherheit der Orthographie in klassischer Zeit muß man grundsätzlich auch für Vergils Autograph mit unterschiedlichen Schreibungen gleicher Wörter rechnen. Die schwankende Schreibung identischer Vokabeln in Autographen deutscher Dichter – oft innerhalb weniger Zeilen –

---

[630] Hier führen S. Timpanaro (1986) und (2001; Lit.!) und M. L. Delvigo (1987) korrigierend über J.E.G. Zetzel (1981) hinaus.
[631] Zur Helena-Szene z. B.: T. Berres (1992); dazu D. Gall, *Gnomon* 67 (1995) 407-411; G. Scafoglio (2000 und 2003); für Umstellung des Passus (nach *A* 2, 770 und vor 772) D. Gall (1993); dazu S.J. Harrison, *Gnomon* 68 (1996) 457-459.
[632] Gute kritische Literaturdiskussion und ein (leider sehr gewagter) neuer Vorschlag (Augustus Autor des Vorspanns): J.-Y. Maleuvre (2003).
[633] O. Zwierlein (1999); zwei weitere Bände sollen folgen; zu den *Georgica* in gleichem Sinne: Cramer (1998); dagegen R. Thomas, *Gnomon* 73 (2001) 580-585.
[634] "Unbounded speculation" …"arbitrary guesswork": K. Galinsky, *Gnomon* 74 (2002) 685-687.

sollte auch Editoren antiker Texte[635] davor warnen, in der Vereinheitlichung zu weit zu gehen.

In einem Fall können wir wahrscheinlich machen, daß Vergil in der Schreibung eines Wortes von seinem sonstigen Usus abwich: In *A* 1, 117 (*vorat ... vertex / vortex*) legt die Alliteration die Lesart *vortex* nahe, die außerdem die *lectio difficilior* ist. Zwar liest der zuverlässige Mediceus (M, 5. Jh.) hier wie überall *vertex*, aber der (nicht fehlerfreie, aber ebenfalls antike) Romanus (R, 5. Jh.) und der Gudianus (γ, 9. Jh.) haben *vortex*, und diese Lesung unserer Vergilstelle lag schon Plinius (bzw. dem noch älteren Grammatiker, den er ausschrieb) vor.[636] Daher hat Nettleship (im Unterschied zu den neueren Herausgebern) wohl mit Recht die Lesart *vortex* für diese Vergilstelle akzeptiert. Vergil kann die Verbindung mit *vorare* selbständig hergestellt haben, er mag aber auch als *poeta doctus* eine ihm bekannte Vermutung eines Grammatikers mit poetischem Leben erfüllt haben.[637]

Ein letztes Beispiel: Archaisierend ist auch die Schreibung der Handschrift P *lact* (für *lac*) in *B* 2, 22 und 3, 6. Da diese Form auch bei Varro (*Menippeae* 26; *De lingua Latina* 5, 104)[638] und Charisius (p. 129, 17 Barwick als Schreibung einiger *eruditiores*) belegt ist, sollte man sie an den Stellen, an denen sie überliefert ist (aber auch nur an diesen) akzeptieren. Vergil scheint sich hier von Varro ermutigt gefühlt zu haben, sich dem Altlatein zu nähern: Der alte Nominativ *lacte*[639] wurde vor Vokal zu *lact*, so bei Ennius 352 V. = 361 Sk. *ceu lact(e) et purpura*. Schon bei Plautus kommt aber (wie bei Vergil) einsilbiges *lact* vor, auch wenn kein Vokal folgt.[640] Wie die Ennius-Stelle zeigt, war das *–t* vor vokalischem Anlaut noch zu hören; vor Konsonanten ist es (den Lautgesetzen des Lateins entsprechend) bald verstummt (daher klassisch: *lac*). Vergil

---

[635] Mit Fragen der Orthographie befaßten sich besonders G.P.E. Wagner im fünften Band der vierten Auflage von C.G. Heynes Kommentar (Lipsiae 1841) und R. Sabbadini in seiner zweibändigen Textausgabe (Romae 1930).

[636] Bei Charisius p. 111, 5-10, ed. C. Barwick, Lipsiae 1925, ²1964 mit Addenda von F. Kühnert): *Vertex a vertendo dicitur, vortex a vorando, et vult Plinius* (wohl in *Dubii sermonis libri VIII*", ed. Beck 1894, p. 51) *verticem inmanem vim impetus habere ut* (*A* 1, 114) „*ingens a vertice* (richtiger wohl: "von oben") *pontus*", *vorticem vero circumactionem undae esse, ut* (*A* 1, 117) „*et rapidus vorat aequore vortex*".

[637] Eine etwas andere Unterscheidung zwischen *vertex* und *vortex* ist bei dem Grammatiker Caper belegt (*Grammatici Latini*, Bd. 7, herausgegeben von H. Keil, [Lipsiae 1880] 99, 11): *vortex fluminis est, vertex capitis*. Vergil hätte also einen zusätzlichen Grund gehabt, hier, da es sich um Wasser handelt, die Lautung mit *o* zu bevorzugen. Doch geht es auch *G* 1, 481; 3, 241 und *A* 7, 31 um Wasser (wo einhellig *-e-* überliefert ist). Nicht nur die Oxford-Editoren F. A. Hirtzel (1900) und R.A.B. Mynors (1969), sondern auch die an Orthographica besonders interessierten Herausgeber C. P. E. Wagner (1841) und R. Sabbadini (1930) entscheiden sich auch *A* 1, 117 für *–e-*; verständlich, aber vielleicht zu Unrecht.

[638] Plautus, *Truculentus* 903, ist *lact* überzeugend hergestellt, aber vor Vokal, also wohl *lacte* zu denken; vor Vokal auch *Menaechmi* 1089; Ennius, *Annalen* 352 V. =361 Sk.; *lacte* Plautus, *Miles* 240.

[639] Vgl. auch Charisius p. 25, 8 Barwick und die ebd. p. 130, 2-7 zitierten älteren Autoren.

[640] *Lact* vor Konsonant bei Plautus *Bacchides* 1134 (Akkusativ). *Lact* verteidigt Ausonius, *Grammaticomastix* 13; abwägend Martianus Capella 3, 307 *quidam cum lac dicunt, adiciunt t, propterea quod facit lactis; ... quippe cum nulla apud nos nomina in duas mutas exeunt; et ideo veteres lacte in nominativo dixerunt*; der Kontext zeigt, daß Martianus Capella bei Vergil *lac* las; Caper, *Grammatici Latini* 7, 95, 13 Keil.

erweist sich auch in diesem Fall als *poeta doctus*, der sich bemüht, auf dem doppelten Weg über alten Sprachgebrauch und gelehrte Reflexion zu den Wurzeln der Sprache vorzudringen.

## 4. 8 FORTWIRKEN[641]

Geflügelte Worte aus der *Aeneis*:

| | |
|---|---|
| 1, 1 | *Arma virumque cano* (*Arms and the Man* ist Dramentitel bei G. B. Shaw). |
| 1, 11 | *Tantaene animis caelestibus irae?* |
| 1, 26 | *Manet alta mente repostum.* |
| 1, 33 | *Tantae molis erat Romanam condere gentem.* |
| 1, 118 | *Apparent rari nantes in gurgite vasto.* |
| 1, 135 | *Quos ego* ... (zitiert von Flaubert, *Madame Bovary*, Kapitel 1; Gemälde von Rubens [um 1635] in Dresden). |
| 1, 150 | *Furor arma ministrat.* |
| 1, 203 | *Forsan et haec olim meminisse iuvabit* (Seneca, *Epist.* 78, 15). |
| 1, 204 | *Per varios casus, per tot discrimina rerum.* |
| 1, 342 | *Summa sequar fastigia rerum* (Seneca, *Epist.* 89, 17). |
| 1, 462 | *Sunt lacrimae rerum* (zitiert von C.F. Meyer, *Der Heilige*, Kapitel 8). |
| 1, 630 | *Non ignara mali miseris succurrere disco.* |
| 2, 3 | *Infandum, regina, iubes renovare dolorem.* |
| 2, 6 | *Et quorum pars magna fui.* |
| 2, 44 | *Sic notus Ulixes?* (zitiert von Trimalchio bei Petron 39, 3); |
| 2, 49 | *Quidquid id est, timeo Danaos et dona ferentis.* |
| 2, 255 | *Per amica silentia lunae* (eine Lieblingszeile Turgenevs; Werktitel von W. B. Yeats [1915/1918]). |
| 2, 274 | *Quantum mutatus ab illo.* |
| 2, 291 | *Sat patriae Priamoque datum.* |
| 2, 311 f. | *Iam proximus ardet / Ucalegon.* |
| 2, 325 | *Fuimus Troes.* |
| 2, 354 | *Una salus victis nullam sperare salutem.* |
| 2, 494 | *Fit via vi* (zitiert von Seneca, *Epist.* 37, 3 *Hanc tibi viam dabit philosophia*). |
| 2, 774 | und 3, 48: *Obstipui, steteruntque comae et vox faucibus haesit.* |
| 3, 56 f. | *Quid non mortalia pectora cogis, / auri sacra fames ?* (von Dante, *Purgatorio* 22, 40-54 auf Geiz *und* Verschwendung ausgedehnt). |
| 3, 72 | *Terraeque urbesque recedunt* (von Seneca, *Epist.* 70, 2 auf unsere Lebensreise übertragen). |
| 3, 492 f. | *Vivite felices, quibus est fortuna peracta / iam sua: nos alia ex aliis in fata vocamur.* |
| 4, 9 | *Anna soror* (Titel einer Novelle von M. Yourcenar). |
| 4, 13 | *Degeneres animos timor arguit* (Ambrosius, *De officiis ministrorum* 2, 12, 62). |
| 4, 23 | *Agnosco veteris vestigia flammae* (Dante beim Erscheinen Beatrices, *Purgatorio* 30, 48 *conosco i segni dell'antica fiamma*; von Turgenev[642] auf die Reste von Palmerstons ehemaliger Popularität bezogen). |
| 4, 38 | *Placitone etiam pugnabis amori?* (zitiert von Petron 112, 2: Eine Magd überredet eine trauernde Witwe, sich einem Wachsoldaten hinzugeben). |

---

[641] Zum Fortwirken Vergils allgemein: *G. Highet (1949); im lat. Epos: W. R. Barnes, in: N. Horsfall (1995) 257-292; im Mittelalter: *D. Comparetti (1872); in der Moderne: *T. Ziolkowski (1993); D.F. Kennedy (1997); überwiegend zur *Aeneis*: G.W. Most und S. Spence (Hg.), (2004); enttäuschend R.F. Thomas (2001); dazu W. Kißel, *Gnomon* 75 (2003) 733-735. In England: C. Burrow (1997). In der Kunst: M.J.H. Liversidge (1997)
[642] „Obed v obščestve anglijskogo literaturnogo fonda", *Sobranie sočinenij* 12 (St. Petersburg 1898) 212.

| | |
|---|---|
| 4, 65 | *heu vatum ignarae mentes!* (Apuleius, *Metamorphosen* 10, 2 *heu medicorum ignarae mentes!*) |
| 4, 164 | *Ruunt de montibus amnes* (Schiller, *Die Bürgschaft*: „Von den Bergen stürzen die Quellen, / und die Bäche, die Ströme schwellen") . |
| 4, 175 | *Virisque adquirit eundo.* |
| 4, 412 | *Improbe Amor, quid non mortalia pectora cogis!* |
| 4, 419 f. | *Hunc ego si potui tantum sperare dolorem, / et perferre, soror, potero.* |
| 4, 569 f. | *Varium et mutabile semper / femina* (vgl. Verdis *Rigoletto* [Text von F. M. Piave nach Victor Hugo]: *la donna è mobile*). |
| 4, 625 | *Exoriare aliquis nostris ex ossibus ultor* (zitiert vom Großen Kurfürsten Friedrich Wilhelm bei Unterzeichnung des Friedens von St. Germain 1679). |
| 4, 653 | *Vixi et quem dederat cursum fortuna peregi* (von Seneca, *Epist.* 12, 9 epikureisch gedeutet). |
| 5, 22 | *Superat quoniam fortuna, sequamur.* |
| 5, 230 | *Vitamque volunt pro laude pacisci.* |
| 5, 231 | *Possunt, quia posse videntur.* |
| 5, 262 | *Decus et tutamen* (Inschrift auf dem Rand englischer Münzen). |
| 5, 320 | *Longo sed proximus intervallo* (Plinius, *Epist.* 7, 20, 4 über seinen literarischen Wert im Vergleich mit Tacitus). |
| 5, 467 | *Cede deo.* |
| 5, 709 f. | *Quo fata trahunt retrahuntque sequamur; / quidquid erit, superanda omnis fortuna ferendo est.* |
| 5, 815 | *Unum pro multis dabitur caput* (vgl. *Iohannesevangelium* 11, 50; 18, 14). |
| 6, 37 | *Non hoc ista sibi tempus spectacula poscit* (Claudian, *In Eutropium* 2, 365 f.). |
| 6, 95 | *Tu ne cede malis, sed contra audentior ito* (Seneca, *Epist.* 82, 18: *Non ibis audentior, si mala esse ista credideris*). |
| 6, 105 | *Omnia praecepi atque animo mecum ante* (Seneca, *Epist.* 76, 33: *ipse*: Gedächtniszitat) *peregi.* |
| 6, 126 | *Facilis descensus Averno.* |
| 6, 158 | (und öfter): *Fidus Achates.* |
| 6, 261 | *Nunc animis opus, Aenea, nunc pectore firmo* (Seneca, *Epist.* 82, 7). |
| 6, 376 | *Desine fata deum flecti sperare precando* (Seneca, *Epist.* 77, 12) . |
| 6, 539 | *Nox ruit, Aenea* (Motto von Arnold Toynbee, *A Study of History*, Bd. 1 [1934]). |
| 6, 620 | *Discite iustitiam moniti et non temnere divos.* |
| 6, 727 | *Mens agitat molem* (u.a. Motto der Heidelberger Rhein-Neckar-Zeitung). |
| 6, 743 | *Quisque suos patimur manis.* |
| 6, 806 | *Et dubitamus adhuc virtute extendere viris?*[643] |
| 6, 835 | *Proice tela manu, sanguis meus!* |
| 6, 847-53 | *Excudent alii spirantia mollius aera* |
| | *(credo equidem), vivos ducent de marmore voltus,* |
| | *orabunt causas melius caelique meatus* |
| | *describent radio et surgentia sidera dicent:* |
| | *tu regere imperio populos, Romane, memento* |
| | *(hae tibi erunt artes) pacique imponere morem,* |
| | *parcere subiectis et debellare superbos.* |
| 6, 869 | *Ostendent terris hunc tantum fata.* |
| 6, 883 | *Tu Marcellus eris.* (Gemälde von Ingres [1812], *Musée des Augustins*, Toulouse). |
| 6, 883 | *Manibus date lilia plenis* (Dante, *Purgatorio* 30, 21). |
| 7, 295 | *Num capti potuere capi?* |
| 7, 312 | *Flectere si nequeo superos, Acheronta movebo* (Motto von Sigmund Freud, Die Traumdeutung [1900]). |

[643] Diese Lesart ist wohl besser als *virtutem extendere factis* (die letztere ist beeinflußt von *A* 10, 468; siehe Ti. Claudius Donatus, hg. von H. Georgii, Lipsiae 1905-1906 zur Stelle); vgl. auch *G* 2, 433.

8, 364 f.   *Aude, hospes, contemnere opes et te quoque dignum / finge deo* (zitiert von Seneca, *Epist.* 18, 12; vgl. 31, 11).
8, 560   *O mihi praeteritos referat si Iuppiter annos!*
8, 596   *Quadrupedante putrem sonitu quatit ungula campum.*
8, 627   *Haud vatum ignarus venturique inscius aevi.*
8, 730   *Rerumque ignarus imagine gaudet.*
8, 731   *Attollens umero famamque et fata nepotum.*
9, 135   *Sat fatis Venerique datum.*
9, 185   *An sua cuique deus fit dira cupido?*
9, 446 f.   *Fortunati ambo! Si quid mea carmina possunt, / nulla dies umquam memori vos eximet aevo* (von Seneca, *Epist.* 21, 5 auf sich und Lucilius bezogen).
9, 641   *Sic itur ad astra* (zitiert von Seneca, *Epist.* 48, 11 *Hoc enim est, quod philosophia mihi promittit, ut parem deo faciat;* vgl. 73, 15).
10, 111 f.   *Sua cuique exorsa laborem / fortunamque ferent.*
10, 467 ff.   *Stat sua cuique dies, breve et inreparabile tempus / omnibus est vitae; sed famam extendere factis, / hoc virtutis opus.*
10, 501 f.   *Nescia mens hominum fati sortisque futurae / et servare modum rebus sublata secundis!*
10, 898   *Effera vis animi.*
11, 283   *Experto credite.*
11, 309   *Spes sibi quisque.*
11, 362   *Nulla salus bello.*
11, 476   *Vocat labor ultimus omnis.*
12, 435 f.   *Disce, puer, virtutem ex me verumque laborem, / fortunam ex aliis.*
12, 646   *Usque adeone mori miserum est?* (Racine, *Phèdre* 3, 3: *Est-ce un malheur si grand que de cesser de vivre?* Schiller, *Die Jungfrau von Orleans*, 2, 7: „Warum so zaghaft zittern vor dem Tod, / dem unentfliehbaren Geschick?").
12, 803   *Ventum ad supremum est.*
12, 833   *Do quod vis*

*O degli altri poeti onore e lume ...*
Dante, *Inferno* 1, 82.

Die *Aeneis* wird schon im Entstehen stückweise durch Vortrag bekannt[644] und sogleich mit Begeisterung begrüßt (z. B. Properz [2, 34, 61-66]: „Dichter von Rom, gebt Raum! Gebt Raum, ihr griechischen Dichter! / Größeres ist im Entstehn als des Homeros Gesang"). Tibull steht in seinem strengen Geschmack von allen Augusteern Vergil wohl am nächsten.[645] Ovid rühmt in der *Liebeskunst* (3, 337 f.) die *Aeneis* als berühmtestes Werk Roms und setzt sich damit besonders im Dido-Brief (*Heroides* 7) und in den späteren Teilen der *Metamorphosen* auseinander.[646] Schon zu Vergils Lebzeiten liest der Grammatiker Q. Caecilius Epirota „über Vergil und andere moderne Dichter", darum hänselt ihn Domitius

---

[644] Daß Vergil Teile der *Aeneis* vor der Gesamtveröffentlichung im Bekanntenkreis vorlas, ist – da dies im Altertum gängige Praxis war – grundsätzlich nicht zu bezweifeln (Properzens Kenntnis gewisser Partien lange vor deren Veröffentlichung ist ein zusätzlicher Beweis). Daß Augustus Teile kennenzulernen wünschte, wissen wir aus seinem Brief an Vergil (*Vita Donati* 31, 104-110). Seneca (*Consolatio ad Marciam* 2, 4 f.) beweist nichts gegen eine Rezitation (Octavia konnte gar nicht voraussahnen, daß Marcellus erwähnt würde; also liefert die Senecastelle eine gute Begründung für ihre heftige Reaktion); anders (nicht überzeugend) N. Holzberg (2006) 18.
[645] Vgl. J. Fabre-Serris (2001).
[646] J. Farrell (2004) ; P. A. Miller (2004); vereinfachend J. Andrae (2003).

Marsus als „Amme der zarten Dichterlein"[647] (Sueton, *De grammaticis* 16, 3). Grammatiker machen sich um die Textherstellung und -erklärung sehr verdient. Der erhaltene Kommentar des Servius[648] ist der Endpunkt einer langen Reihe.

Früh wird die *Aeneis* als Ausdruck römischer Identität aufgenommen und tritt als Schultext an die Stelle der epischen Vorgänger (schon pompeianische Inschriften zeugen von der Verbreitung Vergils, besonders der *Aeneis*, und noch Priscian erklärt die Grammatik an Hand des *Aeneis*-Prooemiums[649]). In der östlichen Reichshälfte finden sich lateinische Vergiltexte mit griechischer Interlinearversion,[650] offenbar zu Schulzwecken. Die Verwendung im Unterricht führt zu philosophischen und anthropologischen Ausdeutungen bis hin zu der Behauptung, Vergil beherrsche alle Wissenschaften und alle Stilarten: Anfangs des 5. Jh. vergleicht Macrobius Vergil mit Mutter Natur und dem Schöpfergott (*Saturnalia* 5, 1, 18 – 5, 2, 3) und leistet somit Vorarbeit für die moderne Vorstellung menschlicher Kreativität.

Vergil gibt für das lateinische Epos den Ton an. Der selbständigste Epiker nach ihm ist Lucan. Er schafft den Götterapparat ab, ersetzt die positive Zielsetzung durch eine dialektische, überwiegend negative, kehrt das Verhältnis von Mythos und Geschichte um – und bleibt dennoch auf den großen Vorgänger bezogen. Was Lucan für die Bürgerkriege leistet – die Verarbeitung historischer Ereignisse für die römische Identität in kritischer Auseinandersetzung mit Vergil, ergänzt Silius Italicus für die Punischen Kriege. Im Unterschied zu Lucan, der gezeigt hatte, wie die dämonische Präsenz Caesars verändernd in den altrömischen Wertekosmos eingreift, läßt der philosophische Silius seinen Scipio als neuen Hercules am Scheidewege einen moralischen Entschluß fassen, der die Geschichte positiv verändert. Das Schicksal des Staates hängt von der ethischen Integrität des Einzelnen ab. Ein Beispiel der Ausstrahlung Vergils auf die griechische Dichtung ist Quintus Smyrnaeus.[651]

Die *Aeneis* liefert auch das Paradigma für die epische Rezeption weiterer Gebiete des griechischen Mythos. Durch das Prisma der *Aeneis* sieht Valerius Flaccus die Argonautensage, sieht Statius den thebanischen Mythos; beide entdecken diese Bereiche der griechischen Sagenwelt für ihre Zeit und deuten sie mit dem Instrumentarium Vergils als Präfigurationen römischer Identität, gewissermaßen als weitere Teile eines (griechischen) „Alten Testaments" der römischen Kultur neben der Troiasage. Iasons *pietas* wie auch seine negativen Eigenschaften, der thebanische Brudermord wie die *clementia* des Theseus werden den Römern als Vorahnungen ihrer eigenen Geschichte und des darin angelegten Potentials nahegebracht. Diese hermeneutische Einverleibung des griechischen Erbes in eine „griechisch-römische" Kultur ist – nach der vollständigen Romanisierung Homers und der Troiasage durch Vergil – der nächste Schritt. Flaccus und Statius (dessen bescheidene Huldigung an die *Aeneis*

---

[647] Die Ausdrucksweise (*tenellorum nutricula*) deutet auf den neoterischen Kreis hin, dem Epirota über Gallus besonders nahestand. Also dürfte Epirota vor allem über die *Bucolica* gelesen haben.
[648] S. unten Anm. 656.
[649] K. Büchner (1958) 1467.
[650] B. Rochette (1990).
[651] U. Gärtner (1995).

keineswegs Ausdruck der Unselbständigkeit ist) leisten damit methodische Vorarbeit für die Rezeption eines dritten kulturellen Traditionsstrangs: des christlich-jüdischen.

Seit Iuvencus und Sedulius bedienen sich Evangelien-Epen des von Vergil geprägten Stils. Die historische Epik eines Corippus integriert biblische mit vergilischen Bildern.[652] Nachdem Laktanz im *Phoenix* dem Ästhetischen das Odium des Unchristlichen genommen hat, wetteifern christliche Dichter mit Vergil und versuchen, in kultiviertem Latein ein Stück des (verlorenen bzw. wieder zu gewinnenden) Paradieses zu realisieren.[653]

Kirchenväter schwanken zwischen Polemik und Aneignung.[654] Laktanz akzeptiert die vierte Ekloge als Ankündigung Christi (oben S. 59), geißelt aber den Zorn und die Grausamkeit des „frommen" Aeneas; vor allem aber tadelt er den zivilisierten Dichter, der es hätte besser wissen müssen: Man vermeint, einen puritanischen Philologen des 20. Jh. zu hören (*Institutiones* 5, 10). Wenn Proba (4. Jh.) und ihresgleichen aus Vergilversen christliche *Centones* herstellen, findet Hieronymus das kindisch (*Epistulae* 53, 7, 3); dennoch liest er mit seinen Schülern Vergil ebenso gründlich, wie er ihn bei seinem Lehrer Aelius Donatus studiert hat. Augustinus vergießt als Schuljunge Tränen über Didos Schicksal (statt über seine eigenen Sünden zu weinen, wie er selbstkritisch bemerkt: *Confessiones* 1, 13, 20-22); als reifer Mann ringt er in seiner Schrift *De Civitate Dei* mit Vergils Geschichtstheologie. Der antike Meister der christlichen Kunstdichtung, Prudentius, spiritualisiert das Epos (*Psychomachia*). Einerseits setzt er sich dabei kritisch mit der mythologischen Poesie (einschließlich Vergils) auseinander, andererseits verwendet (‚konvertiert') er Vergils religiöse Sprache ohne polemische Intention.[655]

Der Kommentator Servius bedient sich allegorischer Auslegungsmethoden nicht prinzipiell, sondern nur punktuell an Stellen, die ein solches Vorgehen zu erfordern scheinen.[656] Einen weiteren Auftakt zum Mittelalter bilden pädagogisch orientierte Allegoresen.[657] Fulgentius (Ende des 5. Jh.) sieht in der *Aeneis* ein Bild des menschlichen Lebens (*Expositio continentiae Vergilianae secundum philosophos morales*). Im 12. Jh. wird Bernardus Silvestris in den ersten sechs Büchern der *Aeneis* eine Allegorie der Stufen des Menschenlebens sehen. Sein platonisierender *Aeneiskommentar* geht besonders auf das sechste Buch ein; von Vergil beeinflußt sind andererseits auch Naturschilderungen in Bernardus' *De mundi universitate*.

Das Mittelalter ehrt Vergil als Weisen und Magier. Die Karolingische Zeit heißt zu Recht *aetas Vergiliana*; doch wird er zu allen Zeiten gelesen (im 12. Jh. tritt Lucan als Pathetiker, aber auch als Kosmologe an seine Seite; dann folgt

---

[652] Vgl. Verf., (1999) 329-339.
[653] D. Millet-Gérard (2004).
[654] A. Wlosok (1983, III); S. Freund (2000).
[655] M. Lühken (2002).
[656] J. W. Jones (1959); zum differenzierten platonischen Hintergrund: A. Setaioli (1995). Zur Bedeutung der antiken Vergil-Kommentatoren grundsätzlich S. Timpanaro (1986) und (2001); zu Servius mit Lit.: D. Fowler (1997, II).
[657] Grundsätzlich A. Wlosok (1983, IV) und (1990) 392-402; J.W. Jones (1986) 107-132.

Ovid). Im Anschluß an Vergil entstehen mittellateinische Epen wie Ekkehards *Waltharius* oder die *Alexandreis* von Walter von Châtillon.[658]

Während das lateinische Mittelalter Vergil ohne Homer liest, stellt die Renaissance[659] zunächst Vergil über Homer; dagegen schätzt man später im Zeichen der Bewunderung des *original genius* Homer höher als Vergil. Zu den englischen Vorläufern dieser etwa seit der Mitte des 18. Jh. vor allem in Deutschland verbreiteten Ansicht zählt Ph. Sidney (+1586).[660]

Die neulateinische Epik (genannt seien Petrarcas *Africa* und Vidas *Christias*) schult sich an Vergil. Maphaeus Vegius dichtet als Supplement zur *Aeneis* ein dreizehntes Buch (1427). Vor allem aber steht Vergil Pate bei der Geburt neusprachlicher Großdichtungen.[661] Für Dante ist die *Aeneis* „Nährmutter"[662] und Vergil mehr als nur stilistisches[663] Vorbild (so *Inferno* 1, 82 ff.): der erhabenste Dichter (*Inferno* 4, 80), der Führer durch die Unterwelt bis zum Gipfel des Purgatoriums, der Lehrer (*Inferno* 2, 140) und Weise schlechthin (*Inferno* 8, 7). Der in Lima (Peru) lebende Dominikaner Diego de Hojeda (+1615) dichtet eine *Cristíada* in zwölf Büchern mit strukturellen Entsprechungen zur *Aeneis* (z.B. Höllenfahrt und Auferstehung im sechsten, Kreuzestod erst im zwölften Buch):[664] die erste Großdichtung aus der Neuen Welt.

Daneben bleiben im Mittelalter und in der frühen Neuzeit Versuche nicht aus, Vergils Autorität politisch zu nutzen: Europäische Völker, Stämme und Adelsfamilien führen ihre Ursprünge auf Troia zurück, um sich dadurch römische Würde zu verleihen.[665] Unter all den weltlichen National-Epen, die in Vergils Nachfolge entstanden,[666] sind die *Lusiaden* des großen Camões (+ 1580) wohl das einzige wahrhaft unsterbliche. Allein schon der weite Radius des portugiesischen Weltreiches ist dazu angetan, mit Aeneas und Odysseus zu wetteifern; vor allem aber paart sich poetische Kraft mit Achtung vor den Fakten: Es bedurfte eines großen Dichters, um Vergils römischen Sinn für die Würde des Wirklichen zu erfassen.

Auf geistlichem Felde erneuert Tasso (+1595) die Heldendichtung unter

---

[658] G. Meter (1991).
[659] Zu Vergil in der italienischen Renaissance von Dante bis Tasso grundlegend V. Zabughin (1921-1923; Ndr. 2000.
[660] *The Defence of Poesie* (postum erschienen).
[661] S. Grebe (1989), bes. auch zu Dante und Milton.
[662] Wegweisend: A. Heil (2002); vgl. auch S. Grebe (1989) 129-182.
[663] Bei allen Unterschieden im Stil bleibt als Gemeinsames "grandeur of imagination and sustained nobility of thought" (G. Highet [1949] 77); fein beobachtet S. Quasimodo (*Il poeta e il politico* [Milano 1960] 93 "L'invenzione e la musica dei dolci evocativi danteschi – e alba e crepuscolo e venir della sera – sono riflesse da silenzi e toni virgiliani".
[664] V. Cristóbal (2005).
[665] J. Poucet (2004). Das Phänomen ist nicht auf Westeuropa beschränkt.
[666] Fast ohne Wirkung blieb Ronsards Eposfragment in vier (von 24) Büchern *La Franciade* (1572). Voltaires (+1778) *Henriade* wird heute geringer geschätzt als seine religionskritische *Pucelle*. Neuerdings findet Cheraskovs (+1807) *Rossiada* wieder Beachtung. Erwähnung verdienen Columbus-Epen in lateinischer (z.B.: U. Carrara, *Columbus*, Roma 1715), englischer, portugiesischer und spanischer Sprache: I. Villalba (2006), (Lit.).

christlichem Vorzeichen und durchdringt sie mit persönlichem Empfinden (*La Gerusalemme liberata*). Zugleich entwickelt er eine vorwiegend an Vergil geschulte Poetik.[667]

In England, das auch für *Bucolica* und *Georgica* ungewöhnlich empfänglich war, schafft Milton (+1674) mit *Paradise Lost* und *Paradise Regained* – neben Dante einen Gipfel der europäischen Epik: Vergil und Homer verbinden sich gleichgewichtig mit der biblischen Tradition zu einer Dreiecks-Typologie, die dem Flüchtlingslos des Odysseus und der Suche des Aeneas nach der Urheimat eine tiefere anthropologische Deutung gibt.[668] Das edle Englisch von W.S. Landor (der einige eigene Werke ursprünglich lateinisch schrieb, andere – so seinen *Gebir* – ins Lateinische übersetzte) bezeugt besonders anschaulich Vergils stilbildende Kraft. Auch bei Wordsworth, Byron und R. Browning ist Vergil gegenwärtig. Noch Tennyson (+1892) redet den Dichter Roms treffend an als *majestic in thy sadness at the doubtful doom of human kind.*

In Frankreich gehört Vergil fest zum kulturellen Erbe. Julius Caesar Scaligers *Poetices libri septem* (Lyon 1561) sind so gründlich an Vergil geschult, daß man sie heute noch mit Gewinn als Vergil-Monographie lesen kann. Scaligers Vergleich des schöpferischen Dichters mit der Gottheit (p. 3) – ist ein Vorbote der romantischen und modernen Vorstellung von Genie und Kreativität (was manchmal vergessen wird, da man gewohnt ist, Vergil in die klassizistische Ecke zu stellen). Noch weniger beachtet man die Wurzeln dieser Idee in der Spätantike (Macrobius, *Saturnalia* 5, 1, 18 – 5, 2, 3), seinerseits beeinflußt von der platonischen Bezeichnung des Schöpfers als δημιουργός). Christlichen Lesern lag das Bild nahe, zumal das Credo im griechischen Urtext den Schöpfergott als ποιητής bezeichnet. Bossuet (+1704) soll Vergils Werke fast auswendig gekonnt haben. Fénelon (*Brief an die Akademie* [1714]) weiß um die Gabe dieses Dichters, alles zu beseelen (*Virgile, qui anime et passionne tout*). Glänzend ist das 19. Jh. durch Sainte-Beuves *Étude sur Virgile* (1857) vertreten. Wenn Victor Hugo in seiner Vorrede zu *Cromwell* (1827) Homer mit der Sonne, Vergil mit dem Mond vergleicht, so denkt er an des Dichters „Sanftheit und Anmut", nicht an eine grundsätzliche Abwertung. Das hatte auch der Engländer J. Markland nicht im Sinn, als er bemerkte, Vergil bleibe an einigen Stellen hinter seinen sonstigen hohen Maßstäben zurück (Praefatio der Statius-Ausgabe [1728], XXI).

Im deutschen Sprachraum urteilt der Schweizer Kritiker Johann Jacob Breitinger ausgewogen: „Homer war der größte Genius, Virgil der beste Künstler. In dem einen bewundern wir den Werckmeister, in dem anderen das Werck".[669] J.Ch. Gottsched kennt zwar auch Homer, nennt aber als „Poeten von gutem Geschmacke" nur die Römer Terenz, Vergil, Horaz und Ovid.[670] Dagegen stellen deutsche Autoritäten von Herder (*Kritische Wälder*) und Lessing

---

[667] F. J. Worstbrock (1963). Wenn übrigens in *Gerusalemme liberata* die negativen Züge an dem Gegner des Haupthelden stärker hervortreten, beweist dies noch lange nicht, daß Vergil Aeneas herabsetzen wolle. Für antike Vorstellung erhöht es den Rang des Siegers, wenn der Gegner bedeutend ist. Der brillante Ariost schaltet souverän mit vergilischer und ovidischer Tradition und weist voraus auf die großen Erzähler Byron und Puschkin.

[668] Dazu Verf. ($^2$1998), 395-403; D. Quint (2004) 177-197. Zur Dreiecks-Typologie: A. Heil (2002), bes. 38; 46.

[669] *Critische Dichtkunst* [Zürich 1740] 1, 43.

[670] *Versuch einer critischen Dichtkunst* [Leipzig $^4$1751, Ndr. Darmstadt 1982] 131.

(*Laokoon*) bis hin zu Hegel (*Ästhetik*) vielfach Homer ausdrücklich über Vergil. Diesen hält August Wilhelm von Schlegel in seinen Berliner Vorlesungen (1802-1803) nur für einen „geschickten Mosaikarbeiter".[671] Für den Historiker B.G. Niebuhr gehört Vergil gar (wenn man von den „löblichen" *Georgica* absehe) „zu den merkwürdigen Beispielen, wie man seinen Beruf verfehlen kann".[672] Auch Goethe, dem wir (anläßlich der *Georgica*) das gute Wort vom „engelreinen, schönen"[673] Vergil verdanken, bleibt dennoch ein Sohn seiner Zeit und zieht Longos, den Verfasser des griechischen Romans von *Daphnis und Chloe*, unserem Dichter vor.[674] Schiller jedoch (dessen Werke zahlreiche Anklänge an Vergil aufweisen)[675] findet in Vergils Hexametern eine Mischung „von Leichtigkeit und Kraft, Eleganz und Größe, Majestät und Anmut". Vor allem aber erkennt er in Vergil, was neu gewürdigt zu werden verdient, den Prototyp des „sentimentalischen", modernen, reflektierenden Dichters im Gegensatz zu dem „naiven" Homer.[676] Diese Dichteridee ist in vielem zukunftweisender als die inzwischen verschlissene Vorstellung des Originalgenies. Schiller überträgt das zweite und das vierte Buch der *Aeneis* in schwungvollen *ottave rime*, die dem Geist des Originals sehr oft nahekommen. Anstelle der erwarteten Pathetisierung entdeckt man bei genauerer Prüfung, daß Schillers Vokabular vielfach sachlicher ist als das späterer Übersetzer. Ähnliches gilt von Johann Heinrich Voß (+1826), der mit Archaismen sparsamer umgeht als Spätere. Seine hexametrische Verdeutschung des ganzen Vergil – wörtlich und sprachschöpferisch zugleich – fordert nicht wenige zum Wetteifer heraus. An Neuffer, der an einer Gesamtübersetzung der *Aeneis* (erschienen 1816) arbeitet, schreibt Hölderlin im Frühjahr 1794: „Der Geist des hohen Römers muß den Deinen wunderbar stärken. Deine Sprache muß im Kampfe mit der seinigen immer mehr an Gewandtheit und Stärke gewinnen." Treffender läßt sich die Bedeutung des Übersetzens aus den Klassischen Sprachen für die Entwicklung der modernen Literaturen kaum beschreiben. Obwohl er am Dank des Vaterlandes für Vergil-Übersetzungen zweifelt,[677] überträgt Hölderlin selbst (wohl zwischen 1796 und 1798) die Episode von Nisus und Euryalus.[678] Hölderlins Sprache und Metrik sind entspannter, „griechischer" als Vossens gemeißelte Hexameter. Im 19. Jh. ragt die präzise und elegante *Aeneis* von W. A. B. Hertzberg hervor, im 20. übertrifft Johannes Götte sogar

---

[671] *Geschichte der klassischen Literatur*, in: *Kritische Schriften und Briefe*, hg. E. Lohner (Stuttgart 1964), Bd. 3, 166.
[672] *Vorträge über römische Geschichte*, hg. M. Isler, Berlin 1848, 130-132.
[673] An W. von Humboldt, 16. September 1799.
[674] Zu Eckermann, 3. September 1831.
[675] O. Warnatsch (1908).
[676] Eine interessante Parallele ist die Konvergenz von Motiven aus *Aeneis*, *Georgica* und *Bucolica* in der Idee des reflektierenden Künstlers in Iriartes musikdidaktischer Dichtung (der Komponist Jommelli als Führer durch das Jenseits, die musikgeschichtliche „Heldenschau" gipfelnd in der prophetischen Ankündigung von Iriartes Dichterkrönung (vgl. zu den *Georgica* oben S. 103 mit Anm. 395).
[677] „Der Dank für Deinen Kampf wird freilich ein Dank deutscher Nation sein, indolenten Angedenkens" (ebd.).
[678] *Stuttgarter Hölderlin-Ausgabe*, Band 5, hg. F. Beißner (Stuttgart 1954), 344-348; 420 f. Hölderlin kannte damals bereits Neuffers Übersetzung dieses Passus (erschienen im *Museum für die griechische und römische Literatur*, 1. Stück [Zürich und Leipzig 1794], 130-143).

den klassisch vornehmen Thassilo von Scheffer und den eigenwilligen Rudolf Alexander Schröder.[679]

Polens größter Dichter Mickiewicz nennt Vergil „unsern Bruder Maro" (*Pan Tadeusz* 4, 608-617). Vergil strahlt auch auf die Vereinigten Staaten[680] – genannt sei besonders Thornton Wilder –, auf Südamerika – Jorge Luis Borges[681] – und auf Rußland aus: In ausdrücklichem Widerspruch zu der Geringschätzung Vergils im damaligen gelehrten Deutschland erkennt Turgenev (+1883) Vergils ursprüngliche Sprachgewalt (oben S. 158) in Versen wie *A* 2, 255 und 4, 644. In seiner (teilweise autobiographischen) Erzählung *Frühlingsströme* (1871)[682] durchschaut Turgenev die strukturierende Rolle der drei weiblichen Gestalten im Leben des Aeneas. Da er kühn die dritte Geliebte (die Vergils Lavinia entspricht) mit der ersten (dem Gegenstück zu Crëusa) gleichsetzt, bedeutet bei ihm der Aufbruch des „Helden" nach Übersee also eine Heimkehr zur ersten Liebe. So vertieft Turgenev einen vergilischen Grundgedanken: Findung der Zukunft als Entdeckung der Vergangenheit. Als Subtext dient die *Aeneis* auch in C. F. Meyers (+1898) Novelle *Der Heilige*, vielleicht seinem persönlichsten Werk.[683] G. Ungaretti (+1970) setzt sich mit der *Aeneis* ständig auseinander. In *La terra promessa* (1950) steht das Scheitern von Dido und Palinurus im Vordergrund, Aeneas glänzt hier durch Abwesenheit (eine fesselnde literarische Technik, die uns schon in Vergils Eklogen begegnete) – und bleibt dennoch für den Autor *die* mythische Bezugsfigur (vgl. *Il taccuino del vecchio* [1961]).

Reich ist das ikonographische Fortwirken.[684] Es beginnt mit antiken Mosaiken; Buchillustrationen entstehen seit der Antike bis weit die Neuzeit. Aus der Malerei sind viele große Namen zu nennen, z.B.: Simone Martini, Botticelli, Salvator Rosa, Rubens, Poussin, Claude Lorrain, Tiepolo, Reynolds, Ingres. Von den zahlreichen Bildwerken seit der Renaissance sei nur an Berninis *Aeneas, Anchises und Ascanius* in der Galleria Borghese erinnert (1619).

Auch die musikalische Wirkungsgeschichte ist vielfältig: Spuren finden sich in frühmittelalterlichen Handschriften.[685] Komponisten greifen meist zum Dido-Stoff, nur gelegentlich zu Hektors Traumerscheinung oder zu Famas Walten. Bedeutende Vergil-Vertonungen[686] aus der Neuzeit – Henry Purcells (+1695)

---

[679] Begonnen 1930, beendet 1952. Hermann Broch ist sich der Größe und symbolischen Bedeutung Vergils bewußt, aber kümmert sich wenig um den historischen Vergil (T. Ziolkowski [1980] 130).

[680] T. Ziolkowski (1993) 146-193; W. R. Johnson (2004); zu den Texten auf den Dollarnoten T. Ziolkowski (1993) 19; zu den Pilgrim Fathers und zum Gegenwartsbezug M. Lobe (2006).

[681] "Mis noches están llenas de Virgilio" (*Al idioma alemán*); zu Vergil bei Borges: F. García Jurado (2006); Zu Südafrika : T.J. Haarhoff (1931).

[682] Verf. (2003), bes. 174-177.

[683] *Et quorum pars magna fui*: *Aen.* 2, 6; vgl. 2. Kapitel: „ ... aber ungerne tat er es. Denn jene Ereignisse ... waren der wichtigste Teil seiner eigenen Geschichte".

[684] Ein hilfreicher Überblick mit Abbildungen: M.J.H. Liversidge (1997); die antiken Abbildungen des Codex Romanus: D.H. Wright (2001). Zu Vergil-Illustrationen zahlreiche Publikationen von A. Wlosok (s. „Zitierte Literatur").

[685] M. Ziolkowski (2004).

[686] G. Wille (1967) 225-234 mit Lit.; J. Draheim (1981) mit einer Bibliographie der Vertonungen (1700-1978); Opern: M.Sala, "Didone", *Enciclopedia Virgiliana* (1985), bes. 60-63; *Aeneis*-Vertonungen: K.-D. Koch (1990); Dido in Lit. und Musik , einschließlich Travestien

*Dido and Aeneas* und Hector Berlioz' (+1869) *Les Troyens*[687] – bestätigen die innere Nähe der *Aeneis* zur Tragödie und Oper. Jan Novák komponiert eine *Dido* für Mezzosopran, Sprecher, Männerchor und Orchester (1967), G.F. Malipiero eine Sinfonia eroica *Vergilii Aeneis* für Soli, Chor und Orchester (1943/44). Zum Orpheus-Stoff s. S. 63 f. und 105 f.

Von der Wirkungsgeschichte fällt Licht auf das Vergilische an Vergil. So erfaßt der Dichter Vjačeslav Ivanov[688] viele Züge, die von der Forschung erst später erkannt wurden: „Der Romantik seiner Frauengestalten, die nicht umsonst von der Renaissancekunst in Wort und Bild begierig aufgenommen worden sind, haftet etwas Ritterliches an, das ihm allein eignet." Treffend bemerkt er, Aeneas' Mitleid mit dem Gegner Lausus übersteige „bei weitem das Maß der Menschlichkeit, welches den Kulturzuständen sei es des homerischen Zeitalters, sei es der Epoche der Gladiatorenspiele entspricht." Lapidar umreißt er den tieferen Sinn dessen, was man heute *écriture* und Intertextualität nennt: „Es galt also, Homers Bibel fortzusetzen." So weist er dem Dichter, der das „zarte Nachfühlen" des Erbes der Vergangenheit mit dem „noch zarteren Vorgefühl" der kommenden Epoche verband, eine Schlüsselstellung im kulturellen Gedächtnis zu.

Als Gegenpol zur "Sonne Homers" entdecken neuzeitliche Leser das denkende und fühlende Herz des Mantuaners: *la ternura del cisne mantuano / el más sensible corazón humano* (R. de Campoamor, *Colón* [1817] 16, 35). Weit mehr als nur der Inbegriff des Klassikers (T. S. Eliot)[689], wird Vergil heute wieder zum Prototyp des Dichters, ja des durch Leid belehrten Menschen (H. Broch, s. S. 106). Der subjektiven Genie-Ästhetik, aber auch des unverbindlichen *l'art pour l'art* und sonstiger Etikettierungen müde, sucht eine beunruhigte Menschheit heute in Vergil den nachdenklichen Frager, den Meister der Sprache, der großen Worten mißtraut, aber in täglichem Ringen mit der Sache dem Wort neue Glaubwürdigkeit abgewinnt.

---

(Bibl.): Th. Kailuweit (2005); H. Klein (2005, zur Musik, aber auch zur Malerei und Dichtung, bes. Marlowe).
[687] Zu Berlioz: W. Fitzgerald (2004); zu nennen auch J.M. Kraus (+ 1791), *Aeneas in Karthago*.
[688] V. Ivanov (1954), bes. 130; 135; 146.
[689] T.S. Eliot (1945).

# 5 NACHWORT

> If we approach poems with a theory in mind, we shall see what we expect to see...
> The target is to understand the texts as they were understood by contemporary readers.
> D. West, *Horace, Odes II* (Oxford 1998), Seite v.

Die Rezeptionsgeschichte steht in Wechselwirkung mit der Forschungsgeschichte, die hier nicht im einzelnen skizziert werden kann; der Anfänger wird vernünftigerweise von den neuesten Ausgaben und Kommentaren ausgehen und sich zunächst an besonders besonnenen, nachdenklichen und geschmackvollen zeitgenössischen Kritikern orientieren, von denen beispielsweise Nicholas Horsfall und Antonio La Penna genannt seien. Immer noch unentbehrlich sind daneben die fundamentalen Werke von Richard Heinze und Eduard Norden, die für eine neue Vergilrezeption die Voraussetzungen geschaffen haben. Heinze[690] entdeckt als ein Charakteristikum der *Aeneis* im Vergleich mit Homer unter anderem die subjektive Färbung, die Herausarbeitung von Stimmung und Gefühl. Ernst Zinn und Georg Nikolaus Knauer erschließen die Intertextualität zwischen Vergil und Homer neu durch den Begriff der Typologie. Friedrich Klingner[691] überzeugt durch Sinn für Größenordnungen und sicheres Urteil. Viktor Pöschl vertieft mit künstlerischem Gespür die Interpretation von Symbolen und Bildern und zeigt (maßvolles) Verständnis für den unterliegenden Gegner Turnus. Nicht alle, die Pöschl auf dieser Gratwanderung folgten, besaßen seine Schwindelfreiheit; Ikarusflüge ins Reich der Subjektivität und Abstürze in aktualisierende Vergröberungen blieben nicht aus.[692] Heute mehren sich die Stimmen, man möge doch nicht vergessen, daß die *Aeneis* „einen bestimmten Inhalt" habe, den „man im Zuge symbolischer Deutungen nicht unbeachtet lassen" dürfe, wenn man versuchen wolle, „die Dichtung Vergils sowohl gegenüber Homer als auch gegenüber romantischen, modernen oder postmodernen Dichtungsauffassungen abzugrenzen und in ihrem Eigenwert zu würdigen".[693] Das heißt freilich nicht, daß theoretische Fragen auszuklammern wären. Man sollte z.B. klar unterscheiden zwischen der (schwer zu definierenden) Symbolik und der von Vergil nachweislich in bezug auf Homer angewandten „typologischen" Interpretation, in der die Gestalten der *Aeneis* auf bestimmte homerische Gestalten und Szenen bezogen und im Vergleich mit diesen gedeutet werden. Hier findet die Forschung zur Interpretationstheorie ein fruchtbares Feld. Auf Vergils eigene Hermeneutik, die Knauer am Vergleich mit Homerszenen erarbeitet hat, fällt heute neues Licht durch A. Heils Untersuchungen zu Dantes Vergil-Nach-

---

[690] Ohne (unter Abwandlung von Whiteheads Dictum über Platon und die späteren Philosophen) schlankweg behaupten zu wollen, die Vergilforschung des 20. Jh. sei eine Fußnote zu Heinze, wird doch mancher die (allzu späte) englische Übersetzung seines Buches mit Marie von Ebner-Eschenbachs Wort begrüßen: „Man muß das Wahre immer wiederholen, weil auch der Irrtum um uns her immer gepredigt wird." Treffend bemerkt A. La Penna (2005) 539, 16, die Vergilforschung der ersten Hälfte des 20. Jh. verhalte sich zu den Späteren wie Homer zu den Kyklikern.
[691] „Kurz, ein Dickicht von Hypothesen umfängt hier den Leser, geeignet, ihm die Lust an diesem Stück Dichtung von vornherein zu nehmen oder ihn zu entmutigen." So F. Klingner (schon 1967) 329. Und heute?
[692] Zur Kritik: K. Galinsky, *Gnomon* 74 (2002), 687.
[693] G. Radke (2003) bes. 112 (Lit.!), hinausführend über E. A. Schmidt (2001, I) 65-92.

folge (2002). Weitere Aufschlüsse zur antiken Homerauslegung sind von der Gräzistik zu erhoffen.

Grundsätzlich kann ein Blick auf die heute sehr weit verzweigte Spezialforschung eines lehren: Oft bedingt die Versuchsanordnung bereits das Ergebnis. Viele Arten des Zugangs – traditionelle wie moderne – sind sinnvoll, solange sie nicht verabsolutiert werden und solange der gesunde Menschenverstand des einzelnen Forschers die Grenzen der Tragfähigkeit des gewählten Zugangs beachtet und andere mögliche Wege nicht aus dem Auge verliert. Geschmack und Urteilsfähigkeit[694] sind wohl die wichtigsten Voraussetzungen für das Philologiestudium im allgemeinen und die Vergil-Interpretation im besonderen. Groß ist die Versuchung, einen (zunächst richtigen) Ansatz zu Tode zu reiten. Einige Beispiele: Die Suche nach Interpolationen in antiken Texten ist als solche keineswegs verwerflich, aber bei einem gut überlieferten Autor wie Vergil ist es unwahrscheinlich, Interpolationen in größerem Ausmaß zu finden; wer auf diesem Pfad zu weit geht, wird zum Gefangenen seiner Arbeitshypothese und sollte seine Kriterien überprüfen. Ebensowenig ist es verboten, nach poetologischer Reflexion in Vergils Texten zu suchen; aber wenn man *Illyricum* als das „Nicht-Lyrische" auslegt (leider kein erfundenes Beispiel) ist die Schwelle vom Erhabenen zum Lächerlichen überschritten. Durchaus berechtigt und hochwillkommen ist natürlich auch die Suche nach hellenistischen Vorbildern bei Vergil; aber wenn man aus der reichen Ausbeute den Schluß zieht, der Sinn und Zweck seines Dichtens erschöpfe sich im Alexandrinismus, wird die eigene Leistung des Römers verkannt, der die Poesie aus dem esoterischen Spezialistentum herausführt und – bei aller Gelehrsamkeit – nicht nur für ein paar Eingeweihte, sondern als Mensch für Menschen seiner Zeit schreibt. Es gehört zur Nemesis der Gelehrsamkeit, daß sie sich zuweilen selbst im Wege steht.[695] Selten hat man versucht, Vergils dichterische Größe nicht nur zu behaupten, sondern nachzuweisen (befreiend Ernst A. Schmidt zu den *Bucolica*). Ein starker Zauber geht nach wie vor von Modewörtern aus, die sich indessen durch häufigen Gebrauch abnutzen: So wurden die gute alte *imitatio* und *aemulatio* durch „Rezeption" abgelöst, diese durch „Intertextualität" und neuerdings „Allusion";[696] das Phänomen selbst ist altvertraut und wichtig, der Erkenntnisgewinn durch die – ursprünglich feiner klingenden, aber inzwischen auch schon angestaubten – modischen Termini hält sich in Grenzen. Altbekannt ist „Ironie" als beliebtes Allheilmittel verzweifelter Interpreten – der Begriff sollte selten und mit Distinktion angewandt werden.

---

[694] "It is up to the critic to exercise judgement and discretion in seeking coherence within the poem" (A. Hardie [2002] 206).

[695] Treffend J. Griffin (1992) 124: "Books, then, are begotten by books, and a description of pretty girls swimming is neither influenced by painting nor still less – by … life … One misses only an explicit reference to the setting in which, doubtless, the ancient poet, like the modern scholar, did his work: the university library." Vgl. auch G. Damschen, A. Heil, "Der Gram des Grammatikers", in: *Philologus* 2006 über "die 'naturwidrige' Blindheit für das Wesentliche, die zum subjektiven Glück, aber objektiven Unglück des Grammatikers … beitragen dürfte".

[696] *Imitatio* („Nachfolge") und *aemulatio* („Wetteifer") haben den Vorteil, daß sie persönliches aktives Engagement des jüngeren Autors (sei es als Lernender oder als Konkurrent) implizieren; „Rezeption" degradiert den jüngeren Autor ganz ungerecht zum „Empfänger" oder gar „Behälter"; noch mechanischer ist „Intertextualität" (das beide Autoren entpersönlicht); „Allusion" ist vage, bringt aber wenigstens den jüngeren Autor wieder ins Spiel; doch wird der spielerische Terminus dem Ernst der Sache nicht immer gerecht.

„Multivalenz" (bei dichterischen Texten in der Tat oft ein nützlicher Terminus) hat durch unkritischen Gebrauch gelegentlich zum Verzicht auf den Autor-Begriff und zur Inthronisation von Deuterwillkür geführt, – aber auch diese Welle ist schon wieder im Abklingen.[697] Man beginnt sich zu erinnern, daß ein Text nicht unbedingt und von vorneherein das Gegenteil dessen bedeuten muß, was dasteht. Eine aus egozentrischer Introspektion erwachende Literaturwissenschaft ist im Begriff, den vielgeschmähten Logos neu zu entdecken und auch die Chancen nicht zurückzuweisen, die ihr die Alte Geschichte, die Archäologie[698] und vor allem eine zeitgemäße Erforschung der Dichtersprache bieten. Das vorliegende Buch hat seinen Zweck erfüllt, wenn es das Bewußtsein dafür schärft, daß zu den spezifisch römischen Zügen von Vergils Dichten beides gehört: das Ernstnehmen des Wirklichen (in Natur und Geschichte) *und* dessen Anverwandlung und Durchdringung mit persönlichem Empfinden. Das Wunder dieser Metamorphose vollzieht sich im Reich der Sprache.[699] In der lebendigen Handhabung der Sprache und der Durchdringung jedes Details mit Geist und Seele liegt die eigenste (und unübersetzbare) Leistung eines Dichters. Der Dichter hat das sprachliche Handwerk nie gering geschätzt – ein redlicher Interpret darf das erst recht nicht tun. Folgender Satz klingt selbstverständlicher, als er heutzutage ist: „We can understand the text best by reading it, even, sometimes, as a whole, in the order in which it stands" (N. Horsfall [1995] 104).[700] Ein lebenslanger Umgang mit Vergil ist eine fruchtbare Herausforderung an die eigene Sprachkompetenz – im Lateinischen wie in der Muttersprache. Ein Ausleger, der sich überwiegend auf fremde Übersetzungen und Theorien stützt, entfernt sich von seinem Gegenstand, statt sich ihm zu nähern. Ohne ständigen Umgang mit dem lateinischen Text bleibt alles Reden über Vergil an der Oberfläche. Daß auf sprachlichem Gebiet neue Entdeckungen möglich sind, die Rückschlüsse auf Vergils poetische Kriterien und hermeneutische Absichten erlauben und manche einseitigen Urteile (auch inhaltlicher Art) zurechtzurücken gestatten, beweisen jüngste Untersuchungen zur Selbstnachahmung bei Vergil.[701]

---

[697] "The time has passed, even in classics, when the assiduous discovery of 'ambiguity' and 'irony' was tantamount to superior insight and sophistication; these terms should be the scholar's last resort, not the first. Nor does their relentless repetition help make the case" (K. Galinsky, *Classical World* 84 [1991] 478 zu C. Perkell [1989]; bestritten, aber nicht widerlegt von R.F. Thomas [2000]). Immer noch erfrischend L.P. Wilkinson (1969) 7: "Why should everything have to be *interpreted*?"
[698] Zur augusteischen Kunst: E. Simon (1986), Index s. v. „Vergil"; P. Zanker (1987); für Vergil wichtig J. Gómez Pallarès (2001); zur Landschaftsmalerei: E.W. Leach (1974).; zur Ara Pacis z.B. H.C. Rutledge (1992) 469.
[699] Treffend V. Pöschl (1983) 6 „Als Sprachschöpfer vor allem war Vergil Kulturschöpfer. Hier liegt das tiefste Geheimnis seiner Wirkung und das Eigentliche seiner Leistung."
[700] In gleichem Sinne N. Holzberg (2006) 21: „linear gelesen".
[701] Innovativ R. Niehl (2002); zu Vergils Sprache und zu Forschungslücken auf diesem Gebiet vorzügliche Bemerkungen bei N. Horsfall (1995) passim; ferner die Kommentare, besonders R.A.B. Mynors (*G*: 1990) und M. Erren (*G*: 2003 ); zur *Aeneis*: W. Görler (1985).

# 6 ANHANG: *APPENDIX VERGILIANA*

Zur Kritik überzeugend (Pseudepigraphen der frühen Kaiserzeit): N. Holzberg (Hg.), (2005); N. Horsfall (1995) 10-11 (Lit.). Forschungsüberblick: J. A. Richmond, *Aufstieg und Niedergang der römischen Welt* 2, 31, 2, 1112-1154. (Für die Echtheit der ganzen *Appendix* nur A. Salvatore, in *EV* s.v. „Appendix"; für Echtheit des *Catalepton*: J.A. Richmond (1984). Zweisprachige Ausgabe der *Appendix* mit Kommentar: M.G. Iodice (2002). Zur literarischen Technik des *Catalepton*: N. Holzberg (2004).

Die sogenannte *Appendix Vergiliana* wird fast einhellig für unecht gehalten. Nur das *Catalepton* ist noch umstritten. Ernsthaft diskutiert werden nur zwei Stücke des *Catalepton* (s. u.).

*Priapea*: die ersten drei Gedichte des *Catalepton*.
*Epigrammata*: verdächtig (J.A. Richmond ebd. 1143).
*Dirae*: wohl zwischen *Bucolica* und *Georgica* zu datieren (E. Fraenkel, *Journal of Roman Studies* 56 (1966) 142-155).
*Ciris*: nach allgemeiner Ansicht später als Ovid, *Metamorphosen*, Buch 8. Vom Stil her freilich eher frühneoterisch.
*Culex*: tiberianisch; im 1. Jh. für echt gehalten.
*Aetna:* spätaugusteisch (oder später).
*Copa* (F.R.D. Goodyear, *EV* s.v.)
*Moretum* (A. Perutelli, *EV* s.v.).
*Elegiae in Maecenatem* (J.A. Richmond, ebd. 1135).
*Catalepton:* Viele halten die Gedichte 5 und 8 für möglicherweise echt (Forschungsüberblick: Richmond, *EV* 1, 699). (J.A. Richmond (1984) glaubt an die Echtheit der ganzen Sammlung). Gegen die Echtheit von *Catal.* 8: N. Horsfall (1995) 10-11.

# 7 ZITIERTE LITERATUR

Abkürzungen: T (Text), K (Kommentar), A (Anmerkungen), Ü (Übersetzung)
*Standardwerke

*Ausgaben, Kommentare, Übersetzungen*
*Gesamtausgaben:* J. L. de la Cerda (TK), *B* und *G* (Frankfurt 1608 ; Ludguni ²1619; *A* 1-6 (Lugduni 1612); *A* 7-12 (Lugduni 1617). (Ausführlichster K; ein moderner Nachdruck fehlt); *C. G. Heyne, G. P. E. Wagner (TK), 5 Bände (Lipsiae ⁴1830-1841); T. E. Page (TK), 3 Bände (London 1896-1900); J. Conington, H. Nettleship (TK), 3 Bände, (London Bd. 1 ⁵1898 [rev. F. Haverfield]; Bd. 2 ⁴1884; Bd. 3 ³1883; Ndr. Hildesheim 1963); R. Sabbadini, L. Castiglioni, M. Geymonat (T), (Torino ³1973); *R. A. B. Mynors (T), (Oxford 1969); J. und M. Götte (TÜA), 2 Bde., (München, Bd. 1: ⁵1985 [mit *Vitae*], bearb. K. Bayer; 2: ⁷1988).

*Bucolica:* R. Coleman (TK), (Cambridge 1977); G. Lee (TÜK), (Liverpool 1980); W. Clausen (K), (Oxford 1994); M. v. Albrecht (TÜK), (Stuttgart 2001).

*Bucolica und Georgica:* T.E. Page (TK), (London 1998).

*Georgica:* W. Richter (TK), (München 1957); R. F. Thomas (TK), 2 Bände (Cambridge 1988); O. Schönberger (TÜA), (Stuttgart 1994); *R. A. B. Mynors (TK), (Oxford 1990); M. Erren (TÜK), (Bd.1: Heidelberg 1985[Einl., TÜ]; Bd. 2: 2003 [K]); *Buch 4:* T. Cupaiuolo (TK), (Milano 1973 oder 1937?); A. Biotti (K), (Bologna 1994).

*Aeneis:* *E. und G. Binder (TÜK), 6 Bände (Stuttgart 1994-2005); R. Niehl (K), siehe Monographien. *Buch 1 und 2:* A. Weidner (K), (Leipzig 1869); *Buch 1:* R. S. Conway (TK), (Cambridge 1935); R. G. Austin (TK), (Oxford 1971); G. Stégen (TK), (Namur 1975); *Buch 2:* R. G. Austin (TK), (Oxford 1964); *Buch 3:* R. D. Williams (TK), (Oxford 1962); P.V. Cova (Milano 1994); *Buch 4:* A.S. Pease (TK), (Cambridge, Mass. 1935; Ndr. 1967); R. G. Austin (TK), (Oxford 1955); *Buch 5:* R. D. Williams (TK), (Oxford 1960); *Buch 6:* *E. Norden (TÜK), (Berlin ²1915; ³1927; Darmstadt ⁴1957; Ndr. 1994); R. G. Austin (TK), (Oxford 1977); *Buch 7 und 8:* C. J. Fordyce (TK), (Oxford 1977): *Buch 7:* N. Horsfall (TÜK), (Leiden 2000); *Buch 8:* P. T. Eden (K), (Leiden 1975); K.W. Gransden (TK), (Cambridge 1976); *Buch 9:* E. T. Page (TK), (London 1938); P. Hardie (TK), (Cambridge 1994); J. Dingel (K), (Heidelberg 1997); *Buch 10:* R. J. Forman (K), (Ann Arbor 1973); S. J. Harrison (TÜK), (Oxford 1991); *Buch 11:* H. E. Gould (TK), (London 1964); K. W. Gransden (TK), (Cambridge 1991); N. Horsfall (K), (Leiden 2003); *Buch 12:* W. S. Maguinness (TK), (London ³1964).

*Appendix Vergiliana:* W. V. Clausen, F. R. D. Goodyear, E. J. Kenney, J. A. Richmond (T), (Oxford 1966); M. G. Iodice (TÜK), Milano (2002); Götte, s.*Gesamtausgaben*.

*Vitae Vergilianae antiquae:* C. Hardie (T), (Oxford 1957); G. Brugnoli, F. Stok (T), (Roma 1997); K. Bayer, *Suetons Vergilvita. Versuch einer Rekonstruktion. Mit einer Bibliographie zu den Vitae Vergilianae von* N. Holzberg und S. Lorenz (Tübingen 2002).

*Antike Kommentare:* G. Thilo, H. Hagen, *Servii grammatici qui feruntur in Vergilii carmina commentarii*, 3 Bände (Leipzig 1881-1887; Ndr. Hildesheim 1961); H. Georgii, *Ti. Claudii Donati in Vergilium comm.* (Lipsiae 1905-1906); L. Cadili, D. Daintree, M. Geymonat, *Scholia Bernensia in Vergilii Bucolica et Georgica*. Bisher erschienen: Bd. 2, fasc. 1: *In Georgica commentarii* (1, 1-42), (Amsterdam 2003).

*Wörterbücher*: H. Merguet, Lexikon zu Vergilius mit Angabe sämtlicher Stellen (Leipzig 1912; Ndr. Hildesheim 1960); M. N. Wetmore, *Index verborum Vergilianus* (New Haven ²1930; Ndr. Darmstadt 1961); M. Wacht, *Concordantia Vergiliana*, 2 Bände (Hildesheim 1994); R. Lecrompe, *Virgile, Bucoliques. Index verborum, relevés statistiques* (Hildesheim 1970); D. Najock, *Statistischer Schlüssel zum Vokabular in Vergils Eklogen* (Hildesheim 2004).

*Vergil-Enzyklopädie*: *F. Della Corte (Hg.), *Enciclopedia Virgiliana* (=*EV*), 6 Bände (Roma 1984-1991).

*Forschungsberichte und Bibliographien:* A. Wlosok, "Vergil in der neueren Forschung", *Gymnasium* 80 (1973) 129-151; W. Suerbaum, "Hundert Jahre Vergilforschung. Eine systematische Arbeitsbibliographie mit besonderer Berücksichtigung der *Aeneis*", *Aufstieg und Niedergang der römischen Welt* 2, 31,1 (1980) 1-358; W. Suerbaum, "Spezialbibliographie zu Vergils *Georgica*", ebd. 395-499; W. W. Briggs, "A Bibliography of Vergil's *Eclogues* (1927-1977)", ebd. 2, 31, 2 (1981) 1267-1357; M. T. Morano Rando, *Bibliografia Virgiliana* (Genova 1987); S.J. Harrison, "Some Views of the *Aeneid* in the Twentieth Century", in: S.J. Harrison (Hg.), (1990), 1-20; C. Perkell, "Vergilian Scholarship in the Nineties", *Vergilius* 36 (1990) 43-55; M. Bonfanti, "Bibliografia virgiliana 1999-2001: schede e commenti", in: *Atti e memorie dell'Accademia Virgiliana di Mantova* n. s. 72 (2004) 239-281; A. G. McKay, "Vergilian Bibliography: 2002-2003", in: *Vergilius* 49 (2003) 114-134; dass. "2003-2004", ebd. 50 (2004) 131-157; N. Horsfall (1995) s. die Monographien; A. Perutelli, "Gli studi sulle *Bucoliche* (1984-2003) und "Gli studi sulle *Georgiche* (1984-2003)", in: A. La Penna (2005) 62-66 und 109-112; neueste Beiträge und Bibl. zu Vergil in: Maia n. s. 57, 3 (erschienen Sommer 2006).

*Monographien*
J.N. Adams, R.G. Mayer (Hgg.), *Aspects of the Language of Latin Poetry* (Oxford 1999).
S. Adema, "Van figurant tot hoofdrolspeler. Het gebruik van het imperfectum in de *Aeneis* van Vergilius", *Lampas* 37 (2004) 333-346.
N. Adkin, "Yukky Virgil", *Exemplaria classica* 9 (2005) 25-31.
M. von Albrecht, *Römische Poesie* (Tübingen $^2$1995).
- , *Rom: Spiegel Europas. Das Fortwirken der Antike in Europa* (Tübingen $^2$1998).
- , *Geschichte der römischen Literatur*, 2 Bde. (München $^2$1994; engl. Leiden 1997; Lit.).
- , *Roman Epic* (Leiden 1999).
- , *Vergil: Bucolica* (s. die Ausgaben).
- , *Cicero's Style* (Leiden 2003).
- , *Literatur als Brücke. Studien zur Rezeptionsgeschichte und Komparatistik* (Hildesheim 2003)
L. Alfonsi, "L'ecphrasis ambrosiana del 'libro delle api' virgiliano", *Vetera Christianorum* 2 (1965) 129-138.
P. Alpers, *What is Pastoral?*(Chicago und London 1996).
H. Altevogt, *Labor improbus* (Münster 1952); dazu s. jetzt S. Bruck.
A. Alvar Ezquerra, "Historia y poesía en la Eneida: a propósito de la *gens Sergia*", in: C. Alonso del Real u.a. (Hg.), *Urbs Aeterna. Actas y colaboraciones del coloquio internacional "Roma entre la literatura y la historia". Homenaje a C. Castillo* (Pamplona 2003) 21-42.
J. Andrae, *Vom Kosmos zum Chaos. Ovids Metamorphosen und Vergils Aeneis* (Trier 2003); berechtigte Kritik: W. S. Anderson, Gnomon 77 (2005) 324-328.
P. J. Alpers, *The Singer of the Eclogues* (Berkeley 1979).
G. Aricò, "La Sicilia nell'opera di Virgilio", in: G. Nuzzo (Hg.), *Sicilia terra del mito. Atti del Convegno di studi, Palermo 13-14 nov. 2004* (Palermo 2005) 65-87.
D. Armstrong, J. Fish, P. Johnston, M. B. Skinner (Hgg.), *Vergil, Philodemus, and the Augustans* (Austin, Texas 2004).
*Atti del Convegno virgiliano di Brindisi* (1981: Perugia 1983) (Sammelband).
B. Axelson, *Unpoetische Wörter* (Lund 1945).

R.K. Balot, "Pindar, Virgil, and the Proem to *Georgic 3*", *Phoenix* 52 (1998) 83-94.
A. Barchiesi, *La traccia del modello* (Pisa 1985).
A. Barchiesi, "Rappresentazioni del dolore e interpretazione dell'*Eneide*", *Antike und Abendland* 40 (1994) 109-124.
A. Barchiesi, "Genealogie: Callimaco, Ennio e l'autocoscienza dei poeti augustei", in L. Belloni, G. Milanese, A. Porro (Hgg.), (1995) 5-18.
A. Barchiesi, "Virgilian Narrative: Ecphrasis", in: C. Martindale (Hg.), (1997) 271-281.

A. Barchiesi, J. Rüpke, S. Stephens (Hgg.), *Rituals in Ink* (Stuttgart 2004).
G. Barra, "L'amicizia tra Virgilio ed Orazio", *Vichiana* 2 (1973) 22-50.
R. Barthes, "The Death of the Author", *Aspen Magazine* 5/6 (1967) und *Manteia* 5 (1968); deutsch in: F. Jannidis u.a. (Hg.), *Texte zur Theorie der Autorschaft* (Tübingen 2000) 185-193.
J. Bayet, *Histoire politique et psychologique de la religion romaine* (Paris 1957).
J. Beaujeu, "L'enfant sans nom de la IV$^e$ *Bucolique*", *Revue des Etudes Latines* 60 (1982) 186-215.
A. Becker, K. Kusan-Windweh, B. Schilling-Wang, E. Winternitz, „Orpheus", in: *Die Musik in Geschichte und Gegenwart* , Sachteil 7 (1997) 1099-1107 (mit Bibl.).
L. Belloni, G. Milanese, A. Porro (Hgg.), *Studia classica Iohanni Tarditi oblata*, 1 (Milano 1995).
M. Berghoff-Bührer, *Das Bucolicum Carmen des Petrarca* (Bern 1991).
L. Bernays, *Ars poetica. Studien zu formalen Aspekten der antiken Dichtung* (Frankfurt 2000).
T. Berres, *Die Entstehung der Aeneis* (Wiesbaden 1982).
T. Berres, *Vergil und die Helenaszene. Mit einem Exkurs zu den Halbversen* (Heidelberg 1992).
A. Bettenworth, *Gastmahlszenen in der antiken Epik von Homer bis Claudian. Diachrone Untersuchungen zur Szenentypik* (Göttingen 2004).
M. Bettini, "*Mos, mores* und *mos maiorum*. Die Erfindung der ‚Sittlichkeit' in der römischen Kultur", in: M. Braun u. a. (Hgg.), (2000) 303-352.
U. Bianchi, "*Fatum*", in: *Enciclopedia Virgiliana* 2 (1985) 474-479.
G. Binder, *Aeneas und Augustus. Interpretationen zum 8. Buch der Aeneis* (Meisenheim 1971).
G. Binder, "Lied der Parzen zur Geburt Octavians. Vergils vierte Ekloge", *Gymnasium* 90 (1983) 102-122.
J. H. Bishop, *The Cost of Power. Studies in the Aeneid of Vergil* (Armidale 1988).
L. Bocciolini Palagi, "Enea come Orfeo", *Maia* 42 (1990) 133-150.
M. Bonfanti, *Punto di vista e modo di narrazione nell'Eneide* (Pisa 1985).
B.E. Borg, "Jenseits des *mos maiorum*: Eine Archäologie römischer Werte?", in: A. Haltenhoff u.a. (Hgg.), (2005) 47-75.
G. W. Bowersock, "A Date in the Eighth Eclogue", *Harvard Studies in Classical Philology* 75 (1971) 73-80 und ebd. 82 (1978) 201-202.
C. M. Bowra, *From Virgil to Milton* (London 1963).
A.J. Boyle, *The Chaonian Dove. Studies in the Eclogues, Georgics, and Aeneid of Virgil* (Leiden 1986).
A.J. Boyle, "The Canonic Text: Virgil's *Aeneid*", in: A. J. Boyle (Hg.), *Roman Epic* (London u.a. 1993) 79-107.
M. Braun, A. Haltenhoff, F.-H. Mutschler (Hgg.), *Moribus antiquis res stat Romana. Römische Werte und römische Literatur im 3. und 2. Jh. v. Chr.* (München, Leipzig 2000).
S.M. Braund, "Virgil and the Cosmos: Religious and Philosophical Ideas", in: C. Martindale (Hg.), (1997) 204-221 (Lit.).
S.M. Braund, G. Gilbert, "An ABC of Epic "*ira*": Anger, Beasts, and Cannibalism", *Yale Classical Studies* 32 (2003) 250-285.
F. E. Brenk, "*Unum pro multis dabitur caput*. Myth, History, and Symbolic Imagery in Vergil's Palinurus Incident", *Latomus* 43 (1984) 776-801.
W.W. Briggs, "Virgil and the Hellenistic Epic", *Aufstieg und Niedergang der römischen Welt* 2, 31, 2 (1981) 948-984.
S. Bruck, *Labor in Vergils Aeneis* (Frankfurt 1993).
V. Buchheit, *Vergil über die Sendung Roms. Untersuchungen zum Bellum Poenicum und zur Aeneis* (Heidelberg 1963).
V. Buchheit, *Der Anspruch des Dichters in Vergils Georgika. Dichtertum und Heilsweg*, (Darmstadt 1972).
V. Buchheit, "Frühling in den Eklogen. Vergil und Lukrez", *Rheinisches Museum* 129 (1986) 123-141.
V. Buchheit, "*Novos decerpere flores*. Geistiges Schöpfertum bei Lukrez und Vergil", *Hermes* 132 (2004) 426-435.

*K. Büchner, P. Vergilius Maro, in: *Paulys Realencyclopädie der classischen Altertumswissenschaft* 8 A 1 und 2 (Stuttgart 1955 und 1958) 1021-1486 (1487–1493 Anhang: Leichenspiele von E. Mehl).
E. Burck (Hg.), *Das römische Epos* (Darmstadt 1979).
S. Burke, *The Death and Return of the Author. Criticism and Subjectivity in Barthes, Foucault, and Derrida* (Edinburgh ²1998).
C. Burrow, "Virgil in English Translation", in: C. Martindale (Hg.), (1997) 21-37.
C. Burrow, "Virgils (sic), From Dante to Milton", in: C. Martindale (Hg.), (1997) 79-90.
G. Burzacchini, *"Flectere si nequeo superos, Acheronta movebo* (Verg. Aen. VII 312). Furores e guerra nel Lazio (con osservazioni sull'influsso di Euripide nel VII canto dell'*Eneide*", *Accademia nazionale virgiliana di scienze, lettere e arti. Atti e memorie*, n. s. 70 (2002) 19-61.
C. S. Byre, *A Reading of Apollonius Rhodius' Argonautica. The Poetics of Uncertainty* (Lewiston 2002).

L. Cadili, *Viamque adfectat Olympo. Memoria ellenistica nelle Georgiche di Virgilio* (Milano 2001).
F. Cairns, *Generic Composition in Greek and Roman Poetry* (Edinburgh 1972).
F. Cairns, *Virgil's Augustan Epic* (Cambridge 1989).
F. Cairns, "Virgil Eclogue 1, 1-2: A Literary Programme", *Harvard Studies in Classical Philology* 99 (1999) 289-293.
B. G. Campbell, *Performing and Processing the Aeneid* (New York 2001).
H. Cancik, "*Delicias domini*. Ein kulturgeschichtlicher Versuch zu Vergil, Ekloge II", in: U.J. Stache, u.a. (Hg.), *Kontinuität und Wandel. Lateinische Poesie von Naevius bis Baudelaire. F. Munari zum 65. Geburtstag* (Hildesheim 1986) 15-33.
N. Carlucci, "Presenza delle *Bucoliche* nel XII libro dell'*Eneide*", *Lexis* 23 (2005) 255-269.
S. Casali, "*Impius Aeneas, impia Hypsipyle*: narrazioni menzognere dall'*Eneide* alla *Tebaide* di Stazio", *Scholia* 12 (2003) 60-68.
S. Casali, "Nisus and Euryalus. Exploiting the Contradictions in Virgil's *Doloneia*", *Harvard Studies in Classical Philology* 102 (2004) 319-354.
A. Casiday, "St. Aldhelm's Bees (*De uirginitate*, prosa cc. IV-VI): Some Observations on a Literary Tradition", *Anglo-Saxon England* 33 (2004) 1-22.
J. Chalker, *The English Georgic* (London 1969).
E. Christmann, "Der Tod des Aeneas und die Pforten des Schlafes", in: H. Görgemanns und E. A. Schmidt (Hg.) *Studien zum antiken Epos*, Meisenheim 1976, 251-279.
E. Christmann, "Zur antiken *Georgica*-Rezeption", *Würzburger Jahrbücher für die Altertumswissenschaft*, N.F. 8 (1982) 57-67.
E. Christmann, "*Seges*", in: *Enciclopedia Virgiliana* 4 (1988) 752-755.
E. Christmann, "Zum Verhältnis von Autor und Leser in der römischen Agrarliteratur. Bücher und Schriften für Herren und Sklaven", in: M. Horster und C. Reitz (Hgg.), *Antike Fachschriftsteller. Literarischer Diskurs und sozialer Kontext* (Stuttgart 2003) 121-152.
G. Clark, "City of God(s): Virgil and Augustine", *Proceedings of the Virgil Society* 25 (2004) 83-94.
R.J. Clark, "Horace on Virgil's Sea-Crossing in Ode 1, 3", *Vergilius* 50 (2004) 4-34.
W. Clausen, *Virgil's Aeneid and the Tradition of Hellenistic Poetry* (Berkeley 1987).
W. Clausen, "Virgil's Messianic Eclogue", in: J. Kugel (Hg.), *Poetry and Prophecy. The Beginnings of a Literary Tradition* (Ithaca 1990) 65-74.
W. Clausen, *Virgil's Aeneid. Decorum, Allusion and Ideology* (München, Leipzig 2002 mit Bibl.; erweiterte Umarbeitung des vorigen).
V. J. Cleary, "The Poetic Influence of the *De rerum natura* on the *Aeneid*", *Classical Bulletin* 47 (1970) 17-21.
S. Commager (Hg.), *Virgil. A Collection of Critical Essays* (Englewood Cliffs 1966).
*D. Comparetti, *Virgilio nel medio evo*, 2 Bände (1872), Neuausgabe von G. Pasquali (Firenze 1937-1941).
G.B. Conte, "L'episodio di Elena nel secondo libro dell'*Eneide*. Modelli strutturali e critica dell'autenticità", *Rivista di filologia e d'istruzione classica* 106 (1978) 53-62.
G.B. Conte, *Il genere e i suoi confini. Cinque studi sulla poesia di Virgilio* (Torino 1980).

G.B. Conte, *The Rhetoric of Imitation: Genre and Poetic Memory in Virgil and Other Latin Poets* (Ithaca, N.Y. 1986).
E. Courtney, "Virgil's Sixth Eclogue", *Quaderni Urbinati di Cultura Classica* 34 (1990) 99-112.
E. Courtney, "The Formation of the Text of Virgil – Again", *Bulletin of the Institute of Classical Studies* 46 (2002-2003) 189-194.
E. Courtney, "The 'Greek' accusative", *Classical Journal* 99,4 (2003-2004) 425-431.
P.V. Cova, "L'*Eneide*: il racconto di formazione contro le strutture epiche", *Bollettino di Studi Latini* 34 (2004) 7-17.
A.M. Crabbe, "*Ignoscenda quidem:* Catullus 64 and the *Fourth Georgic*", *Classical Quarterly* n.s. 27 (1977) 342-351.
R. Cramer, *Vergils Weltsicht. Optimismus und Pessimismus in Vergils Georgica* (Berlin 1998).
V. Cristóbal, *Virgilio y la temática bucólica en la tradición clásica* (Madrid 1980).
V. Cristóbal, "Nicolás Fernández de Moratín, recreador del *Arte de amar*", *Dicenda* 5 (1986) 73-87.
V. Cristóbal, "De las *Geórgicas* de Virgilio al *Arte de la caza* de Moratín", *Habis* 22 (1991) 191-205.
V. Cristóbal, "Virgilianismo y tradición clásica en la *Cristíada* de Fray Diego de Hojeda", *Cuadernos de Filología clásica. Estudios latinos* 25 (2005) 49-78.
F. Cupaiuolo, "Sull'alessandrinismo delle strutture formali dell'Ecloga sesta di Virgilio", *Bollettino di Studi Latini* 26 (1996) 482-503.

H. Dahlmann, *Der Bienenstaat in Vergils Georgica* (= Abhandlungen der Akademie der Wissenschaften in Mainz, Bd. 10), (Wiesbaden 1954).
G. D'Anna, *Virgilio. Saggi critici* (Roma 1989).
J.R. De Jong, "The Borderline between Deixis and Anaphora in Latin", in: *Aspects of Latin. Papers from the Seventh International Colloquium on Latin Linguistics (Jerusalem 1993)*, (Innsbruck 1996) 499-509.
F. Della Corte, "Virgilio I: Biografia", in: *Enciclopedia Virgiliana* ( = *EV*), Bd. 5, 2 (Roma 1991) 2-97.
J. Dingel, „*Ilus erat ...* Vergils Redaktion der Überlieferungen zu Ascanius-Iulus", *Philologus* 145 (2001) 324-336.
J. Draheim, *Vertonungen antiker Texte vom Barock bis zur Gegenwart (mit einer Bibliographie der Vertonungen (1700-1978)*, (Amsterdam 1981).
M.L. Delvigo, *Testo virgiliano e tradizione indiretta: le varianti probiane* (Pisa 1987).
A. Deremetz, "Le *carmen deductum* ou le fil du poème: à propos de Virgile, *Buc.*, VI", *Latomus* 46, 4 (1987) 762-777.
A. Deremetz, *Le miroir des Muses. Poétiques de la réflexivité à Rome* (Lille 1995).
A. Deremetz, "Énée aède : Tradition auctoriale et (re)fondation d'un genre", in : E.A. Schmidt (Hg.), (2000), 143-175.
U. Dierauer, *Tier und Mensch* (Amsterdam 1977).
G.E. Duckworth, "Turnus and Duryodhana", *Transactions and Proceedings of the American Philological Association* 92 (1961) 81-127.
G.E. Duckworth, *Structural Patterns and Proportions in Vergil's Aeneid* (Ann Arbor 1962).
D.R. Dudley (Hg.), *Virgil* (London 1969).
G. Dumézil, *La religion romaine archaïque* (Paris 1966).
F. Dupont, "Comment devenir à Rome un poète bucolique?: Corydon, Virgile, Tityre et Pollion", in : C. Calame, R. Chartier (Hgg.), *Identités d'auteur dans l'Antiquité et la tradition européenne* (Grenoble 2004) 171-189.

B. Effe, *Die Genese einer literarischen Gattung : die Bukolik* (Konstanz 1977).
B. Effe, *Dichtung und Lehre. Untersuchungen zur Typologie des antiken Lehrgedichts* (München 1977).
B. Effe, G. Binder, *Die antike Bukolik. Eine Einführung* (München 1989).

T.S. Eliot, "What is a Classic? Address Delivered before the Virgil Society on the 16th of October, 1944" (London 1945), wiederholt in: T.S. Eliot, *On Poetry and Poets* (New York 1957) 53-71; deutsch in: *Antike und Abendland* 3 (1948) 9-25.

K.A.E. Enenkel, "Epic Prophecy as Imperial Propaganda? Jupiter's First Speech in Virgil's *Aeneid*", in: K.A.E. Enenkel, I.L. Pfeijffer (Hgg.), *The Manipulative Mode. Political Propaganda in Antiquity. A Collection of Case Studies* (Leiden 2005) 167-218.

H. Erbse, "Zwei umstrittene Abschnitte in der *Aeneis* Vergils", *Hermes* 129 (2001) 431-434.

M. Erdmann, *Überredende Reden in Vergils Aeneis* (Frankfurt 2000).

J. Fabre-Serris, "Deux réponses de Tibulle à Virgile: les élégies II, 1 et II, 5", *Revue des Études Latines* 79 (2001 [2002]) 140-151.

C. Fantazzi, C.W. Querbach, "Sound and Substance. A Reading of Virgil's Seventh Eclogue", *Phoenix* 39 (1985) 355-367.

J. Farrell, *Vergil's Georgics and the Tradition of Ancient Epic* (New York 1991).

J. Farrell, "Literary Allusion and Cultural Poetics in Vergil's Third Eclogue", *Vergilius* 38 (1992) 64-71.

J. Farrell, "Ovid's Virgilian Career", in: G. W. Most, S. Spence (Hgg.), (2004) 41-55.

D.C. Feeney, *The Gods in Epic. Poets and Critics of the Classical Tradition* (Oxford 1993).

D.C. Feeney, "Epic Violence, Epic Order. Killings, Catalogues, and the Role of the Reader in *Aeneid* 10", in: C. Perkell (Hg.), (1999) 178-194; 328-329.

M. Fernandelli, "Come sulla scena. Eneide IV e la tragedia", *Quaderni del Dipartimento di Filologia, Linguistica e Tradizione classica*, n. s. 1 (2002) 141-211.

M. Fernandelli, "Virgilio e l'esperienza tragica. Pensieri fuori moda sul libro IV dell'*Eneide*", *Incontri triestini di filologia classica* 2 (2002-2003) 1-54.

S. Franchet d'Espèrey, "Massacre et aristie dans l'épopée latine", in: G. Nauroy (Hg.), *L'écriture du massacre en littérature entre histoire et mythe* (Bern, Frankfurt 2004) 27-43.

W. Frentz, *Mythologisches in Vergils Georgica* (Meisenheim 1967).

S. Freund, *Vergil im frühen Christentum. Untersuchungen zu den Vergilzitaten bei Tertullian, Minucius Felix, Novatian, Cyprian und Arnobius* (Paderborn 2000).

J. Fish, "Anger, Philodemus' Good king and the Helen Episode of *Aeneid* 2, 567-588: A New Proof of Authenticity from Herculaneum", in: M. Skinner (Hg.), *Philodemus and Vergil* (Austin, Texas 2002) 111-138.

W. Fitzgerald, "*Fatalis machina*. Berlioz's *Les Troyens*", in: G. W. Most, S. Spence (Hgg.), (2004) 199-210.

M. Fontaine, "Propertius 3.4, 1.1, and the *Aeneid* incipit", *Classical Quarterly* n.s. 54, 2 (2004) 649-650.

D. Fowler, "Virgilian Narrative: Story-Telling", in: C. Martindale (Hg.), (1997, I), 241-270.

D. Fowler, "The Virgil Commentary of Servius", in: C. Martindale (Hg.), (1997, II) 73-78.

L.M. Fratantuono, "Trickery and Deceit in *Aeneid XI*," *Maia* n.s. 57 (2005) 33-36.

J. Frayn, *Subsistence Farming* (London 1979).

J. Frayn, *Sheep-Rearing and the Wool Trade* (Liverpool 1984).

S. Freund, *Vergil im frühen Christentum: Untersuchungen zu den Vergilzitaten bei Tertullian, Minucius Felix, Novatian, Cyprian und Arnobius* (Paderborn 2000).

M. Fuhrmann, "Fluch und Segen der Arbeit", *Gymnasium* 90 (1983) 240-257.

M. Fusillo, "The Conflict of Emotions: a Topos in the Greek Erotic Novel", in: S. Swain (Hg.), *Oxford Readings in the Greek Novel* (Oxford 1999), 60-82.

K. Gaiser, *Platon und die Geschichte* (Stuttgart 1961).

P. Gagliardi, *Gravis cantabimus umbras. Studi su Virgilio e Cornelio Gallo* (Bologna 2003, I).

P. Gagliardi, "Pallante, Lauso e l'ira di Enea", *Aufidus* 49 (2003, II) 21-59.

M.R. Gale, *Virgil on the Nature of Things* (Cambridge 2000).

G.K. Galinsky, *Aeneas, Sicily, and Rome* (Princeton 1969).

G.K. Galinsky, "Vergil's Romanitas and His Adaptation of Greek Heroes", *Aufstieg und Niedergang der römischen Welt* II 31, 2 (1981) 985-1010.

G.K. Galinsky, "The Anger of Aeneas", *American Journal of Philology* 109 (1988) 321-348.

G.K. Galinsky (Hg.), *The Interpretation of Roman Poetry: Empiricism or Hermeneutics?* (Frankfurt 1992).
G.K. Galinsky, *Augustan Culture* (Princeton, N. J. 1996).
D. Gall, *Ipsius umbra Crëusae – Crëusa und Helena* (Stuttgart 1993).
D. Gall, *Die Literatur in der Zeit des Augustus* (Darmstadt 2006).
K. Garber, *Der locus amoenus und der locus terribilis. Bild und Funktion der Natur in der deutschen Schäfer- und Landlebendichtung des 17. Jh.* (Köln, Wien 1974).
K. Garber (Hg.), *Europäische Bukolik und Georgik* (Darmstadt 1976).
K. Garber, "Vergil und das ‚Pegnesische Schäffergedicht'. Zum historischen Gehalt pastoraler Dichtung", in: *Deutsche Barockliteratur und europäische Kultur* (Hamburg 1977) 168-203.
F. García Jurado, *Borges autor de la Eneida. Poética del laberinto* (Madrid 2006).
U. Gärtner, *Quintus Smyrnaeus und die Aeneis. Zur Nachwirkung Vergils in der griechischen Literatur der Kaiserzeit* (München 2005).
A. Geyer, *Die Genese narrativer Buchillustration. Der Miniaturzyklus zur Aeneis im Vergilius Vaticanus* (Frankfurt 1989).
M. Geymonat, "The Transmission of Virgil's Works", in: N. Horsfall (Hg.), (1995) 301.
M. Gigante, *Virgilio e la Campania* (Napoli 1984).
M. Gigante und M. Capasso, "Il ritorno di Virgilio a Ercolano", *Studi italiani di filologia classica* 82, 3, 7 (1989) 3-6.
M. Gigante (Hg.), *Virgilio e gli Augustei* (Napoli 1990).
C. Gill, "Reactive and Objective Attitudes: Anger in Virgil's *Aeneid* and Hellenistic Philosophy", in: S. Braund, G. W. Most (Hgg.), *Ancient Anger. Perspectives from Homer to Galen* (Cambridge 2003) 208-228.
R. Gimm, *De Vergilii stilo bucolico quaestiones selectae* (Diss. Leipzig 1910).
M. Gioseffi (Hg.), *E io sarò tuo guida. Raccolta di saggi su Virgilio e gli studi virgiliani* (Milano 2000).
R.F. Glei, *Der Vater der Dinge. Interpretationen zur politischen, literarischen und kulturellen Dimension des Krieges bei Vergil* (Trier 1991).
J. Gómez Pallarès, "Sobre Virg., Buc. 4, 18-25, *puer nascens*, y la tradición de la écfrasis en Roma", *Emerita* 69 (2001) 93-114.
W. Görler, "Beobachtungen zu Vergils Syntax", *Würzburger Jahrbücher* 8 (1982) 69-81.
W. Görler, "From Sea to Shining Sea. Some Remarks on Virgil's Syntax", in: A. McKay (Hg.), *Vergilian Bimillenary Lectures* 1982 (College Park, Md., ersch. 1984), (= *Vergilius* Suppl. 2), 48-79.
W. Görler, "Eneide (*Aeneis*) ...6. La lingua", in: *Enciclopedia Virgiliana* 2 (Roma 1985) 262-278.
W. Görler, "Rhetorisches in der *Aeneis*", *Hyperboreus* 8 (2002) 302-313.
K.W. Gransden, *Virgil. The Aeneid* (Cambridge 1990; ²2004 von S.J. Harrison).
W.L. Grant, *Neo-Latin Literature and the Pastoral* (Chapel Hill 1965).
B. Grassmann-Fischer, *Die Prodigien in Vergils Aeneis* (München 1966).
S. Grebe, *Die vergilische "Heldenschau". Tradition und Fortwirken* (Frankfurt 1989).
J. Griffin, "Augustus and the Poets: *Caesar qui cogere posset*", in: F. Miller, E. Segal (Hgg.), *Caesar Augustus: Seven Aspects* (Oxford 1984) 189-218.
J. Griffin, *Virgil* (Oxford 1986).
J. Griffin, "Of Genres and Poems" , in: K. Galinsky (Hg.), (1992) 176-190.
A.Grilli, "Verg. Georg. 2, 290-297", in: L. Torraca (Hg.), *Scritti in onore di Italo Gallo* (= Pubblicazioni dell'Univ. degli studi di Salerno, sezione atti … 59), (Napoli 2002) 351-354.
P. Grimal, *Virgile ou la seconde naissance de Rome* (Paris 1985).
W.H. Groß, "Vergilporträts", *Paulys Realencyclopädie der classischen Altertumswissenschaft*, 2. Reihe, 16. Halbband (1958) 1493-1506.
P. Grossardt, "Antike Motive in Arno Schmidts Erzählung *Caliban über Setebos*", *Sprachkunst* 35, 2 (2004) 249-267.
H.-C. Günther, *Überlegungen zur Entstehung von Vergils Aeneis* (Göttingen 1996).

T.J. Haarhoff, *Vergil in the Experience of South Africa* (Oxford 1931).
T.N. Habinek und A. Schiesaro (Hgg.), *The Roman Cultural Revolution* (Cambridge 1997).

T. Haecker, *Vergil. Vater des Abendlandes* (Leipzig 1931).
D.M. Halperin, *Before Pastoral* (New Haven 1983).
A. Haltenhoff, A. Heil, F.-H. Mutschler (Hgg.), *Römische Werte als Gegenstand der Altertumswissenschaft* (München, Leipzig 2005).
T. Halter, *Form und Gehalt in Vergils Aeneis. Zur Funktion sprachlicher und metrischer Stilmittel* (München 1963).
B. Hannah, "Manufacturing Descent: Virgil's Genealogical Engineering", *Arethusa* 37, 3 (2004) 141-164.
R. Hanslik, "Nachlese zu Vergils Eclogen 1 und 9", in: *Wiener Studien* 68 (1955) 5-19.
A. Hardie, "The *Georgics*, the Mysteries and the Muses at Rome", *Proceedings of the Cambridge Philological Society* 48 (2002) 175-208.
P.R. Hardie, *Virgil's Aeneid. Cosmos and Imperium* (Oxford 1986).
P.R. Hardie, *The Epic Successors of Virgil. A Study in the Dynamics of Tradition* (Cambridge 1993).
P.R. Hardie, "Virgil and Tragedy", in: C. Martindale (Hg.), (1997) 312-326.
P.R. Hardie, "Political Education in Virgil's *Georgics*", *Studi Italiani*, ser. 4, 97 (2004) 83-i11.
W.V. Harris, *Restraining Rage. The Ideology of Anger Control in Classical Antiquity* (Cambridge, Mass. 2001).
E.L. Harrison, "The Noric Plague in Virgil's Third *Georgic*", *Papers of the Liverpool Latin Seminar* 2 (1979) 1-65.
S.J. Harrison (Hg.), *Oxford Readings in Virgil's Aeneid* (Oxford 1990).
S.J. Harrison, s. Gransden.
J. Hawkins, "The Ritual of Therapy. Venus the Healer in Virgil's *Aeneid*", in: A. Barchiesi u. a. (Hgg.), (2004) 77-97.
A. Heil, *Alma Aeneis. Studien zur Vergil- und Statiusrezeption Dante Alighieris* (Frankfurt 2002).
A. Heil, „Die Milch der Musen. Speisemetaphorik in Dantes Briefwechsel mit Giovanni del Virgilio (*Egloghe* 1 und 2)", *Antike und Abendland* 49 (2003) 113-129.
H. von Heintze, "Die antiken Bildnisse Vergils", *Gymnasium* 94 (1987) 481-497 (mit Abb.).
H. von Heintze, "Virgilio II: Ritratti antichi", in: *Enciclopedia Virgiliana* 5, 2 (1991) 98-102 (mit Bibl.).
C. Heinz, *Mehrfache Intertextualität bei Prudentius*, Diss. Heidelberg (Frankfurt 2006), u.a. zum Fortwirken Vergils.
*R. Heinze, *Virgils epische Technik* (Leipzig 1902, ³1914, Darmstadt ⁴1957 [unverändert]; Ndr. 1994).
W.E. Heitland, *Agricola* (Cambridge 1921).
K. Heitmann, "Orpheus im Mittelalter", *Archiv für Kulturgeschichte* (1963) 253-294.
G. Hennecke, *Stefan Georges Beziehung zur antiken Literatur und Mythologie. Die Bedeutung antiker Motivik und der Gedichte des Horaz und Vergil für die Ausgestaltung des locus amoenus in den Preisgedichten Stefan* Georges, Diss. Köln 1964.
*J. Henry, *Aeneidea, or Critical, Exegetical, and Esthetical Remarks on the Aeneid*, 4 Bde., (London 1873 – Dublin 1889).
E. Herreros Tabernero, "Las *Geórgicas* como modelo genérico en la literatura española", *Cuadernos de filología clásica: Estudios latinos* 25, 2 (2005) 5-35.
R. Herzog, "Aeneas' episches Vergessen. Zur Poetik der *memoria*", in: A. Haverkamp, R. Lachmann (Hgg.), *Memoria. Vergessen und Erinnern* (München 1993) 81-116 (auch in: R. Herzog, *Spätantike. Studien zur römischen und lateinisch-christlichen Literatur* [Göttingen 2002] 27-74).
*G. Highet, *The Classical Tradition* (Oxford 1949).
*J.B. Hofmann / A. Szantyr, *Lateinische Syntax und Stilistik* (München 1965).
I. Hohenwallner, *Antikerezeption in den Werken Bertolt Brechts* (Möhnesee 2004).
N. Holzberg, "Impersonating Young Virgil: The Author of the *Catalepton* and his *libellus*", *Materiali e discussioni* 52 (2004) 29-40.
N. Holzberg (Hg.), *Die Appendix Vergiliana. Pseudepigraphen im literarischen Kontext* (Tübingen 2005).
N. Holzberg, *Vergil. Der Dichter und sein Werk* (München 2006).

N. Horsfall, *Virgilio. L'epopea in alambicco* (Napoli 1991).
*N. Horsfall, *A Companion to the Study of Virgil* (Leiden 1995).
M. Horster, "Was bleibt von Vergils *Georgica*? Zur Rezeption von Lehrdichtung im 2. und 3. Jh. n. Chr.", in: M. Horster, C. Reitz (Hgg.), *Wissensvermittlung in dichterischer Gestalt* (Stuttgart 2005) 265-294.
W. Hübner, *Dirae im römischen Epos. Über das Verhältnis von Vogeldämonen und Prodigien* (Hildesheim 1970).
W. Hübner, "Das Sternbild der Waage bei den römischen Dichtern", *Antike und Abendland* 23 (1977) 50-63.
W. Hübner, *Die Eigenschaften der Tierkreiszeichen in der Antike* (Wiesbaden 1982).
W. Hübner, "De Pontani Uraniae prooemio", in: *Alaudae ephemeridis nova series*, fasciculus 1 (Hildesheim 2005) 15-36.
L.B. Hughes, "Euripidean Vergil and the Smoke of a Distant Fire", *Vergilius* 49 (2003) 69-83.
U. Huttner, "Der Kaiser als Garant sakraler Kontinuität: Überlegungen zu *CIL* III 709", *Zeitschrift für Papyrologie und Epigraphik* 146 (2004) 193-201.

J. Isager, *Pliny on Art and Society. The Elder Pliny's Chapters on the History of Art* (London und New York 1991).
V. Ivanov (= W. Iwanow), "Vergils Historiosophie", in seinem Buch *Das alte Wahre. Essays* (Berlin, Frankfurt o. J.[1954]), 125-146.

F. Jannidis u.a. (Hg.), *Die Rückkehr des Autors. Zur Erneuerung eines umstrittenen Begriffs*, (Tübingen 1999).
R. Jenkyns, *Virgil's Experience. Nature and History: Times, Names and Places* (Oxford 1998).
W. R. Johnson, *Darkness Visible. A Study of Vergil's Aeneid* (Berkeley 1976).
W. R. Johnson, "Robert Lowell's American Aeneas", in: G.W. Most, S. Spence (Hgg.), (2004) 227-239.
A. Johnston, *Virgil's Agricultural Golden Age* (Leiden 1980).
J. W. Jones, Jr., *An Analysis of the Allegorical Interpretations in the Servian Commentary on the Aeneid* (Diss. Chapel Hill 1959).
J. W. Jones, "The Allegorical Traditions of the *Aeneid*", in: J. D. Bernard (Hg.), *Vergil at 2000* (New York 1986) 107-132.
H. Jung, "Pastorale", in: L. Finscher (Hg.), *Die Musik in Geschichte und Gegenwart*, Sachteil 7 (1997), 1499-1509.
H. Jung, "Orpheus-Metamorphosen: Gestaltung und Umgestaltung eines Mythos im 19. und beginnenden 20. Jh.", in: S. Coelsch-Foisner und M. Schwarzbauer (Hgg.), *Metamorphosen. Akten der Tagung...* (Heidelberg 2005) 119-139.
Th. Kailuweit, *Dido – Didon – Didone. Eine kommentierte Bibliographie zum Dido-Mythos in Literatur und Musik* (Frankfurt 2005).
C. Kallendorf, "Historicizing the 'Harvard School'. Pessimistic Readings of the *Aeneid* in Italian Renaissance Scholarship", *Harvard Studies in Classical Philology* 99 (1999) 391-403.
D.F. Kennedy, "Modern Receptions and their Interpretative Implications", in: C. Martindale (Hg.), (1997) 38-55.
R. Kettemann, *Bukolik und Georgik. Studien zu ihrer Affinität bei Vergil und später* (Heidelberg 1977).
R. Kettemann, "Ovids Verbannungsort – ein *locus horribilis*?", in: W. Schubert (Hg.), *Ovid: Werk und Wirkung* (Frankfurt 1999) 715-735.
W. Killy, "Das Spiel des Orpheus. Über die erste Fassung von G. Trakls *Passion*", *Euphorion* 51 (1957) 422-437.
T. E. Kinsey, "The Death of Palinurus", *La Parola del Passato* 224 (1985) 379-380.
G. Klause, *Die Periphrase der Nomina propria bei Vergil* (Frankfurt 1993).
H. Klein, "Dido in barockem Gewand", in: S. Coelsch-Foisner und M. Schwarzbauer (Hgg.), *Metamorphosen. Akten der Tagung...* (Heidelberg 2005) 73-96.
F. Klingner, *Virgils Georgica* (Zürich 1963).
F. Klingner, *Virgil. Bucolica, Georgica, Aeneis* (Zürich 1967).

C. Klodt, *Bescheidene Größe. Die Herrschergestalt, der Kaiserpalast und die Stadt Rom: Literarische Reflexionen monarchischer Selbstdarstellung* (Göttingen 2001).
*G.N. Knauer, *Die Aeneis und Homer. Studien zur poetischen Technik Vergils, mit Listen der Homerzitate in der Aeneis* (Göttingen 1964; ²1979).
G.N. Knauer, "Vergil und Homer", in: *Aufstieg und Niedergang der römischen Welt* 2, 31, 2 (1981) 870-918.
K.-D. Koch, *Die Aeneis als Opernsujet* (Konstanz 1990).
W. Kofler, *Aeneas und Vergil: Untersuchungen zur poetologischen Dimension der Aeneis* (Heidelberg 2003).
M. Korenjak, "Tityri sub persona. Der antike Biographismus und die bukolische Tradition", *Antike und Abendland* 49 (2003) 58-79.
M. Korenjak, "*Italiam contra Tiberinaque longe / ostia*: Virgil's Carthago and Eratosthenian Geography", *Classical Quarterly* 54, 2 (2004) 646-649.
W. Kraus, "Vergils vierte Ekloge: ein kritisches Hypomnema", *Aufstieg und Niedergang der römischen Welt* 2, 31, 1 (1980) 604–645.
K. Krautter, *Die Renaissance der Bukolik in der lateinischen Literatur des 14. Jh.: von Dante bis Petrarca* (München 1983).
L.J. Kronenberg, "The Poet's Fiction: Virgil's Praise of the Farmer, Philosopher and Poet at the End of *Georgics* 2", *Harvard Studies in Classical Philology* 100 (2000) 341-360.
L.J. Kronenberg, *Beyond Good and Evil: Redefining Morality from Socrates to Virgil*. Diss. Harvard 2003; Inhaltsangabe in: *Dissertation Abstracts* 64 (9), (2003-2004) 3280.
E. Krummen, "Dido als Mänade und tragische Heroine. Dionysische Thematik und Tragödientradition in Vergils Didoerzählung", *Poetica* 36 (2004) 25-69.
J. Küppers, "Tityrus in Rom – Bemerkungen zu einem vergilischen Thema und seiner Rezeptionsgeschichte", *Illinois Classical Studies* 14 (1989) 33-47.
E. Kyriakidi, "Aeneas και *Furor* στις παρομοιώσεις του X βιβλίου της Αινειάδας", in: *Imitatio in litteris Latinis. Acta quinti Symposii studiorum totius Graeciae* (Athen 1996) 99-115.

G. La Bua, *L'inno nella letteratura poetica latina* (San Severo 1999).
M.L. La Fico Guzzo, "Acerca del uso de los deícticos en la *Eneida*", *Cuadernos de filología clásica: Estudios latinos* 25, 2 (2005) 37-50.
S. Laigneau, "Épopée et tragédie dans le chant II de l'Énéïde", *Bulletin de l'Association G. Budé* (2001), 379-389.
V. Langholf, "Vergil-Allegorese in den *Bucolica* des Calpurnius Siculus", *Rheinisches Museum* 133 (1990) 350-370.
A. La Penna, *L'impossibile giustificazione della storia. Un'interpretazione di Virgilio* (Roma, Bari 2005).
E. W. Leach, *Virgil's Eclogues: Landscapes of Experience* (Ithaca 1974).
M.O. Lee, *Death and Rebirth in Vergil's Arcadia* (New York 1989).
M.O. Lee, *Virgil as Orpheus. A Study of the Georgics* (New York 1996).
A.D. Leeman, *Form und Sinn. Studien zur römischen Literatur* (Frankfurt 1985).
E. Lefèvre, *Dido und Aias. Ein Beitrag zur römischen Tragödie* (= Abhandlungen der geistes- und sozialwiss. Klasse, Akademie der Wissenschaften und der Literatur [Mainz 1978, 2]).
E. Lefèvre, "Catulls Parzenlied und Vergils vierte Ekloge", *Philologus* 144 (2000) 62-80.
C. Leonardi, "Medioevo. Tradizione letteraria", in: *Enciclopedia Virgiliana* 3 (Roma 1987) 420-428.
V. Leroux, "La représentation de l'Étna dans l'épopée latine", in: E. Foulon (Hg.), *Connaissance et représentations des volcans dans l'antiquité. Actes du colloque ...* (Clermont-Ferrand 2004) 57-78.
S. Lindhal, "Die Anordnung in den Hirtengedichten Vergils", *Classica et Mediaevalia* 45 (1994) 161-178.
Th. Lindner, *Lateinische Komposita. Morphologische, historische und lexikalische Studien* (Innsbruck 2002).
M. Lipka, *Language in Vergil's Eclogues* (Berlin 2001).
M.J.H. Liversidge, "Virgil in Art", in: C. Martindale (Hg.), (1997) 91-104.

M. Lobe, *Die Gebärden in Vergils Aeneis. Zur Bedeutung und Funktion von Körpersprache im römischen Epos* (Frankfurt 1999).
M. Lobe, "Amerikanischer und europäischer Äneas. Von der Aktualität des vergilischen Äneas-Mythos", *Forum Classicum* 49, 1 (2006) 13-17.
C.R. Long, *The Twelve Gods of Greece and Rome* (Leiden u.a. 1987).
A. Loupiac, *Virgile, Auguste et Apollon: mythes et politique à Rome: l'arc et la lyre* (Paris 1999).
A. Loupiac, "Orphée-Gallus, figure de l'évolution morale et poétique de Virgile des *Bucoliques* à l'*Énéide*", *Revue des Études Latines* 79 (2001 [2002]) 93-103.
M. Lühken, *Christianorum Maro et Flaccus. Zur Vergil- und Horazrezeption des Prudentius* (Göttingen 2002).
A. Lunelli, *La lingua poetica latina* (Bologna ²1980).
S. Lütkemeyer, *Ovids Exildichtung im Spannungsfeld von Ekloge und Elegie. Eine poetologische Deutung der Tristia und Epistulae ex Ponto* (Frankfurt 2005).
R.O.A.M. Lyne, *Further Voices in Vergil's Aeneid* (Oxford 1987).
R.O.A.M. Lyne, *Words and the Poet. Characteristic Techniques of Style in Vergil's Aeneid*, (Oxford 1989).

S. MacCormack, *The Shadows of Poetry. Vergil in the Mind of Augustine* (Berkeley 1998).
C. J. Mackie, *The Characterization of Aeneas* (Edinburgh 1988); dazu W. Kißel, *Gnomon* 65 (1993) 673-677.
J. Y. Maleuvre, "*Ille ego qui quondam* ... (*Aen.* 1, *1-4) revisité", *Les Etudes Classiques* 71 (2003) 379-383.
D. Mankin, "Virgil's Eighth Eclogue. A Reconsideration", *Hermes* 116 (1988) 63-76.
G. Manzoni, *Pugnae maioris imago. Intertestualità e rovesciamento nella seconda esade dell'Eneide* (Milano 2002).
M. Marinčič, "Der Weltaltermythos in Catulls Peleus-Epos, der kleine Herakles und der römische Messianismus Vergils", *Hermes* 129 (2001) 484-504.
R. Martin, *Recherches sur les agronomes latins et leurs conceptions économiques et sociales* (Paris 1971).
C. Martindale (Hg.), *The Cambridge Companion to Virgil* (Cambridge 1997) ; darin : "Introduction : The Classic of all Europe" 1-18.
F. Marx, "Virgils Vierte Ekloge", *Neue Jahrbücher* 1 (1898) 105-128.
G. Maurach, *Enchiridion Poeticum* (Darmstadt ²1989).
A. Mauriz Martínez, *La palabra y el silencio en el episodio amoroso de la Eneida* (Frankfurt 2003).
V. Maurizio, "Partenio di Nicea: una creazione della scholiastica virgiliana?", *Schol(i)a* 6, 2 (2004) 11-49; 6, 3 (2004) 15-28.
P. Mazzocchini, *Forme e significati della narrazione bellica nell'epos virgiliano* (Fasano 2000).
E. Mehl, s. K. Büchner.
F. Mehmel, *Virgil und Apollonius Rhodius. Untersuchungen über die Zeitvorstellungen in der antiken epischen Erzählung* (Hamburg 1940).
H. Menge, *Repetitorium der lateinischen Syntax und Stilistik* (Leverkusen ¹²1955).
W. Messerschmidt, *Prosopopoiia. Personifikationen politischen Charakters in spätklassischer und hellenistischer Kunst* (Köln 2003).
G. Meter, *Walter of Châtillon's Alexandreis Book 10. A Commentary* (Frankfurt 1991).
G. B. Miles, *Virgil's Georgics. A New Interpretation* (Berkeley 1980).
P. A. Miller, "The Parodic Sublime: Ovid's Reception of Virgil in *Heroides* 7", in: G. W. Most, S. Spence (Hgg.), (2004) 57-72.
D. Millet-Gérard, "Tradition virgilienne et poésie chrétienne : le Paradis de langage", *Bulletin de l'Association G. Budé* (2004), 2, 70-96.
P. von Möllendorff, "Aeneas und Odysseus. Die ‚Tore des Schlafs' in *Aen.* 6, 893-99", in: J.P. Schwindt (Hg.), (2000) 43-66.
R. C. Monti, *The Dido Episode and the Aeneid. Roman Social and Political Values in the Epic* (Leiden 1981).
L. Morgan, *Patterns of Redemption in Virgil's Georgics* (Cambridge 1999).

G.W. Most, S. Spence (Hgg.), *Re-presenting Virgil. Special issue in honor of M.C.J.Putnam* (=*Materiali e discussioni per l'analisi dei testi classici* 52), (Pisa und Roma 2004).
G. A. Müller, *Formen und Funktionen der Vergilzitate bei Augustin von Hippo* (Paderborn 2003).

G. Nagy, "Ancient Greek Poetry, Prophecy, and Concepts of Theory", in: J.L. Kugel (Hg.), *Poetry and Prophecy. The Beginnings of a Literary Tradition* (Ithaca 1990) 56-64.
C. Nappa, "Callimachus'*Aetia* and Aeneas' Sicily", *Classical Quarterly* n.s. 54 (2004) 640-646.
C. Nappa, *Reading after Actium. Vergil's Georgics, Octavian, and Rome* (Ann Arbor 2005).
D. Nardoni, "*In Andibus:* An Essay of Experimental Philology", *Metalogicon* 5, 1, (1992) 39-48.
H. Naumann, "Was wissen wir von Vergils Leben?", *Der Altsprachliche Unterricht* 24, 5 (1981) 5- 16.
G. Nauroy (Hg.), *L'écriture du massacre en littérature entre histoire et mythe: des mondes antiques à l'aube du XXIe siècle* (Bern, Frankfurt 2004).
D. Nelis, *Vergil's Aeneid and the Argonautica of Apollonius Rhodius* (Leeds 2001).
C. Neumeister, "Aristaeus und Orpheus im 4. Buch der *Georgica*", *Würzburger Jahrbücher* 8 (1982) 47-56.
L. Nicastri, "La quarta egloga di Virgilio e la profezia dell'Emmanuele", *Vichiana* 18 (1989) 221-261.
R. Niehl, *Vergils Vergil. Selbstzitat und Selbstdeutung in der Aeneis. Ein Kommentar und Interpretationen* (Frankfurt 2002).
N.-O. Nilsson, "Verschiedenheiten im Gebrauch der Elision in Vergils *Eklogen*", *Eranos* 58 (1960) 80-91.
R.G.M. Nisbet, "Virgil's Fourth Eclogue: Easterners and Westerners", *Bulletin of the Institute of Classical Studies* 25 (1978) 59-78; jetzt in: R.G.M. Nisbet, *Collected Papers on Latin Literature*, hg. S.J. Harrison (Oxford 1995) 47-75.
R.G.M. Nisbet, "The Style of Virgil's *Eclogues*", in: *Proceedings of the Virgilian Society* 20 (1991) 1-14; jetzt in: R.G.M. Nisbet, *Collected Papers on Latin Literature*, hg. S.J. Harrison (Oxford 1995) 325-337.
R.G.M. Nisbet, "*Aeneas Imperator*: Roman Generalship in an Epic Context", *Proceedings of the Virgil Society* 18 (1978-80), 50-61, jetzt in: R.G.M. Nisbet, *Collected Papers on Latin Literature*, hg. S.J. Harrison (Oxford 1995) 132-143.
*E. Norden, *Ennius und Vergilius* (Berlin 1915).
*E. Norden, *Die Geburt des Kindes* (Leipzig und Berlin 1924; Darmstadt [3]1958).
E. Norden, "Orpheus und Eurydike", *Sitzungsberichte der Preußischen Akademie der Wissenschaften* 22 (*Berlin* 1934) 626-683.
S.G. Nugent, "The Women of the *Aeneid.* Vanishing Bodies, Lingering Voices", in: C. Perkell (Hg.), (1999) 251-270; 333-335.

J.J. O'Hara, *Death and Optimistic Prophecy in Vergil's Aeneid* (Princeton 1990).
J.J. O'Hara, *True Names. Vergil and the Alexandrian Tradition of Etymological Wordplay* (Ann Arbor 1996).
J.J. O'Hara, "Virgil's Style", in: C. Martindale (Hg.), (1997), 241-258.
E. Oliensis, "Sibylline Syllables: The 'Intratextual *Aeneid*'", *Proceedings of the Cambridge Philological Society* 50 (2004) 29-45.
H. Oppermann (Hg.), *Wege zu Vergil* (Darmstadt [2]1976).
B. Otis, *Virgil. A Study in Civilized Poetry* (Oxford 1964; Ndr. 1967).

O. Panagl, "Archaisierende Tendenzen in der lateinischen Sprachgeschichte", in: S. Kiss, L. Mondin, G. Salvi (Hgg.), *Latin et langues romanes. Études de linguistique offertes à J. Herman* (Tübingen 2005), 47-56.
S. Papaioannou, "Founder, Civilizer and Leader: Vergil's Evander and his Role in the Origins of Rome", *Mnemosyne* ser. 4, 56 (2003) 680-702.

T.D. Papanghelis, "Winning on Points: about the Singing Match in Virgil's Seventh Eclogue", in: C. Deroux (Hg.), *Studies in Latin Literature and Roman History VIII* (= Collection Latomus 239), (1997) 144-157.

A. Parry, "The Two Voices of Virgil's *Aeneid*", *Arion* 2 (1963) 66-80.

M. Paschalis, *Virgil's Aeneid. Semantic Relations and Proper Names* (Oxford 1997).

M. Paschalis, "*Semina ignis*. The Interplay of Science and Myth in the Song of Silenus", *American Journal of Philology* 122 (2001) 201-222.

A. Patterson, *Pastoral and Ideology: Virgil to Valéry* (Berkeley 1987).

C.D. Perkell, *The Poet's Truth. A Study of the Poet in Virgil's Georgics* (Berkeley 1989); dazu K. Galinsky, *Classical World* 84 (1991) 478.

C.D. Perkell, "On Eclogue 1. 79-83", *Transactions and Proceedings of the American Philological Association* 120 (1990) 171-181.

C.D. Perkell (Hg.), *Reading Vergil's Aeneid. An Interpretive Guide* (Norman 1999).

C.D. Perkell, "The Dying Gallus and the Design of Eclogue 10", *Classical Philology* 91 (1996) 128-140.

A. Perutelli, *La poesia epica latina. Dalle origini all'età dei Flavi* (Roma 2000).

P. Pfaff, "Der verwandelte Orpheus. Zur ‚ästhetischen Metaphysik' Nietzsches und Rilkes", in: K. H. Bohrer (Hg.), *Mythos und Moderne. Begriff und Bild einer Rekonstruktion* (Frankfurt 1983) 290-317.

E. Pfeiffer, *Virgils Bukolika. Untersuchungen zum Formproblem* (Stuttgart 1933).

V. Pöschl, *Die Dichtkunst Virgils. Bild und Symbol in der Aeneis* (Wien 1950; überarbeitet Berlin ³1977).

V. Pöschl, *Die Hirtendichtung Virgils* (Heidelberg 1964).

V. Pöschl, "Die Tempeltüren des Dädalus in der *Aeneis*", *Würzburger Jahrbücher*, neue Serie, 1 (1975) 119-123.

V. Pöschl (Hg.), *2000 Jahre Vergil. Ein Symposion* (= Wolfenbütteler Forschungen 24, Wiesbaden 1983).

V. Pöschl, "Virgil als Bewahrer und Schöpfer von Kultur", *Listy filologické* 106 (1983) 2-6.

J. Poucet, "L'origine troyenne des peuples d'occident", *Les Etudes classiques* 72 (2004) 75-107.

J.U. Powell, *Collectanea Alexandrina* (Oxford 1925).

H. Prinzen, *Ennius im Urteil der Antike* (Stuttgart 1998).

G. Punelle, "Mètre et syntaxe dans la pratique de trois poètes latins: Catulle, Virgile et Horace", in : G. Calboli (Hg.), *Papers on Grammar IX 1.2. Latina lingua* ...(Roma 2005) 909-919.

P.H. Purchase, *Narcissism and the Dying Subject in Ancient Pastoral*. Thesis Univ. of Southern California, Los Angeles 2003; siehe *Dissertation Abstracts* 65, 5 (2004-2005) 1767.

M.C.J. Putnam, *The Poetry of the Aeneid* (Cambridge, Mass. 1965).

M.C.J. Putnam, *Vergil's Aeneid. Interpretation and Influence* (Chapel Hill 1995).

M.C.J. Putnam, *Virgil's Pastoral Art* (Princeton 1970).

M.C.J. Putnam, *Virgil's Poem of the Earth* (Princeton 1979).

M.C.J. Putnam, "Virgil's Inferno", *Materiali e discussioni* 20/21 (1988) 165–202.

M.C.J. Putnam, *Virgil's Epic Designs: Ekphrasis in the Aeneid* (New Haven und London 1998).

K. Quinn, *Virgil's Aeneid. A Critical Description* (London 1968).

D. Quint, *Epic and Empire: Politics and Generic Form from Virgil to Milton* (Princeton 1993).

D. Quint, "The Virgilian coordinates in Milton's *Paradise Lost*", in G. W. Most, S. Spence (Hgg.), (2004) 177-197.

G. (= Georg) Radke, "*Pudor*", in: *Paulys Realencyclopaedie der classischen Altertumswissenschaft*, 46. Halbband [1959], Sp. 1947.

G. Radke, *Die Götter Altitaliens* (Münster ²1979).

G. Radke, *Das Imperium des Augustus, seine politischen und sozialen Grundlagen* (München 1970).

G. (= Gyburg) Radke, "Symbolische *Aeneis*-Interpretationen: Differenzen und Gemeinsamkeiten in der modernen Vergilforschung", *Antike und Abendland* 49 (2003) 90-112.

G. Ravenna, "Ekphrasis", in: *Enciclopedia Virgiliana* 2 (1985) 183-185.

S. Rebenich, "Römische Wertbegriffe: Wissenschaftsgeschichtliche Anmerkungen aus althistorischer Sicht", in: A. Haltenhoff u. a. (Hg.), (2005) 23-46.
J.D. Reed, "A Hellenistic Influence in *Aeneid* IX", *Faventia* 26 (2004) 27-42.
H.D. Reeker, *Die Landschaft in der Aeneis* (Hildesheim 1971).
T. Reinhardt, M. Lapidge, J.N. Adams (Hgg.), *Aspects of the Language of Latin Prose* (Oxford 2005; behandelt zahlreiche Vergilstellen, s. Index).
R. Reitzenstein, *Epigramm und Skolion* (Gießen 1893).
C. Renger, *Aeneas und Turnus. Analyse einer Feindschaft* (Frankfurt 1985).
J.A. Richmond, "The *Catalepton* and its Background", in: *Atti del Convegno mondiale scientifico di studi su Virgilio...* , Bd. 1 (Milano 1984) 50-65.
J.A. Richmond, "*Catalepton*", in: *Enciclopedia Virgiliana* 1 (1984), s. v.
L. Ricottilli, *Gesto e Parola nell'Eneïde* (Bologna 2000)
R. Rieks, "Vergils Dichtung als Zeugnis und Deutung der römischen Geschichte", in: *Aufstieg und Niedergang der römischen Welt* 2, 31, 2 (1981) 728-868.
R. Rieks, *Affekte und Strukturen. Pathos als Form- und Wirkungsprinzip von Vergils Aeneis*, München 1989.
M. Rivoltella, *Le forme del morire. La gestualità nelle scene di morte nell'Eneïde* (Milano 2005).
F. Robertson, *Meminisse iuvabit. Selections from the Proceedings of the Virgil Society* (Bristol 1988).
B. Rochette, "Les traductions grecques de l'*Enéïde* sur papyrus", *Les Etudes Classiques* 58 (1990) 333-346.
G. Romagnoli, "Le strutture stilistiche del primo libro dell'*Eneide*", *Cultura e società nell'antica Roma, 2° ser. Quaderni di Anazetesis* 4 (2004) 103-128.
D.O. Ross, jr., *Virgil's Elements. Physics and Poetry in the Georgics* (Princeton 1987).
A. Rossi, *Contexts of War. Manipulation of Genre in Virgilian Battle Narrative* (Ann Arbor 2004).
A. Rossius, "Greek Astronomer behind Verg., *Aen.* 6, 849-850", *Hyperboreus* 7 (2001) 238-241.
A. Rouveret, *Histoire et imaginaire de la peinture ancienne (V siècle avant J.-C. – I siècle après J.-C.* (Rome 1989).
L. Rumpf, *Extremus labor. Vergils 10. Ekloge und die Poesie der Bucolica* (Göttingen 1996).
L. Rumpf, "Bukolische Namen bei Vergil und Theokrit. Zur poetischen Technik des Eklogenbuchs", *Rheinisches Museum* 142 (1999) 157-175.
H.C. Rutledge, "A Late Twentieth-Century Reading of Vergil's Eclogues: The Shepherd as Artist", in: R.M. Wilhelm, H. Jones (Hgg.), (1992) 467-477.

J. Sargeaunt, *The Trees, Shrubs, and Plants of Virgil* (Freeport, N,Y. 1920; Ndr. 1969).
G. Sauron, *Quis Deum?: L'expression plastique des idéologies politiques et religieuses à Rome à la fin de la République et au début du principat* (Rome 1994).
G. Scafoglio, "La scena di Elena tramandata da Servio", *Vichiana* 2 (2000), 181-200.
G. Scafoglio, "Il confronto di Enea col passato: Palinuro, Didone, Deifobo nell'Ade virgiliano", *Antike und Abendland* 49 (2003) 80-89.
G. Scafoglio, "L'episodio di Deifobo nell'Ade Virgiliano", *Hermes* 132 (2004) 167-185.
R. Scarcia, "Il testamento di Virgilio e la leggenda dell'*Eneide*", *Rivista di cultura classica e medioevale* 5 (1963) 303-321.
W. Schadewaldt, "Sinn und Werden der Vergilischen Dichtung" (1930), wh. in: H. Oppermann (Hg.), ($^2$1976) 43–68.
A. Schäfer, *Vergils Eklogen 3 und 7 in der Tradition der lateinischen Streitdichtung* (Frankfurt 2001).
S. Schäfer, *Das Weltbild der Vergilischen Georgika in seinem Verhältnis zu De rerum natura des Lukrez* (Frankfurt 1996).
K.H. Schelkle, *Virgil in der Deutung Augustins* (Stuttgart 1939).
A. Schiesaro, "Il destinatario discreto. Funzioni didascaliche e progetto culturale nelle *Georgiche*", *Materiali e Discussioni* 31 (1993) 129-147.

A. Schiesaro, "The Boundaries of Knowledge in Virgil's *Georgics*", in: T.N. Habinek und A. Schiesaro (Hgg.), (1997) 63-89.
R. Schilling, "Le refrain dans la poésie latine", in : *Musik und Dichtung. Festschrift V. Pöschl* (Frankfurt 1990) 117-131.
C. Schindler, *Untersuchungen zu den Gleichnissen im römischen Lehrgedicht. Lucrez, Vergil, Manilius* (Göttingen 2000).
A. Schlachter, F. Gisinger, *Der Globus* (Berlin 1927).
R.R. Schlunk, *The Homeric Scholia and the Aeneid. A Study of the Influence of Ancient Homeric Literary Criticism on the Aeneid* (Ann Arbor 1974).
E.A. Schmidt, *Poetische Reflexion. Vergils Bukolik* (München 1972).
E.A. Schmidt, *Bukolische Leidenschaft – oder über antike Hirtenpoesie* (Frankfurt 1987).
E.A. Schmidt, "Vergils Glück. Seine Freundschaft mit Horaz als ein Horizont unseres Verstehens", in: V. Pöschl (Hg.), (1983) 1-36.
E.A. Schmidt, "Das Selbstverständnis spätrepublikanischer und frühaugusteischer Dichter in ihrer Beziehung zu griechischer und frühromischer Dichtung", in: E. A. Schmidt (Hg.), (2000), 97-133; bes. 117-124.
E.A. Schmidt, "The Meaning of Virgil's *Aeneid*: American and German Approaches", in: *Classical World* 94 (2001, I) 65-92.
E.A. Schmidt (Hg.), *L'histoire littéraire immanente dans la poésie latine* (Vandoeuvres-Genève 2000, ersch. 2001, II).
E.A. Schmidt, "Vergils *Aeneis* als augusteische Dichtung", in: H.J. Rüpke (Hg.), *Von Göttern und Menschen erzählen. Formkonstanzen und Funktionswandel vormoderner Epik* (Stuttgart 2001) 65-92.
E.G. Schmidt, "Achilleus – Odysseus – Aeneas: Zur Typologie des Vergilischen Helden", *Listy filologické* 106 (1983) 24-28.
T. Schmit-Neuerburg, *Vergils Aeneis und die antike Homerexegese. Untersuchungen zum Einfluß ethischer und kritischer Homerrezeption auf imitatio und aemulatio Vergils* (Berlin 1999).
U. Schmitzer, "Die Macht über die Imagination. Literatur und Politik unter den Bedingungen des frühen Prinzipats", *Rheinisches Museum* 145 (2002) 281-304.
J. Schönberger, "Zwei antike Vorbilder bei E. Mörike" (Vergil, Aischylos)", *Blätter für das bayerische Gymnasialschulwesen* 56 (1920) 10-12.
J.P. Schwindt (Hg.), *Zwischen Tradition und Innovation. Poetische Verfahren im Spannungsfeld Klassischer und Neuerer Literatur und Literaturwissenschaft* (München 2000).
J.P. Schwindt, "Zeiten und Räume in augusteischer Dichtung", in: J.P. Schwindt (Hg.), *La représentation du temps dans la poésie augustéenne* (Heidelberg 2005), 1-18, bes. 13-15.
H. Seng, *Vergils Eklogenbuch. Aufbau, Chronologie und Zahlenverhältnisse* (Hildesheim 1999).
A. Setaioli, *La vicenda dell'anima nel commento di Servio a Virgilio* (Frankfurt 1995).
A. Setaioli, *Si tantus amor ... Studi virgiliani* (Bologna 1998).
A. Setaioli, "Postilla al problema della doppia redazione del quarto libro delle *Georgiche*", *Prometheus* 25 (1999) 177-180.
A. Setaioli, "Le doute chez Virgile", *Cuadernos de Filología clásica. Estudios latinos* 25 (2005) 27-47
E. Simon, *Augustus. Kunst und Leben in Rom um die Zeitenwende* (München 1986).
M. Skinner (Hg.), *Philodemus and Vergil* (Austin, Texas 2002).
F. Skutsch, *Gallus und Vergil* (Leipzig 1906).
Smith, R.A., *The Primacy of Vision in Virgil's Aeneid* (Austin 2005).
B. Snell, "Arkadien. Die Entdeckung einer geistigen Landschaft", in: B. Snell, *Die Entdeckung des Geistes* (Hamburg 1946) 371-400; auch in: H. Oppermann (Hg.), ($^2$1976), 338–367; K. Garber (Hg.), (1976) 14-43.
M. Spannagel, "Zur Vergegenwärtigung abstrakter Wertbegriffe in Kult und Kunst der römischen Republik", in: M. Braun u. a. (Hg.), (2000) 237-269.
M.S. Spurr, *Arable Cultivation* (Journal of Roman Studies Monographs 3, 1986).
M. Stoevesandt, *Feinde – Gegner – Opfer. Zur Darstellung der Troianer in den Kampfszenen der Ilias* (Basel 2004).

H.-P. Stahl (Hg.), *Vergil's Aeneid. Augustan Epic and Political Context* (London 1998) (dort auch Stahls frühere Veröffentlichungen nachgewiesen).
H. Strasburger, "Vergil und Augustus", *Gymnasium* 90 (1983) 41-76.
W. Stroh, *Die römische Liebeselegie als werbende Dichtung* (Amsterdam 1971).
W. Stroh, "Die Ursprünge der römischen Liebeselegie. Ein altes Problem im Lichte eines neuen Fundes", *Poetica* 15 (1983) 205-246.
W. Stroh, "Quid de obsequio suo in amore poetae elegiaci senserint", in: *Tredici secoli di elegia latina. Atti del Convegno internazionale... Assisi (1988)*, (ersch. Assisi 1989) 25-62.
G. Stroppini, *L'amour dans les « Géorgiques » de Virgile ou L'immanence du sacré dans l'être* (Paris 2003).
W. Suerbaum, *Vergils Aeneis. Epos zwischen Geschichte und Gegenwart* (Stuttgart 1999).
W. Suerbaum, "Vergilius Maro", in: *Der Neue Pauly* 12, 2 (Stuttgart 2002) 42-60.
W. Suerbaum, siehe auch: Bibliographien.
Y. Syed, *Vergil's Aeneid and the Roman Self. Subject and Nation in Literary Discourse* (Ann Arbor 2005).
R. Syme, *The Roman Revolution* (Oxford 1939).
I. Tar, "Der Mythos bei Vergil", *Listy filologické* 106 (1983) 7-12.
I. Tar (Hg.), *Symposion Vergilianum* (= *Acta Antiqua et Archaeologica* 25), (Szeged 1984).
R.J. Tarrant, "Poetry and Power: Virgil's Poetry in Contemporary Context", in: C. Martindale (Hg.), (1997) 169-187.
R.J. Tarrant, "Aspects of Virgil's Reception in Antiquity", in: C. Martindale (Hg.), (1997) 56-72.
J. Tatum, *The Mourner's Song. War and Remembrance from the Iliad to Vietnam* (Chicago 2003).
J. Thomas, "Épopée et initiation. Le sens du voyage et le « tissage » de l'espace-temps du héros dans l'*Énéide*", in: J. Thomas (Hg.), *L'imaginaire de l'espace et du temps chez les latins* (Perpignan 1988) 37-74.
R.F. Thomas, "Voice, Poetics and Virgil's Sixth Eclogue", in : J. Jasanoff u.a. (Hg.), *Mír Curad. Studies in Honor of Calvert Watkins* (Innsbruck 1998) 669-676.
R.F. Thomas, *Reading Virgil and His Texts. Studies in Intertextuality* (Ann Arbor 1999).
R.F. Thomas, "A Trope by Any Other Name: 'Polysemy', Ambiguity, and *significatio* in Virgil", *Harvard Studies in Classical Philology* 100 (2000) 381-407.
R.F. Thomas, *Virgil and the Augustan Reception* (Cambridge 2001).
R.F. Thomas, "'Stuck in the Middle with You': Virgilian Middles", in: S. Kyriakidis, F. De Martino (Hgg.), *Middles in Latin Poetry* (Bari 2004) 123-150.
G. Thome, *Gestalt und Funktion des Mezentius bei Vergil* (Frankfurt 1979).
A. Thornton, *The Living Universe: Gods and Men in Virgil's Aeneid* (Leiden 1976).
S. Timpanaro, *Contributi di filologia e di storia della lingua latina* (Roma 1978).
S. Timpanaro, *Per la storia della filologia virgiliana antica* (Roma 1986).
S. Timpanaro, *Virgilianisti antichi e tradizione indiretta* (Firenze 2001).
G. Tissol, "An Allusion to Callimachus' *Aetia* 3 in Vergil's *Aeneid* 11", *Harvard Studies in Classical Philology* 94 (1991), 263-268.
U. Töns, "Sannazaros *Arcadia*. Wirkung und Wandlung der vergilischen Ekloge", *Antike und Abendland* 23 (1977) 143-161.
A. Traina, "*Si numquam fallit imago*. Riflessioni sulle *Bucoliche* e l'Epicureismo", in: *Atene e Roma* 10 (1965) 72-78.
S. Treggiari, *Roman Marriage* (Oxford 1991).
H.J. Tschiedel, "Anchises und Aeneas. Die Vater-Sohn-Beziehung im Epos des Vergil", in: P. Neukam (Hg.), *Exempla Classica* (München 1987), 141-167.
M.A. Tueller, "Well-Read Heroes: Quoting the *Aetia* in *Aeneid* 8", *Harvard Studies in Classical Philology* 100 (2000) 361-380.

J.B. Van Sickle, *The Design of Virgil's Bucolics* (Roma 1978; Bristol, London 2004$^2$).
J.B. Van Sickle, "Virgil *Bucolics* 1, 1-2 and Interpretive Tradition: A Latin (Roman) Program for a Greek Genre", *Classical Philology* 99, 4 (2004) 336-353.

J. Velaza, *Itur in antiquam silvam: un estudio sobre la tradición del texto antiguo de Virgilio* (Frankfurt 2001).
J. L. Vidal, "Lo que Horacio nos dice de su amigo Virgilio", in: *Iucundi acti labores. Estudios en homenaje Dulce Estefanía Álvarez*, hg. von T. Amado Rodríguez u. a., Universidade de Santiago de Compostela (2004) 435–446.
I. Villalba de la Güida, "Virgilio y la épica española del XIX": el *Colón* de Ramón de Campoamor y sus dependencias virgilianas", *Cuadernos de Filología clásica. Estudios latinos* 26, 1 (2006) 147-172.
G. Vogt-Spira, "Warum Vergil statt Homer?: der frühneuzeitliche Vorzugsstreit zwischen Homer und Vergil im Spannungsfeld von Autorität und Historisierung", *Poetica* 34 (2002) 323-344.

F. Wagner, "Klostergärten im Mittelalter",, in: *Schön und nützlich. Aus Brandenburgs Kloster-, Schloß- und Küchengärten...*, hg. vom Haus der Brandenburgisch-preußischen Geschichte (Berlin 2004) 16-24.
Ch. Walde, *Die Traumdarstellungen in der griechisch-römischen Dichtung* (München 2001); dazu Ch. Hartmann, *Gnomon* 75 (2003) 316-320.
O. Warnatsch, „Anklänge an Livius und Vergil bei Schiller", *Studien zur vergleichenden Literaturgeschichte* 8, 1908, 245-248.
T. Weber, *Fidus Achates. Der Gefährte des Aeneas in Vergils Aeneis* (Frankfurt 1988).
D. West, *The Bough and the Gate* (Exeter 1987), jetzt in: S.J. Harrison (Hg.), (1990), 449-465.
K.D. White, *Roman Farming* (London 1970).
K.D. White, *Agricultural Implements of the Roman World* (Cambridge 1967).
K.D. White, *Farm Equipment of the Roman World* (Cambridge 1975).
P. White, *Promised Verse: Poets in the Society of Augustan Rome* (Cambridge, Mass. 1993)
M. Wifstrand Schiebe, *Vergil und die Tradition von den römischen Urkönigen* (Stuttgart 1997).
M. Wigodsky, *Virgil and Early Latin Poetry* (Wiesbaden 1972).
U. von Wilamowitz-Moellendorff, *Hellenistische Dichtung in der Zeit des Kallimachos* (Berlin 1924).
R.M. Wilhelm, H. Jones, (Hg.), *The Two Worlds of the Poet. New Perspectives on Virgil (Festschrift* A. McKay), (Detroit 1992).
*L.P. Wilkinson, *The Georgics of Virgil. A Critical Survey* (Cambridge 1969).
G. Wille, *Musica Romana* (Amsterdam 1967).
G. Williams, *Techniques and Ideas in the Aeneid* (New Haven 1983).
R.P. Williams, *The Aeneid* (London 1987).
W. Wimmel, *Hirtenkrieg und arkadisches Rom. Reduktionsmedien in Vergils Aeneis* (München 1973).
W. Wimmel, "Vergils Tityrus und der Perusinische Konflikt: zum Verständnis der ersten Ecloge", *Rheinisches Museum* 144 (1998) 348-361.
G. Wissowa, "Das Prooemium von Vergils *Georgica*", *Hermes* 52 (1917) 92-104.
F. Wittchow, "Vater und Onkel: Julius Caesar und das Finale der *Aeneis*", in: *Gymnasium* 112 (2005) 45-69
A. Wlosok, *Die Göttin Venus in Vergils Aeneis* (Heidelberg 1967).
A. Wlosok, "*Cumaeum carmen:* Sibyllenorakel oder Hesiodgedicht?", in: *Forma futuri. Studi in onore del Cardinale M. Pellegrino* (Torino 1975) 693-711.
A. Wlosok, "Vergils Didotragödie. Ein Beitrag zum Problem des Tragischen in der *Aeneis*", in: *Studien zum antiken Epos*, hg. von H. Görgemanns und E. A. Schmidt, Meisenheim 1976, 228-250.
A. Wlosok, "Der Held als Ärgernis: Vergils Aeneas", *Würzburger Jahrbücher*, Neue Serie 8 (1982) 9-21.
A. Wlosok, "*Et poeticae figmentum et philosophiae veritatem.* Bemerkungen zum 6. Aeneisbuch, insbesondere zur Funktion der Rede des Anchises (724 ff.)", *Listy filologické* 106 (1983, I) 13–19.
A. Wlosok, "Vergil als Theologe: *Iuppiter – pater omnipotens*", *Gymnasium* 90 (1983, II) 187-202.

A. Wlosok, "Zwei Beispiele frühchristlicher ‚Vergilrezeption': Polemik und Usurpation", in: V. Pöschl (Hg.), (1983, III) 63-86; auch in I.Tar (Hg.), (1984) und in A. Wlosok (1990) 437-459.
A. Wlosok, *Gemina doctrina?* Über Berechtigung und Voraussetzungen allegorischer Aeneisinterpretation" (1983, IV), in: A. Wlosok (1990) 392-402.
A. Wlosok, (Diskussionsbeitrag ohne Titel), in: *L'essenza del ripensamento su Virgilio. Accademia Nazionale Virgiliana di scienze, lettere ed arti. Tavola rotonda tenuta nel Palazzo Accademico il 9 ottobre 1982* (erschienen Roma 1984), 49-51.
A. Wlosok, "Zur Funktion des Helden in Vergils *Aeneis*", *Klio* 67 (1985) 216-223.
A. Wlosok, *Res humanae – res divinae. Kleine Schriften*, hg. E. Heck und E. A. Schmidt (Heidelberg 1990).
A. Wlosok, *Publius Vergilius Maro, Bucolica, Georgica, Aeneis*. Valéncia, Biblioteca General i Històrica de la Universidad (Farbmikrofiche-Edition. Einleitung und Beschreibung der Miniaturen von A. W. (München 1992).
A. Wlosok, "*Gemina pictura.* Allegorisierende Aeneisillustrationen in Handschriften des 15. Jh.", in: R.M. Wilhelm und H. Jones (Hg.), Festschrift A.G. MacKay, *The Two Worlds of the Poet. New Perspectives on Vergil* (Detroit 1992) 408-432.
A. Wlosok, "Freiheit und Gebundenheit der augusteischen Dichter", *Rheinisches Museum* 143 (2000) 75-88.
A. Wlosok, "Vergils Unterwelt (*Aeneis VI*) in der Buchmalerei von der Spätantike bis zur Renaissance", in: J. Dummer und M. Vielberg (Hg.), *Leitbilder aus Kunst und Literatur* (Stuttgart 2002) 95-153.
F.J. Worstbrock, *Elemente einer Poetik der Aeneis. Untersuchungen zum Gattungsstil verglianischer Epik* (Münster 1963).
D.H. Wright, *Der Vergilius Romanus und die Ursprünge des mittelalterlichen Buches* (Stuttgart 2001).

*V. Zabughin, *Virgilio nel Rinascimento italiano da Dante a Torquato Tasso: fortuna, studi, imitazioni, traduzioni e parodie, iconografia*. A cura di S. Carrai e A. Cavarzere; introduzione di A. Campana, 2 Bde. (1921-1923), Ndr. Trento 2000.
P. Zanker, *Augustus und die Macht der Bilder* (München 1987; engl. von A. Shapiro, Ann Arbor 1988).
J.E.G. Zetzel, *Latin Textual Criticism in Antiquity* (New York 1981).
J.E.G. Zetzel, "*Romane memento*: Justice and Judgment in *Aeneid 6*", *Transactions and Proceedings of the American Philological Association* 119 (1989) 286-287.
J.E.G. Zetzel, "Natural Law and Poetic Justice. A Carneadean Debate in Cicero and Vergil", *Classical Philology* 91 (1996) 297-319.
J.E.G. Zetzel, "Rome and its Traditions", in: C. Martindale (Hg.), (1997), 188-203.
K. Ziegler, *Das hellenistische Epos. Ein vergessenes Kapitel griechischer Dichtung* (Leipzig 1934).
E. Zinn, "Vergils *Aeneis*", in: E. Zinn, *Viva Vox. Römische Klassik und deutsche Dichtung* (Frankfurt 1994) 185-196.
C. Zintzen, „Griechische Tragödie in römischer Gestalt", *Festschrift des Kaiser-Karls-Gymnasiums zu Aachen* (Aachen 1976) 175-201.
C. Zintzen, *Die Laokoonepisode bei Vergil* (= Akademie der Wissenschaften und der Literatur Mainz, Abhandlungen der Geistes- und Sozialwissenschaftlichen Klasse [1979] 10).
M. Ziolkowski, "Between Text and Music: the Reception of Virgilian Speeches in Early Medieval Manuscripts", in: G. W. Most, S. Spence (Hgg.), (2004) 107-126.
T. Ziolkowski, "Broch's Image of Vergil and Its Context", *Modern Austrian Literature* 13 (1980) 1-30.
*T. Ziolkowski, *Virgil and the Moderns* (Princeton 1993).
O. Zwierlein, *Die Ovid- und Vergil-Revision in tiberischer Zeit*, Bd. 1: Prolegomena (Berlin 1999); dazu K. Galinsky, *Gnomon* 74 (2002) 685-687.

# 8 REGISTER
Namen und Sachen in Auswahl (A verweist auf Anmerkungen)

| | |
|---|---|
| *A!* | (Interjektion) 18; 20; 48 |
| Abwesenheit | der Hauptperson, s. Aussparungstechnik |
| Achates | 109; 111; 155; 188 |
| Ackerbau | 24; 56, A 196; 65; 81; s. Landwirtschaft |
| Actium | 9; 118 f.; 134; 178 |
| Addison, J. | 104 |
| Adverbien | 14 A 33; gliedernde 69; 79 |
| Adynaton | 16; 32 mit A 96; 41 |
| *Aemulatio* | 52; 198 mit A 696 |
| Aeneas | und Achilleus 139 f.; Apotheose 144; und Augustus 134 f.; 178; „Beamter" 13; Charakter *173-176*; *desertor Asiae* 116; s. *fides*; und die Frauen 195 mit A 682; Friedensstifter 145; „Fortschreitender"? 154; und Hercules 134 f.; *homo religiosus* 109; 111; 116; 119; 174; und Iason 119, A 438; 122; 173 A 594; und der Landwirt der *Georgica* 111; und Odysseus, 5; s. Homer; „Orientale" 182; und Orpheus 170; und Paris 122; s. *pietas*; *perfidus* 103; s. Rache; Sakralkönig 173 f.; Schonung der Besiegten 144; Tod 124; Ungewißheit 117 f.; 154; zwischen Vergangenheit und Zukunft 107 f.; kein Weiser 154 |
| *Aeneis* | 3 f.; 5; 8-13; 23; 25; 34 f.; 44; 48; 53; 56 f.; 59-61; 69-75; 80; 84-86; 90; 92-95;  97-99; 101; 104; *107-197*; Anti-*Ilias* 5; 150; Anti-*Odyssee* 5; 150; und *Bucolica* 135; 146; Datierung 12; kein Entwicklungsroman 119 f.; 155; und *Georgica* 146; s. *Georgica*; iliadisch und odysseisch 150; kein „Retortenepos" 5; Sakralgedicht 170; 173; Schultext 190; Subtext 195; „Vorspann" 107, A 412; 185; Weltgedicht 111; 146; 149; 158; 171 |
| Affekt | Beherrschung 93 f.; s. Erzählstil, emotionaler; s. Mischaffekt |
| Aias | 125 A 452; 129; 131; 143; 148; 154 |
| Aion | 24 f.; 42; 56 |
| Aischylos | 70; 85 |
| Aitiologie | 53; 75; 78 f.; 82; 134; 149; 178 |
| Alamanni, L. | 102 |
| Albertus Magnus | 102 |
| Aldhelm | 101 |
| Allecto | 132 f.; 151 |
| Alexander d. Gr. | 95; 173 mit A 582 |
| Alexander Severus | 148 |
| Alexandrinisches | 13; 53; 77 mit A 271; 79 mit A 285; 83; 90; 146; 198 |
| Allegorese | 61; 101; 192; 146 f.; 177 f. mit A 610 f. |
| Allegorie | 19; 26; 60; 85; 92 f.; 98 f.; 101; 122; 129; 147; 177; s. Fama |
| Alliteration | 87; 159 f.; 186 |
| Amazonen | s. Camilla |
| Ambrosius | 14, A 32; 99; 101; 187 |
| Amor, *amor* | 20; 27, A 75; 29; 32; 35; 37; 50; 54; 58; 92; 99; 111 f.; 113; 121; 123; 128, A 457; 149; 155 f.; 160; 168; 181 f.; 188 |
| Amphion | 19; 22; 44 |
| Amyot | 61 |
| Anakreon | 62 |
| Anapher | 15; 17; 49 f.; 72; 87; 164 |
| Anchises | 9; 52; 115-119; 125-127; 130; 134; 139; 156 f.; 163 f.; 170; 178 f.; 195 |
| *Animus* | 35 mit A 107 |

| | |
|---|---|
| Anrede, Apostrophe | 8; 17-20; 24; 31; 39; 50; 69 f.; 72; 81 f.; 86; 95; 113; 115; 123 f. mit A 449; 139; 148; 164 f.; 176; Selbstanrede 19-21; 40 |
| Anspielung | 12, A 26; 31; 41; 45; 78; 84; 96, A 356; 107, A 413; 149; 178 |
| Antonius, M. | 24; 55, A 193; 70; 144, A 487; 173 |
| Antonius, L. | 144, A. 487 |
| Apollo, Phoebus | 22 f.; 25-28; 29, A 82; 30; 37; 53; 57 f. 71; 73; 118 f.; 122 f.; 128; 137 |
| Apollonios von Rhodos | 13; 107, A. 414; 111; 122-124; 131 mit A 465; 143, A 482; 146-154; 57; 182, A 622 |
| Aposiopese | 46 |
| Apotheose | des Aeneas 144; des Daphnis 26 ; 40 f.; des Princeps 65 f.; Vergils 59 |
| *Appendix Vergiliana* | 200 |
| Aratos | 22; 46; 51; 77-80; 100 |
| Archaismen | 160 f.; 168; 186 f.; 194; s. Ennius; Lukrez |
| „Archäologien" | 108 f.; 131 f.; 147; 152 |
| Arethusa | 36 f.; 45; 119 |
| Ariadne | 128; 149 |
| Ariost | 193 |
| Aristaeus | 65; 74 f.; 77; 80; 83-85; 88 f.; 91; 95; 102; 167 |
| Aristoteles, Aristotelisches | 76; 80 f.; 144, A 488; 169; 171; 178-180 |
| Arkadien | 4; 31; 36 f.; 45 mit A 138; 55; 61 |
| Arktinos | 142 |
| *Arma* | 107 mit Anm. 413; 153; 164; 169; s. Beutewaffen |
| Arnold, M. | 63 |
| Arktinos | 142 |
| Ascanius, Iulus | 111; 116; 122 f.; 125 f.; 132 f.; 136 f.; 138 f.; 143; 147, A. 492; 156 f.; 162; 173; 176; 180; 182; 195 |
| Asinius Gallus | 24; 55, A 193; Asinius Pollio s. Pollio |
| Astronomisches | 3; 8; 22; 46, A 143; 52; 67; 78 f.; 80, A. 297; 82; 85; 90, A 342; 99 f. |
| Attribute | *bonus* 26; *magnus* 85; psychologische 158; zwei bei einem Substantiv 89 |
| *augur* | 117 |
| *augurium* | s. Götterzeichen |
| Augustinus | 58 f.; 101; 191 |
| Augustus („Octavianus") | 9-12; 15; 24, A 66; 31; 36; 55; 59; 65 f.; 67; 70-72; 75; 77; 93; 103; 130; 135; 171; 173; 175; 177 f.; 182 |
| *augustus* | 85, A 320 |
| Ausrufe | 49; 151; s. Interjektionen |
| Aussparungstechnik: | Abwesenheit der Hauptperson 36; 44 f.; 125; 142; 157 |
| Avicenna | 101 |
| Bacchus | 26; 46; 65; 68-71; 74; 82 f.; 86, A 324; 90, A 345; 96; 111; s. Dionysisches |
| Bach, J.S. | 63 |
| Bacon, F. | 103 |
| Baum | Pflege 65; 69; 80 f.; als Bild 62; 70; 84; 101; 116 |
| Beethoven | 63 |
| Bei- und Unterordnung von Sätzen | 49 |
| Beispielreihe | s. Priamel |
| Benedikt XVI. | 58 |
| Berlioz | 196 |
| Bernardus Silvestris | 191 |
| Bernhard, Th. | 44, A 137; 105 |

| | |
|---|---|
| Beschreibung von Kunstwerken | 22; *46*; 52; 71-73; *85*; 110-112; 126, A 454; 128; 134 f.; 152 mit A 507; vgl. 196 |
| Beutewaffen | 111 mit A 421; 115 mit A 429; 136; 139; 142; 153; 164; 174 |
| Bienen | 7 f.; 16; 29; 34; 39; 49; 65; 73-75; 77; 80 f.; 85; 87 f.; 95; 101 f.; 110; 114; 123; 126 f.; 130 f.; 143; 153; 176 |
| Bion | 41; 136, A 471 |
| Birken, S. v. | 62 |
| Blumen | 19 f.; 74; 100, A. 382;136; 140; 149 |
| Boccaccio | 60 f.; 105 |
| Boëthius | 101; 105 |
| Borges, J.L. | 58; 195 |
| Bossuet | 193 |
| Botticelli | 195 |
| Brecht | 104 |
| Breitinger | 193 |
| Broch | 106; 196 |
| Browning, R. | 193 |
| Buch | als Erkenntnisprozeß 154; als Leseeinheit 154 |
| Buchillustrationen | 92; 184 mit A 628; 195 mit A 684 |
| *Bucolica* | 4; 8 f.; 11 f.; *14-64*; 73; 75; 80; 85 f.; 89 f.; 92 f.; 119; 135: 146; 157; 160 f.;162; 165; 167; 169; 177; 179; 184; 193; 195; 198; 200; Aufbau 42; Datierung 11 |
| Bukolik | 38 f.; Untergattungen 38 f.; s. Dialog; Monolog; Wettsingen |
| Bürger, G.A. | 58 |
| Butor, M. | 103 |
| Byron | 193 |
| | |
| C | s. auch K |
| Caecilius Epirota | 189 f. |
| Caesar, C. Iulius | 9; 12; 26; 50; 67; 81 f.; 130; 164; 175; 178; 190; 193 |
| Caesar („Octavianus") | s. Augustus |
| Calpurnius | 59 |
| Calvus | 41 |
| Camerarius, J. | 61 |
| Camilla | 4; 110, A 419; 133; 141 f.; 153; 155; 177 |
| Camões | 192 |
| Carducci | 62 |
| Casella | 105 |
| Cassandra | 113; 115; 118 mit A 436; 149 |
| Cato d. Ä. | 78; 81; 88; 101; 164 |
| Cato d. J. | 109, A 417; 134 |
| Catull | 8; 12 f.; 15, A 37; 16, A 40; 20; 24 f. mit A 68; 31, A 93; 32, A 99; 33; 41; 48 mit A 157; 49, A 160; 51; 79; 87 mit A 328; 89; 91; 136; 149; 165 f.; 181 f. |
| Ceres | 26; 65; 96 |
| Cervantes | 61 |
| Céspedes, P. de | 103 |
| Chapman | 103 |
| Chénier | 61 |
| Chronologie, umgekehrte | 15 f.; 129 f.; 152 |
| Cicero | 9; 14, A 33; 15, A 37; 17; 51; 67, A 238; 75; 80, A 297; 96; 105; 107, A 413; 147; 149; 159; 161, A 544; 168 mit A 564; 174, A 596; 185 |
| *Ciris* | 28; 53; 200 |

| | |
|---|---|
| Claudian | 100; 188 |
| Clemens von Alexandria | 105 |
| Cleopatra | 178; 182 |
| Cocteau | 105 |
| Columella | 99-101 |
| Comes/Conti | 105 |
| Constantin | 59 |
| Corippus | 191 |
| Cordus, E. | 61 |
| Cornelius | s. Gallus |
| Crëusa | 4; 115 f.; 118; 122; 156; 162; 176; 195 |
| *culpa* | 121 f.; 156; 169 |
| Cyclopen | 14, A 33; 19; 39; 61; 84; 88; 119; 134; 165 |
| Daedalus | 52; 128; 169 f. |
| *Daniel* | 109; 149 |
| Dante | 5; 7, A 3; 58, A 202; 60; 105; 179, A 617; 187 f.; 189; 192 f., A 659, 661, 663; 197 f. |
| Daphnis | 15; 19; 23; 25 f.; 28 f. mit A 82; 31 f. mit A 96; 33; 35-37 mit A 112; 40; 44; 52; 54; 56 f. mit A 199; 61; 128 |
| Darstellung, | indirekte, s. Aussparungstechnik |
| Debussy | 62 |
| *decorum* | 155 |
| Delille | 103 |
| Della Robbia | 105 |
| *dementia* | 27; 44; 55; 58 |
| *devotio* | s. Selbstweihuung |
| Dialog | 18; 23; 26; 34 f.; 38; 40 f.; 48 |
| Diana | 29; 61; 103; 110 f.; 120; 141 |
| Diärese, | bukolische 49 f. |
| Dichter | Erbfolge 19; 26; 52; Ethos 29 f.; 70; „göttlich" 25; 44; 75; 190; Kreativität 146; 171; 190; 193; Musenpriester 69; müßig, ruhmlos 73; 75; Prophet 52; 54; 170; 182; reflektierend 5; 171; 194; gegen den Strom schwimmend 92; Selbstverkleinerung 54; Sprachschöpfung 102 |
| Dichtergestalten | 111 f.; 137; 170; s. auch Amphion, Daphnis, Orpheus, Silen, Tityrus |
| Dichteridee | 5; 25 f.;44; 92; 182 f. 190; 194 |
| Dichterneid | 29 |
| Dichterweihe | 27 f. |
| Dichtung | didaktische 77; dramatische 77; und Eros 52; 54; faktenbezogen 71; 93; 108; 170; 192; s. Gleichnisse; kosmische 27 f.; 51; 53 f.; 66; 74; 111; 146; 149; 158; 171; und Landwirtschaft 91 f.; mimetisch 77; Öffentlichkeitsbezug 92 f.; philosophischer als Historie 172; in schwerer Zeit 52; als Seefahrt 68; 74; und Selbsterkenntnis 58; als Wagenfahrt 66-68; 92; Wirksamkeit 18 f.; 32-34; 36, A 111; 52; 54; 93 f. |
| Dido | 73; 94; 107; 109-113; 120-125; 129-134; 141 f.; 145; 148; 151-154; 156-159; 167-169; 176-179; 181 f. 189; 191; 195 f.; s. Aias; Kalypso; Nausikaa; Phaidra |
| Dike | 41 |
| Diomedes | 119; 133; 140; 179 f. mit A 620 |
| Dionysos, Dionysisches | 25; 30; 44; 59; 71; 122; s. Bacchus |
| Dirae | (Dämonen) 122, A 446; 144 f.; 123 A 450; (Werktitel) 200 |
| Discordia | 132 |
| Domitius Marsus | 189 f. |

| | |
|---|---|
| Donatus, Aelius | 191; s. *Vitae Vergilianae* |
| Dryaden | 26; 37; 65 |
| Dryden | 104 |
| Du Bellay | 103 |
| Dürer | 105 |
| | |
| Echowirkung | 49; 87; 160 |
| *écriture* | 196 |
| Einsiedler Gedichte | 59 mit A 206 |
| Ekkehard | 192 |
| „Ekloge" | 14, A 30 |
| Ekphrasis | s. Beschreibung von Kunstwerken; s. Ortsbeschreibung |
| Elemente, vier | 27; 41; 57; 72 f.; 74; 94 f.; 116 |
| Eliot, T.S. | 104; 196 |
| Ellipse | 48; 162, A 549 |
| Emmer | 132 |
| Empedokles | 76 f. |
| Empyreum | 25, A 69 |
| Enallage | 159 |
| Endelechius | 59 |
| Ennius | 51; 71; 78 f.; 89 f.; 107; 132; 146 f.; 149; 153; 161 mit A 560; 164-166; 168; 170; 186 |
| Enzina, J. del | 60 |
| Epigramm | 45, A. 138; 200 |
| Epikureisches | 8; 21; 41; 55; 57; 69; 71; 73; 97; 123; 176 A 599; 179-181;188; s. Lukrez |
| Episierung | 78; 83 f.; 88-90 |
| Epos | 89; 93; 95;109 f.; 146; 148 f.;183; und Lehrdichtung 76-78; Parodie 126 |
| Epyllion | 41; 75; 78; 83-85 |
| Erato | 131; 148; 151; 157 |
| Eratosthenes | 79; 81; 108, A 416 |
| Eros | s. *Amor*; s. Liebe |
| Erzähler | Standpunkt 157 f. |
| Erzählstil, emotionaler | 113; 115; 117; 123 mit A 449; 157 f.; 136; 141; 168, A 567; 193 |
| Erzähltechnik | dramatische 145; Fernbezüge 158; Ortsbeschreibung 152; retardierende Momente 152; Signalwörter 163; s. Tempora; s. Tragödie; Vorankündigung 136; 151 |
| Erzählung, eingelegte | 152 |
| Eschatologie | 147; 154; 182 |
| Ethnographisches | 79 f. |
| Ethos und Pathos | 105; 114; s. Dichter |
| Euander | 134; 156; 167; 173-176; 179 |
| Euphorion | 37; 41; 53 |
| Euripides | 85; 148 |
| „Exkurse" (Ratio-Partien) | 66; 69-72; 74; 76 f.; 82 f. mit A 309; 88 |
| | |
| Fama | 122; 195 |
| *fata* | 7; 108; 113, 117; 136; 138; 176 mit A 606; 177; 180 mit A 619; 187-189 |
| Faunus, Faune | 65; 132; 143 |
| Fénelon | 193 |
| Fernández de Muratín | 103 |

| | |
|---|---|
| Fest und Feier | 26; 52; 56 f. |
| *fides* | 4; 121, A 443; 144; 155; 163, A 552; 175 f.; s. auch Vertragsbruch |
| Fischart, J. | 104 |
| Flaminius, M.A. | 61 |
| Flaubert | 187 |
| Fleming | 103 |
| Fletcher | 103 |
| Flöte | s. Panflöte |
| Fontenelle | 61 |
| *formosus* | 48 |
| Fortwirken Vergils | 59-64; 99-106; 187-196 |
| Foscolo | 62 |
| Fracastoro | 102 |
| Frauenportraits | 44; 156 f. |
| Freud, S. | 189 |
| Friedenssehnsucht | 3; 23-25; 55 f.; 183 |
| Frühling | 70; 72 |
| Fulcrand de Rosset | 103 |
| Fulgentius | 101; 192 |
| *furor* und *furere* | 95; 122, A 447; 132; 139; 180 f. |
| Furien | 132; 144 mit A 487; s. Allecto |
| Futurum | 16 |
| | |
| Gallus, Cornelius | 9; 12 f.; 27 f.; 36-39; 41 f.; 51; 53 f.; 57; 75; 95 |
| Gastfreundschaft | 17; 118; 134 f.; 139; 144; 156; 175; 179 mit A 615 |
| Gattungen | s. Bukolik; Epos; Lehrdichtung |
| Gattungskreuzung ("inclusion") | 37 f.; 40 f. mit A 122 und 124 |
| Gebet | 65; 68; 126; 133; 138; 174; s. Hymnus |
| Geburt | des „Knaben" 23-25; 55; der zukünftigen Stadt (Rom) 5; 95; 150 |
| Gedächtnis, Gedankenwelt | kulturelles 196 |
| Vergils | 55-58; 94-98; 171-183 |
| Geflügelte Worte | 58; 98 f.; 187-189 |
| Gellert | 63 |
| *Geoponica* | 102 |
| George | 63 |
| Georgica | *65-106*; 17; 22; 31 f.; 34 f.; 48; 53; 59 f.; 61; 84; 93; 99; 108-112; 114; 118 f.; 123; 126 f.; 142; 146; 149 f.; 153; 162; 165; 167; 170 f.; 173 f.; 179; 181; 184; 194; Aufbau 81 f.; Datierung 12; 75; keine „Übergangsdichtung" 75; 92 |
| Geschichts- philosophie | 5; 52; 56 f.; 131; 172 f.; |
| Geschichts- schreibung | 108; 147; 152 |
| Geßner | 62 |
| Gide | 58; 62 |
| Giono | 62 |
| Gleichnisse | 14; 30; 66 f.; 69; 72; 84 f.; 88 f.; 99; 108-145, bes. 116 f.; Bild- und Erzählebene vertauscht 109 f.; 149; 153 |
| Gleim | 63 |
| *gloria* | 73; 96 |
| Gluck | 64; 105 |
| Goethe | 58; 63; 76; 104; 194 |
| Gogarty | 58; 63 |
| Goldenes Zeitalter | 17; 23; 27; 56; 66; 78 |

| | |
|---|---|
| Gorgias | 76 |
| Gosse, E. | 64 |
| Gottesidee | dynamisch 85; Funktionsbegriff 15; „künftiger" 95; Monotheismus und Pantheismus 101 |
| Götter | 157; Affektfreiheit 181 f.; Götterapparat 147; Götterkritik 181; Götternamen metaphorisch 57; Göttersprüche s. *fatum, fata*; Götterszenen 108 f.; 111 f.; 121 f.; 127; 134; 139; 144; Götterversammlung 138; Götterzeichen (*prodigium, augurium* usw.) 33; 111; 115 f.; 118; 125; 127; 131-134; 143; 145; 151; Götterzorn, s. Iuno, s. Zorn |
| Gottsched | 193 |
| Grahame | 104 |
| Grattius | 99 |
| Gray | 63 |
| Gräzismen | 49 f.; 168 |
| Griechenland und Rom | 119 f.; 133; 135; 178 f.; 190 |
| Gryphius | 63 |
| Guarini | 63 |
| | |
| Halbverse | 183 |
| Händel, G.F. | 63 |
| Handke | 105 |
| Handschriften | 184 f. |
| Harsdörffer | 62 |
| Haydn | 104 |
| Hektor | 113 f.; 195 |
| Hegel | 62; 193 f. |
| „Heldenschau" | 70; 85; 130; 134; 172 f. |
| Helena-Szene | 115; 185 |
| Henze | 105 |
| Herder | 62; 194 |
| Hercules | 134 |
| Hermeneutik | 197 f. |
| Herodot | 54, A 186; 146; 177 |
| Hertzberg | 194 f. |
| Hesiod | 13; 27; 41; 45; 53; 56; 69; 71; 77 f.; 80; 84; 97; 146; 177 |
| Hesiodscholien | 76 |
| Hessus | 61 |
| Hexameter | s. Metrik |
| Hieronymus | 59; 101; 191 |
| Hildegard v. Bingen | 102 |
| Himmel und Erde | „Hochzeit" 30; 70; Himmelsgloben 79 A 285; -zonen 82; s. Astronomisches |
| Hipparch | 80, A 297 |
| Hippolytus | 133 |
| historische Bezüge | 40; s. Zeitgeschichte; s. Prophetien; s. „Archäologie" |
| Hojeda | 192 |
| Hölderlin | 194 |
| Homer | 5; 13; 41; 53; 61; 72; 75; 77; 82-84; 93; 107-112; 119 f.; 122; 124-126; 131; 133; 135-137; 140; 142; 145-148; 150; 157; 168; 175 f. mit A 599; 177 f.; 181; 190; 192 f.; 196; Homerexegese, stoische 77; 146; Homerkritik, alexandrinische 77; 146 |
| Hooft | 63 |
| Horaz | 9; 10; 42; 59; 86; 92, A 352 |
| Hostius | 68, A 242; 79 |

| | |
|---|---|
| *hostis* | 161 |
| Hrabanus Maurus | 101 f. |
| Hugo, V. | 61 f.; 188; 193 |
| Humor | 37, A 114; 45; 111; 182; und Ironie 39 |
| Huysmans | 62 |
| Hymnus, Hymnisches | 24 f.; 41; 48 f.; 65; 68 f.; 83; 87; 134 mit A 469; s. Lyrik; Rhetorik |
| Hypsipyle | 124; 148 |
| Hysteron proteron | 114 |
| | |
| Ianus | 132 |
| Iason | 122; 190 |
| Imperialismus | 130; 179 |
| Infinitiv, historischer | 89; 162 |
| *ingens* | 10 mit A 12; 85 |
| Ingres | 188; 195 |
| Interjektionen | 18 f.; 20; 48; 113; 117 mit A 135; 121 |
| Interpolationen | 184; 198 |
| Intertextualität | 27; 150 f.; 196; s. die Autoren |
| Intratextuelle | Bezüge (zwischen *Aeneis*-Büchern) 134 f.; 151; s. Gleichnisse; Selbstzitat; Inversion |
| Inversion | von Aktivität und Passivität 129 f.; von Bild- und Erzählsphäre 135; der Chronologie s. Chronologie; der Geschlechterrollen 151 f.; doppelte 129; der Perspektive 25 f. |
| *Iohannesevangelium* | 127, A 455; 188 |
| Iohannes von Garland | 101 |
| Iriarte | 103 |
| Ironie | letzte Ausflucht der Interpreten 198 f. mit A 697; Heinesche 20, A 56; Th. Mannsche 20 A 56; tragische 121 |
| Isidor von Sevilla | 101 |
| Italien | in der *Aeneis* 172; s. Turnus; Camilla; Kataloge; „Lob Italiens" 69 f.; 82 f. |
| Iulus | s. Ascanius |
| Iuno | 108; 115; 132 f.; 136; 138; 142; 144; *157*; 181 |
| Iuppiter, Zeus | 22; 24; 66; 109; 112; 115; 143 f.; 157; 173 mit A 581; 176 f. mit A 609; s. *theologia tripartita* |
| Iustinus Martyr | 134, A 469 |
| Iuturna | 143 f. |
| Iuvencus | 191 |
| Ivanov, V. | 196 |
| | |
| J | s. auch I |
| Jahreszeiten | frei behandelt 19-21; 45; s. Frühling; Kontrast 30; Rhythmus *94*, vgl. 66 f.; rückläufig 129 |
| Jean de Meun | 60 |
| Jesaja | 42 |
| Jonson, B. | 103 |
| | |
| K | s. auch C |
| Kaiserkult | 173; vgl. 71 f. |
| Kakophonie | 30; 50; 159 f. |
| Kallimachos | 27; 29; 41; 53; 78; 92; 135; 149; 181 |
| Kalypso | 124; 148 |
| Karthago | 108-112; 120-125; 152 |
| Katachrese | 158, A 531; s. Stilblüten |

| | |
|---|---|
| Kataloge | 132 f.; 172 |
| Kirchenväter | 191; s. die einzelnen Autoren |
| Kircher | 105 |
| Kirchmayer | 101 |
| Kirke | 112; 131; 133; 148 |
| Klaj | 62 |
| Kleider, abgelegte | 33; 111; 124; s. Beutewaffen |
| Kleinbauern | 92; 97; 100 |
| Klientenpoesie | 54 |
| Klopstock | 62 |
| Kokoschka | 105 |
| Komödie | 41; 77, A 272; 120, A 439; 159 |
| Konjunktiv | 107 |
| Konrad von Megenberg | 102 |
| „Konversionen" | 155 mit A 516; vgl. 180, A 620 |
| Kosmogonie | und Kosmologie 27; 51; 73; 95; 111; verbunden mit Anthropologie und Poetologie 66; s. Elemente |
| Kraus, J.M. | 196, A 687 |
| Krenek | 105 |
| Krieg | 96; 181; s. Schlachtenschilderungen |
| Ktisis | s. Aitiologie |
| Kunstprinzipien, | divergierende: Corydon und Thyrsis (28-30); Dämpfung des Spottes 23; des Naturalismus, s. d. |
| | |
| *labor* | 36 mit A 110; 67; 69 f.; 74; 84; 96; 173 f. |
| Labyrinth | 128 |
| *lact* | 186 |
| Laktanz | 59; 191 |
| Landleben | Lob des L. 70; 82 |
| Landor | 193 |
| Landschaft | 18; 55; 72; Beseelung 15; 26-28; 32 mit A 95; 36 f.; 45 |
| Landwirtschaft | 65-98; bes. 88; 96; 181; und Astronomie, Meteorologie 66 f.; und Poetologie 67 f.; 71; und Politik 66 f.; 71; 92 |
| Latinus | 131-133; 140-143; 147; 155; 162 f.; 173 f. |
| Lausus | 4; 128;132; 138-140; 153; 156; 177; 196 |
| Lautmalerei | 16; 49; 87; 159; 161 |
| Lavinia | 128; 131 f.; 140; 142; 151; 156; 195 mit A 682 |
| Leander | 72, A 255 |
| Leben Vergils | 7-13 |
| Lebenswerk | Vergils, Einheit 10; 12 f.; 75 f.; 93 mit A 356; 150 |
| Lehrgedicht | 41; 75-78; 102 |
| León, L. de | 60 |
| Leser, Lesepublikum, Lesererwartung | 40; 87 f.; 92 f. |
| Lessing | 194 |
| Lewis, C.D. | 104 |
| *libertas* | 18 |
| Libyen | 72 |
| Liebe, Leidenschaft | 73; 75; 95;111 f.; 120-125; bittersüß 22; und Dichtung 52; 54; als Krankheit 33; 57; 120 f.; auf Dichtung oder Erzählungen bezogen 27; 113 ; maßlos 20; 37; rasend 27; zu Troia 123; wahre L. 105; L.-klage 34; 39; L.-zauber 33 |
| Literarische Technik | 42-47; 81-85; 150-158 |
| Literaturtheoretisches | 51-55; 91-94; 169-172 |

| | |
|---|---|
| Longos | 61; 194 |
| Lorrain, C. | 195 |
| Lucan | 113; 117; 157; 190 f. |
| Lukrez | 8; 12; 41; 49; 57; 65; 69 f. mit A 249; 71-73; 76; 79 f.; 84 f.; 88-92; 95; 97; 104; 149; 161; 179; 181 mit A 621 |
| Lykophron | 109; 149 |
| Lyrisches und Rhetorisches | 18; 46; 83 |
| Lyrisierung | 137 |
| | |
| M | Lautwert 159 |
| MacNeice | 63 |
| Macrobius | 68, A 238 und A 242; 80; 81, A 302; 82, A 308; 98; 146, A 491; 147, A 494; 148; 171; 183; 190; 193 |
| Maecenas | 9; 11; 65; 68; 72 f.; 77; 81 f.; 86 |
| Magie | 33; 124; 154; 182; 191; Vergil „Magier" 191; s. Liebes-; s. Schadenszauber |
| *magnus* | 85 |
| Makro- und Mikrokosmos | 22; 46; 92; 95; 112; 153 |
| Malipiero | 106; 196 |
| Mallarmé | 62 |
| Manilius | 99 f. |
| Mantegna | 105 |
| Mantua | 7; 9 f.; 34 f.; 45; *138* |
| Mantuanus | 61 |
| Marcellus | 10; 34, A 104; 85; 127, A 456;128, A 458; 130; 156; 162; 164; 177; 188; 189, A 644 |
| Markland | 193 |
| Marot | 61 |
| Martini, S. | 195 |
| *Mater Magna*, Göttermutter | 116; 130; 136; 138; 152, A 507 |
| Medea | 98; 123, A 449; 124; 148 |
| Mehrdeutigkeit | 18; 35, A 107; 154; 167 f.; 199 |
| Menschenbild | 5; 183; M. und Kosmos 111; M. als Mikrokosmos 46; M. zwischen Polaritäten 27; M. Schmied seines Schicksals 180 f.; M. und Tier: Grenzen der Vergleichbarkeit 75 |
| Mesa, C. de | 60 |
| Metamorphose | 27 f.; 133; 136 f. |
| Metaphern | 20; 73 f.; 79; 88; 158 |
| Metrik | 50 f.; 76 f.; 89 f.; 165 f. |
| Meyer, C.F. | 187; 195 |
| Mezentius | 132 f.; 138 f.; 140; 147; 153; 155 |
| Michel Guillaume de Tours | 101 |
| Mickiewicz | 195 |
| Milhaud | 105 |
| Milton | 63; 103; 193 |
| Mincius | 8; 29; 45; 55; 105 |
| Minerva (Pallas Athene) | 20; 65; 115; 119; 141 |
| Minucius Felix | 99; 101 |
| Mischaffekt | 154 f. mit A 510 und A 522 |
| Modoin von Autun | 60 |
| Moffat | 103 |

| | |
|---|---|
| Mondkalender | 66 |
| Monolog | 18-23; 31; 37; 41 f.; 108; 124 f.; 132; 148; 153 f. |
| Monosyllaba | 91; 126; 166 f. |
| Montaigne | 103; 125 |
| Montale | 62 |
| Montemayor, J. de | 61 |
| Monteverdi | 105 |
| *monimenta* | 153 |
| *mores maiorum* | 173 |
| Mörike | 62 f. |
| Moschos | 23, A 64; 41; 45, A 138 |
| Musaeus | 130, 170 |
| Musen | 22 f.; 27; 29; 32; 73; 88; 108; 131-133; 136-138; 148; 151; 157 |
| Musik | 63 f.; 105 f.; 195 f.; musikalische Wirkung 16; 25; 49; 87; 159 f. |
| Mysteriensprache | 96; 170 |
| Mythos | 119; 135; 172; 177 f.; 198; Distanzierung Vergils 93; und Geschichte 100; 171; 190; und Lüge 76; und Realität 153; Weltbild 146; und Wissenschaft 28 |
| Nachrufe | auf Helden 136 f.; 141; 156 f.; vgl. Anrede |
| Naevius | 149; 171 |
| Natur | s. Landschaft |
| Naturalismus | 30; gedämpft 18 f.; 34; 39-41; 45; 111; 161 |
| Naturphilosophie | 69; 71; 76; 93; 111; 157; 177, A 610; s. Kosmologie |
| Nebensatz, | entschuldigender 14, A 33; enthält Hauptereignis 163 |
| Nemesian | 59 |
| Neptun | 65; 108; 115; 127 |
| Niebuhr | 104; 194 |
| Nikander | 75; 81, A 301; 87, A 329 |
| Nisus und Euryalus | 126; 136 f.; 139; 151; 156 f.; 160; 164; 177; 180 |
| Novák | 106; 196 |
| *O!* | Interjektion 18; 113; Laut 49 |
| Offenbach, J. | 105 |
| Offenbarungen | 114-116; 118; 122; 132 f.; s. Götterzeichen; Träume; Visionen |
| Oikonomia | 83 |
| Opfer | s. Riten |
| Opfertod | 127; 177 |
| Oper | 63 f.; 105 f.; 195 f. |
| Opitz | 63; 104 |
| Orakel | 41; 54; 74, A 262; 118 f.; 121; 132; 163; 167; s. Offenbarungen |
| Orpheus | 4; 22-24; 27; 31-33; 44 f.; 52; 54; 58; 63; 74 f.; 77-79; 83 f.; 87; 89; 91; 94 f.; 101; 103; 105 f.; 130; 149; 167; 170 |
| Orthographie | 159, A 534; 185-187 |
| Ortsbeschreibung | 129; 152 mit A 509; 164 |
| Ovid | 9 f. mit A 19; 12; 14, A 33; 15, A 37; 16, A 40; 19, A 53; 33, A 101; 53; 59; 61; 63; 92, A 352; 98 f.; 105, A 407; 107, A 413; 120; 121, A 443; 125; 160; 189; 192 f. mit A 667. |
| Pales | 25; 71 f. |
| Palinurus | 4; 125-127; 129-131; 177; 195 |
| Palladius | 99; 101 |
| Pallas (Göttin) | s. Minerva |
| Pallas (Held) | 4; 44; 128; 134 f.; 138; 144; 156 f.; 169; 174-177; 179 f.; und Patroklos 140 |
| Pan | 19; 21; 23 f.; 31; 37; 49; 65; 71 |

| | |
|---|---|
| Panflöte, Hirtenflöte | 19; 21; 26 f.; 29; 31 f.; 37; 52 |
| Parallelversionen, unausgeglichene | 129 |
| Parenthese | 48; 162 f. |
| Paris-Urteil | 108 |
| *parsimonia* | 173 f. |
| Parthenios | 81 A 302 |
| Partizipien | 89 mit A 336; 159; 161 mit A 545; 162, A 547; 185 |
| Pascoli | 62 |
| Paulinus von Nola | 59 |
| Penaten | 118 |
| *penetrabilis* | 88 |
| Peisandros | 148 |
| Perfekt | 114; 163 f. mit A 555; s. Tempora |
| Peripatos | s. Aristoteles, Theophrast |
| Periplous | 148; 152, A 509 |
| Personencharakteristik | 43 f.; 74 f.; 154-157 |
| Perspektive | ungewohnte 25 f.; 79, A 285; s. Inversion; s. Erzählerstandpunkt |
| Pest | 72; 79 |
| Petrarca | 60; 99; 102; 105; 192 |
| Petron | 187 f. |
| Petrus de Crescentiis | 102 |
| Pferd | 72; 81; 88; 122; 140; ="Krieg" 118; 132; Gleichnis 141; Troianisches 113; 115 |
| Pflichtenkonflikte | 176 f. |
| Phaidra | 125; 148 |
| Philetas | 45, A 138 |
| Philippe de Vitry | 60 |
| Philips, J. | 104 |
| Philodem | 8; 115, A 450; 173, A 593; 175, A 598; s. Epikureisches |
| Philosophie | 57 f.; 92; 97; 146; 157; 172; 179 f.; s. die einzelnen Schulen und Philosophen |
| Phoebus | s. Apollo |
| *pietas* | 4; 13; 94; 114, A 428; 117; 124; 139, A 473; 144, A 487; 155 f.; 173-176; 190 |
| Pindar | 78; 83 mit A 313; 119, A 438; 174, A 594 |
| Plinius d. Ä. | 10, A 19; 80 mit A 300; 100 f.; 186 mit A 636 |
| Plinius d. J. | 188 |
| Platon, Platonisches | 5; 7 f.; 57; 76 f.; 97; 105; 147; 172; 180; 182; 191 |
| Plutarch | 76; 109, A 417 |
| *poena* | 176 mit Anm. 602 |
| Poetik, Poetologie | 35; 40; 59; 67; 76; 146; 168-172; 193; s. Literaturtheoretisches; der Ungewißheit 154; des Verstummens 17; 32; 36; 52; 169 |
| Poliziano | 63; 102; 105 |
| Pollio, Asinius | 9; 22-24; 31; 34; 52; 55 |
| Polydorus | 118 f., 122; 164 |
| Polyphem | s. Cyclop |
| Pope | 63 |
| Poussin | 195 |
| *praeteritio* | 66; 74; 94 |
| Präfiguration | 126; 128; 173; 178 f.; 190; s. Typologie |
| Priamel (Beispielreihe) | 19 f.; 30; 46 |
| Priamus | 110, A 419; 113; 115; 117 f.; 167; 179 |
| Priapus, *Priapeen* | 30; 200 |

| | |
|---|---|
| Priscian | 190 |
| Proba | 191 |
| *prodigium* | s. Götterzeichen |
| *prooemium* | 10; 31; 65-69; 71 f.; 73 f.; 81 f.; 83; 86 f.; 91 f.; 94; 100, A 382; 107; 109; 112; 117; 129; 131; 133; 162; 181; 190 |
| Prometheus | 27 |
| Properz | 9 mit A 17; 12; 59; 92, A 352; 107, A 412; 189 mit A 644 |
| Prophetien | Celaeno 118; Crĕusa 116; Didos Fluch 124; Iuppiter 109; 112; 138; 173, A 581; Hektor 113 f.; Heldenschau 130; Helenus 118; historische 109; 112; 149; 151; Schildbeschreibung 134; Tiber 133; Venus 115; weltgeschichtlich 24 f.; 182 |
| Prosaisches | Formeln 87; Quellen 88; Vorlagen 83 mit A 312; 108 |
| Proserpina | 96; 100 |
| Proteus | 41; 74; 78; 167 |
| Prudentius | 99; 101; 191 |
| *pudor* | 121 mit A 442 f.; 155 |
| Pulci | 60 |
| Purcell | 196 |
| Pythagoreisches | 8; 57; 97; 182 |
| | |
| Quasimodo | 102 |
| Quintilian | 75; 86; 90, A 344; 99 f.; 158 A 531; 162, A 549 |
| Quintus Smyrnaeus | 190 |
| | |
| Rache | 111, A 421; 123 f.; 129; 139 f., A 473; 144, A 487; 153; 175; 176, A 601; 181 |
| Racine | 189 |
| Rahmung | 15; 18; 20 f.; 23 f.; 27-29; 38, A 116; 41, A 124; 42 f.; 53; 108; 116; 124; 127; 134; 151; 154; 162, A 547; mehrfache 43 f.; 53; s. Ringform |
| Rahmenerzählung | 27 f.; 28-30; 109; 112-120; 134; 149; 152 |
| Rapin | 103 |
| Rätsel | 22 f.; 46 |
| Recht | menschliches, göttliches 174; römisches 4; 125; 130; 173 mit A 587; 175; 179 |
| *recusatio* | 28; 53; 71 |
| Reden | 18; 21 f.; 46; 99; 102; 112-114; 116; 119; 121 f.; 140; 144; 151; 162; 167; 180; Agon 124; 148; Fragwürdigkeit 142; 169; 182; menschliche und göttliche 153; prophetische 154; wirkungslose 94; s. Monolog; Rhetorik; Wettgesang |
| Refrain, Kehrvers | 31-33; 38; 149 f, |
| Reim | 160 |
| Reynolds | 195 |
| Rezept-Stil | 88 |
| Rhetorik | 24; 41; 46; 48; 59; 76; 83; 130; 157; 160; 164 f.; 167; 179; epideiktisch 76; 83; rh. Frage 114; und Lyrik 18; 83; und Poesie 40; 46; 76; 117; Vorformen 46 |
| Riccius | 62 |
| Rilke | 7; 65; 105 f. |
| Ringform | 17; 65; s. Rahmung |
| Riten | 33; 48; 118; 121; 123 f.; 128; 132; 134; 141 f.; 154; 156; 173 f.; s. Spiele |
| Rodin | 105 |
| Rom | 4 f.; 8; 10; 14 f.; 17; 21; 27; 48; 52; 54; 56 f.; 66; 72; 77; 82; 91 f.; 95; 98; 107-109; 114; 116; 129 f.; 132; 134 f.; 149; 151; 170; 172 f.; 175; 177; 179; 181 f.; 184; 188 f.; 193 |
| *Römerbrief* | 101 |

| | |
|---|---|
| Romulus | 65, A 628; 130; 134; 177, A 610 |
| Ronsard | 61; 103; 193, A 666 |
| Rosa, S. | 195 |
| Rubens | 105; 187; 195 |
| Rucellai | 102 |
| Rückblick, historischer | s. „Archäologie" |
| S | Lautwert 49; stimmlose Aussprache 185 |
| Sackville-West | 104 |
| Sainte-Beuve | 194 |
| Saint-Pierre, B. de | 61 |
| Sannazaro | 61; 102 |
| Sauprodigium | 133 |
| Scaliger, J.C. | 193 |
| Schadenszauber | 33 |
| Schafe | 16; 55 A 189; und Ziegen 65; 72; 81 |
| Scheffer | 195 |
| Schildbeschreibung | 73; 85; 109; 134 f.; 151 f.; s. Beschreibungen von Kunstwerken; Prophetie, historische |
| Schiller | 188 f.; 194 |
| Schlachtenschilderungen | 154 |
| Schlegel, A.W. v. | 194 |
| Schluß, ernüchternder | 20 f.; offener 17; 23; 57 |
| Schmidt, Arno | 106 A. 411 |
| Schonung der Besiegten | 176 |
| Schröder, R.A. | 195 |
| Sedulius | 191 |
| Seelenwägung | 143 |
| Selbstachtung | s. *pudor* |
| Selbsterkenntnis, | späte 180, A 620 |
| Selbstnachahmung, | Selbstzitate, intratextuelle Bezüge 131; 199 |
| Selbstverfluchung, | Selbstweihung 121; 138; 141; 155; 174 |
| Seneca d.J. | 98-100; 105; 183, A 625; 187-189 |
| Sentenz | 72; 123; 139; vgl. Geflügelte Worte |
| Servius | 7; 26; 158, A 531; 178, A 611; 190 f. |
| Shakespeare | 61 |
| Shaw | 187 |
| Shelley | 58; 63 |
| Sibyllen und Sibyllinische Orakel | 23; 41 f.; 56 f.; 59; 118; 128-130; 162; 170; 182 |
| Sidney, P. | 61; 63; 192 |
| Signorelli | 105 |
| Silen | 27 f.; 54 |
| Silius Italicus | 190 |
| Silvanus | 37; 65 |
| Simon, C. | 3; 103 |
| Simplex statt Compositum | 161 |
| Sinnessphären, Zusammenwirken mehrerer | 19 f. |
| Siron | 8 |

| | |
|---|---|
| Sizilien | 23; 36 f.; 45 mit A 138; 52; 108; 117-119; 125-127; 178; s. Arethusa; Musen |
| Skythien | 9; 16; 72; 83; 99 |
| Somnus | 127; 130 |
| Sonne und Mond als Götter | 65; s. Astronomisches |
| Sophokles | 31; 83 A 312; 125 A 452; 143; 148; 154 |
| soziale Anerkennung | 34, A 5; Schranken 20; 39; 44; S.-struktur der Götterwelt 147 |
| Spee | 62 |
| Spenser | 63; 103 |
| *sperare* | 50; 114; *158* mit A 531; 187 f. |
| Spiele | 71; 118; 125-127; 153; 167; 172; 181; 196 |
| *spiramenta* | 88 |
| Spondeen | 25; 50 mit A 169; 87; 89 f. mit A 342; 165; Zunahme in Vergils Werk 90 |
| *spolia* | s. Beutewaffen; *spolia opima* 138; 180 |
| Sport | s. Spiele |
| Sprache und Stil | 3-5; 47-51; 73; 86-91; 158-168; 187; 191; 194 |
| Sprachschöpfung | 47; 51; 86; 102; 158 f.; 168; 196 f.; 199 |
| Statius | 159, A 533; 190; 193 |
| Stil | Angemessenheit (*aptum*) 168; vgl. *decorum*; Stilblüten 47; Dämpfung von Drastik 39-41; 83; 149; 157; 182; -differenzen 43; 51; 89; -ebenen (drei) 47-49; 87; 167; hymnischer, s. Hymnus; Kleines hochstilisiert 72 f.; 88; 126; Potenzierung durch Reduktion 51; 168; s. Sprache |
| Stoisches | 57; 76 f.; 95; 97; 146; 154; 179 f.; 182 |
| Strabon | 146 |
| Stravinskij | 105 |
| Sturm | 88; 95; 108; 112; 115 f.; 118; 123; 125; 132 f.; 135; 138 f.; 149; 151; 153 |
| *suavis* | 48 |
| Sueton | 7; 146; 190 |
| Swift | 104 |
| Symmetrie | 17; 24; 26; 30 f.; *42 f.*; 81; 86; 90; 112; 151; leicht variiert 82; Asymmetrie 141 |
| Synaloephe, Elision | 50, A 162; 51; 90 f.; 165 |
| Synoikismos | (Zusammenwachsen von Völkern) 4; 177 f. mit A 610 |
| Szenerie | s. Landschaft |
| Tageszeiten | 21; 117 mit A 433 |
| Tasso | 63; 193 |
| Tempora | Erzähltempora 163 f.; Vergangenheit und Zukunft 15 f. |
| Tennyson | 193 |
| Thalia | 27 |
| Theokritos | 11 f.; 17-19; 21; 23; 26, A 72; 33-36; 38-46; 49-52; 55 f.; 61-63; 78; *Corpus Theocriteum* 41 |
| Theologie | mythische 157; physikalische 53; politische 65 f.; 157; *theologia tripartita* 157; 177, A 609; 178; s. Gott; Götter |
| Theophrast | 80; 146; 180 |
| Thomson, J. | 104 |
| *tibicines* | 115, A 430 |
| Tibull | 12; 42; 59; 189 |
| Tiepolo | 105; 196 |
| Tier und Mensch im Vergleich | 75; 100; 176, A 601 |
| Tierfriede | 24; 26; 42 |
| Tintoretto | 105 |

| | |
|---|---|
| Tityrus | 14-18; 27; 54 |
| Tod | und Feier 56 f.; frühzeitiger 8; 25 f.; 124; 128 f.; 137; 177; und Geburt 72; s. Geburt; als Himmelfahrt und Verklärung 25 f.; und Kultur 57; stellvertretender 127; Überwindung 94 f.; und Unsterblichkeit 75 |
| Todesfälle an Buchschlüssen | 116; 119; 124; 127; vgl. 131 |
| Totenbestattung | 118; 128 f.; 131; 140 f. |
| Totenreich | 94; 128-131 |
| Toynbee, A. | 188 |
| Tragödie | 53; 57; 78; 85; 113; 120; 123 f.; 125; 143; 148; 196; altrömische 113; 148; s. die großen Tragiker; Tragödienparodie 41; -theorie 168 f. |
| Tragik | Didos 125; 165; 168 f.; des Turnus? 144; 168 f.; 181; „einfacher" Menschen 44 |
| Trakl | 106 |
| Träume | 113 f. mit A 424; 116; 118 f,; 123 f.; 126; 129; 130, A 462; 133; 139; 144; 147; 151; 160; 188; 195 |
| Troia | 10; 72; 95; 107-110; 112-120; 123; 129; 133; 135; 144; 148; 151; 164; 170; 178; 190; 192; Klein-Troia 118 f. |
| Troia-Spiel | 126 |
| Turgenev | 158; 187 f.; 195 |
| Turnus | 116; 125; 128; 131-133; 136-145; 150; 152-*155*; 159 f.; 162-165; 168 f.; 174 f.; 177; 180-182; 197 |
| Typologie | 37; 120; 122; 128; 135; 140; 147; 153; 169; 172; 193; 197 |
| Überlieferung | 183-187 |
| Übersetzung | 3; 59-62; 101-104; 184; 193-195; Grenzen der Übersetzbarkeit 96; 153; 199; ins Griechische 59; 184; ins Lateinische 193; aus dem L. 3; 194 f. |
| *ultio* | s. Rache |
| Umgangssprachliches | 47; 48 A 150; 88; 159; 165, A 561; 167 |
| Umkehrung | s. Inversion |
| Ungaretti | 195 |
| Urfé, H. d' | 61 |
| Ursprung als Ziel | 107 f.; 118;172 |
| *uxorius* | 122; 159 |
| Valerius Flaccus | 190 f. |
| Valéry | 62 |
| Vanière | 103 |
| Variation | als Prinzip 83; stilistische 50; der Verszahlen 22; und Wiederholung 119 |
| Varius | 79; 115; 183 |
| Varro (Atacinus) | 79 |
| Varro (Reatinus) | 67; 79; 81; 101; 107, A 609; 178 |
| Varus (Alfenus) | 8 f.; 11; 27 f.; 34; 36; 48; 53 |
| Varus (Quintilius) | 26 |
| *vates* | 29; 34 mit A 104 f.; 54; 74; 85; 161; 170 |
| Vega, G. de la | 61 |
| Vegius | 192 |
| Velleius | 52; 100, A 379 |
| Venus | 65; 108 f.; 111 f.; 115 f.; 121; 127; 134 f.; 138; 143-145; 148-153; *157*; 168; 179; 181 |
| Verbale Ausdrucksweise | 158 |
| Verdi | 188 |

| | |
|---|---|
| Vergangenheit und Zukunft | 15-17; 57; 107-110; 112 f.; 115 f.; 118; 151; 172; 174; 195 f. |
| „Vergangenheitsschöpfung" | 45 |
| *vertex – vortex* | 186 |
| Vertragsbruch | 142-145; 175; s. *fides* |
| Vida | 102; 192 |
| vier Wörter im Vers | 167 |
| viersilbige Wörter | 50; 111; 165 f. |
| Virbius | 133 |
| *virtus* | 121, A 443; 155; 160; 173 f.; 188 f. |
| Vision | 7; 16; 42; 49; 52; 84; *115 f.*; 118; 134; 162; 167; s. Offenbarung; Traum |
| *Vitae Vergilianae* | 7; 8, A 9; 9; 10 mit A 19; 11; 12 mit A 27; 47 mit A 146; 58 mit A 203; 59; 115, A 430; 147, A 494; 189, A 644. |
| Vokalharmonie | 16; 49 |
| Voltaire | 193, A 666 |
| Voß, J.H. | 62; 104, A 404; 194 |
| Vulcan | 134; 153 |
| Walahfrid Strabo | 102 |
| Walter von Châtillon | 192 |
| Wandalbert v. Prüm | 102 |
| Weinbau | 69 f.; vgl. Bacchus; und Dichtung 70 |
| Wertvorstellungen | 4; 13; s. *pietas*; *fides* |
| Wettsingen | 21; 23; 25; 28-31; 42; *52* |
| Widmung an den Herrscher | 100 |
| Wiederholungsformen | 16; 20; 33; 38; 49 f.; 87; 91; 119; 159; 164; s. Anapher; Refrain |
| Wordsworth | 193 |
| Wort | -architektur 50; 90 f.; -spiel 18; 160, A 539; -stellung, abbildende 18; 50; -zahl im Vers 91; 167 |
| Xenophon | 79 f. |
| Yeats | 187 |
| Yourcenar | 187 |
| Zahlen | Zweiteiligkeit 18; 81 f.; 142; 151; drei 33; 112; s. vier; s. Elemente; sieben 43; 73; 112; neun 33; elf 112; s. Zwölfgötter; s. Symmetrie |
| Zäsuren | 51; 90; 165 f.; überspielt 51; 90; 166; Konjunktion vor Zäsur 166 |
| Zeitgebundenes | 182 |
| Zeitgeschichte | 17 f.; 34-36; 57; 93-95; 103; 127; 178 f. |
| Zeitkritik | 17; 130 mit A 463 |
| Zentrum von Gedichten | 15 f.; von Büchern 125; 129; 131; 135; 142; 157; von Werken 131 |
| Zesen, Ph. v. | 62 |
| Ziegen | 16 f.; 23; 28; 37; 65; 81 |
| Zorn | des Aeneas 114; 117; *139 f.* mit A 474; 142, A 479; 144, A 487; 174 f., A 595; A 598; 191; Didos 123; 156; epischer 139 f.; *145*; der Götter 108; 181; bei Philodem 8, A 13; 115, A 430; philosophischer 144; 180; s. Iuno |
| Zwölfgötter | 65 |